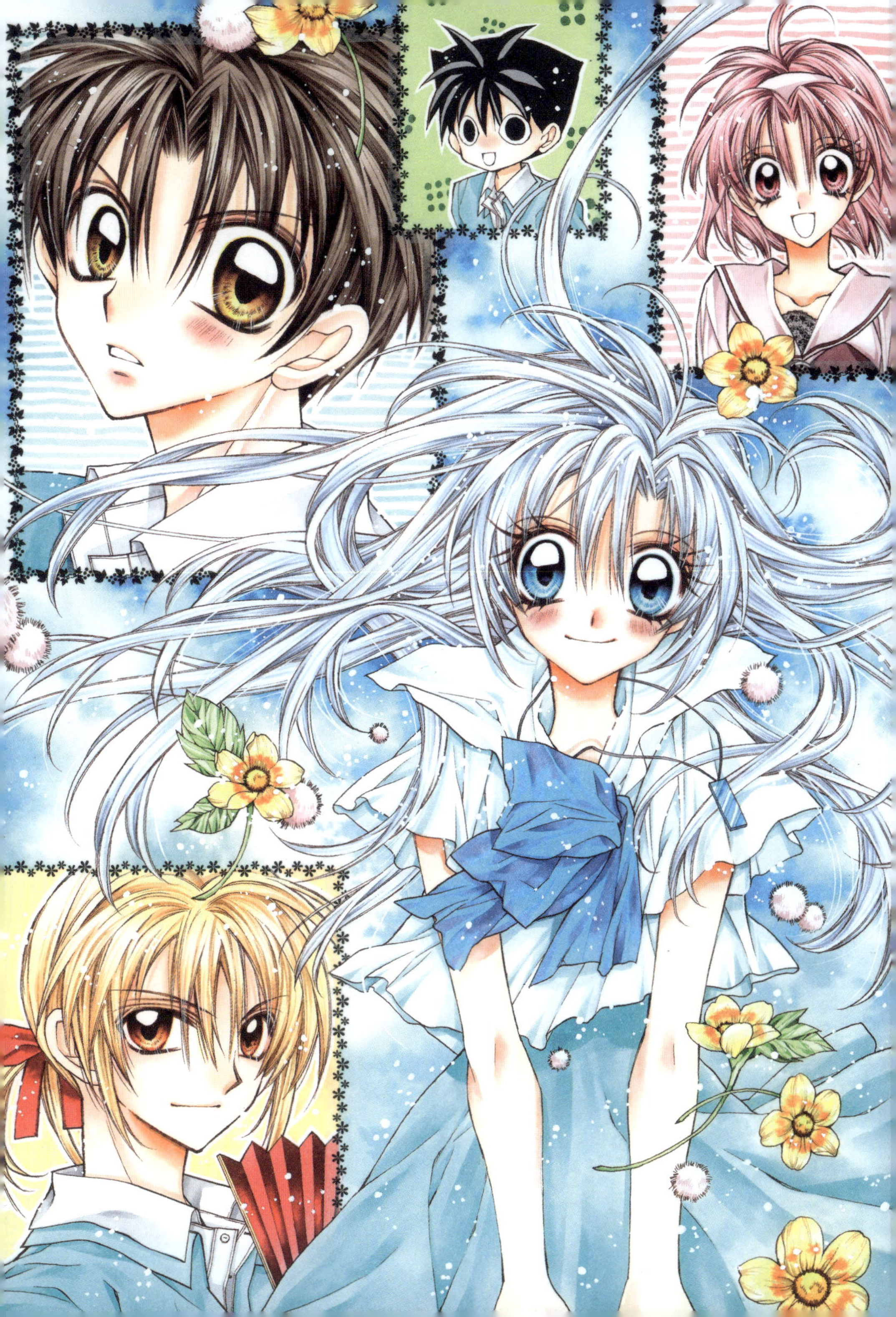

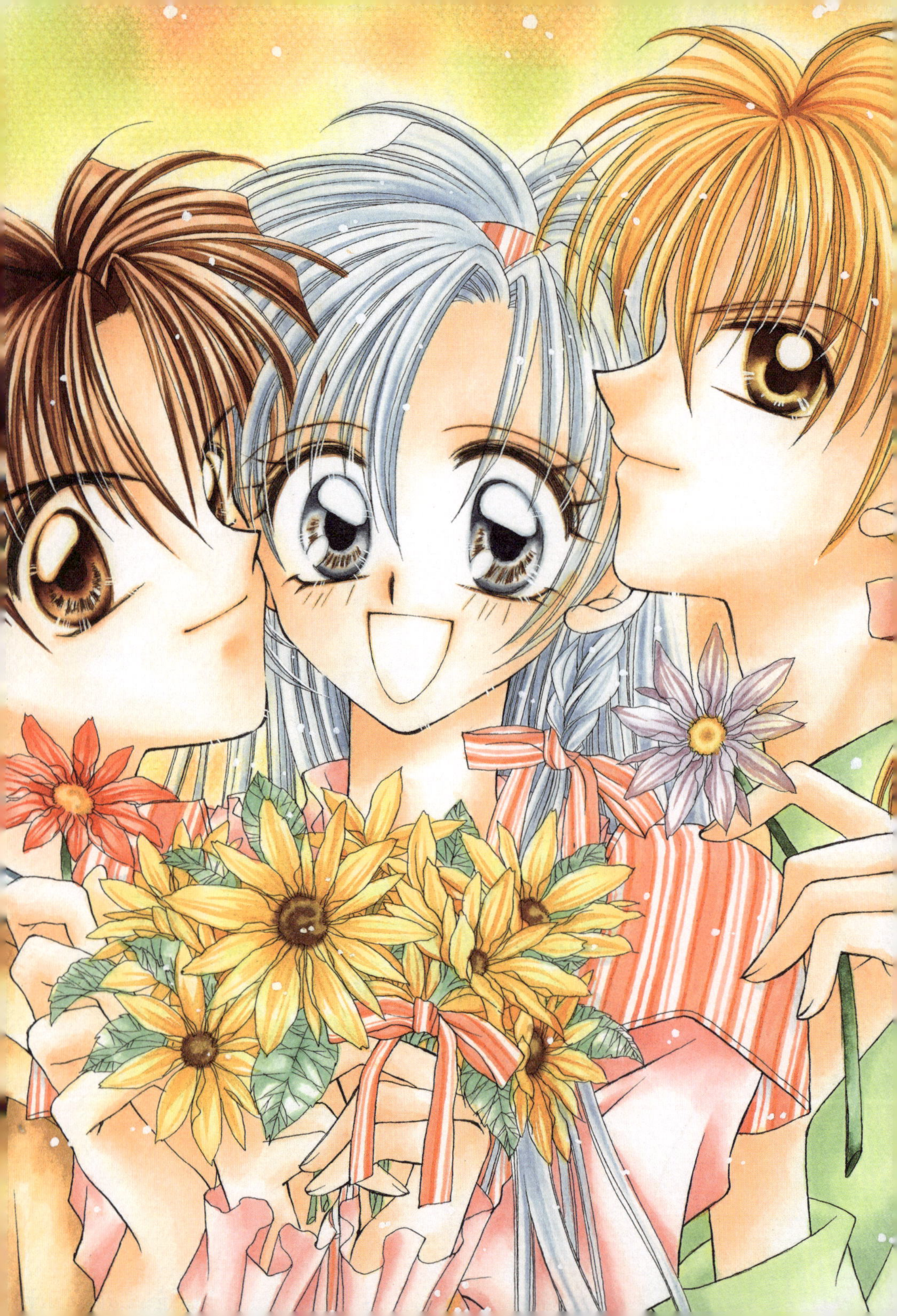

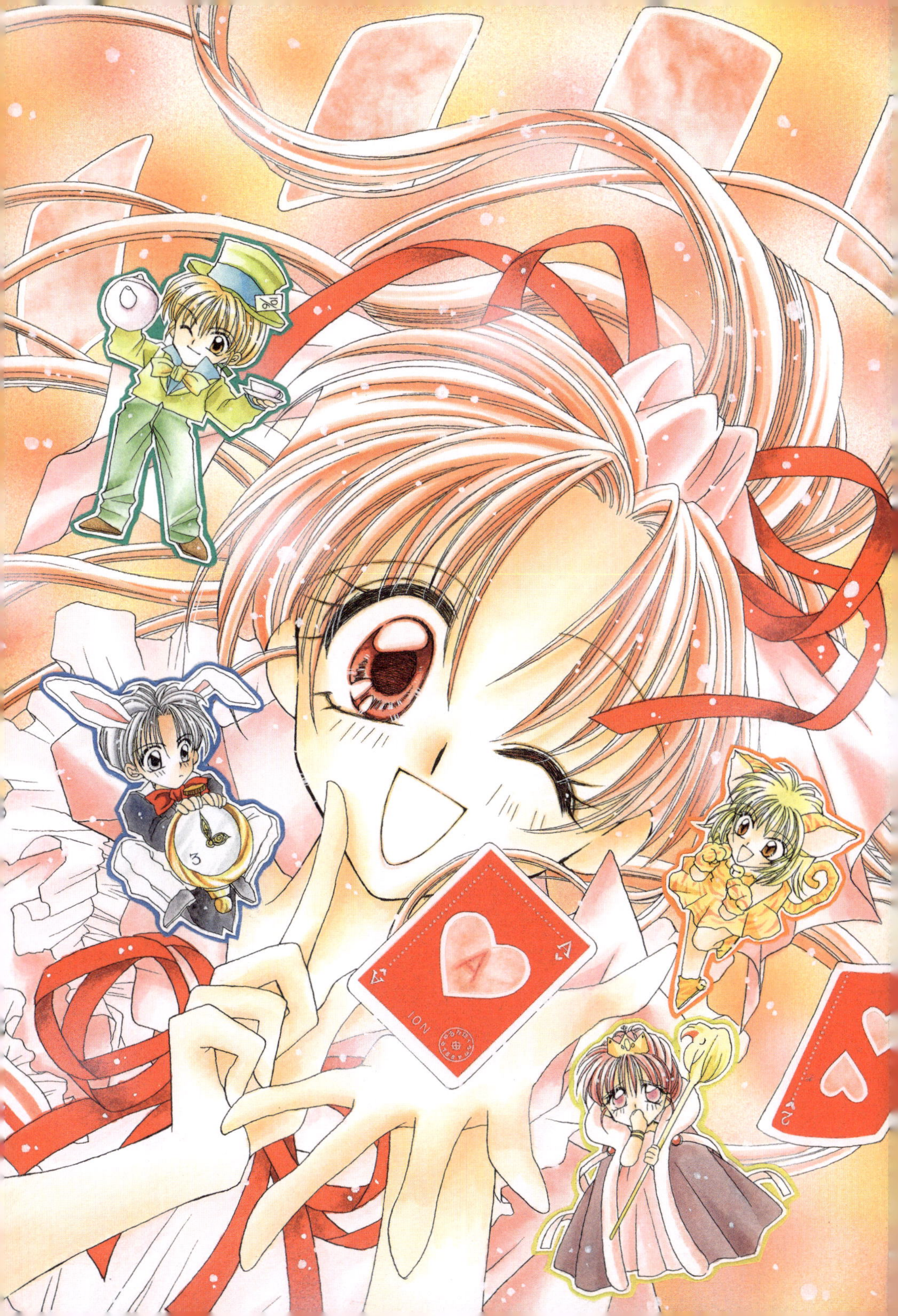

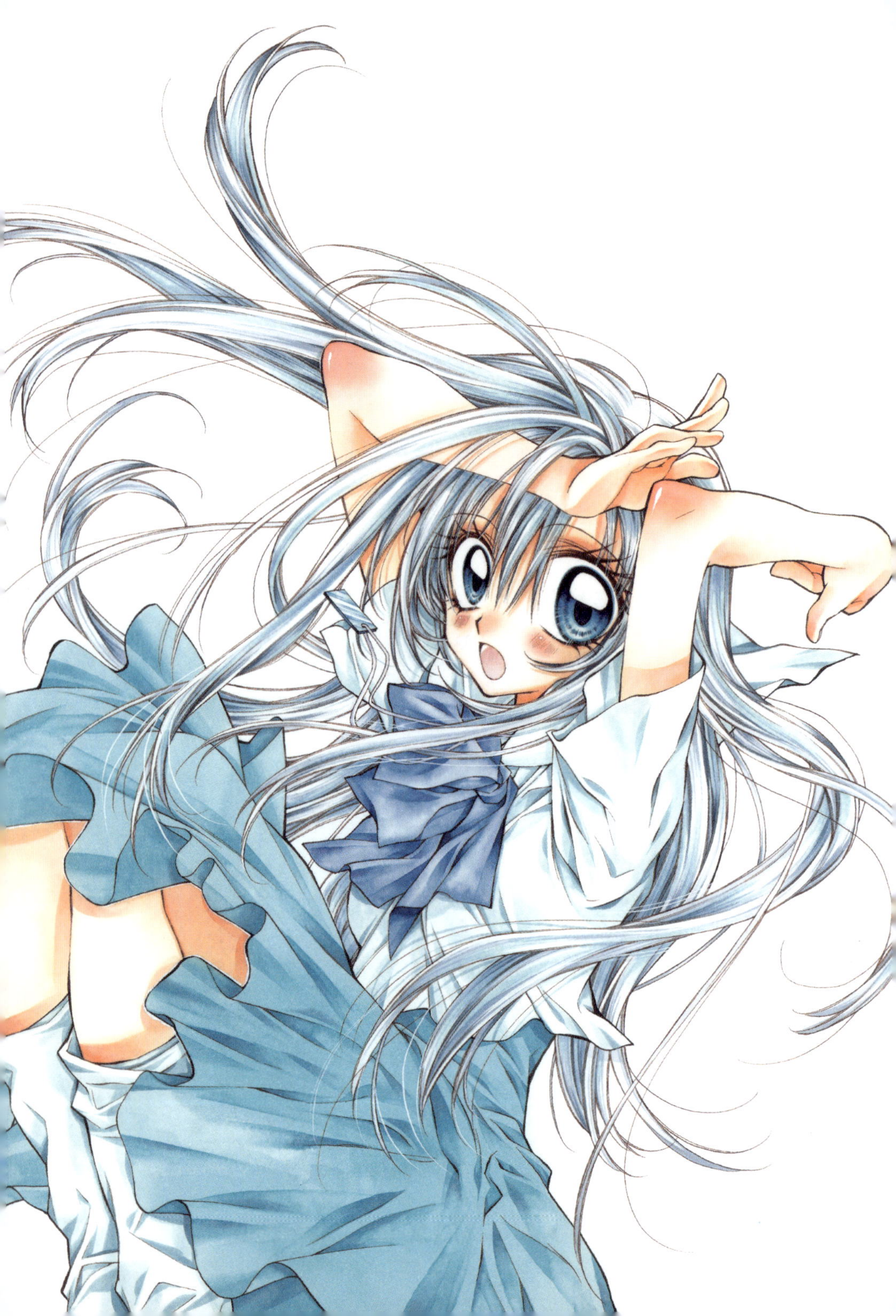

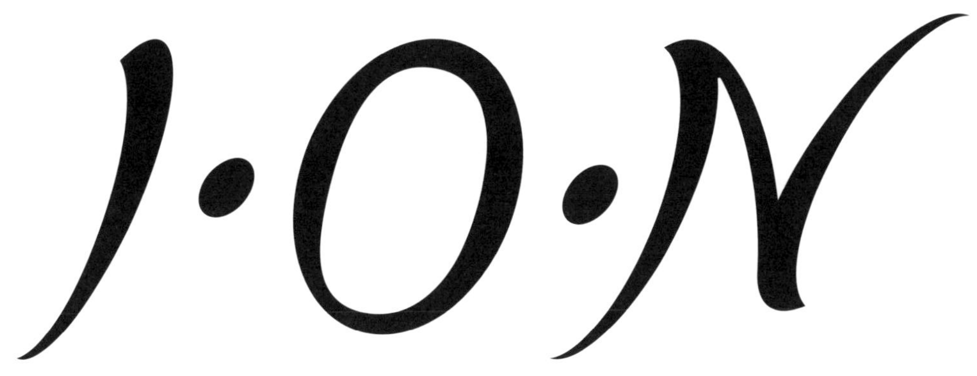

ARINA TANEMURA

Inhalt

I·O·N

Schon als kleines Kind glaubte ich an diese geheimnisvolle Kraft.

Wenn du in Schwierigkeiten steckst oder dir etwas wünschst ...

... rufe statt „Eins, Zwei, Drei“ deinen eigenen Namen ...

... und es wird etwas Gutes geschehen.

Ganz gleich ...

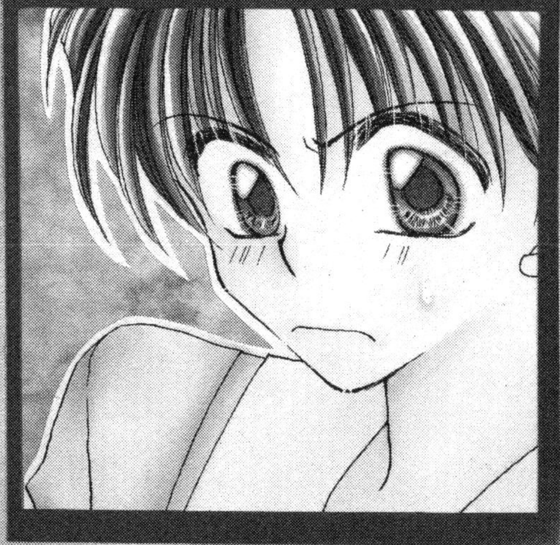

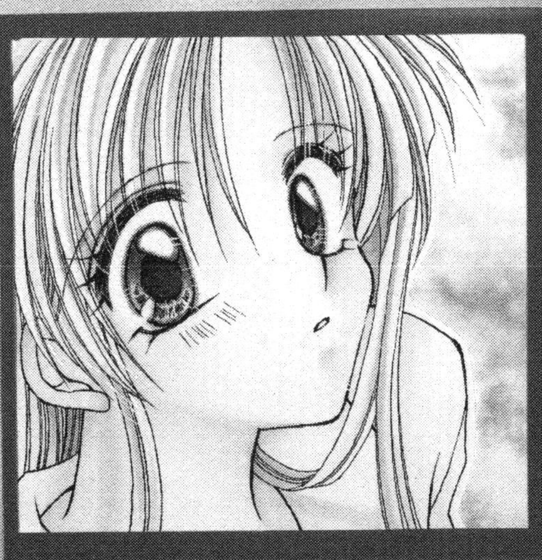

... ob es etwas Kleines oder Weltbewegendes ist ...

... für mich wird es immer ein Wunder sein!

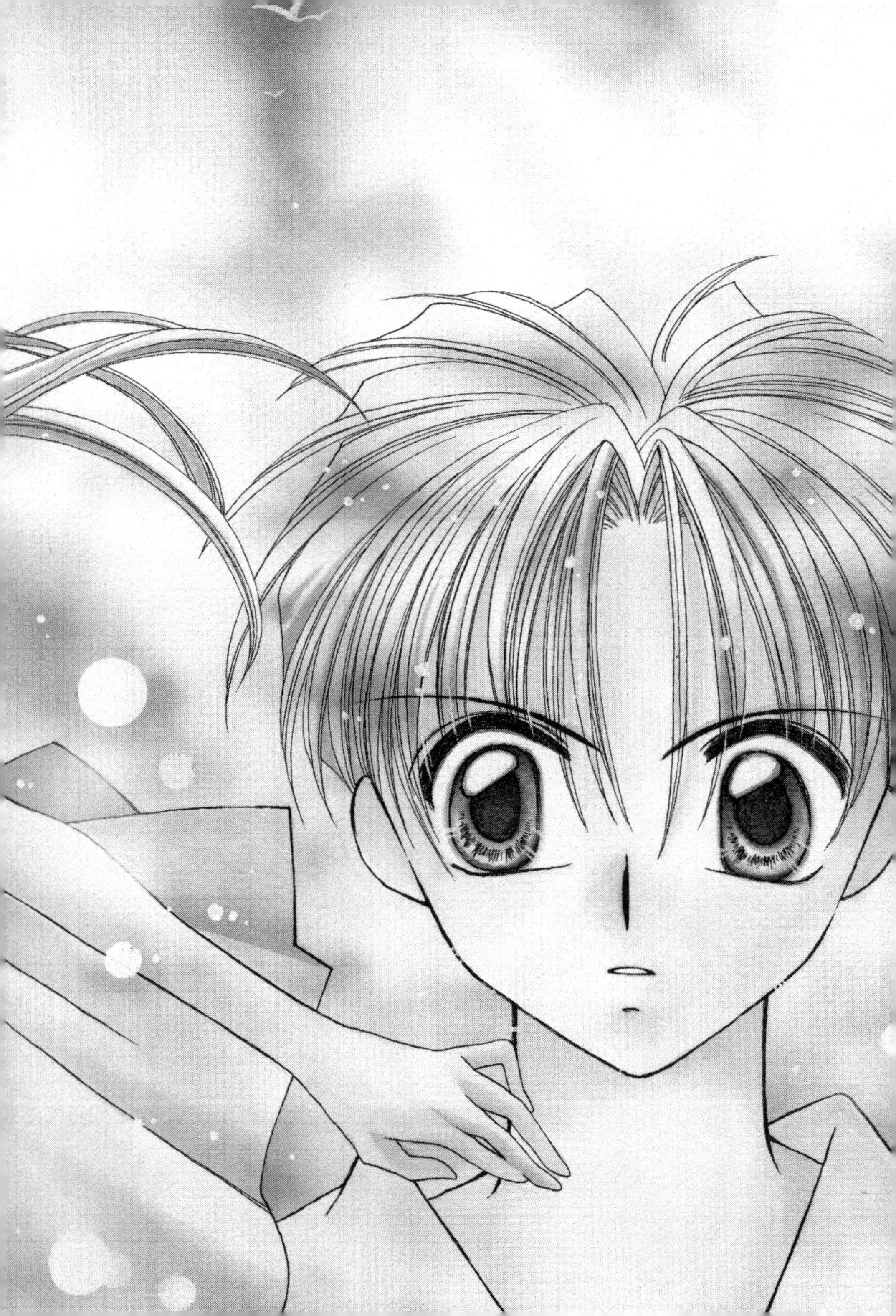

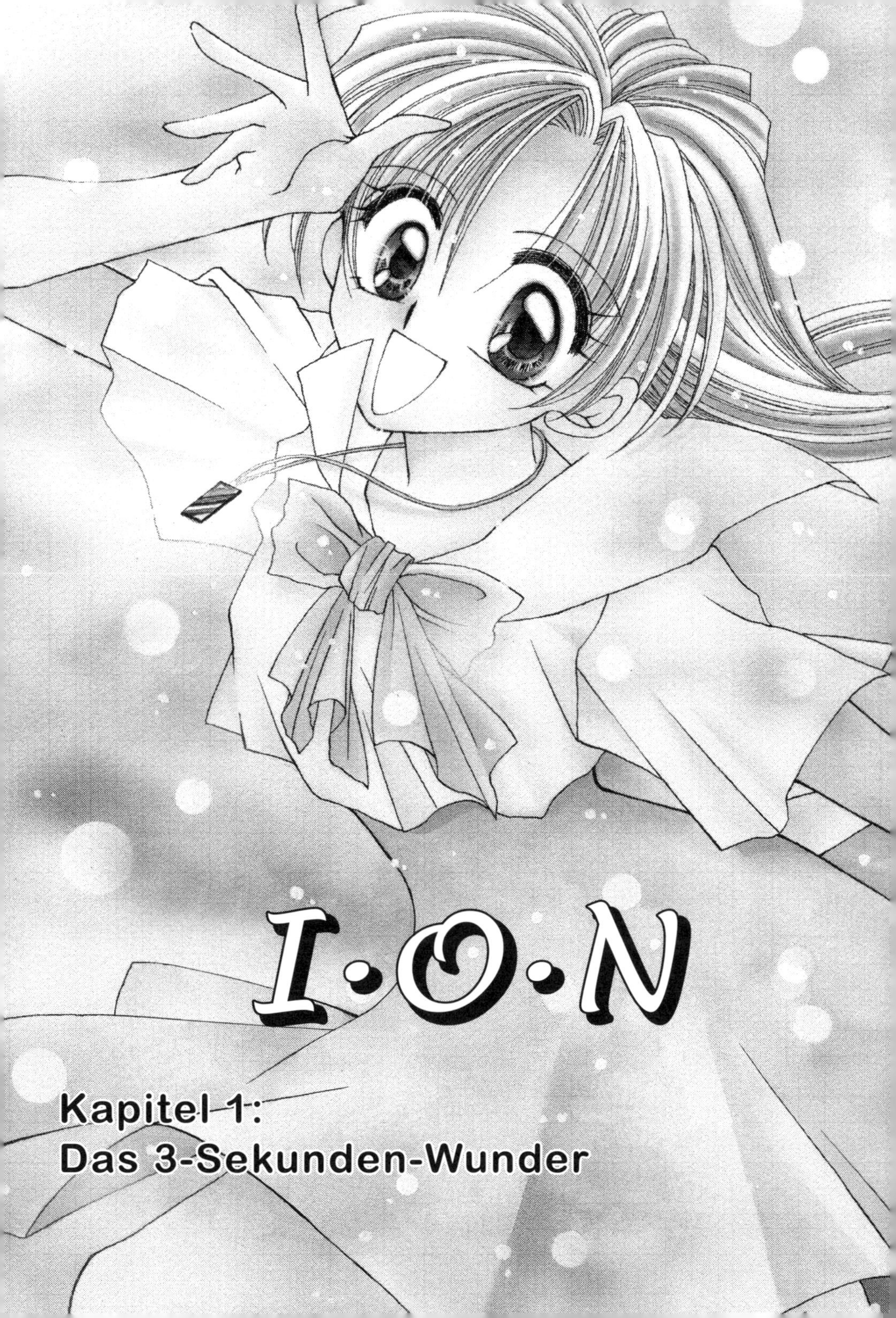
I·O·N
Kapitel 1:
Das 3-Sekunden-Wunder

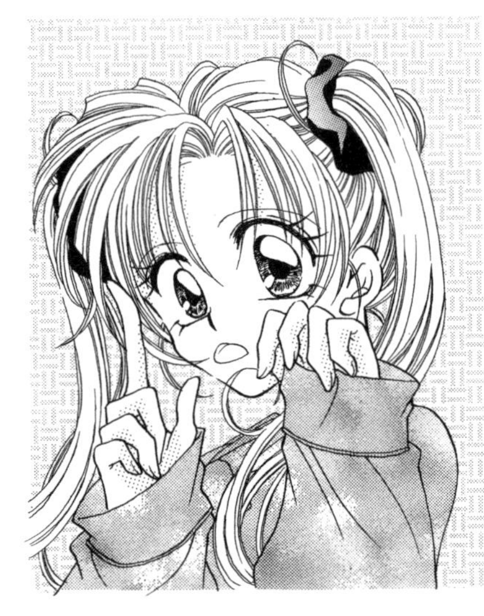

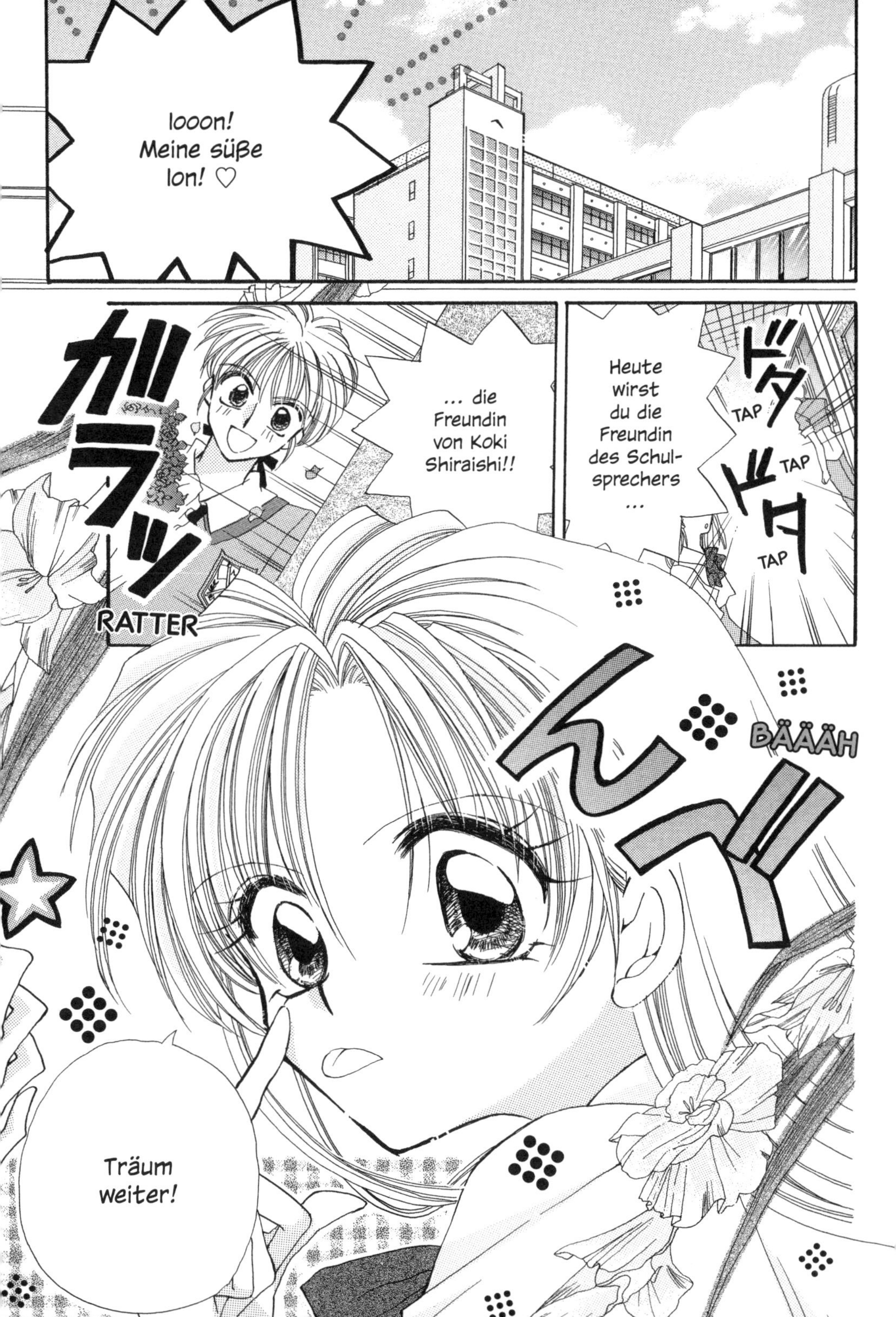
Iooon!
Meine süße
Ion! ♡
Heute
wirst
du die
Freundin
des Schul-
sprechers
...
ドダ
TAP
TAP
ドダ
TAP
... die
Freundin
von Koki
Shiraishi!!
ガラッ
RATTER
んべー
BÄÄÄH
Träum
weiter!

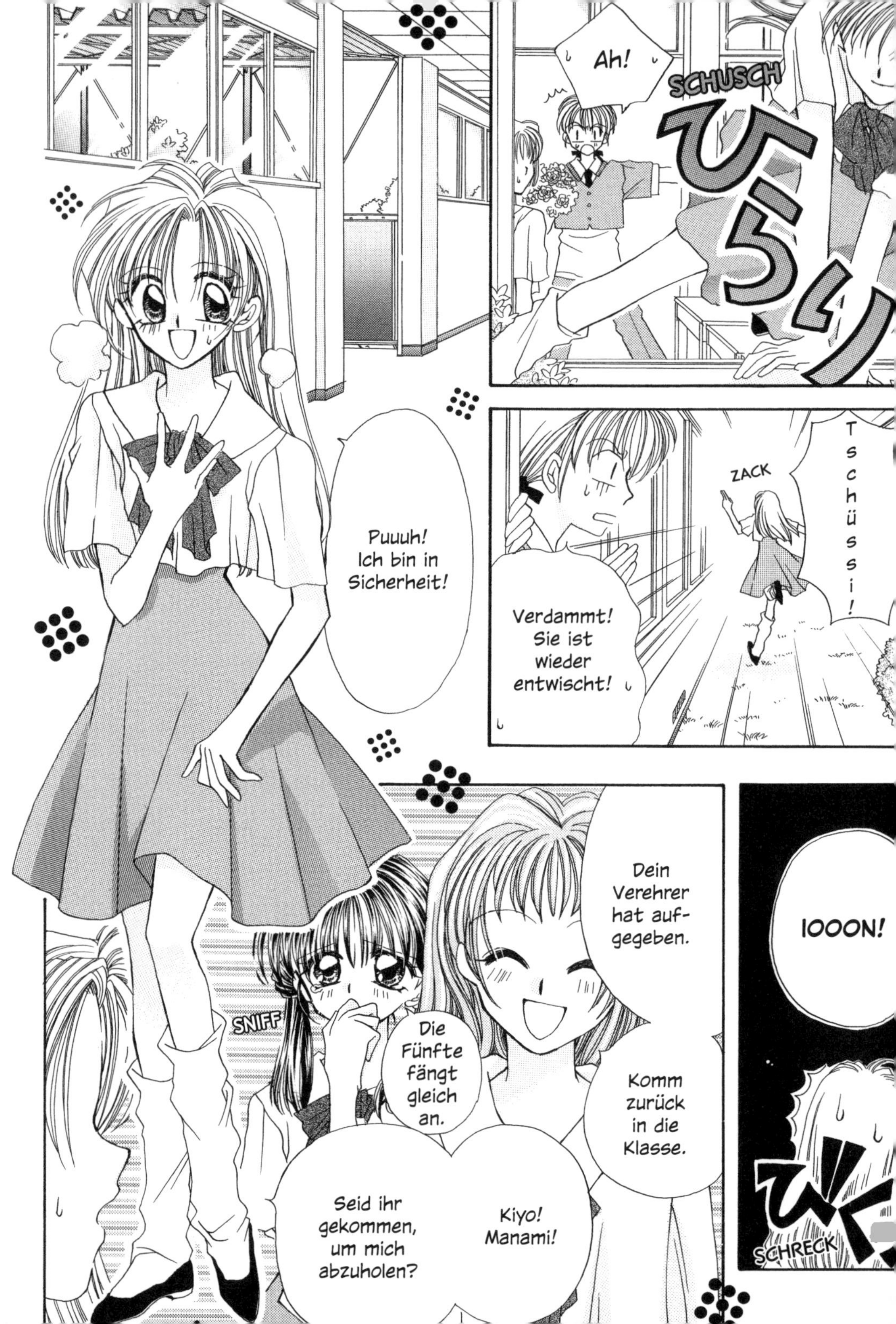
Ah!
SCHUSCH
Tschüssi!
ZACK
Verdammt! Sie ist wieder entwischt!
Puuuh! Ich bin in Sicherheit!
IOOON!
SCHRECK
Dein Verehrer hat aufgegeben.
Komm zurück in die Klasse.
Die Fünfte fängt gleich an.
SNIFF
Kiyo! Manami!
Seid ihr gekommen, um mich abzuholen?

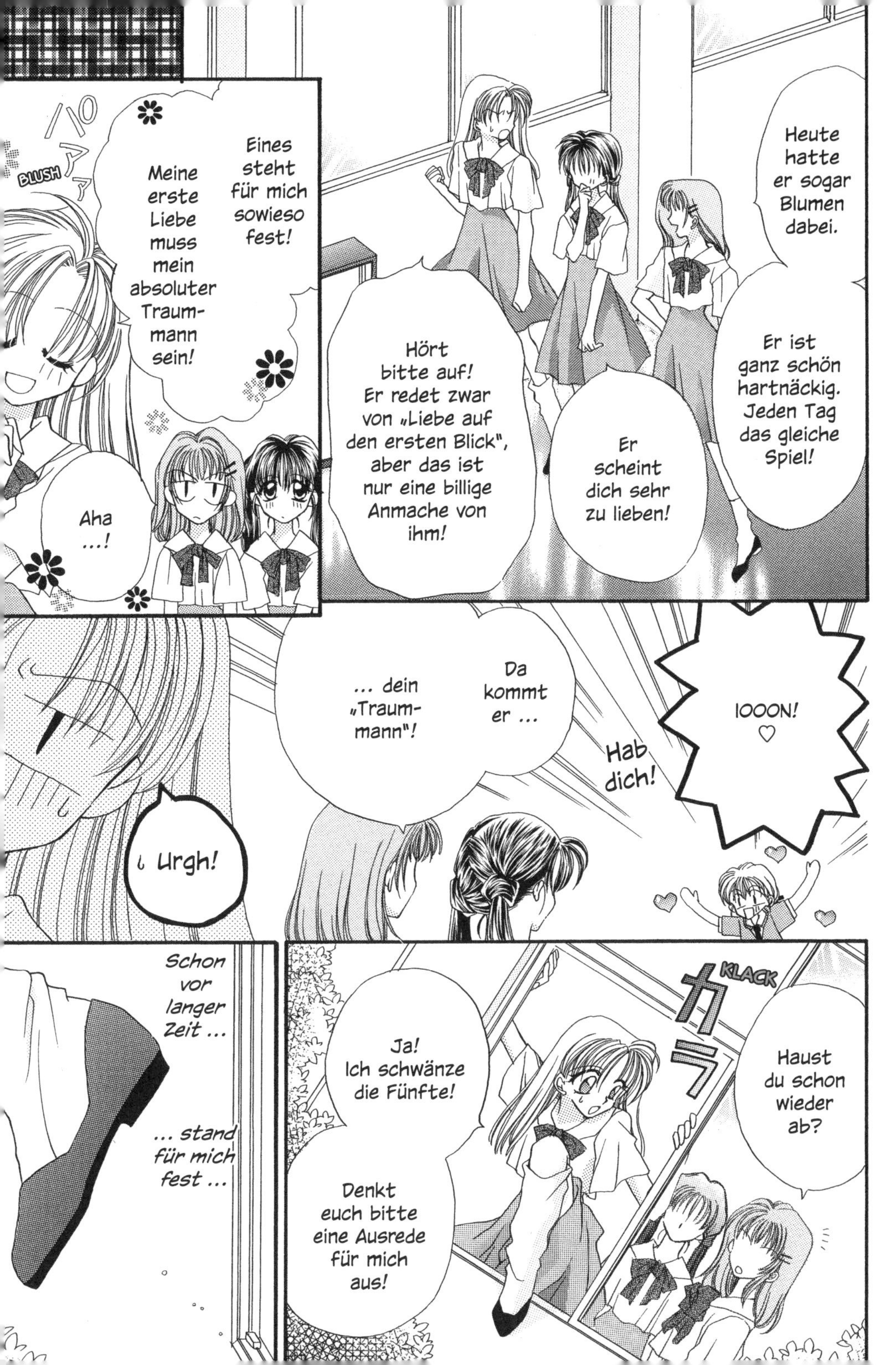
Heute hatte er sogar Blumen dabei.
Er ist ganz schön hartnäckig. Jeden Tag das gleiche Spiel!
Er scheint dich sehr zu lieben!
Hört bitte auf! Er redet zwar von „Liebe auf den ersten Blick", aber das ist nur eine billige Anmache von ihm!
Eines steht für mich sowieso fest!
Meine erste Liebe muss mein absoluter Traummann sein!
BLUSH
Aha …!
IOOON! ♡
Hab dich!
Da kommt er …
… dein „Traummann"!
¿ Urgh!
KLACK
Haust du schon wieder ab?
Ja! Ich schwänze die Fünfte!
Denkt euch bitte eine Ausrede für mich aus!
Schon vor langer Zeit …
… stand für mich fest …

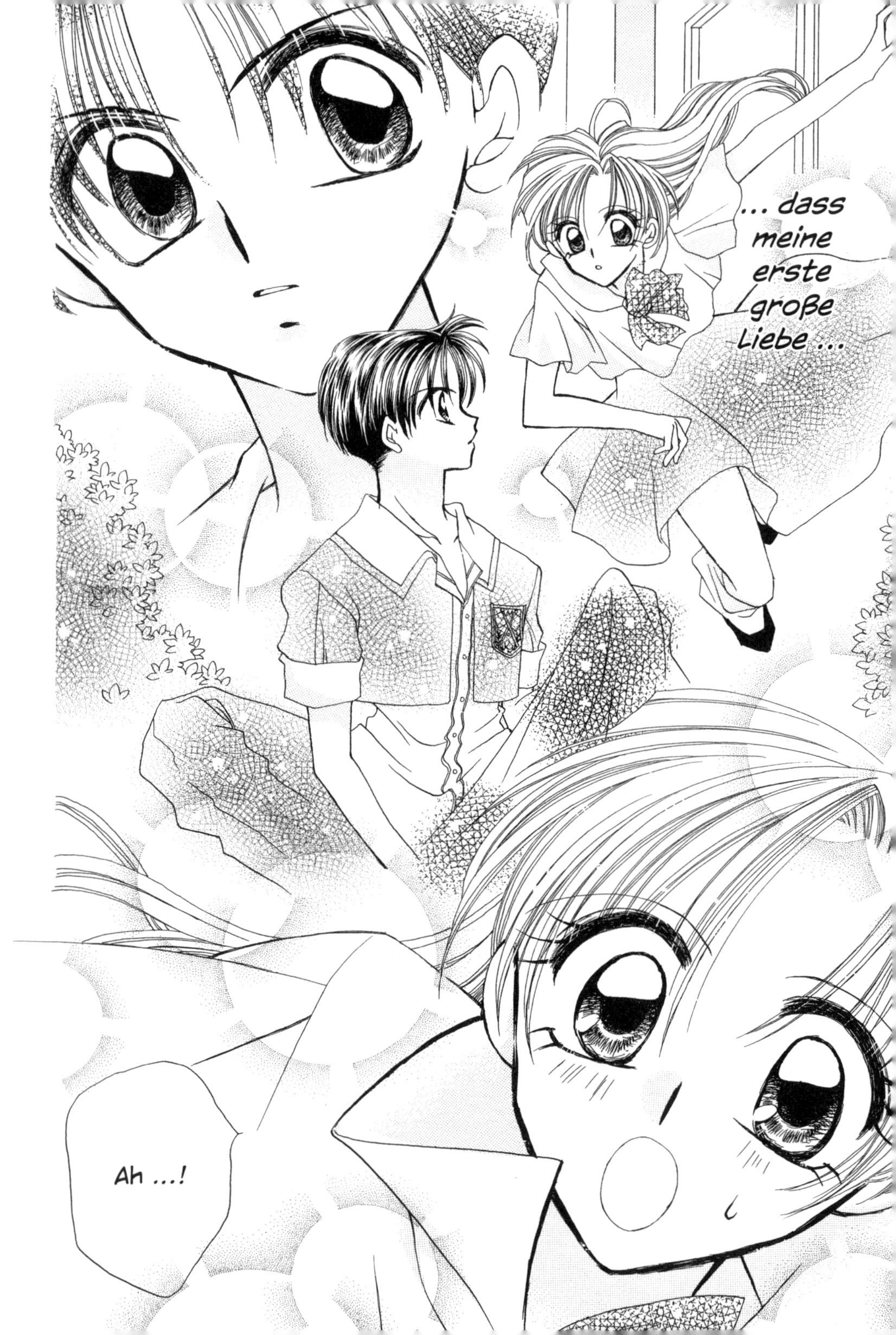
... dass meine erste große Liebe ...
Ah ...!

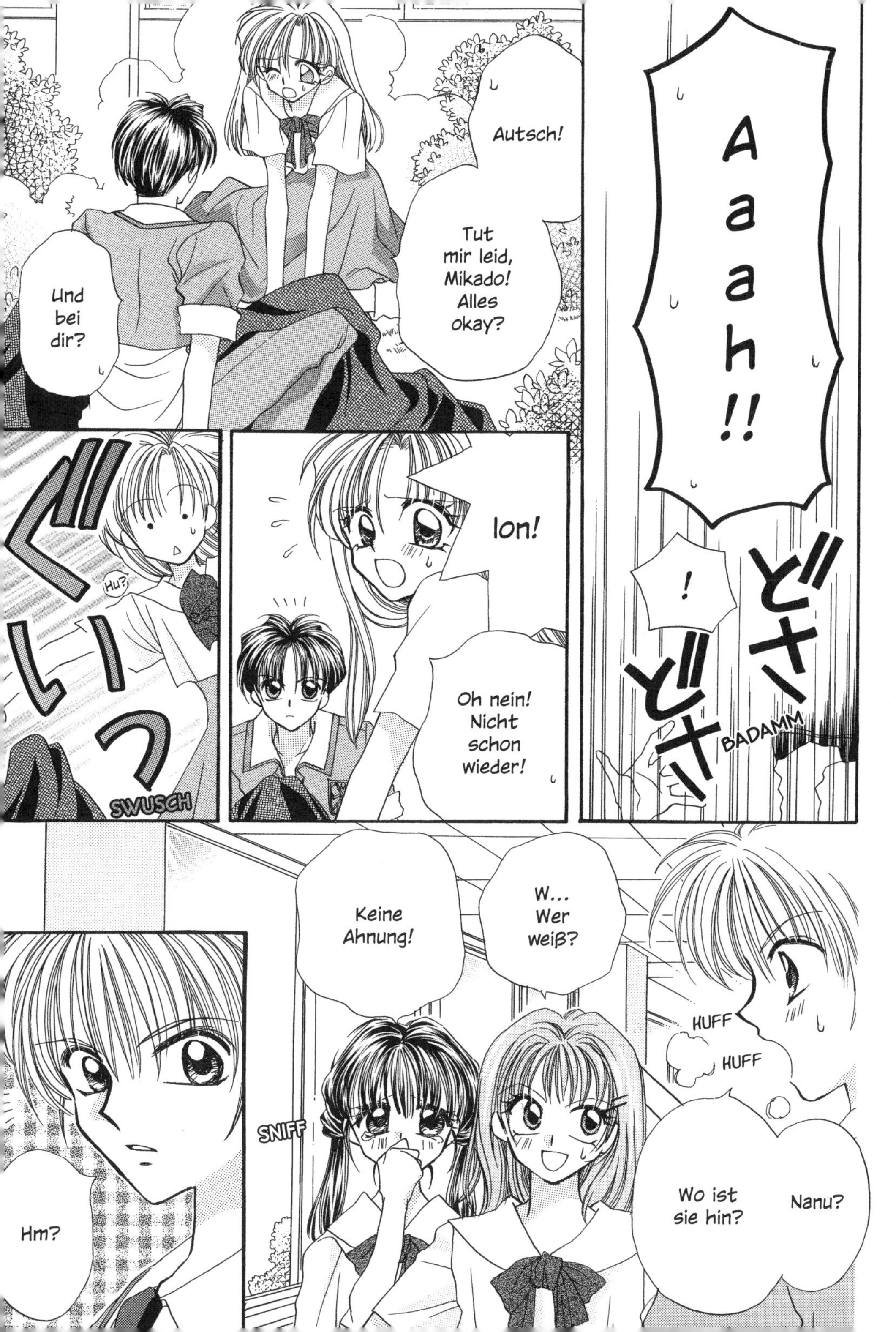
Aaah!!
!
どさ
どさ
BADAMM
Autsch!
Tut mir leid, Mikado! Alles okay?
Und bei dir?
Ion!
Oh nein! Nicht schon wieder!
Hu?
ぐいっ
SWUSCH
Nanu?
Wo ist sie hin?
HUFF
HUFF
W… Wer weiß?
Keine Ahnung!
SNIFF
Hm?

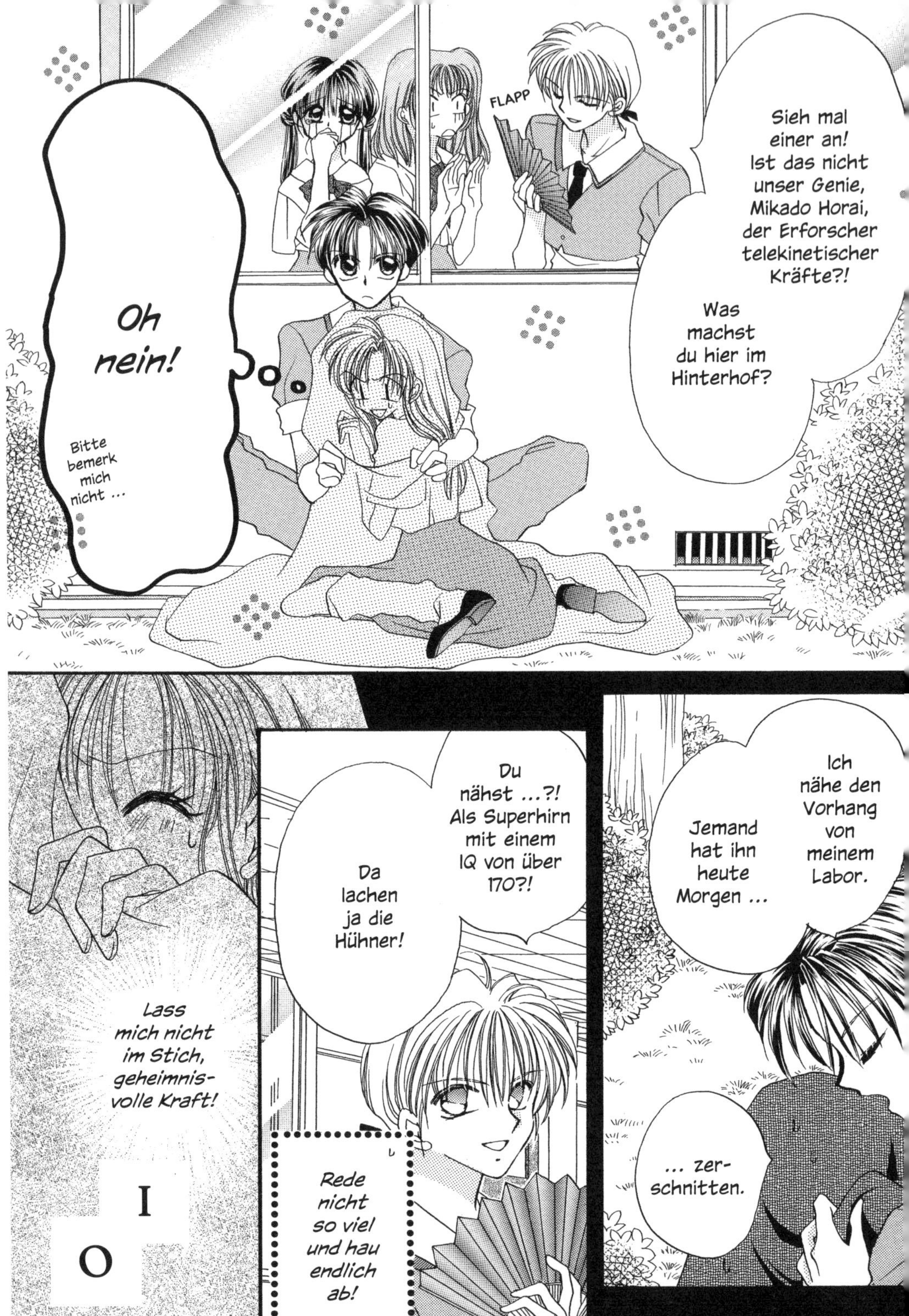
Sieh mal einer an! Ist das nicht unser Genie, Mikado Horai, der Erforscher telekinetischer Kräfte?!
Was machst du hier im Hinterhof?
FLAPP
Oh nein!
Bitte bemerk mich nicht ...
Ich nähe den Vorhang von meinem Labor.
Jemand hat ihn heute Morgen ...
... zer-schnitten.
Du nähst ...?! Als Superhirn mit einem IQ von über 170?!
Da lachen ja die Hühner!
Rede nicht so viel und hau endlich ab!
Lass mich nicht im Stich, geheimnis-volle Kraft!
I
O

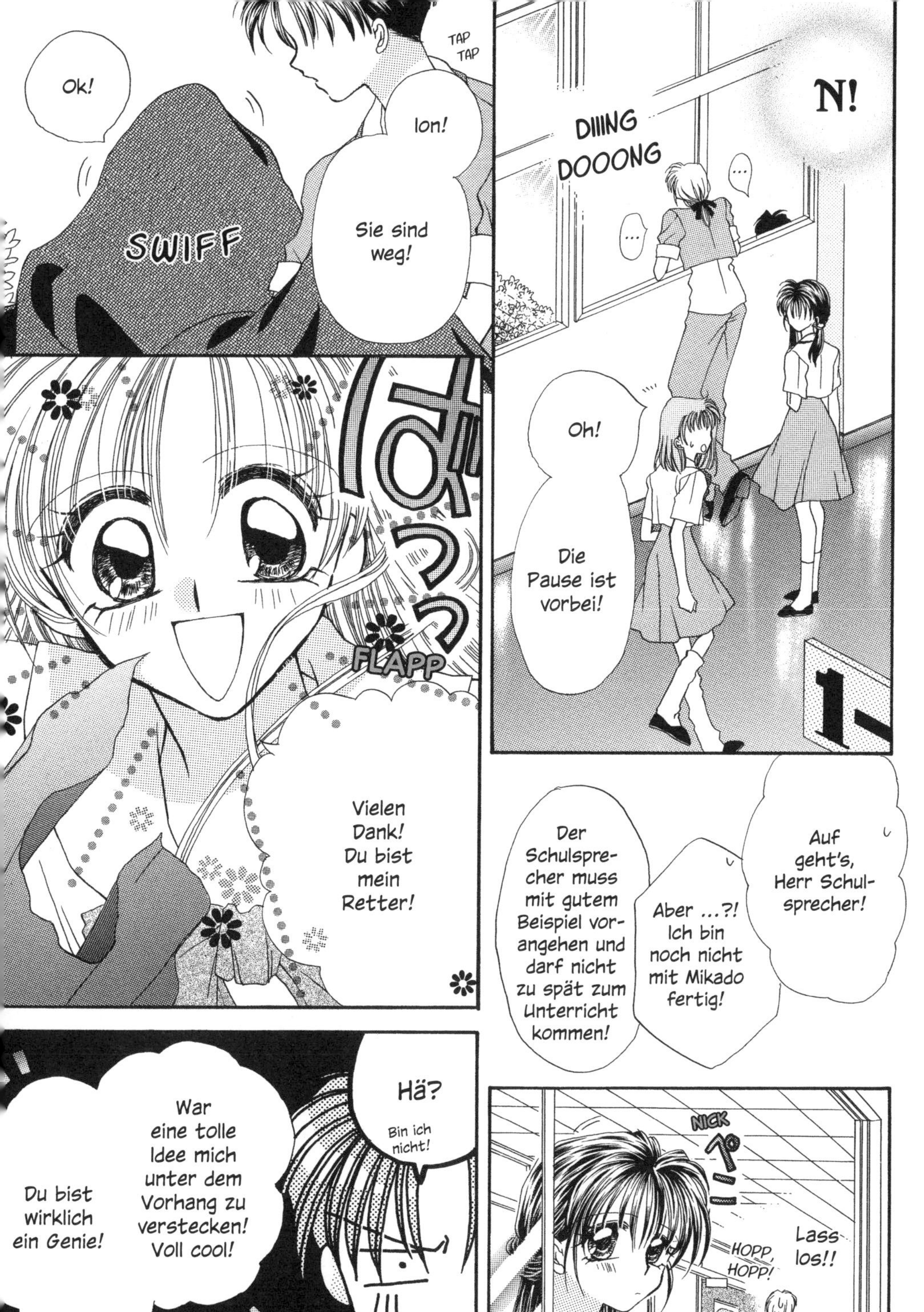
N!
DIIING DOOONG
...
...
TAP TAP
Ion!
Sie sind weg!
Ok!
SWIFF
Oh!
Die Pause ist vorbei!
FLAPP
Vielen Dank! Du bist mein Retter!
Auf geht's, Herr Schulsprecher!
Aber ...?! Ich bin noch nicht mit Mikado fertig!
Der Schulsprecher muss mit gutem Beispiel vorangehen und darf nicht zu spät zum Unterricht kommen!
NICK
Lass los!!
HOPP, HOPP!
Hä?
Bin ich nicht!
War eine tolle Idee mich unter dem Vorhang zu verstecken! Voll cool!
Du bist wirklich ein Genie!

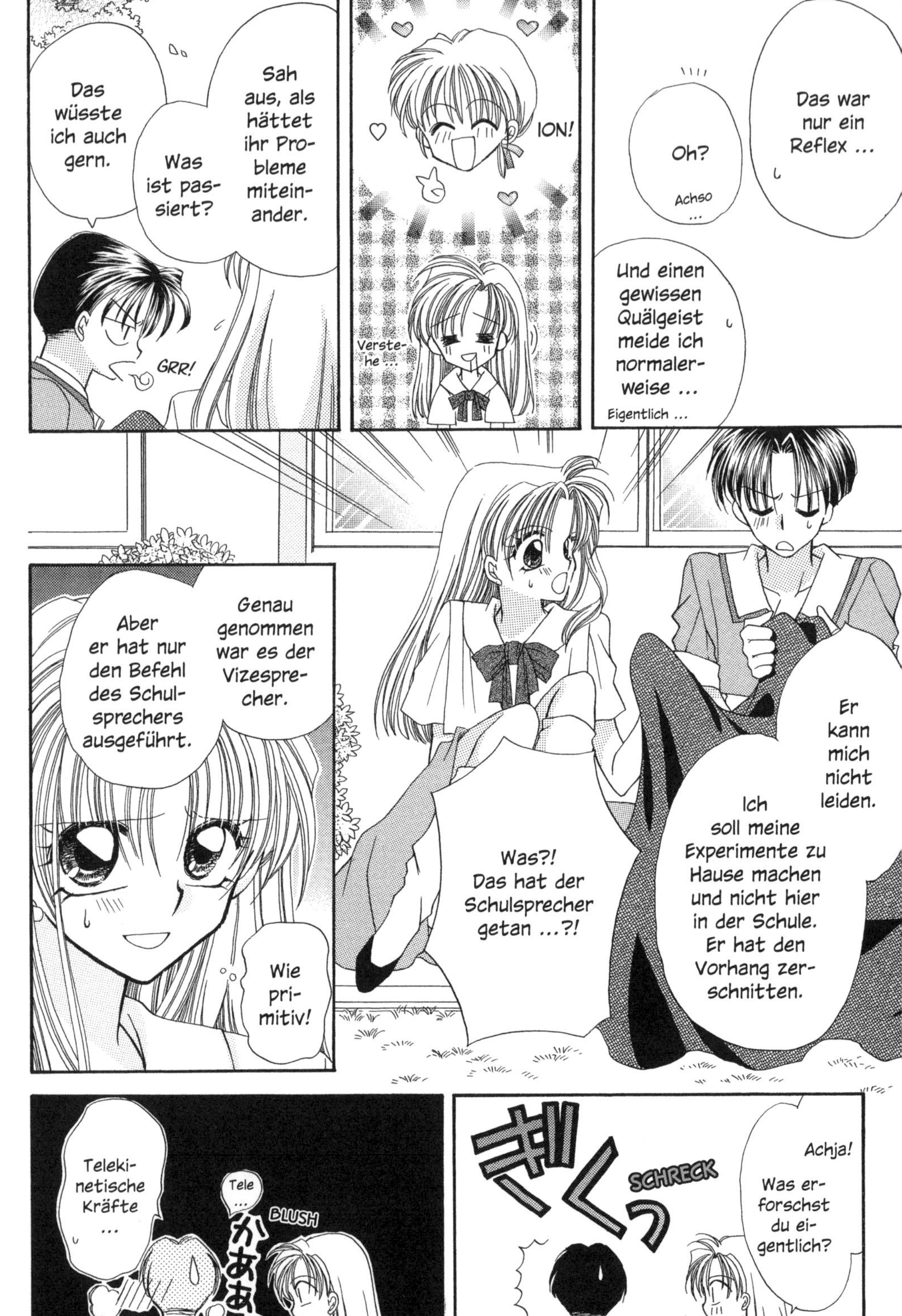
Das war nur ein Reflex ...
Oh?
Achso ...
Und einen gewissen Quälgeist meide ich normalerweise ...
Eigentlich ...
ION!
Verstehe ...
Sah aus, als hättet ihr Probleme miteinander.
Was ist passiert?
Das wüsste ich auch gern.
GRR!
Er kann mich nicht leiden.
Ich soll meine Experimente zu Hause machen und nicht hier in der Schule. Er hat den Vorhang zerschnitten.
Was?! Das hat der Schulsprecher getan ...?!
Genau genommen war es der Vizesprecher.
Aber er hat nur den Befehl des Schulsprechers ausgeführt.
Wie primitiv!
Achja!
Was erforschst du eigentlich?
ぎくっ
SCHRECK
Telekinetische Kräfte ...
Tele ...
かあぁっ
BLUSH

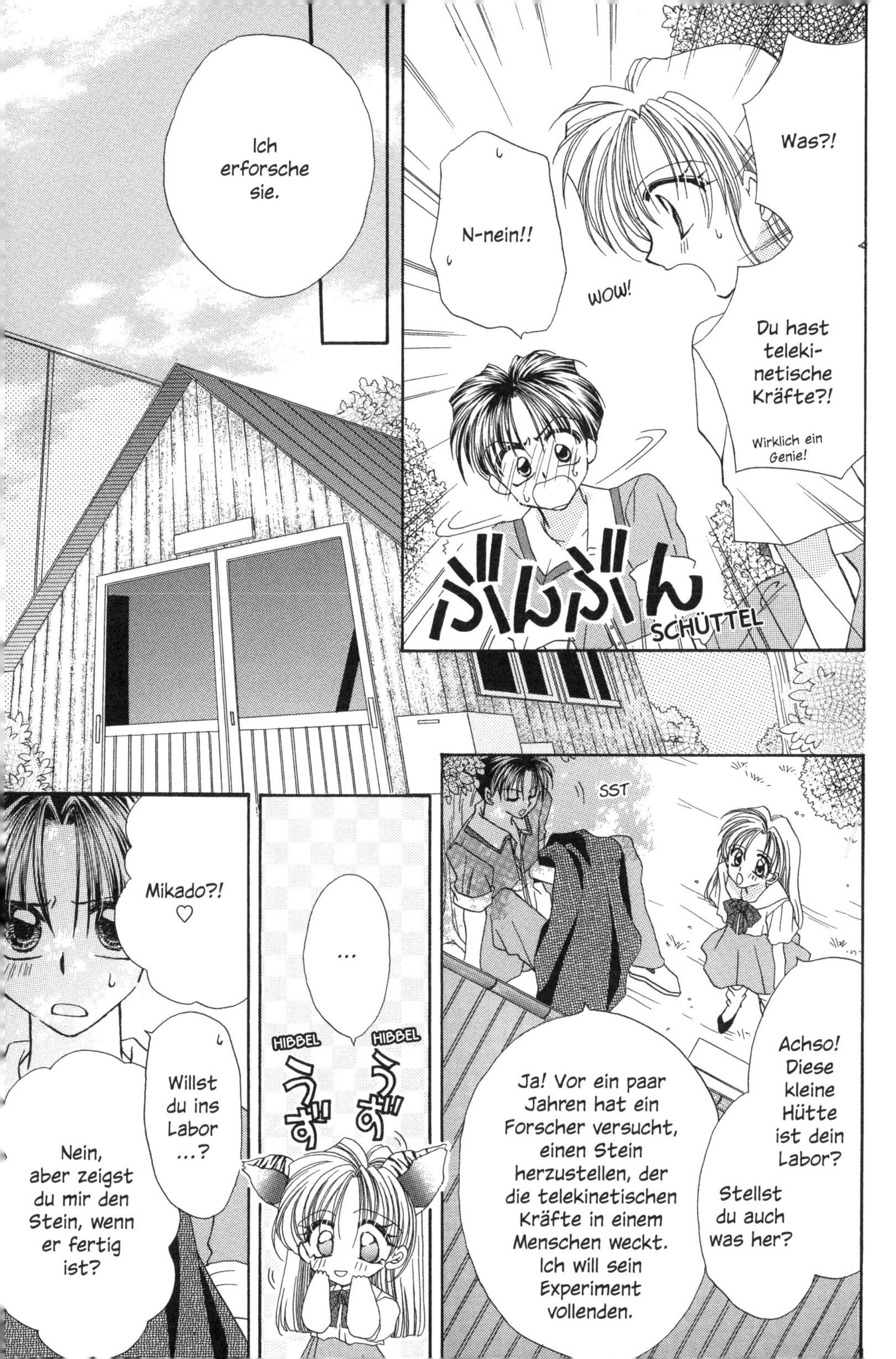
Was?!
N-nein!!
WOW!
Du hast telekinetische Kräfte?!
Wirklich ein Genie!
ぶんぶん
SCHÜTTEL
Ich erforsche sie.
SST
Achso! Diese kleine Hütte ist dein Labor?
Stellst du auch was her?
Ja! Vor ein paar Jahren hat ein Forscher versucht, einen Stein herzustellen, der die telekinetischen Kräfte in einem Menschen weckt. Ich will sein Experiment vollenden.
...
HIBBEL
うずうず
HIBBEL
Mikado?! ♡
Willst du ins Labor ...?
Nein, aber zeigst du mir den Stein, wenn er fertig ist?

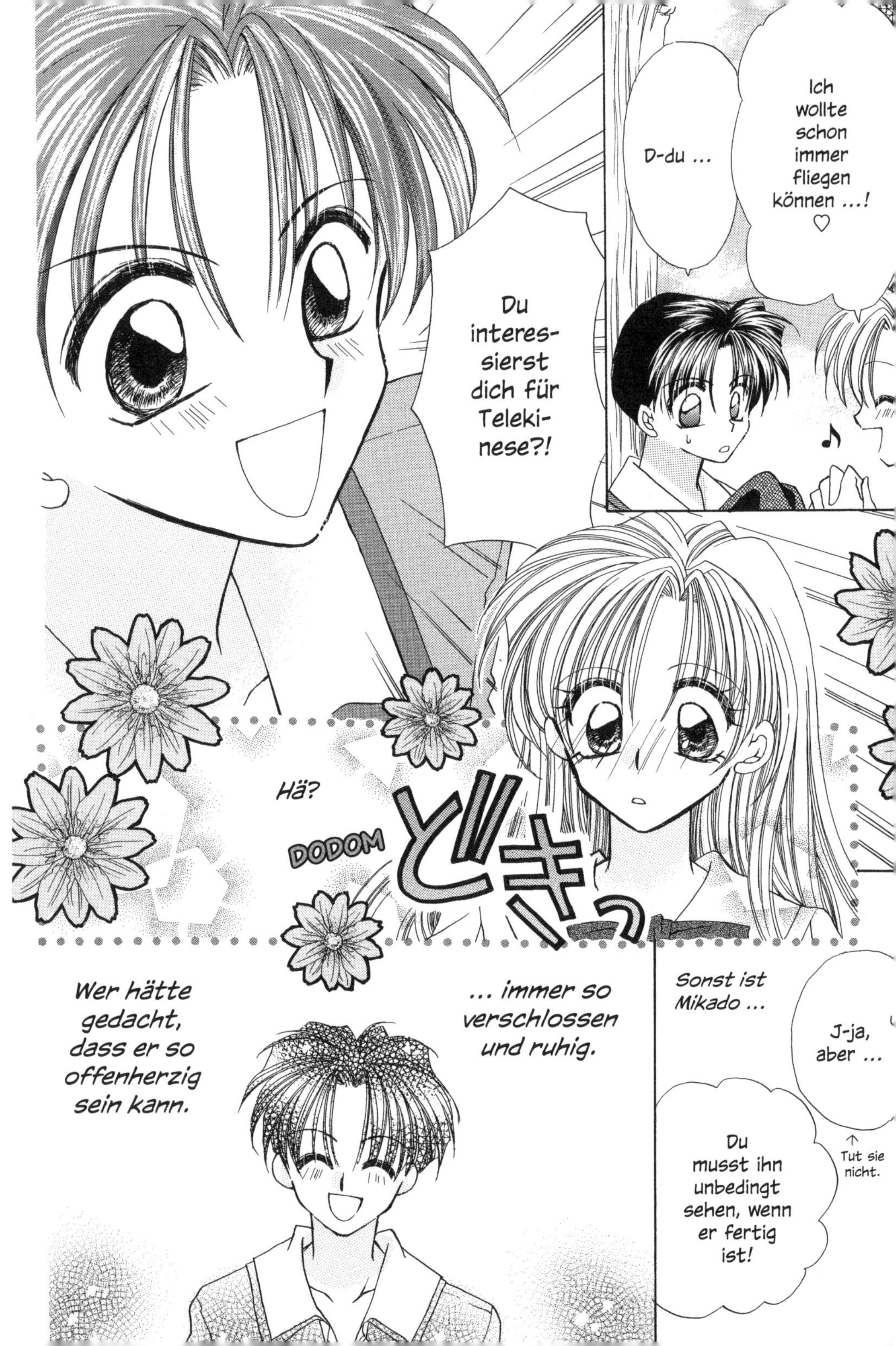
Ich wollte schon immer fliegen können ...! ♡
D-du ...
Du interessierst dich für Telekinese?!
Hä?
DODOM
どきっ
J-ja, aber ...
↑ Tut sie nicht.
Du musst ihn unbedingt sehen, wenn er fertig ist!
Sonst ist Mikado ...
... immer so verschlossen und ruhig.
Wer hätte gedacht, dass er so offenherzig sein kann.

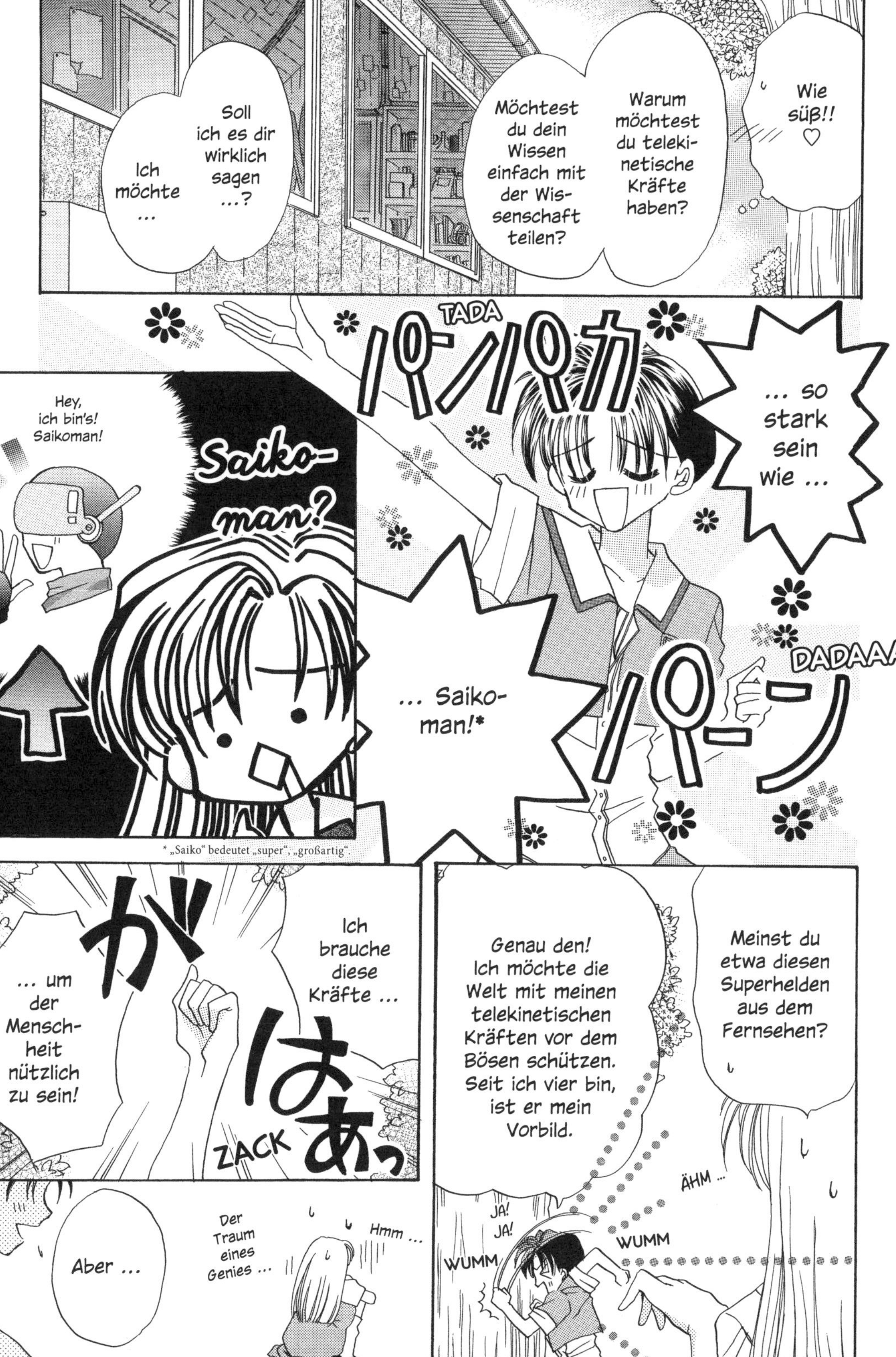

* „Saiko“ bedeutet „super“, „großartig“.

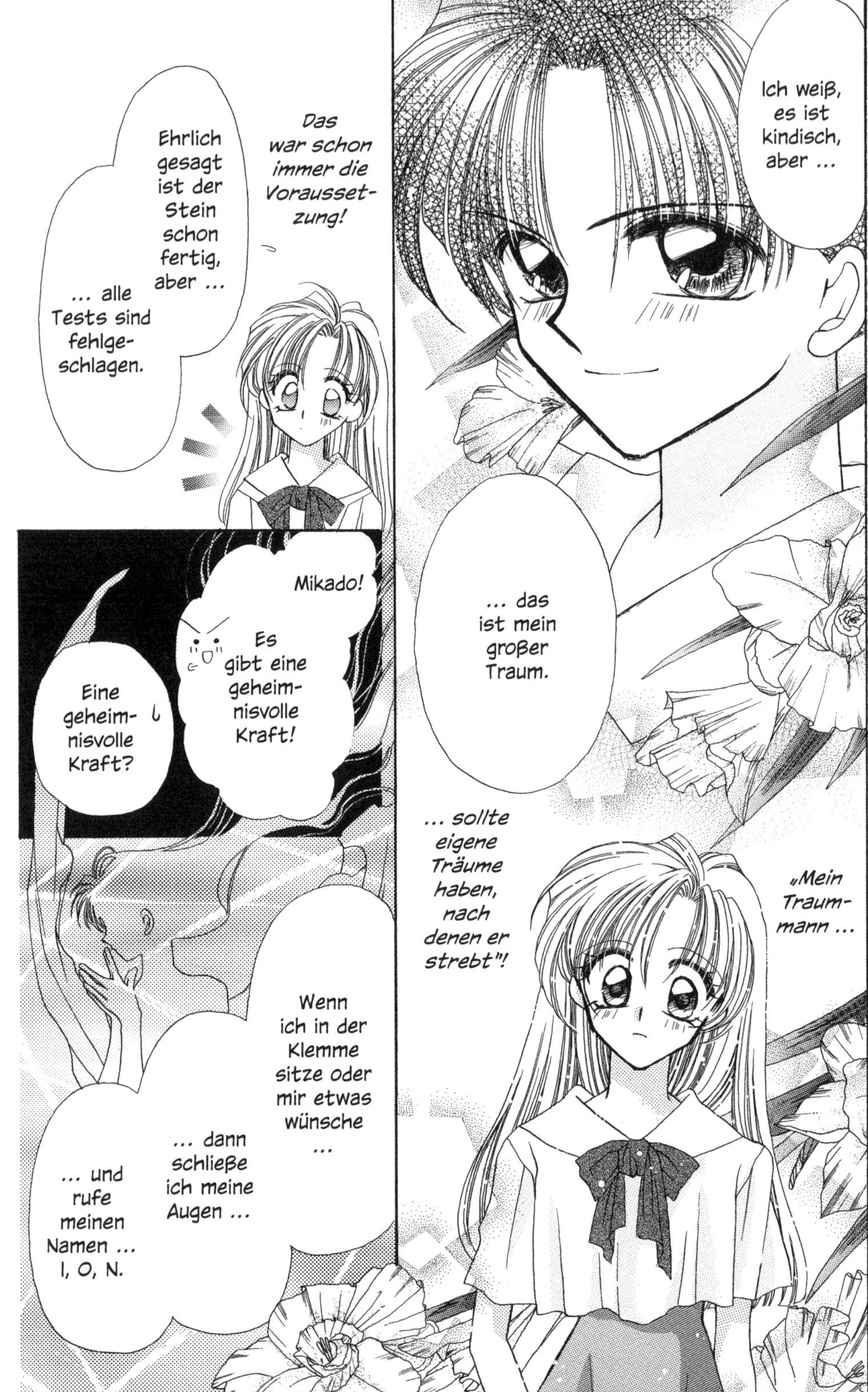
Ich weiß, es ist kindisch, aber ...
... das ist mein großer Traum.
„Mein Traummann ...
... sollte eigene Träume haben, nach denen er strebt"!
Das war schon immer die Voraussetzung!
Ehrlich gesagt ist der Stein schon fertig, aber ...
... alle Tests sind fehlgeschlagen.
Mikado!
Es gibt eine geheimnisvolle Kraft!
Eine geheimnisvolle Kraft?
Wenn ich in der Klemme sitze oder mir etwas wünsche ...
... dann schließe ich meine Augen ...
... und rufe meinen Namen ... I, O, N.

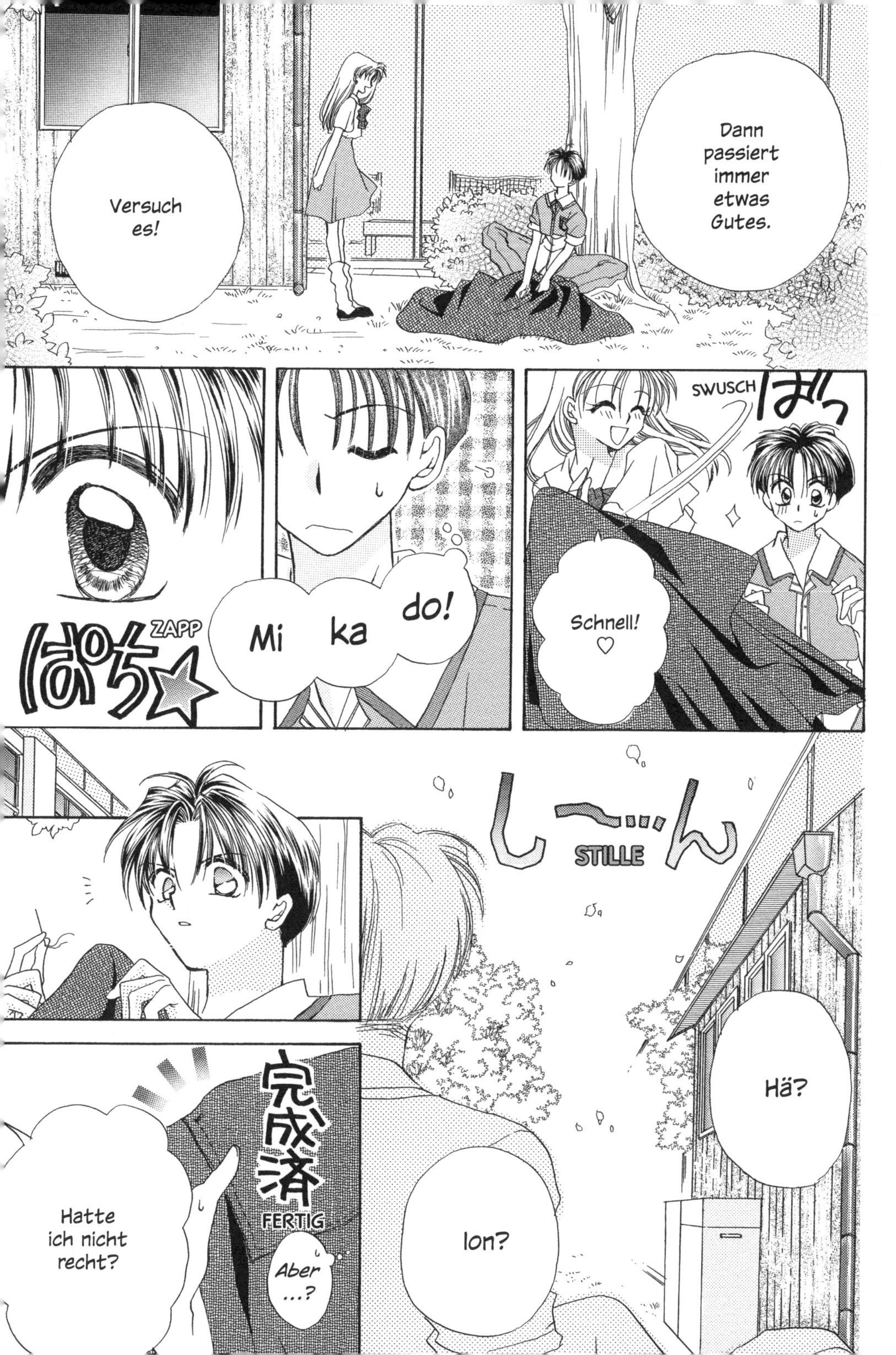
Dann passiert immer etwas Gutes.
Versuch es!
SWUSCH ばっ
Schnell! ♡
Mi ka do!
ぱちっ☆ ZAPP
しーん STILLE
Hä?
Ion?
完成済 FERTIG
Aber …?
Hatte ich nicht recht?

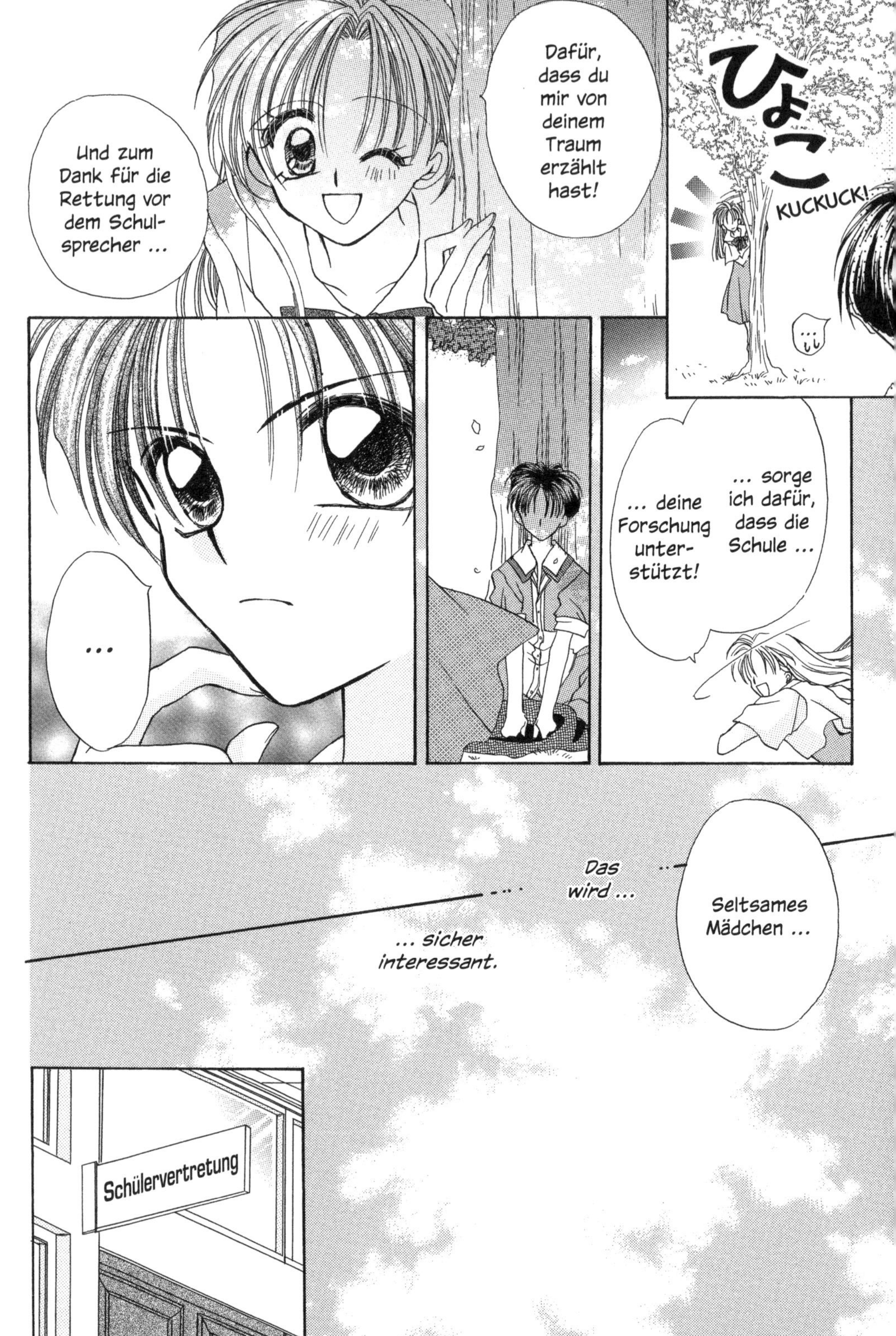
ひょこ
KUCKUCK!
Dafür, dass du mir von deinem Traum erzählt hast!
Und zum Dank für die Rettung vor dem Schulsprecher ...
... sorge ich dafür, dass die Schule ...
... deine Forschung unterstützt!
...
Seltsames Mädchen ...
Das wird ...
... sicher interessant.
Schülervertretung

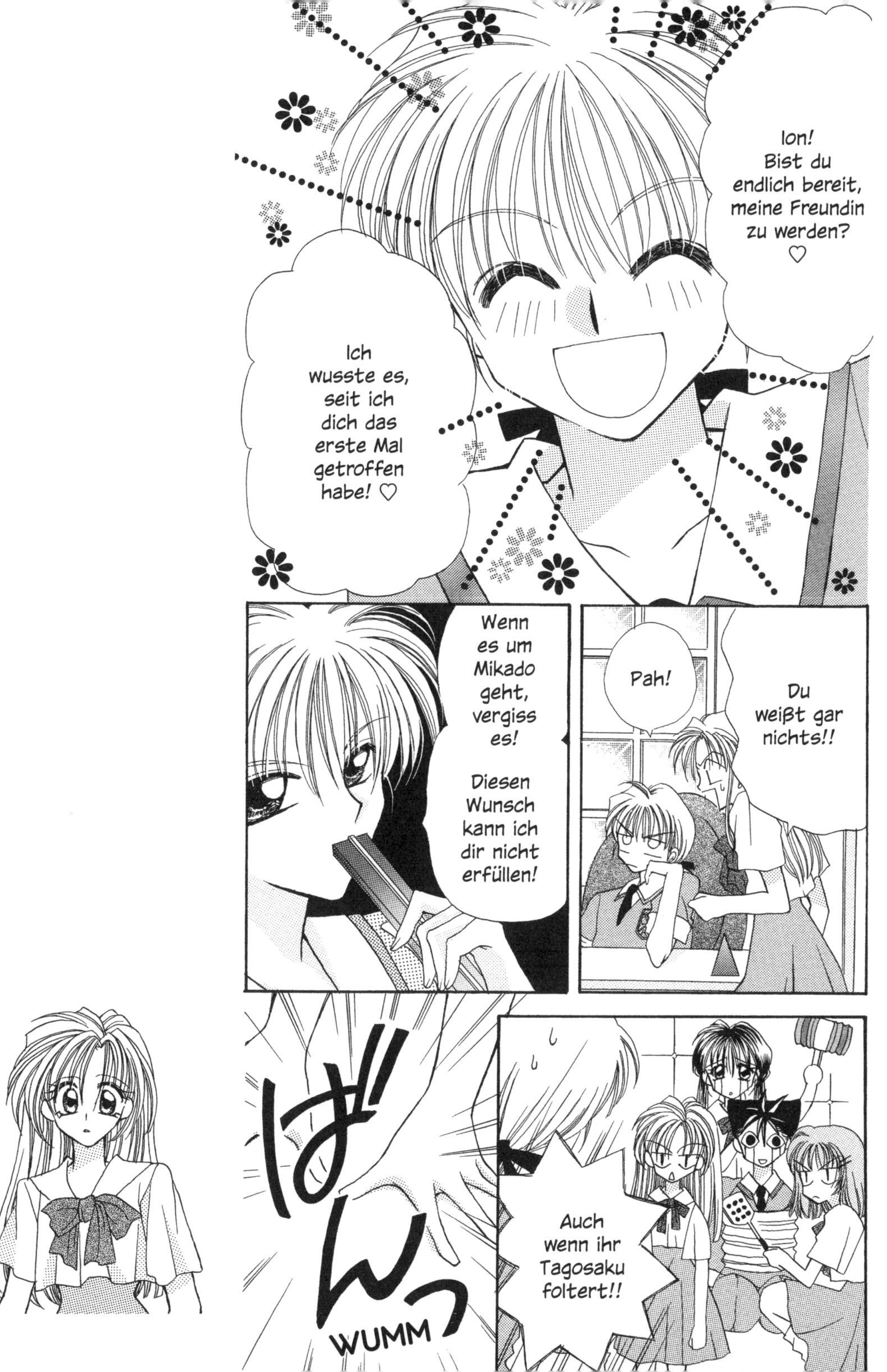
Ion!
Bist du endlich bereit, meine Freundin zu werden? ♡
Ich wusste es, seit ich dich das erste Mal getroffen habe! ♡
Du weißt gar nichts!!
Pah!
Wenn es um Mikado geht, vergiss es!
Diesen Wunsch kann ich dir nicht erfüllen!
Auch wenn ihr Tagosaku foltert!!
ばんっ
WUMM

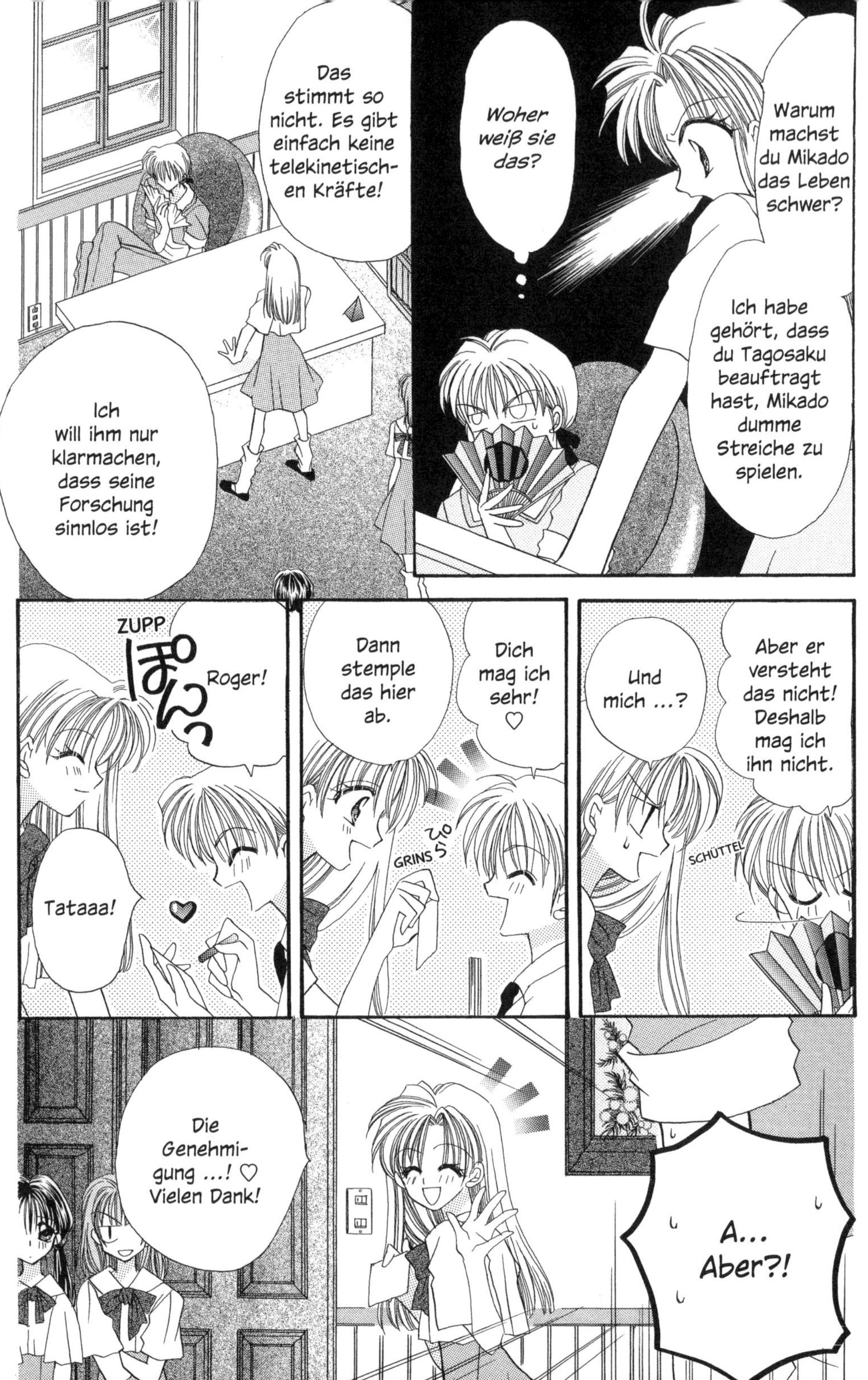
Warum machst du Mikado das Leben schwer?
Woher weiß sie das?
Ich habe gehört, dass du Tagosaku beauftragt hast, Mikado dumme Streiche zu spielen.
Das stimmt so nicht. Es gibt einfach keine telekinetisch-en Kräfte!
Ich will ihm nur klarmachen, dass seine Forschung sinnlos ist!
Aber er versteht das nicht! Deshalb mag ich ihn nicht.
SCHÜTTEL
Und mich ...?
Dich mag ich sehr! ♡
Dann stemple das hier ab.
GRINS
Roger!
ZUPP
ぽんっ
Tataaa!
A... Aber?!
Die Genehmi-gung ...! ♡ Vielen Dank!

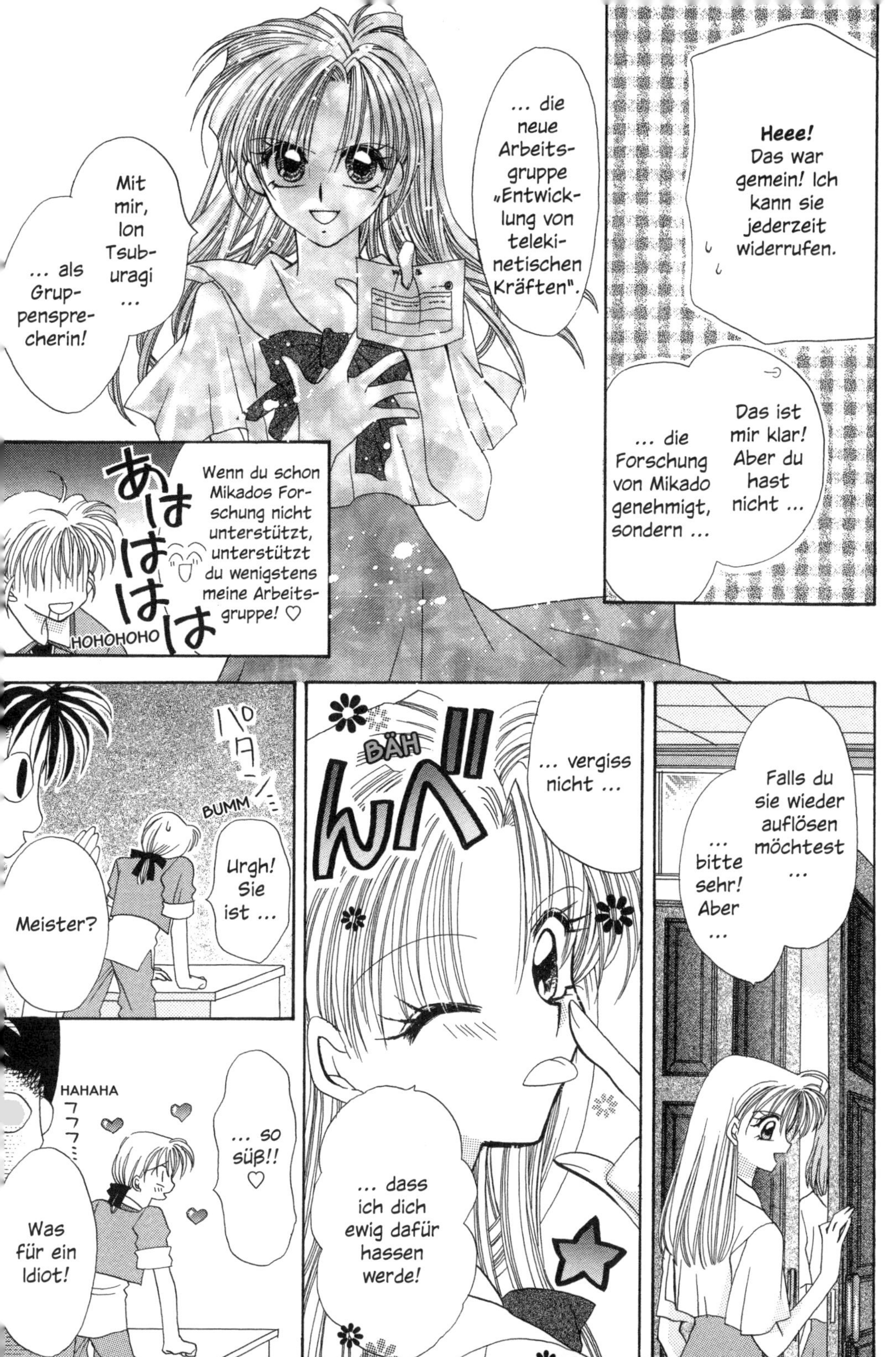
Heee! Das war gemein! Ich kann sie jederzeit widerrufen.
Das ist mir klar! Aber du hast nicht ...
... die Forschung von Mikado genehmigt, sondern ...
... die neue Arbeitsgruppe „Entwicklung von telekinetischen Kräften".
Mit mir, Ion Tsuburagi ...
... als Gruppensprecherin!
Wenn du schon Mikados Forschung nicht unterstützt, unterstützt du wenigstens meine Arbeitsgruppe! ♡
あははは
HOHOHOHO
Falls du sie wieder auflösen möchtest ...
... bitte sehr! Aber ...
... vergiss nicht ...
BÄH
んべ
... dass ich dich ewig dafür hassen werde!
BUMM
パタ
Urgh! Sie ist ...
Meister?
HAHAHA
フフフ
... so süß!! ♡
Was für ein Idiot!

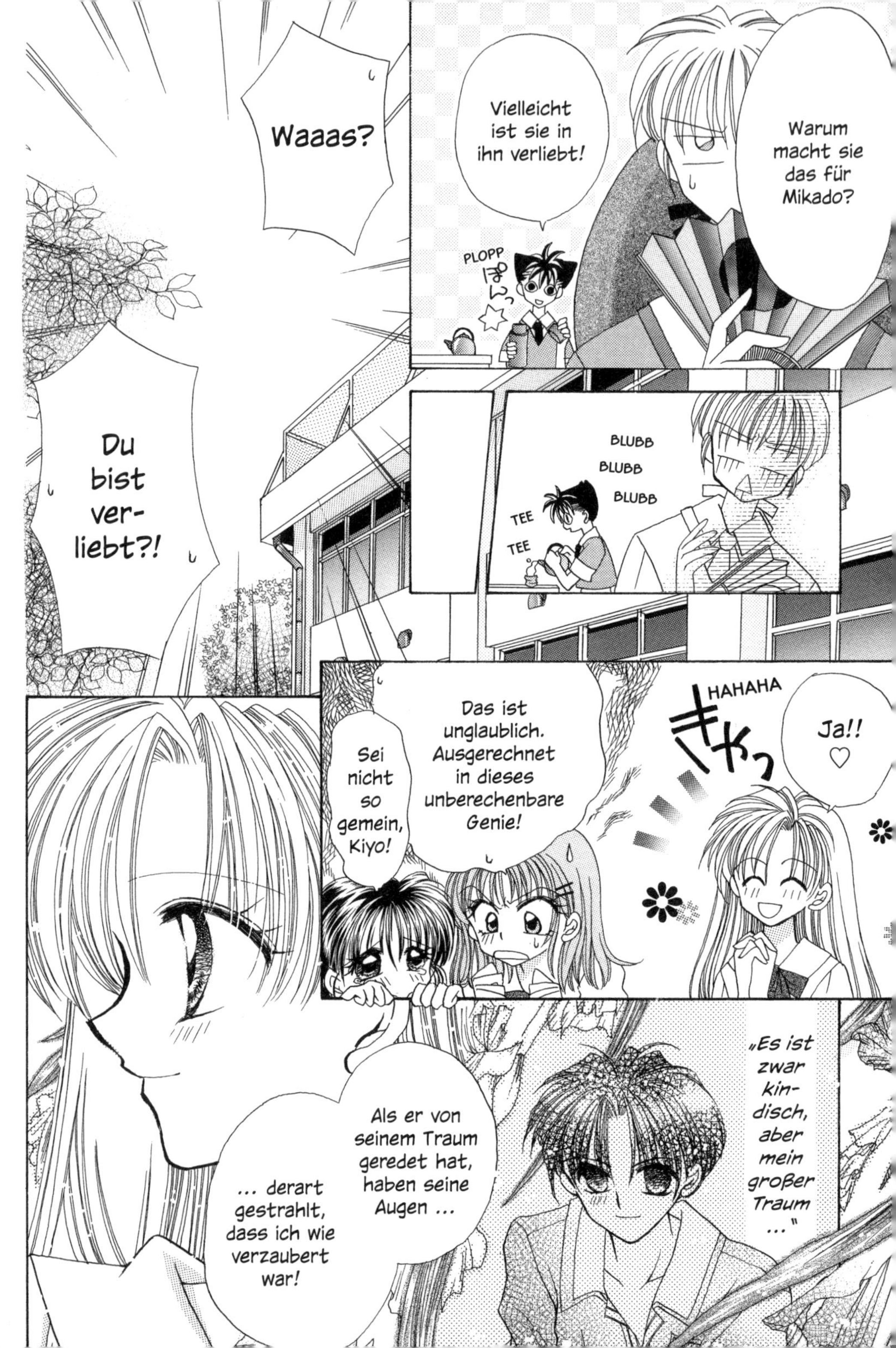
Warum macht sie das für Mikado?
Vielleicht ist sie in ihn verliebt!
PLOPP
ぽんっ
Waaas?
BLUBB
BLUBB
BLUBB
TEE
TEE
Du bist ver-liebt?!
HAHAHA
きゃっ
Ja!! ♡
Das ist unglaublich. Ausgerechnet in dieses unberechenbare Genie!
Sei nicht so gemein, Kiyo!
„Es ist zwar kin-disch, aber mein großer Traum …"
Als er von seinem Traum geredet hat, haben seine Augen …
… derart gestrahlt, dass ich wie verzaubert war!

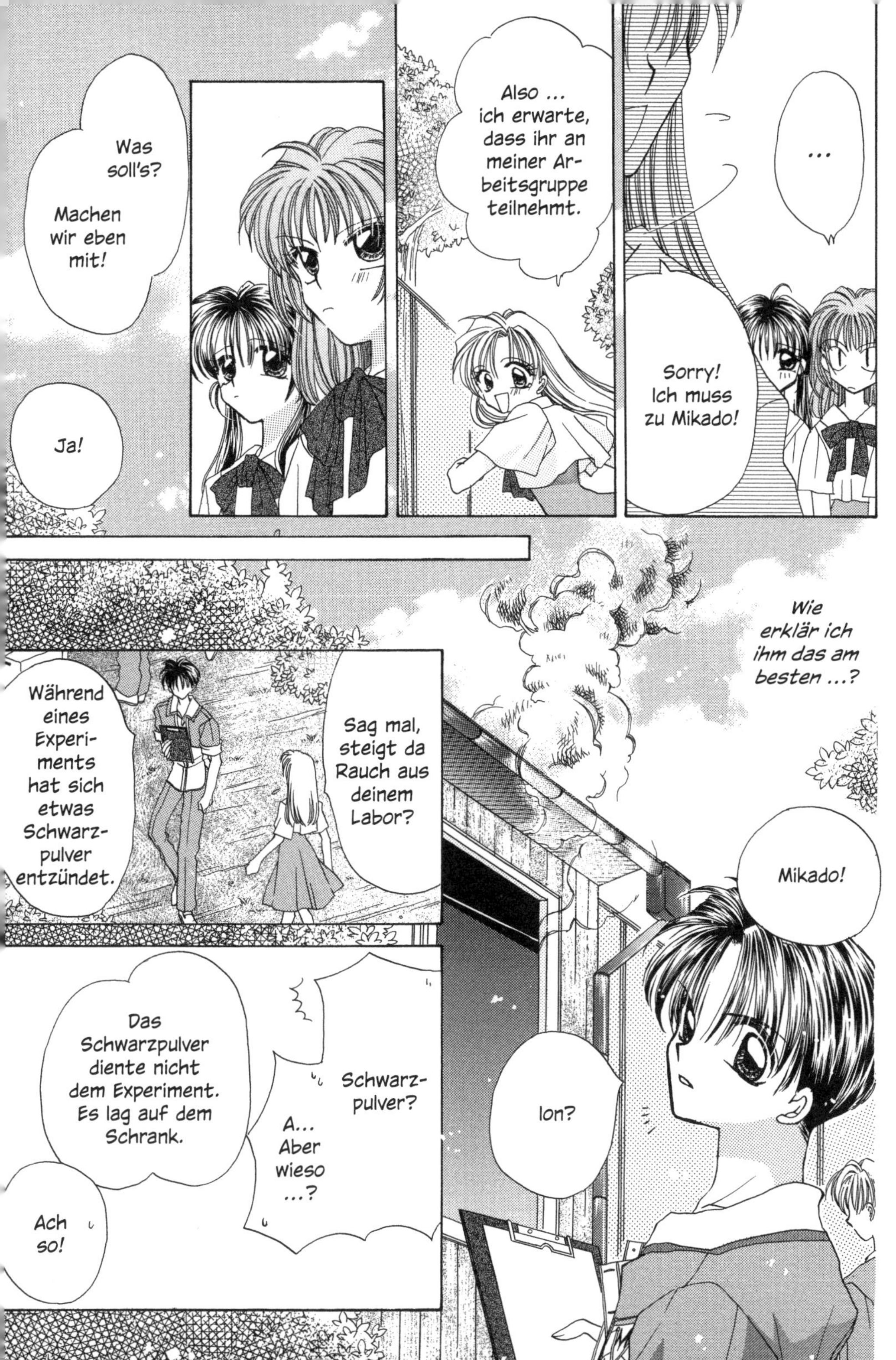
...
Sorry! Ich muss zu Mikado!
Also ... ich erwarte, dass ihr an meiner Arbeitsgruppe teilnehmt.
Was soll's?
Machen wir eben mit!
Ja!
Wie erklär ich ihm das am besten ...?
Mikado!
Ion?
Sag mal, steigt da Rauch aus deinem Labor?
Während eines Experiments hat sich etwas Schwarzpulver entzündet.
Schwarzpulver?
Das Schwarzpulver diente nicht dem Experiment. Es lag auf dem Schrank.
A... Aber wieso ...?
Ach so!

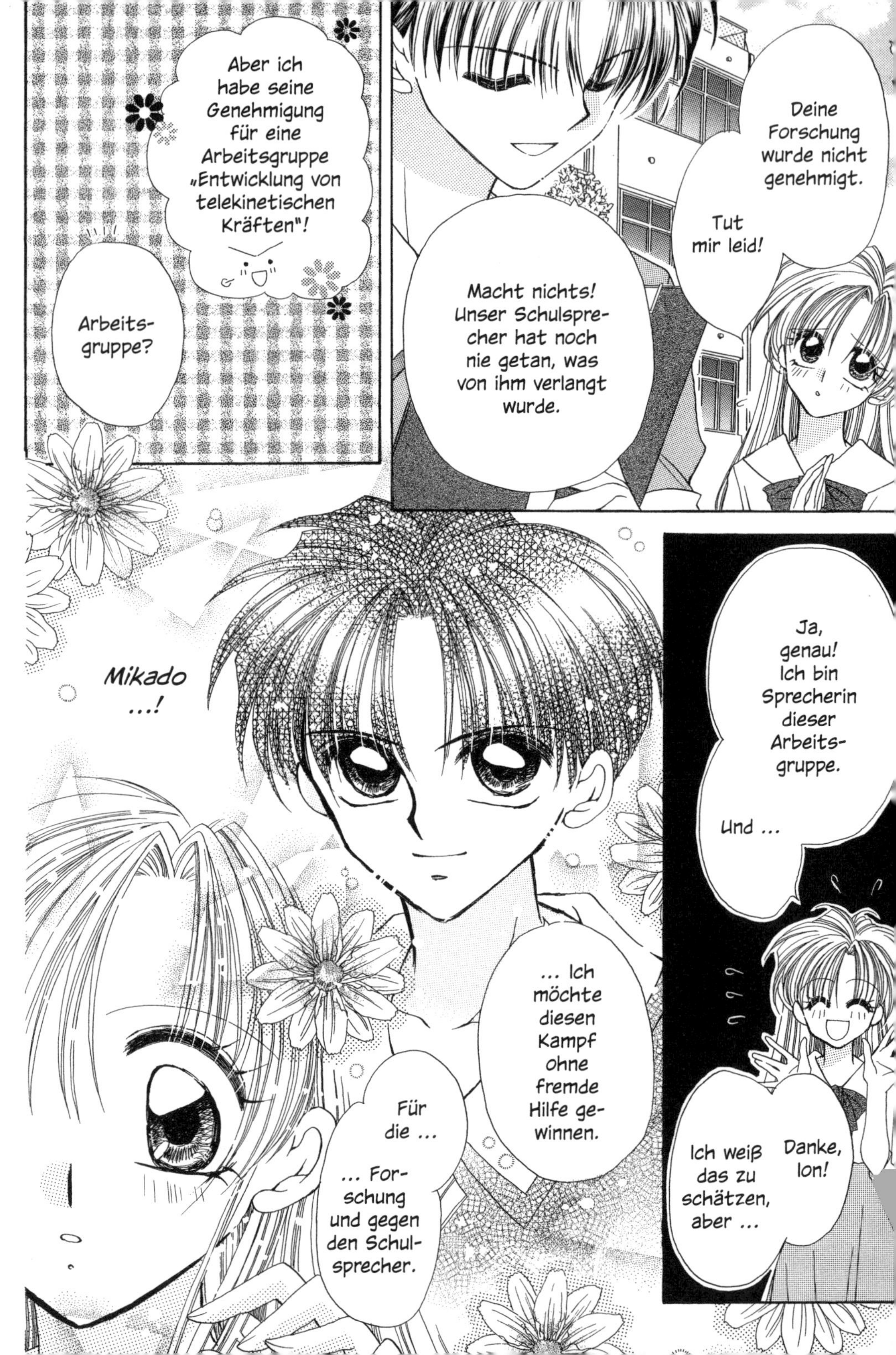
Deine Forschung wurde nicht genehmigt.
Tut mir leid!
Macht nichts! Unser Schulsprecher hat noch nie getan, was von ihm verlangt wurde.
Aber ich habe seine Genehmigung für eine Arbeitsgruppe „Entwicklung von telekinetischen Kräften"!
Arbeits-gruppe?
Ja, genau! Ich bin Sprecherin dieser Arbeits-gruppe.
Und …
Mikado …!
Danke, Ion!
Ich weiß das zu schätzen, aber …
… Ich möchte diesen Kampf ohne fremde Hilfe ge-winnen.
Für die …
… For-schung und gegen den Schul-sprecher.

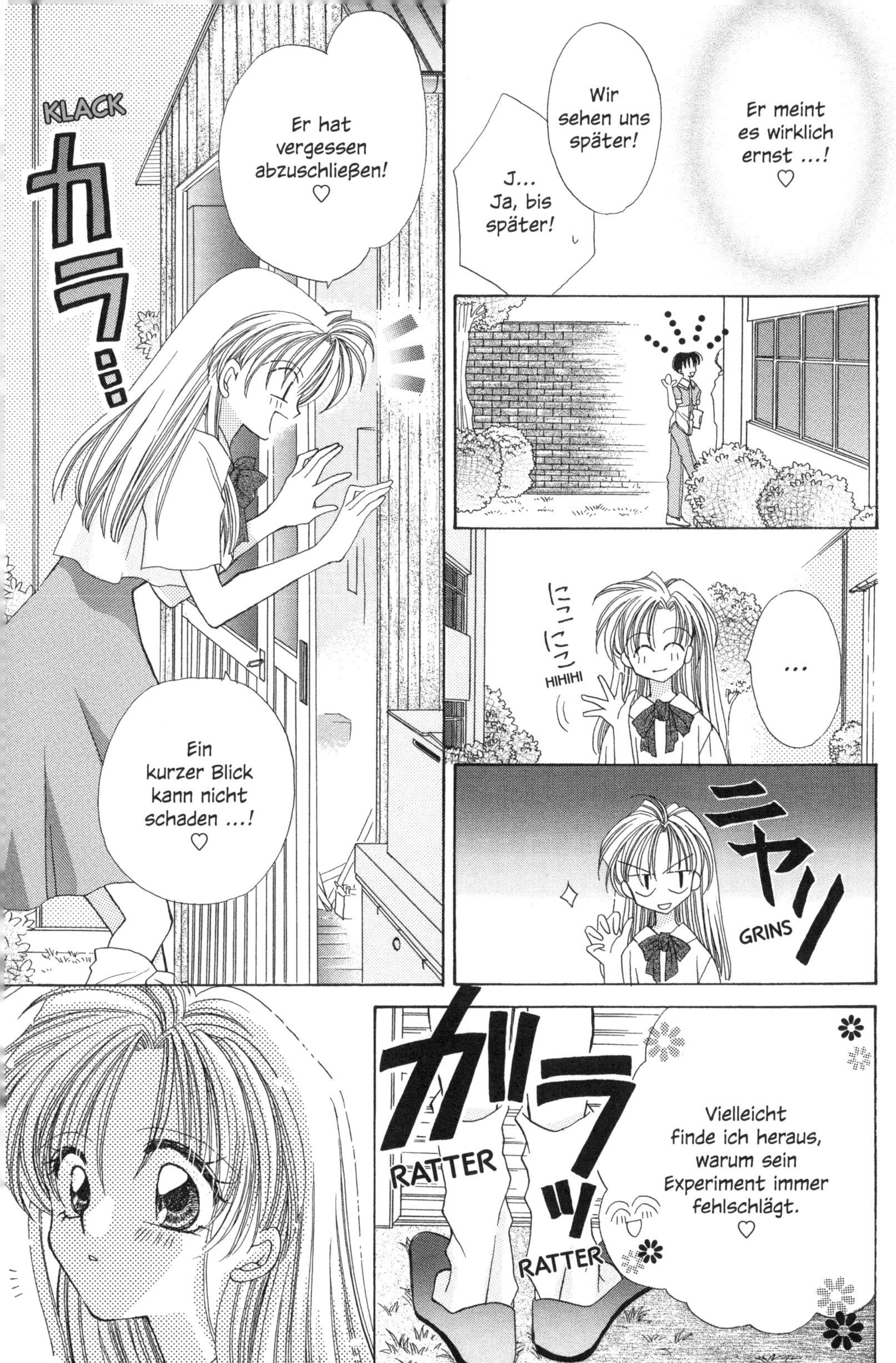

Er meint es wirklich ernst ...! ♡
Wir sehen uns später!
J... Ja, bis später!
...
にこにこ
HIHIHI
ニヤリ
GRINS
Er hat vergessen abzuschließen! ♡
カラ...
KLACK
Ein kurzer Blick kann nicht schaden ...! ♡
Vielleicht finde ich heraus, warum sein Experiment immer fehlschlägt. ♡
ガラッ
RATTER
RATTER

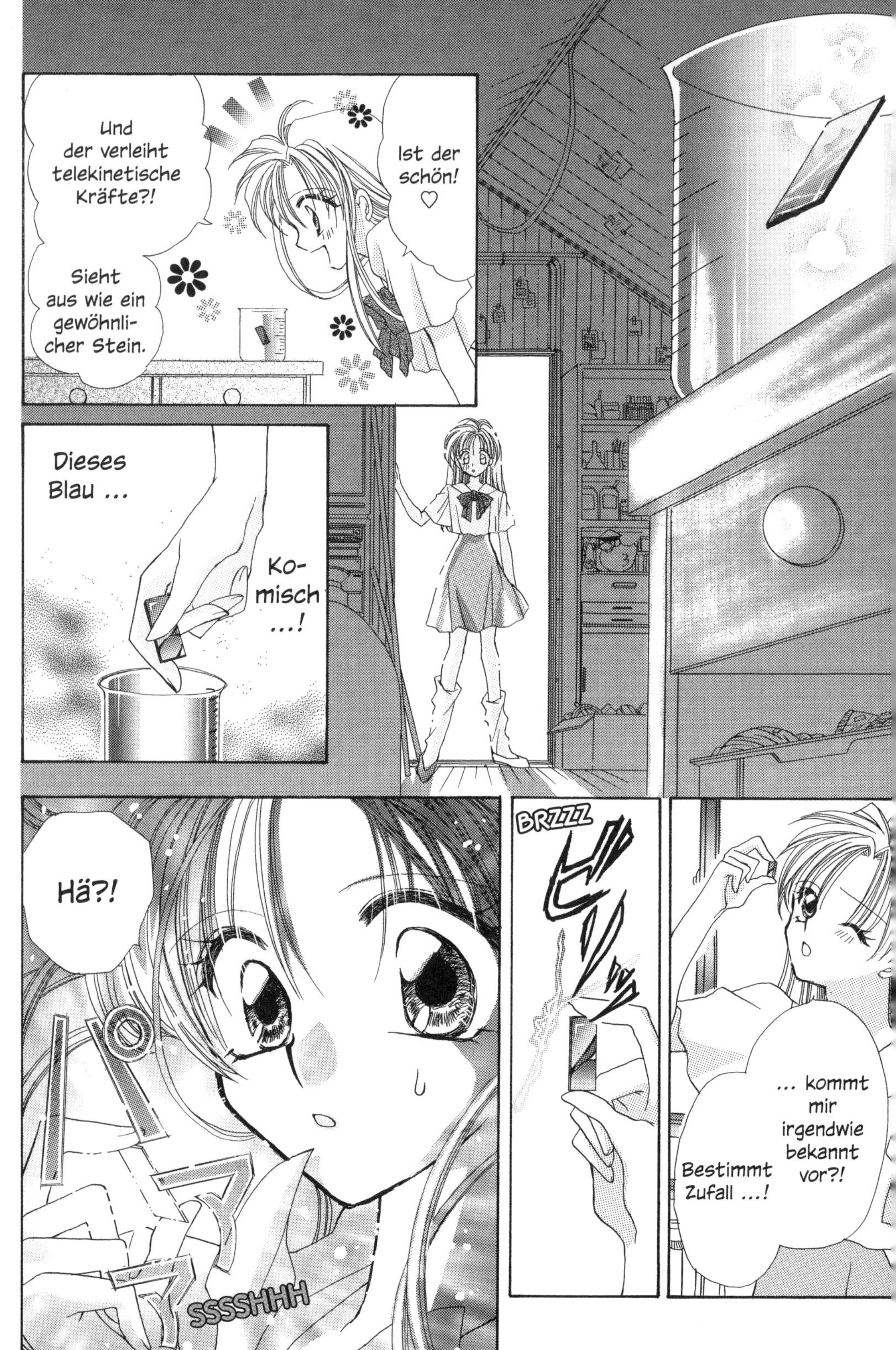
Ist der schön! ♡
Und der verleiht telekinetische Kräfte?!
Sieht aus wie ein gewöhnlicher Stein.
Dieses Blau ...
Komisch ...!
BRZZZ
... kommt mir irgendwie bekannt vor?!
Bestimmt Zufall ...!
Hä?!
SSSSHHH

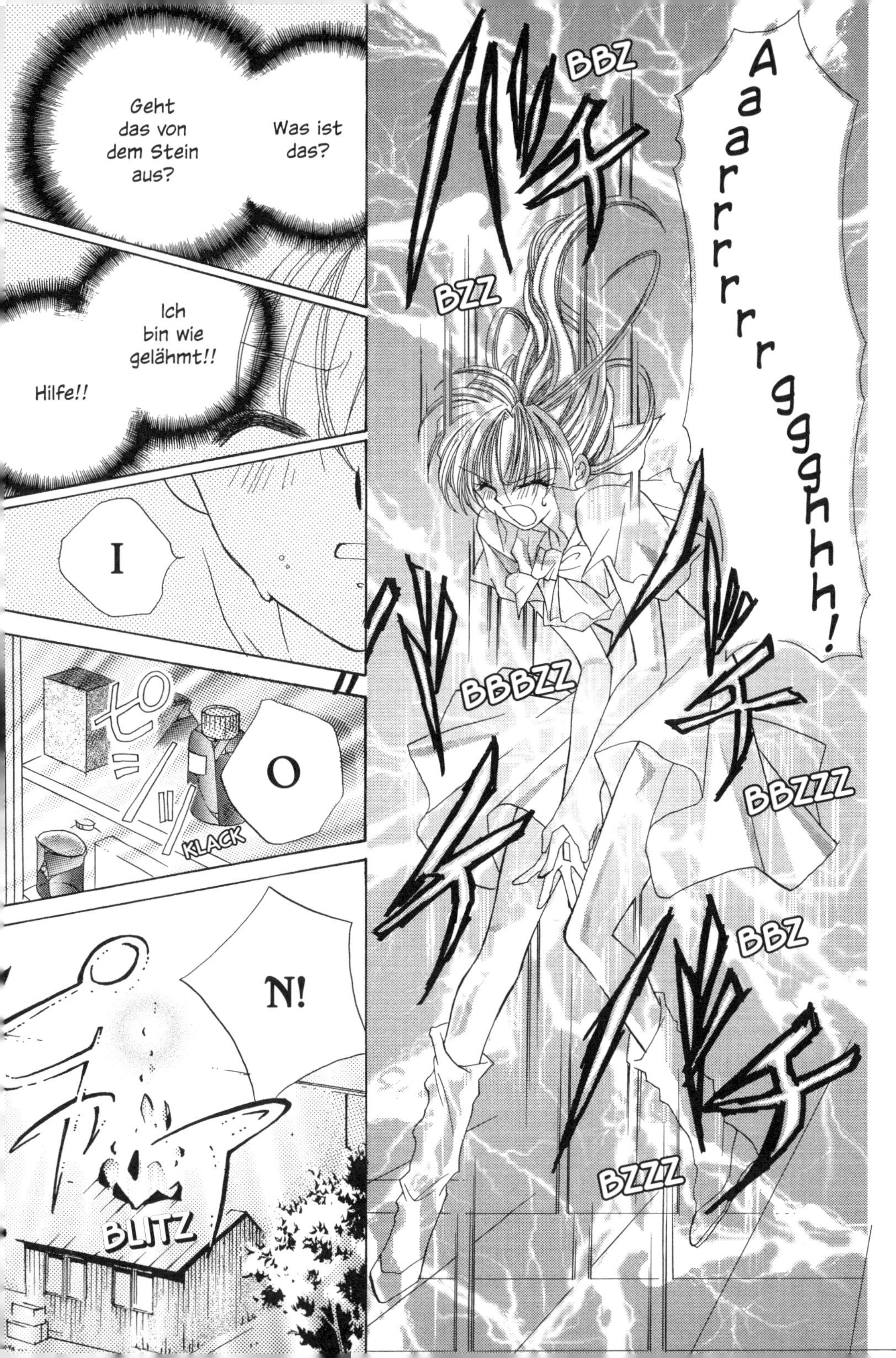
Was ist das?
Geht das von dem Stein aus?
Ich bin wie gelähmt!!
Hilfe!!
I
O
KLACK
N!
BLITZ
Aaarrrrrrrggghhhh!
BBZ
BZZ
BBBZZ
BBZZZ
BBZ
BZZZ

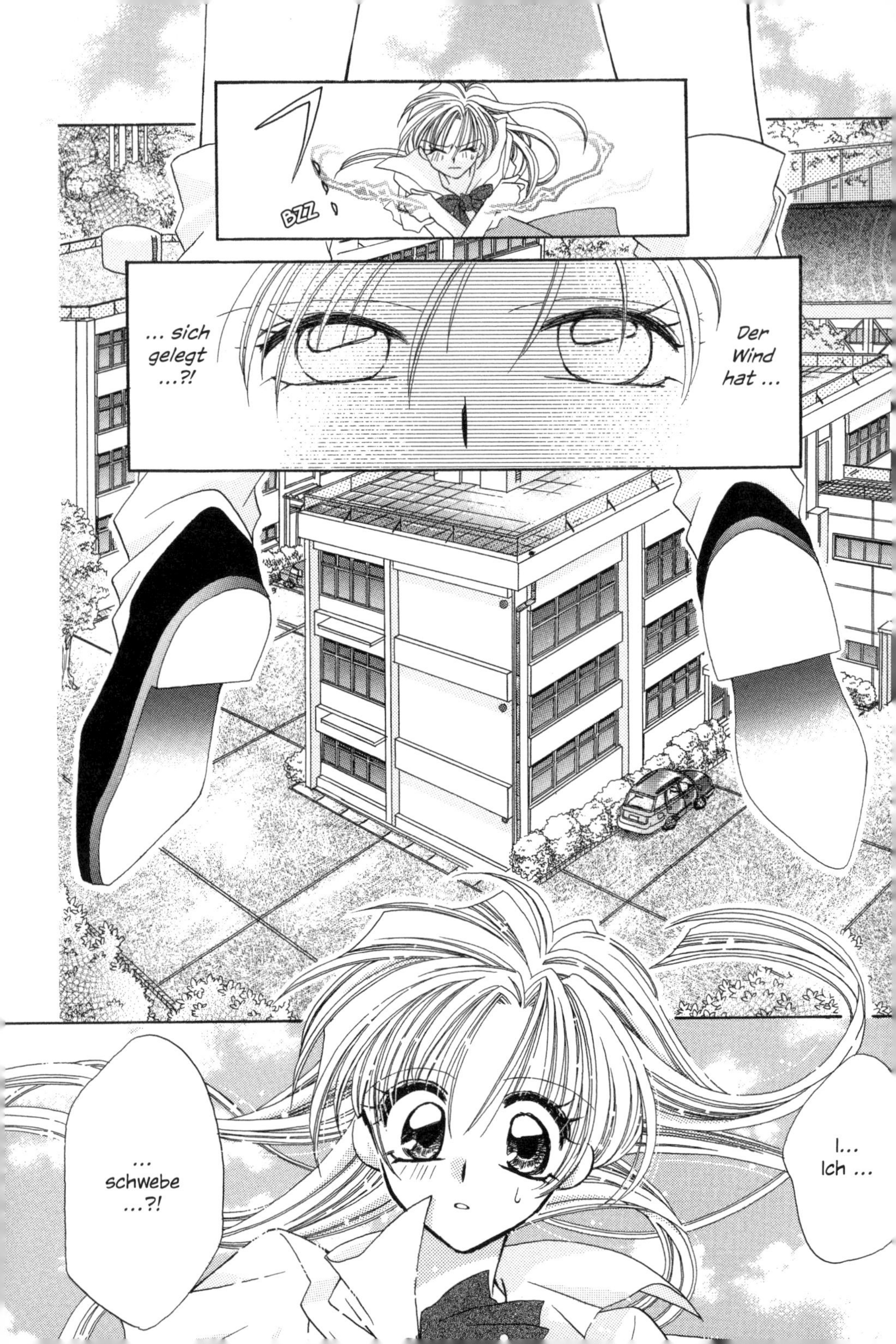

BZZ
Der Wind hat ...
... sich gelegt ...?!
I... Ich ...
... schwebe ...?!

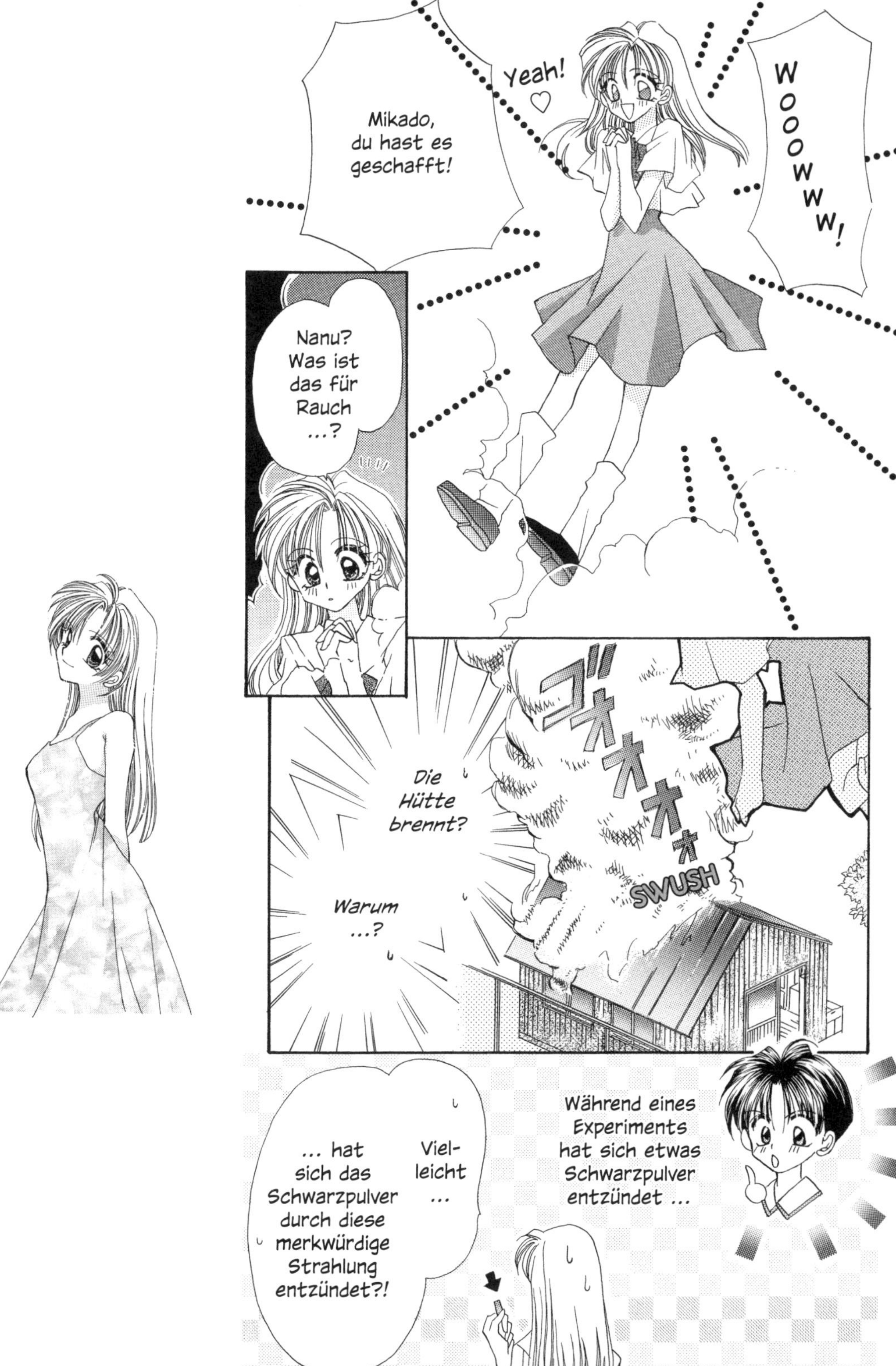
WOOOWWW!
Yeah! ♡
Mikado, du hast es geschafft!
Nanu? Was ist das für Rauch …?
ゴオオオォ
SWUSH
Die Hütte brennt?
Warum …?
Während eines Experiments hat sich etwas Schwarzpulver entzündet …
Vielleicht …
… hat sich das Schwarzpulver durch diese merkwürdige Strahlung entzündet?!

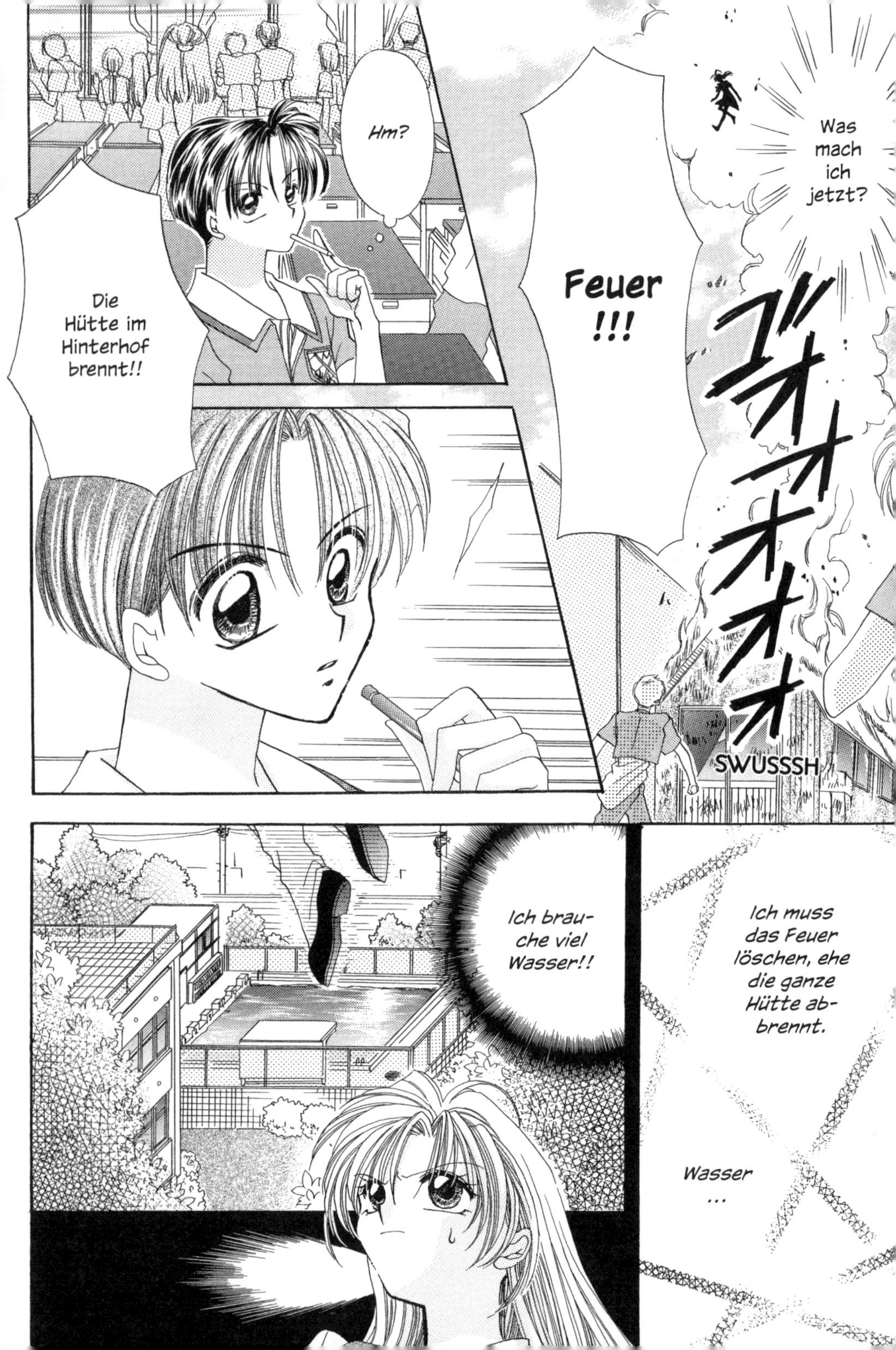

Was mach ich jetzt?
Feuer !!!
ゴオオオオオ
SWUSSSH
Hm?
Die Hütte im Hinterhof brennt!!
Ich muss das Feuer löschen, ehe die ganze Hütte abbrennt.
Wasser ...
Ich brauche viel Wasser!!

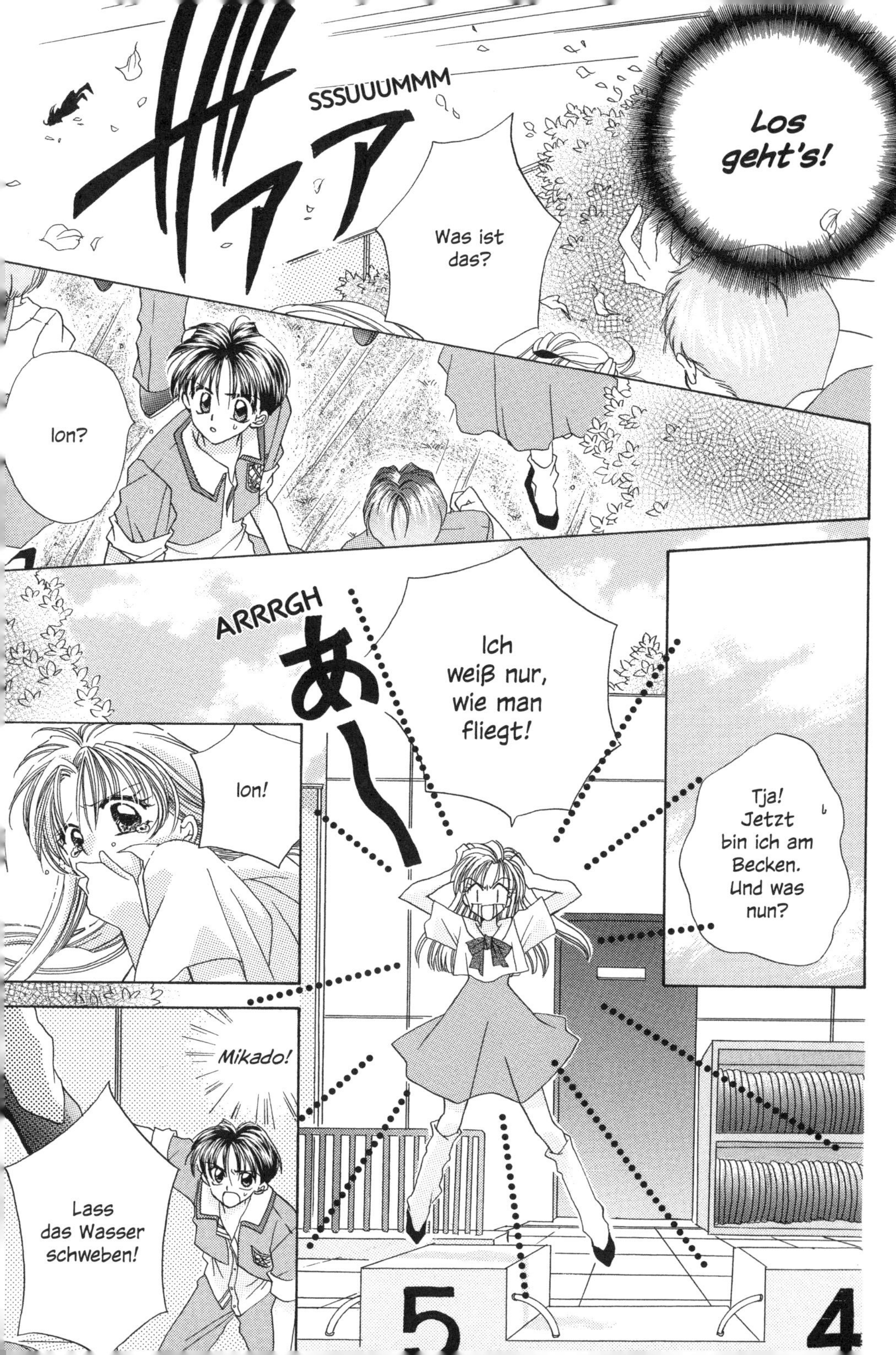
Los geht's!
SSSUUUMMM
ザァア
Was ist das?
Ion?
Tja! Jetzt bin ich am Becken. Und was nun?
Ich weiß nur, wie man fliegt!
ARRRGH
あ〜
Ion!
Mikado!
Lass das Wasser schweben!
5
4

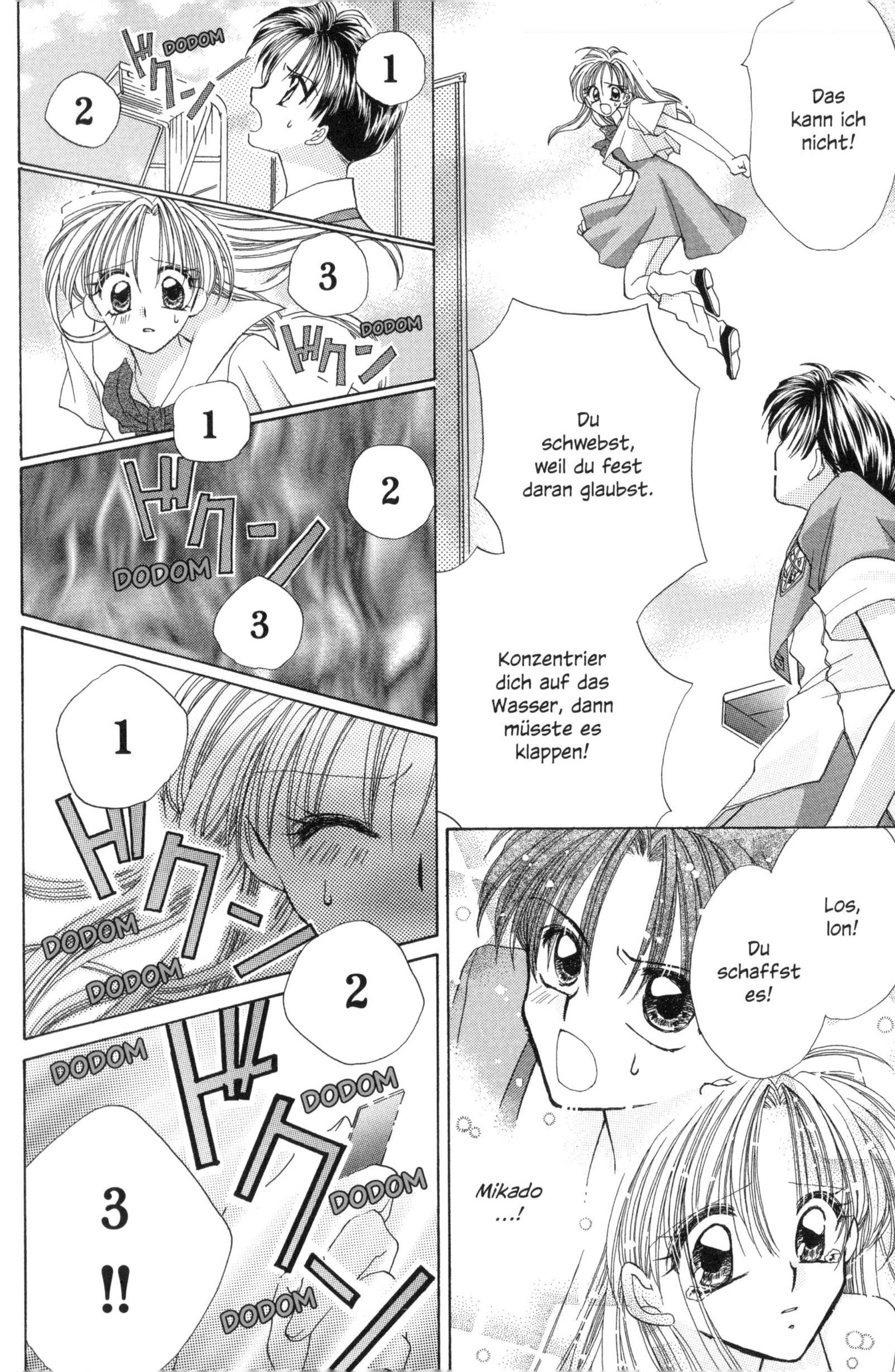
Das kann ich nicht!
Du schwebst, weil du fest daran glaubst.
Konzentrier dich auf das Wasser, dann müsste es klappen!
1
2
DODOM
3
DODOM
1
2
DODOM
3
1
DODOM
DODOM
2
DODOM
DODOM
DODOM
3 !!
DODOM
Los, Ion!
Du schaffst es!
Mikado …!

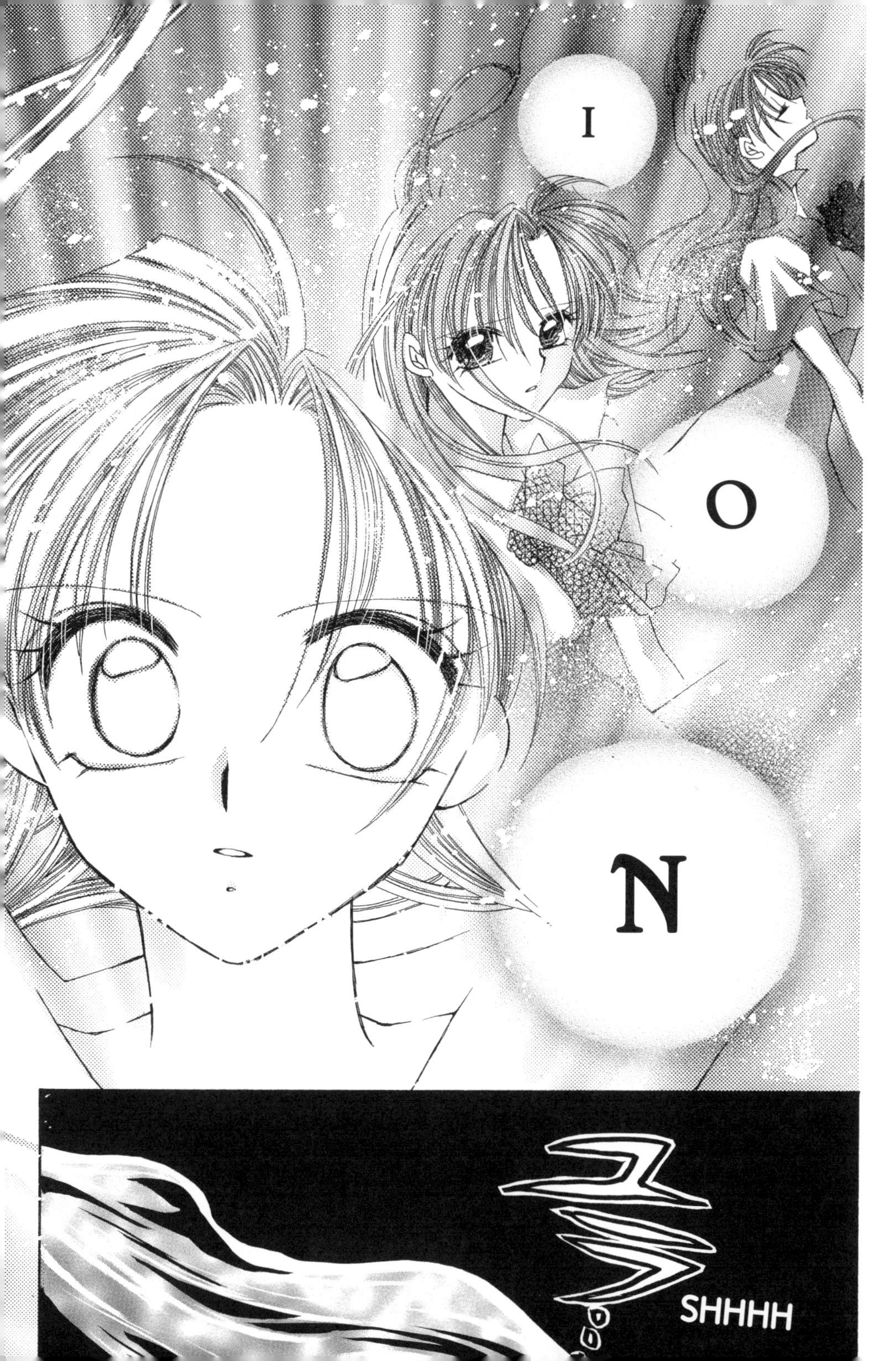
I
O
N
SHHHH

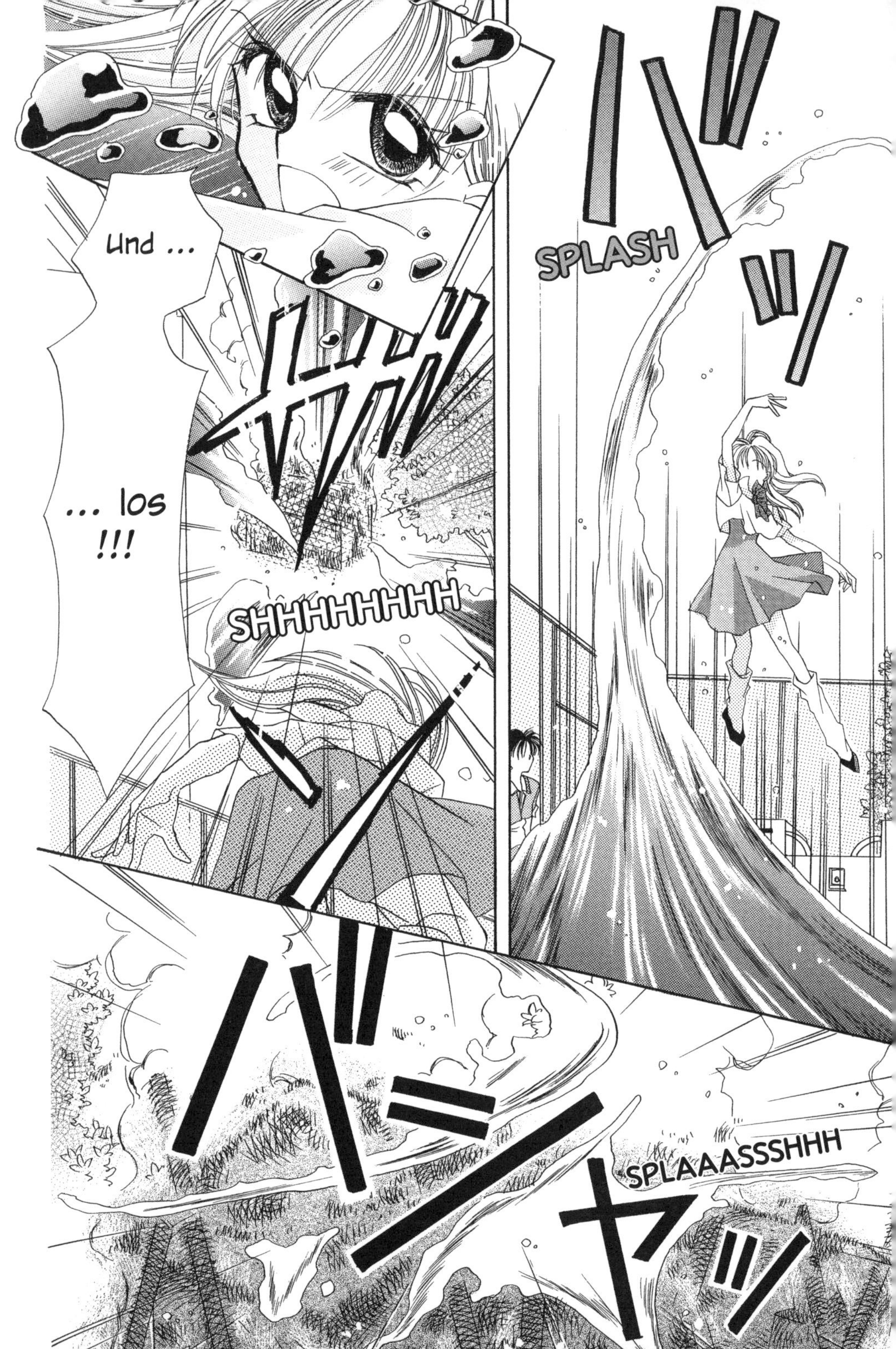
SPLASH
Und ...
... los !!!
SHHHHHHHH
SPLAASSSHHH

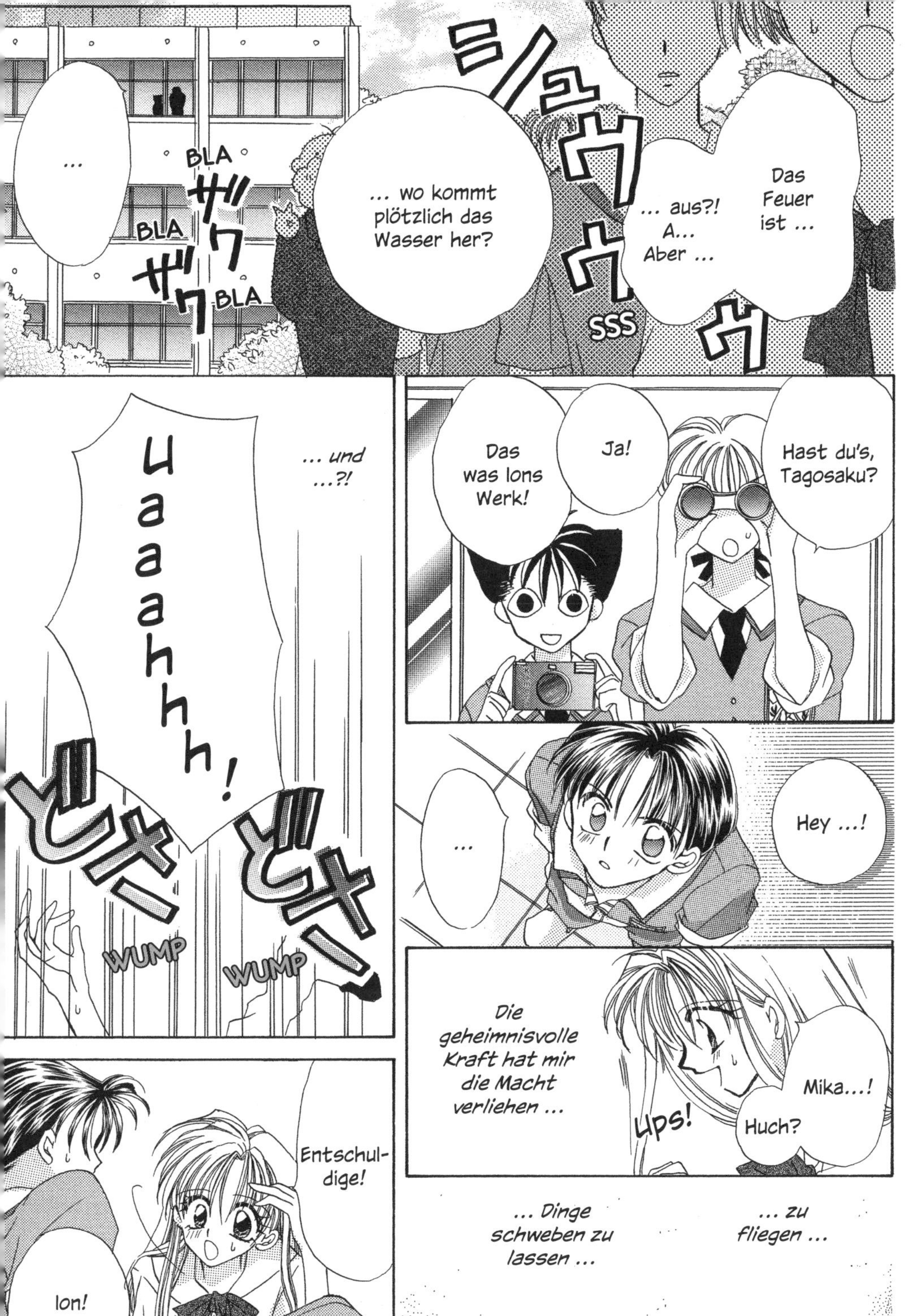
Das Feuer ist ...
... aus?! A... Aber ...
SSS
... wo kommt plötzlich das Wasser her?
BLA
BLA
BLA
...
Hast du's, Tagosaku?
Ja!
Das was Ions Werk!
... und ...?!
Uaaaahhhh!
WUMP
WUMP
Hey ...!
...
Mika...!
Huch?
Ups!
Die geheimnisvolle Kraft hat mir die Macht verliehen ...
... zu fliegen ...
... Dinge schweben zu lassen ...
Entschuldige!
Ion!

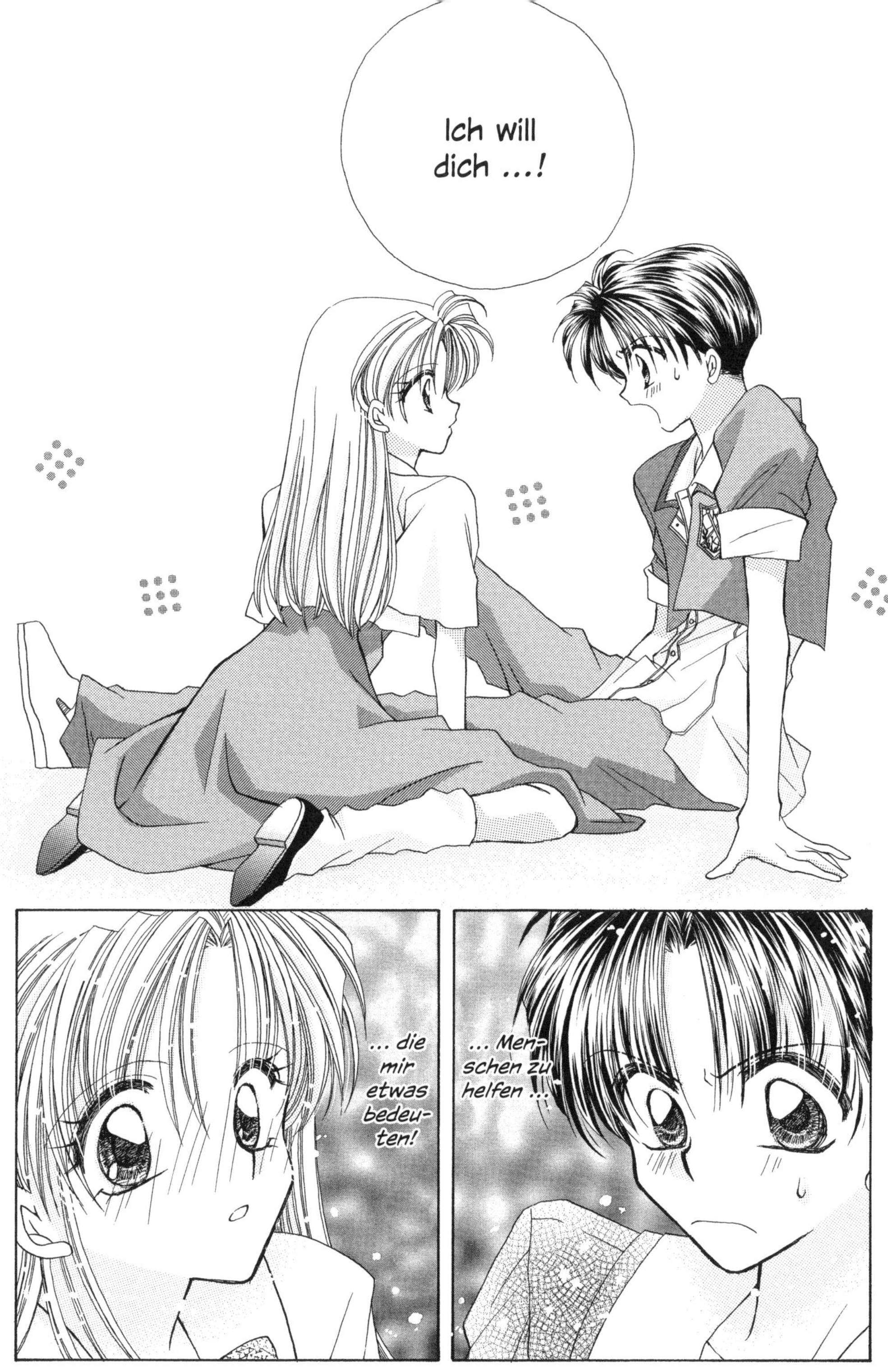
Ich will dich ...!
... Menschen zu helfen ...
... die mir etwas bedeuten!

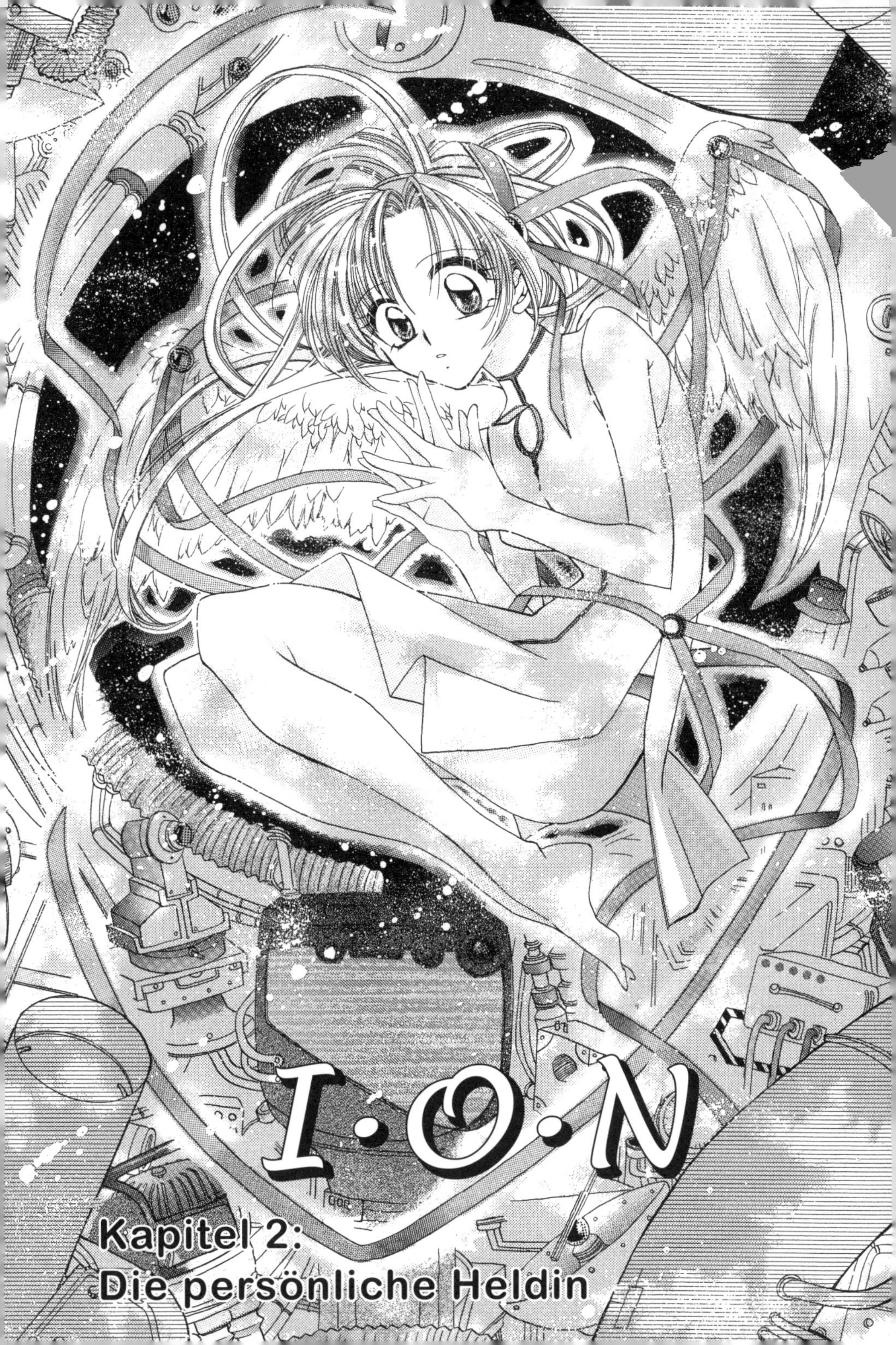
I.O.N
Kapitel 2:
Die persönliche Heldin

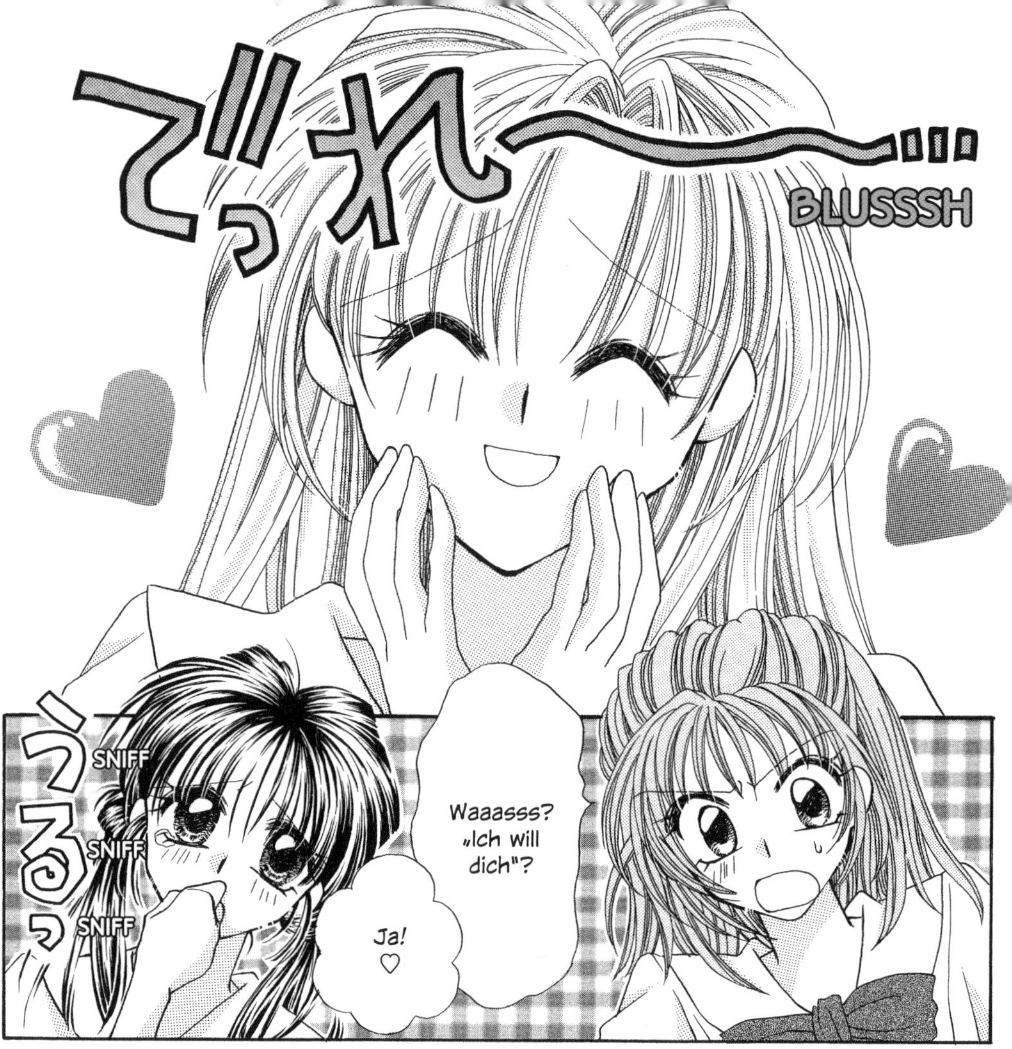

でっれ〜〜〜…
BLUSSSH

Waaasss? „Ich will dich"?

Ja! ♡

うるっ
SNIFF
SNIFF
SNIFF

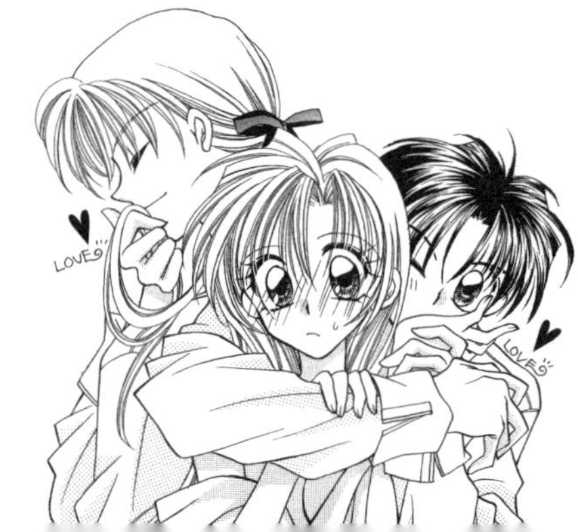

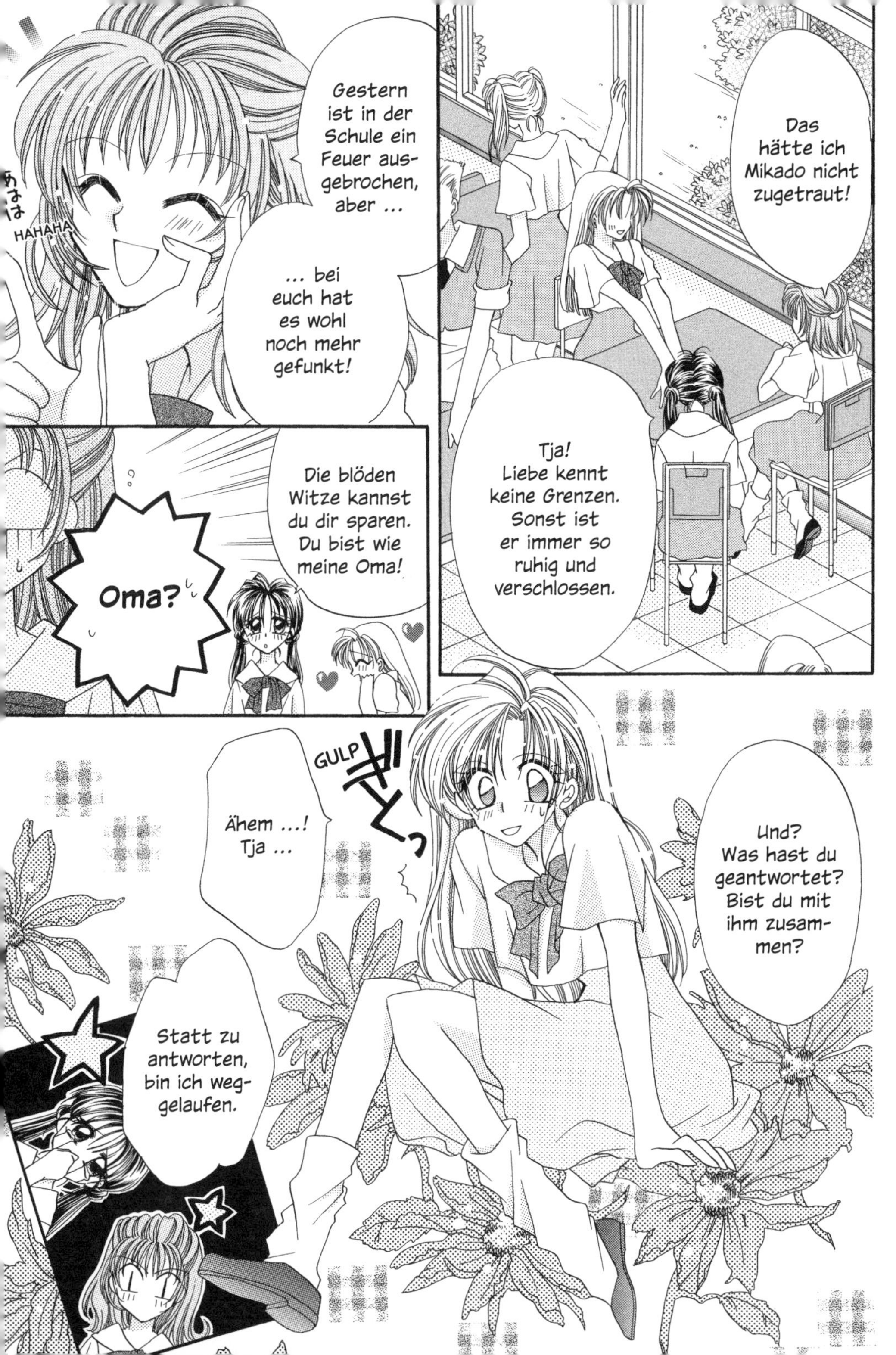

Das hätte ich Mikado nicht zugetraut!
Tja! Liebe kennt keine Grenzen. Sonst ist er immer so ruhig und verschlossen.
Gestern ist in der Schule ein Feuer ausgebrochen, aber …
… bei euch hat es wohl noch mehr gefunkt!
HAHAHA
Die blöden Witze kannst du dir sparen. Du bist wie meine Oma!
Oma?
Und? Was hast du geantwortet? Bist du mit ihm zusammen?
GULP
Ähem …! Tja …
Statt zu antworten, bin ich weggelaufen.

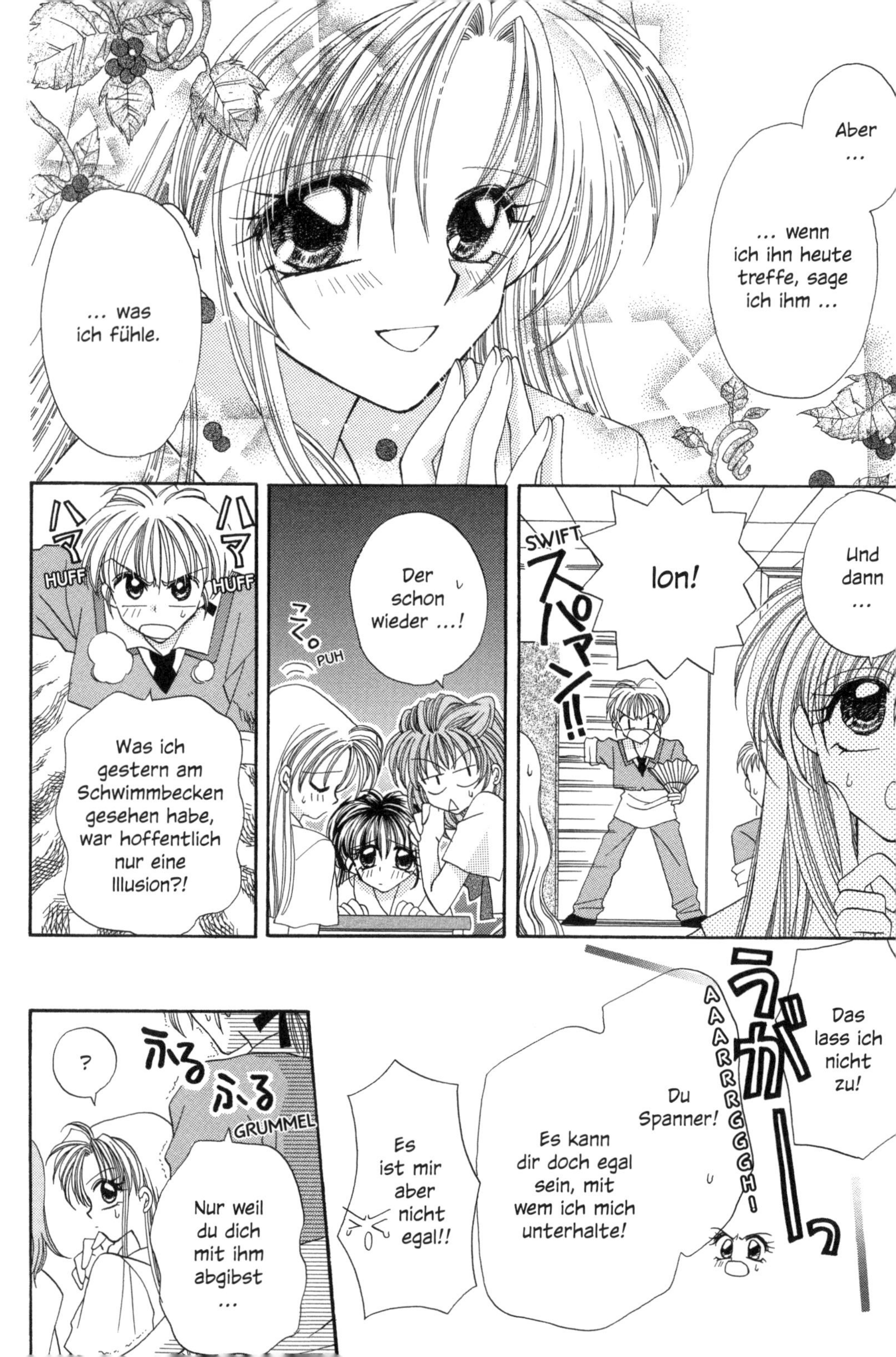
Aber ...
... wenn ich ihn heute treffe, sage ich ihm ...
... was ich fühle.
Und dann ...
Ion!
SWIFT
スパァン!!
Der schon wieder ...!
こくっ
PUH
ハァ
HUFF
ハァ
HUFF
Was ich gestern am Schwimmbecken gesehen habe, war hoffentlich nur eine Illusion?!
Das lass ich nicht zu!
うがー
AAAARRRGGGH!
Du Spanner!
Es kann dir doch egal sein, mit wem ich mich unterhalte!
Es ist mir aber nicht egal!!
ふる ふる
GRUMMEL
?
Nur weil du dich mit ihm abgibst ...

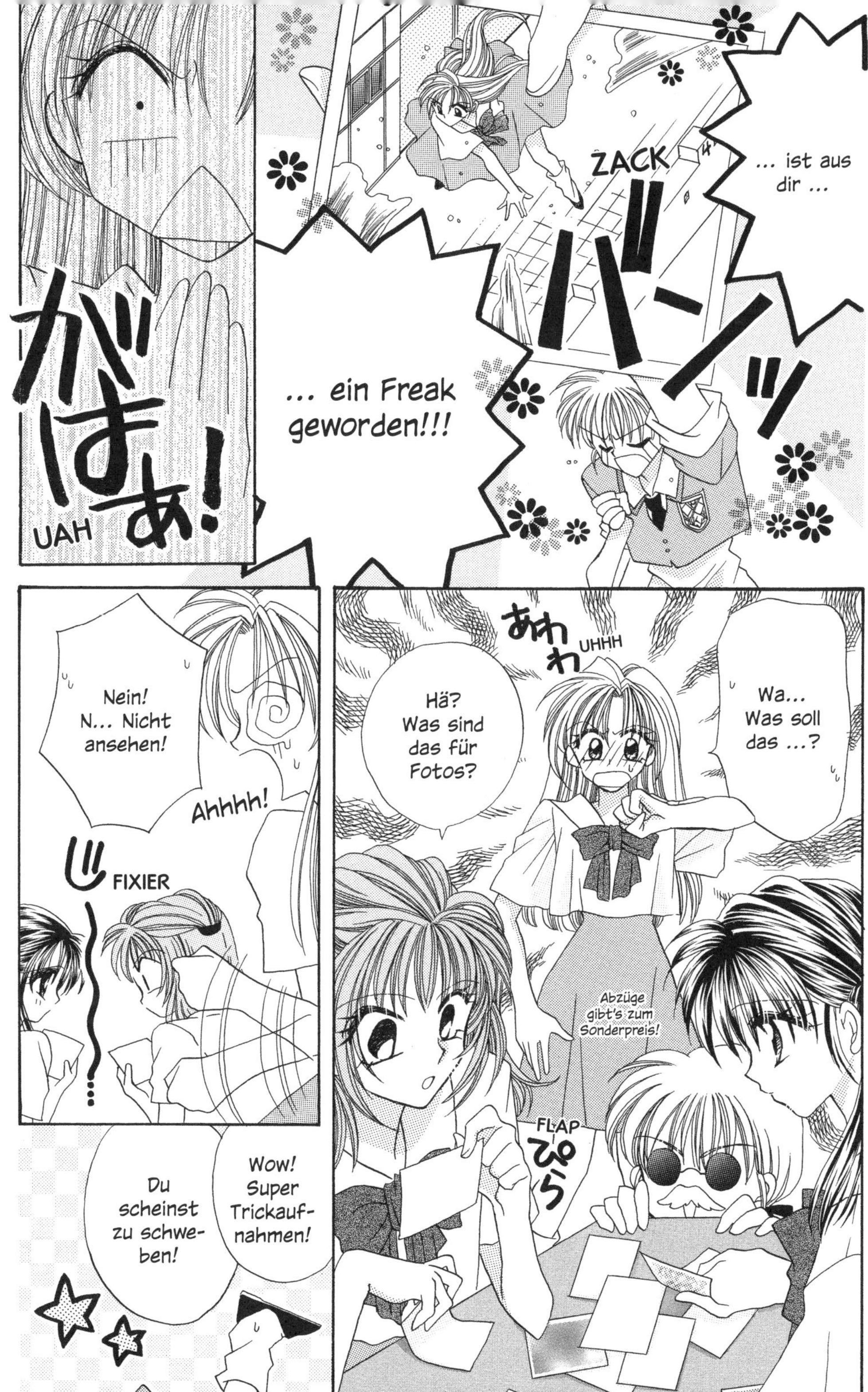
... ist aus dir ...
ZACK
バーンッ
... ein Freak geworden!!!
がばぁ!
UAH
Wa... Was soll das ...?
Hä? Was sind das für Fotos?
あわわ
UHHH
Nein! N... Nicht ansehen!
Ahhhh!
じ
FIXIER
Abzüge gibt's zum Sonderpreis!
FLAP
ぴら
Wow! Super Trickaufnahmen!
Du scheinst zu schweben!

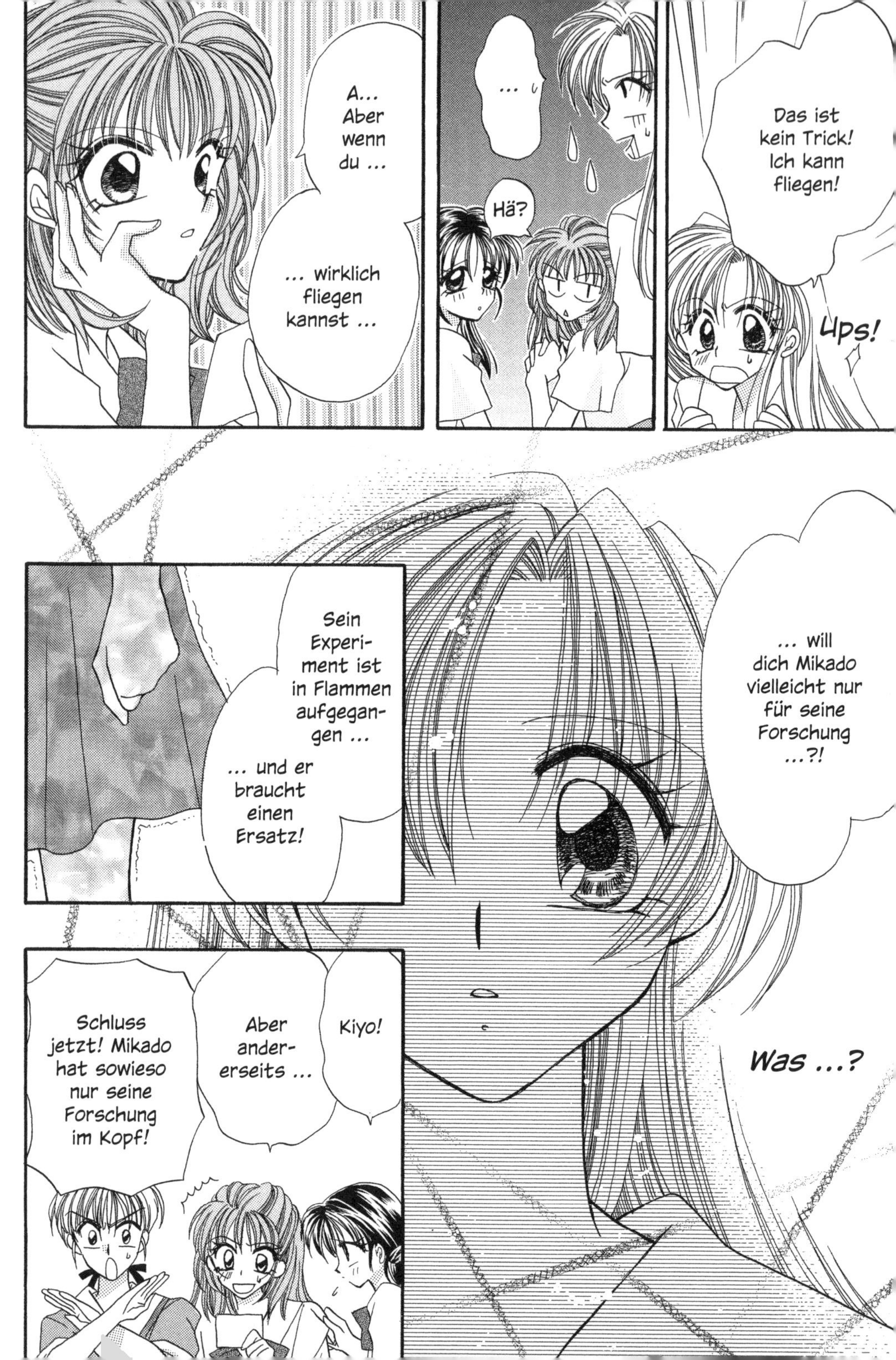
Das ist kein Trick! Ich kann fliegen!
Ups!
...
Hä?
A... Aber wenn du ...
... wirklich fliegen kannst ...
... will dich Mikado vielleicht nur für seine Forschung ...?!
Was ...?
Sein Experiment ist in Flammen aufgegangen ...
... und er braucht einen Ersatz!
Kiyo!
Aber andererseits ...
Schluss jetzt! Mikado hat sowieso nur seine Forschung im Kopf!

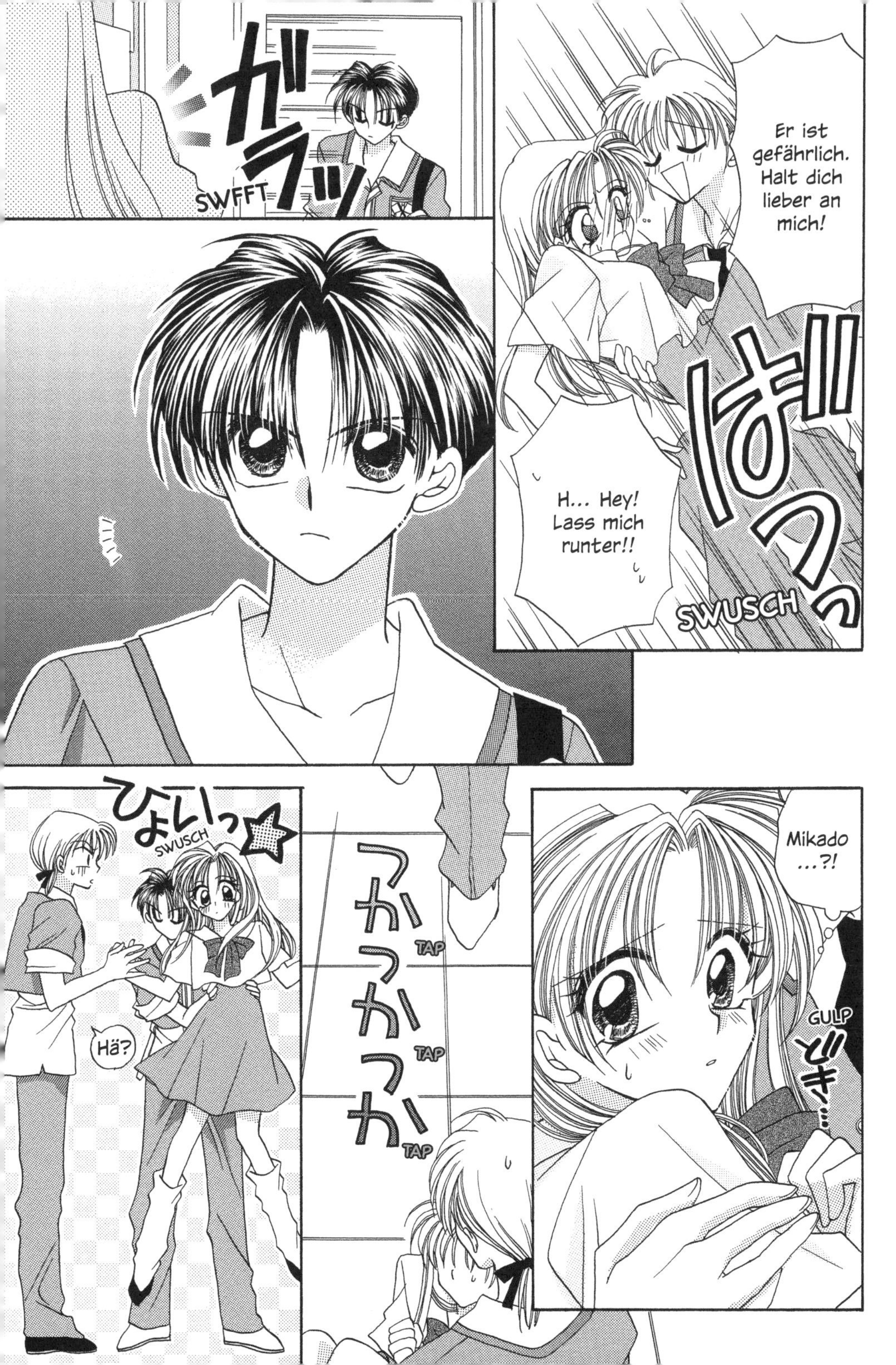
Er ist gefährlich. Halt dich lieber an mich!
SWFFT
H... Hey! Lass mich runter!!
SWUSCH
Mikado ...?!
TAP
TAP
TAP
SWUSCH
Hä?
GULP

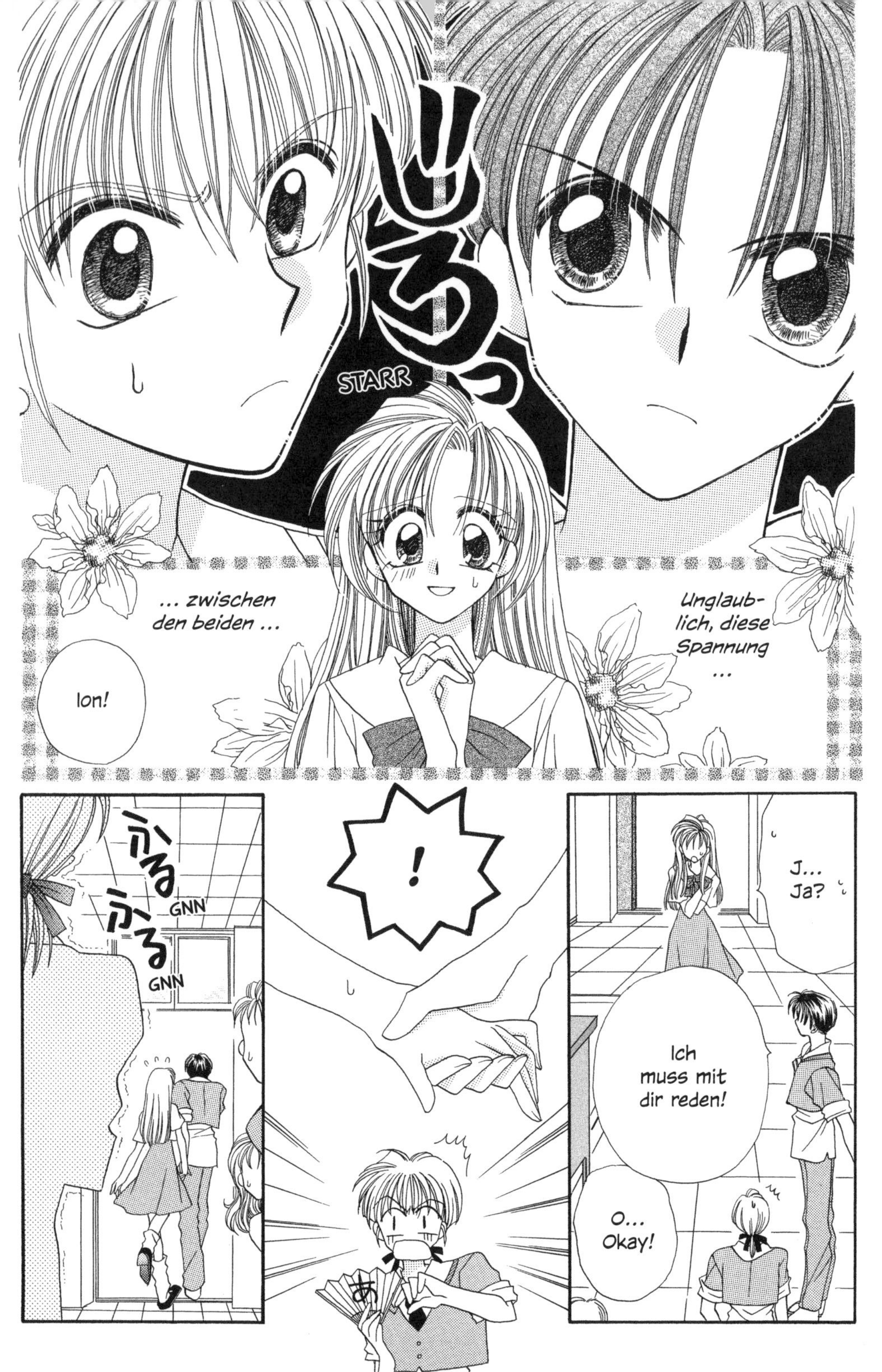
じーっ
STARR
Unglaub-
lich, diese
Spannung
...
... zwischen
den beiden ...
Ion!
J...
Ja?
Ich
muss mit
dir reden!
O...
Okay!
!
あ
ふる
GNN
ふる
GNN

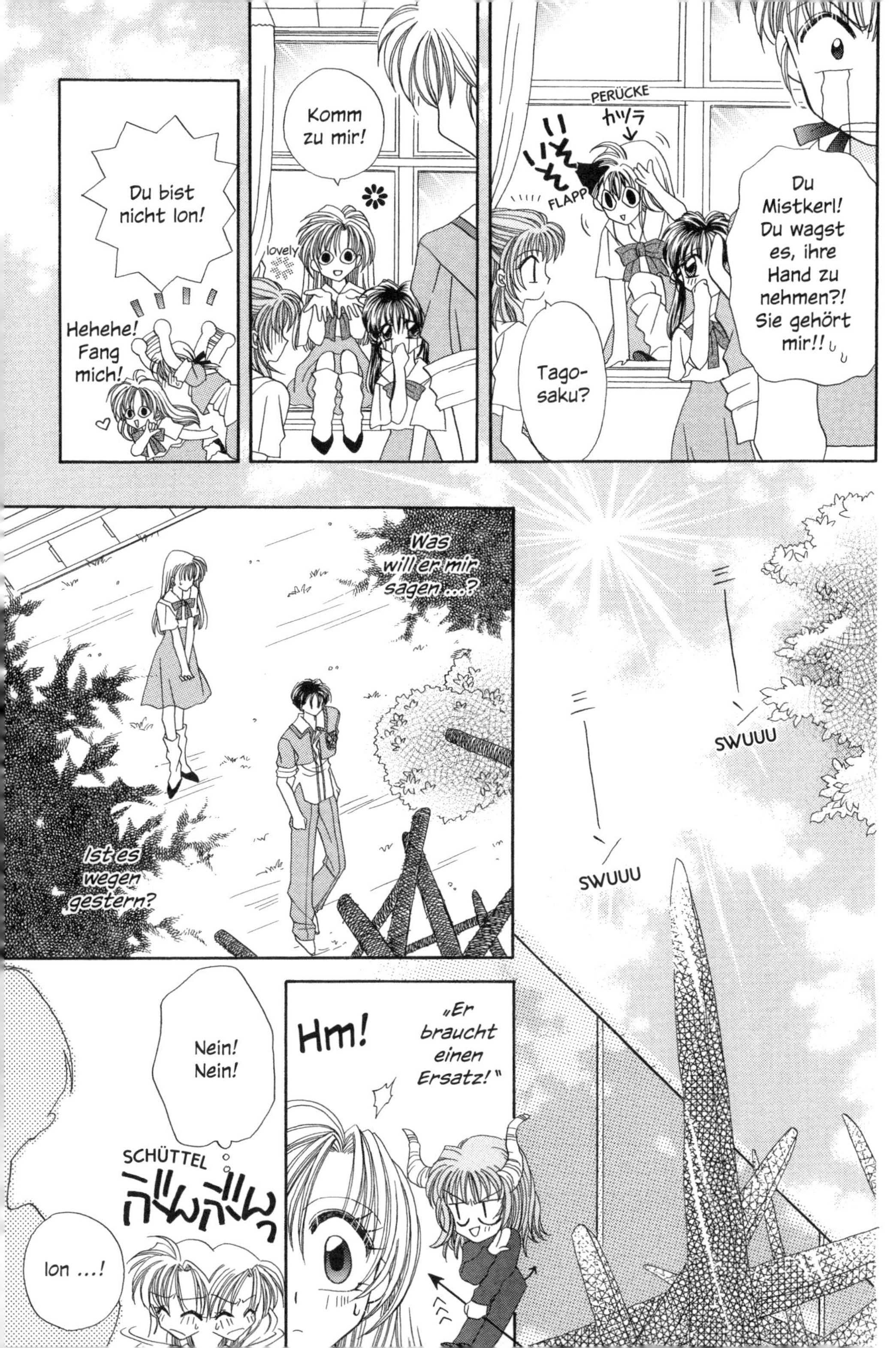
Du Mistkerl! Du wagst es, ihre Hand zu nehmen?! Sie gehört mir!!
PERÜCKE
カツラ
FLAPP
Tago-saku?
Komm zu mir!
lovely
Du bist nicht Ion!
Hehehe! Fang mich!
SWUUU
SWUUU
Was will er mir sagen ...?
Ist es wegen gestern?
„Er braucht einen Ersatz!"
Hm!
Nein! Nein!
SCHÜTTEL
Ion ...!

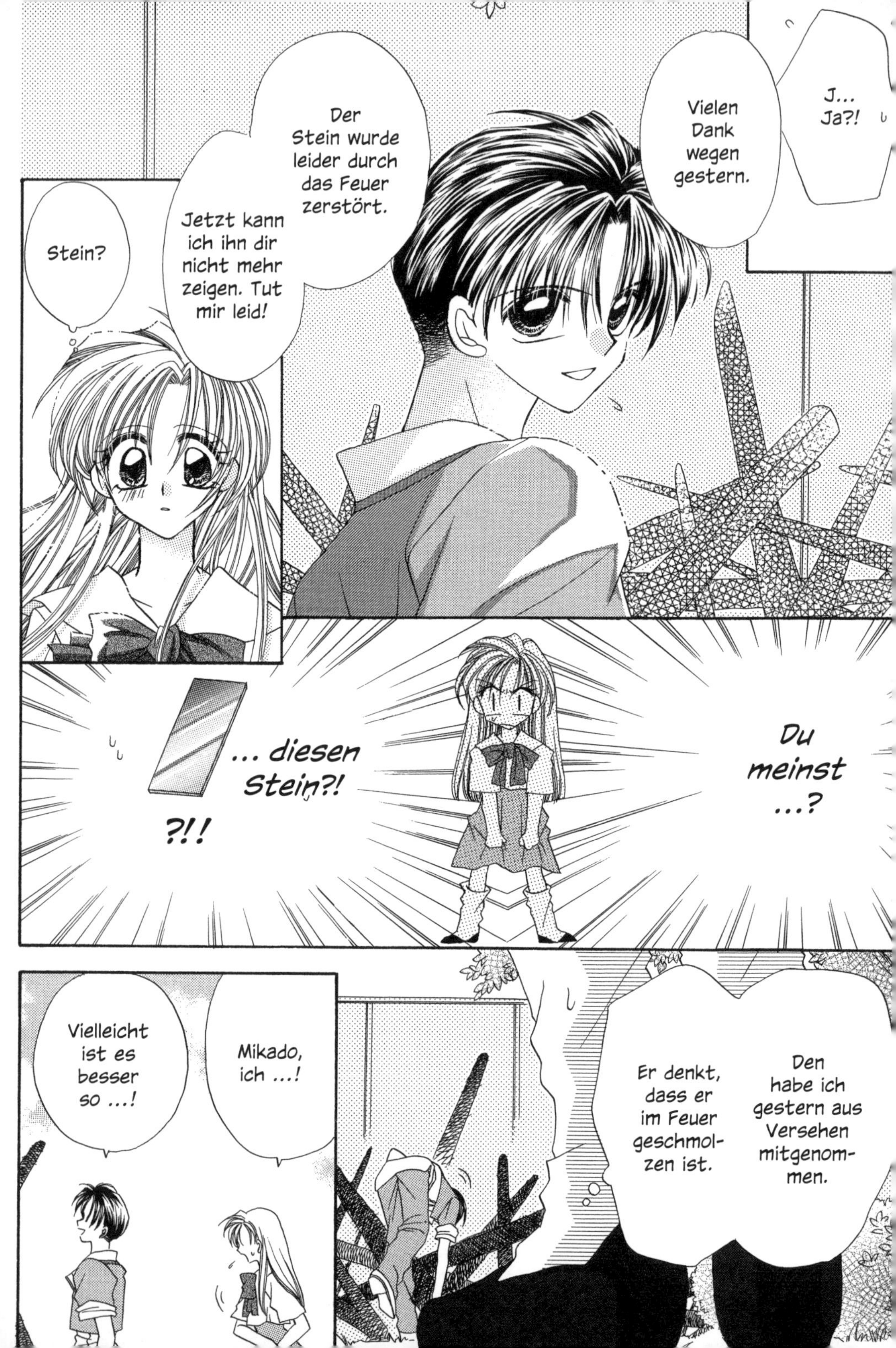
J... Ja?!
Vielen Dank wegen gestern.
Der Stein wurde leider durch das Feuer zerstört.
Jetzt kann ich ihn dir nicht mehr zeigen. Tut mir leid!
Stein?
Du meinst ...?
... diesen Stein?!
?!!
Den habe ich gestern aus Versehen mitgenom-men.
Er denkt, dass er im Feuer geschmol-zen ist.
Mikado, ich ...!
Vielleicht ist es besser so ...!

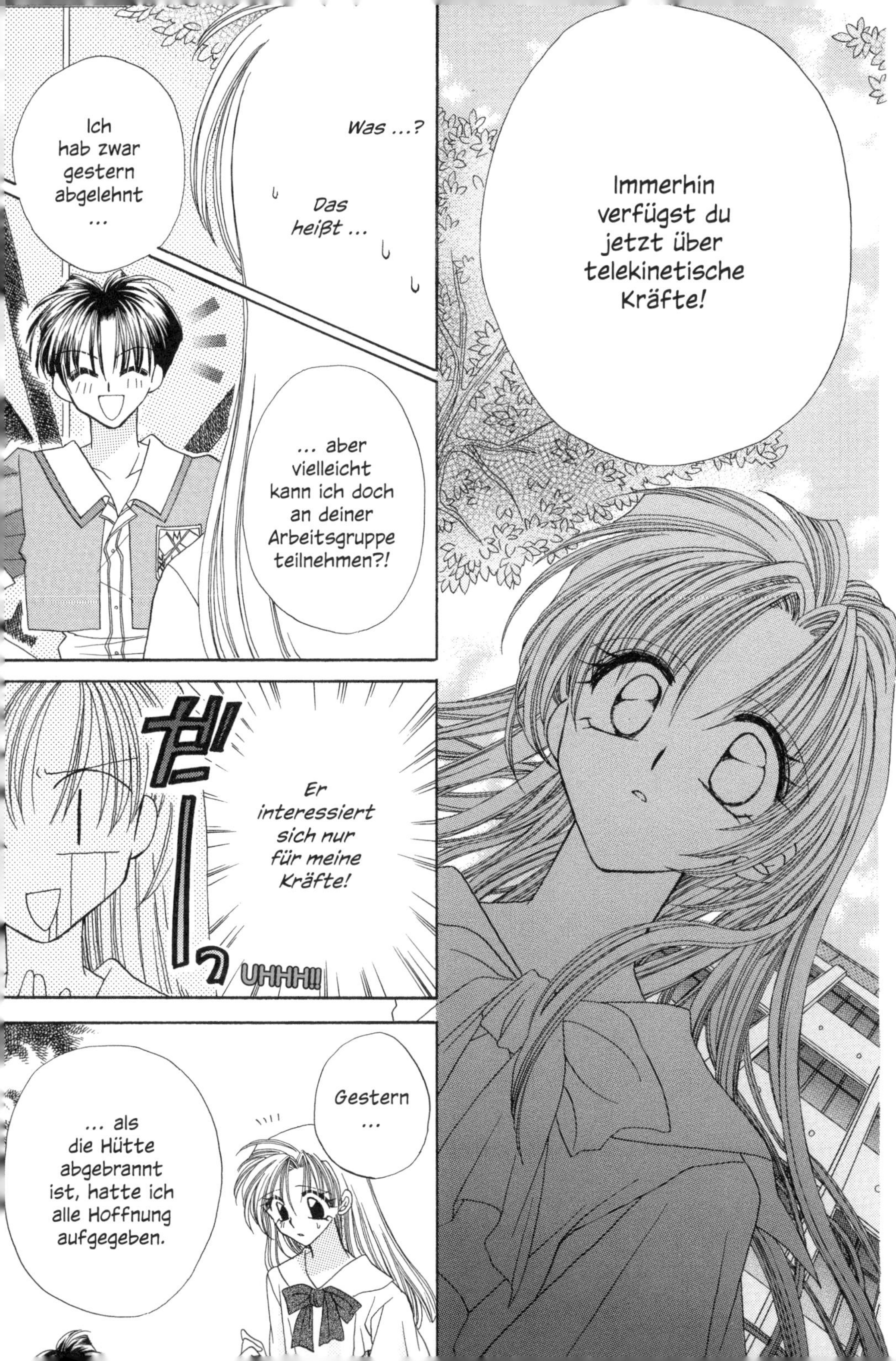
Immerhin verfügst du jetzt über telekinetische Kräfte!
Was ...?
Das heißt ...
Ich hab zwar gestern abgelehnt ...
... aber vielleicht kann ich doch an deiner Arbeitsgruppe teilnehmen?!
Er interessiert sich nur für meine Kräfte!
UHHH!!
Gestern ...
... als die Hütte abgebrannt ist, hatte ich alle Hoffnung aufgegeben.

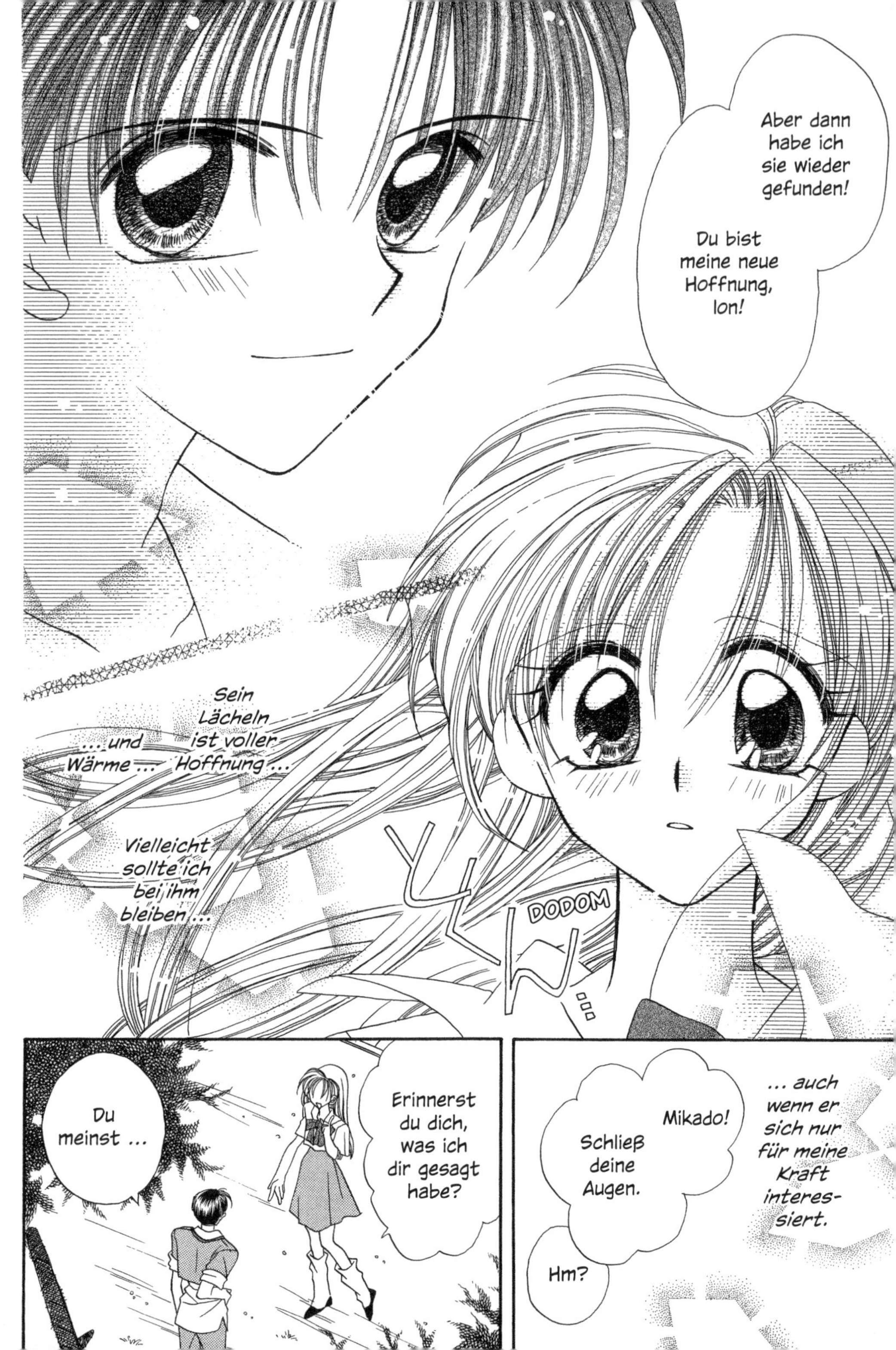
Aber dann habe ich sie wieder gefunden!
Du bist meine neue Hoffnung, Ion!
Sein Lächeln ist voller Hoffnung ...
... und Wärme ...
Vielleicht sollte ich bei ihm bleiben ...
DODOM
... auch wenn er sich nur für meine Kraft interes-siert.
Mikado!
Schließ deine Augen.
Hm?
Erinnerst du dich, was ich dir gesagt habe?
Du meinst ...

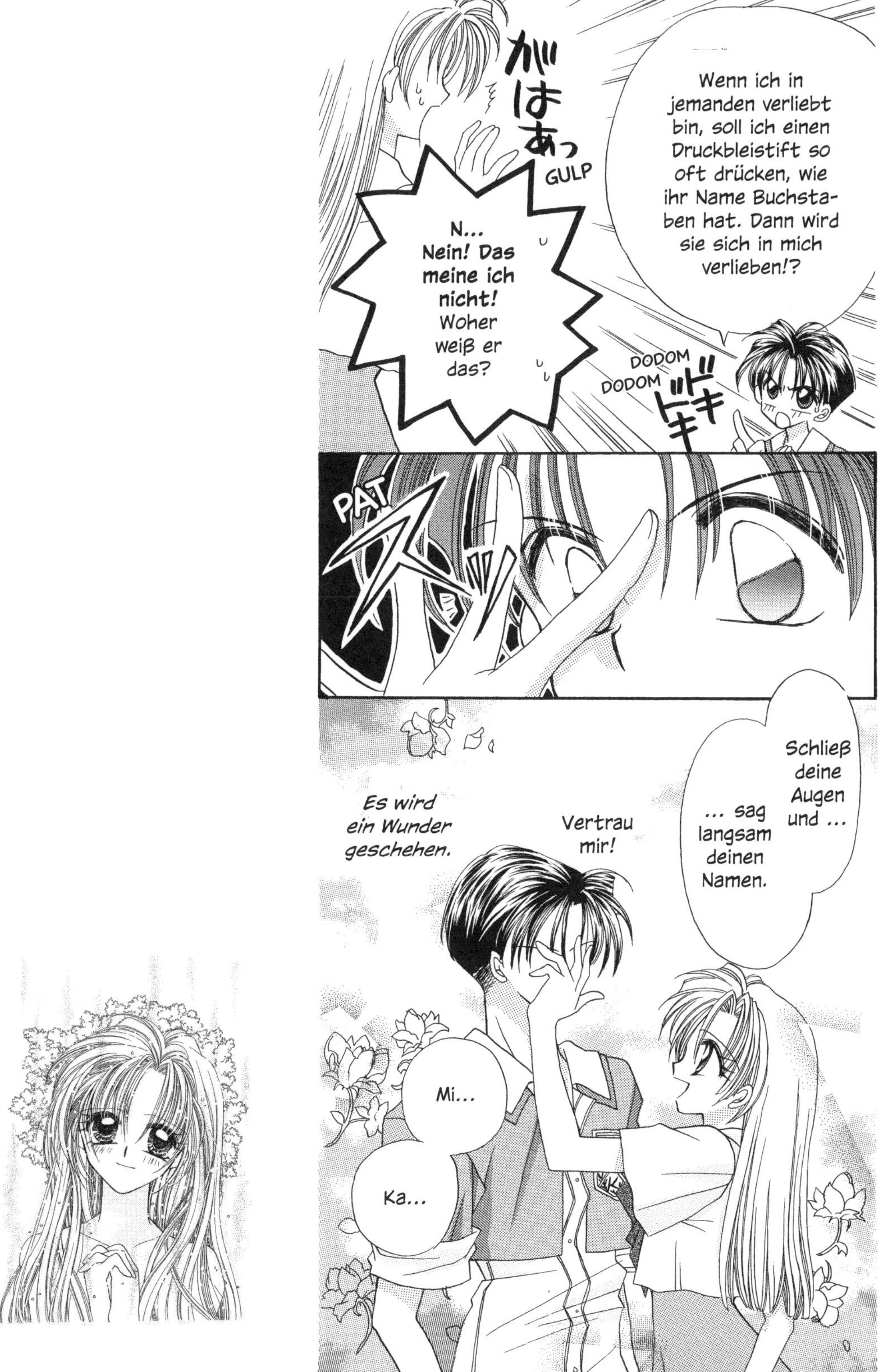
Wenn ich in jemanden verliebt bin, soll ich einen Druckbleistift so oft drücken, wie ihr Name Buchstaben hat. Dann wird sie sich in mich verlieben!?
DODOM
DODOM
がはあっ
GULP
N... Nein! Das meine ich nicht! Woher weiß er das?
PAT
Schließ deine Augen und ...
... sag langsam deinen Namen.
Vertrau mir!
Es wird ein Wunder geschehen.
Mi...
Ka...

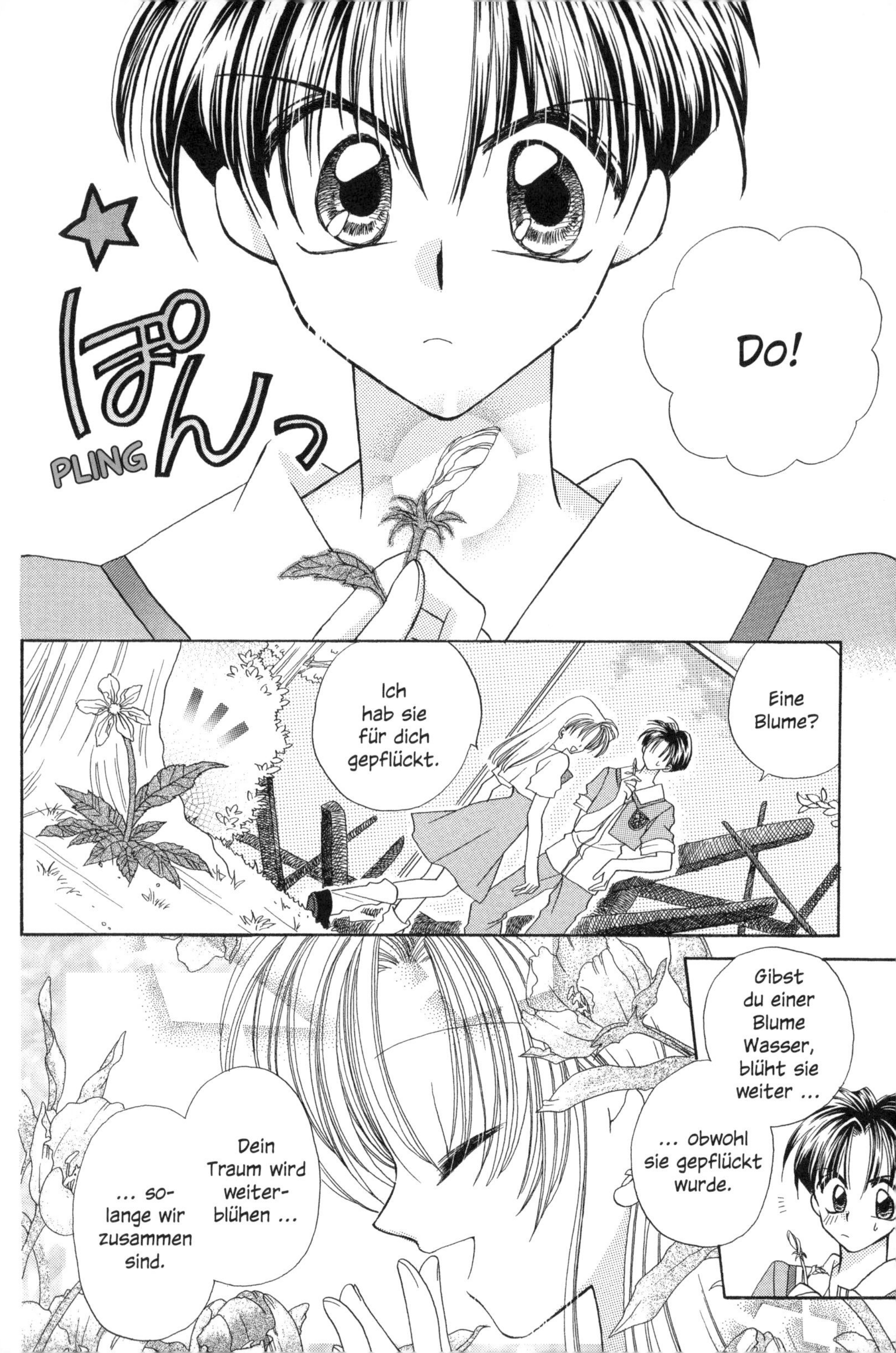
Do!
ぽんっ
PLING
Eine Blume?
Ich hab sie für dich gepflückt.
Gibst du einer Blume Wasser, blüht sie weiter …
… obwohl sie gepflückt wurde.
Dein Traum wird weiter-blühen …
… so-lange wir zusammen sind.

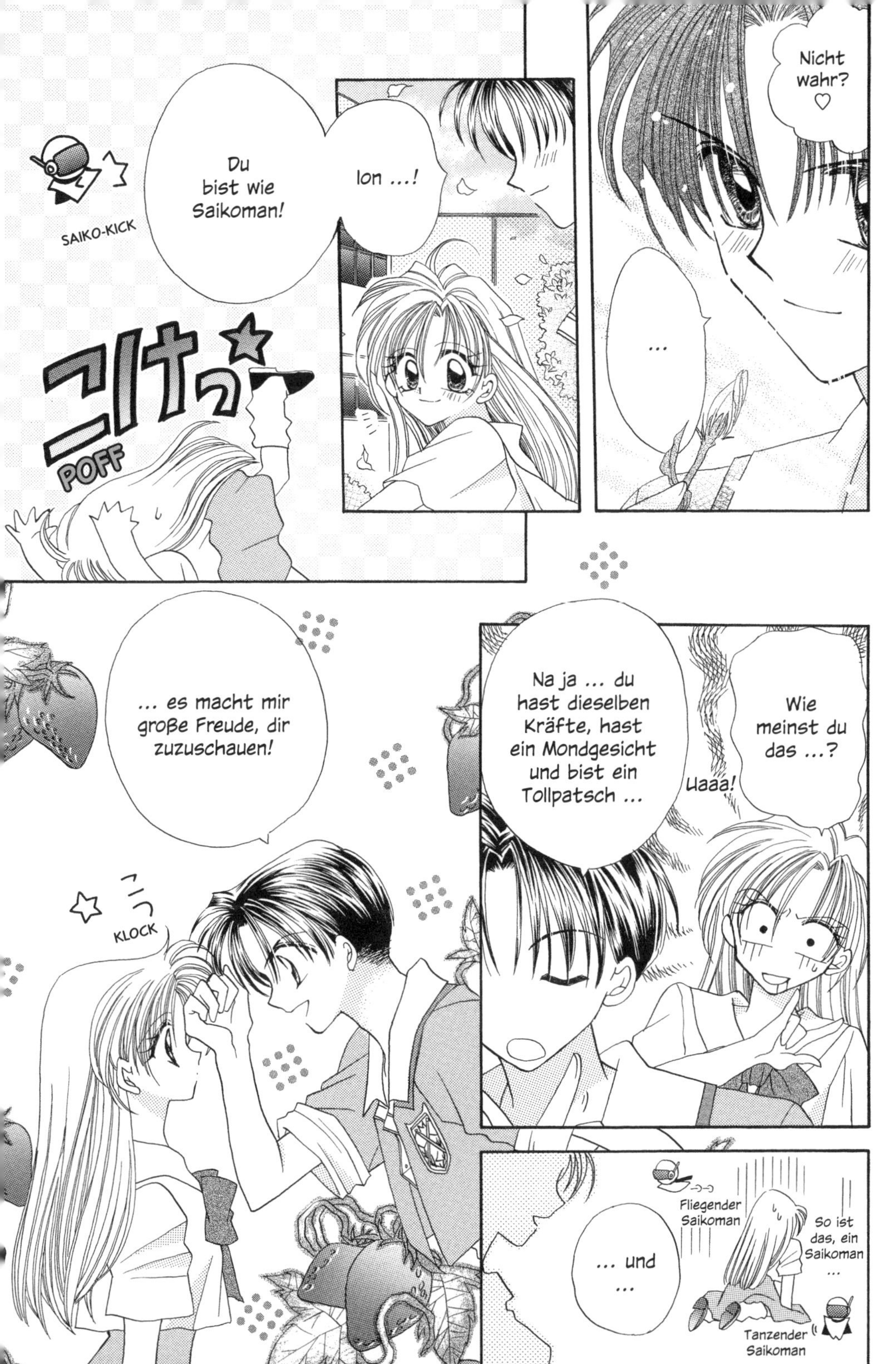
Nicht wahr? ♡
…
Ion …!
Du bist wie Saikoman!
SAIKO-KICK
POFF
Wie meinst du das …?
Uaaa!
Na ja … du hast dieselben Kräfte, hast ein Mondgesicht und bist ein Tollpatsch …
Fliegender Saikoman
So ist das, ein Saikoman …
Tanzender Saikoman
… und …
… es macht mir große Freude, dir zuzuschauen!
KLOCK

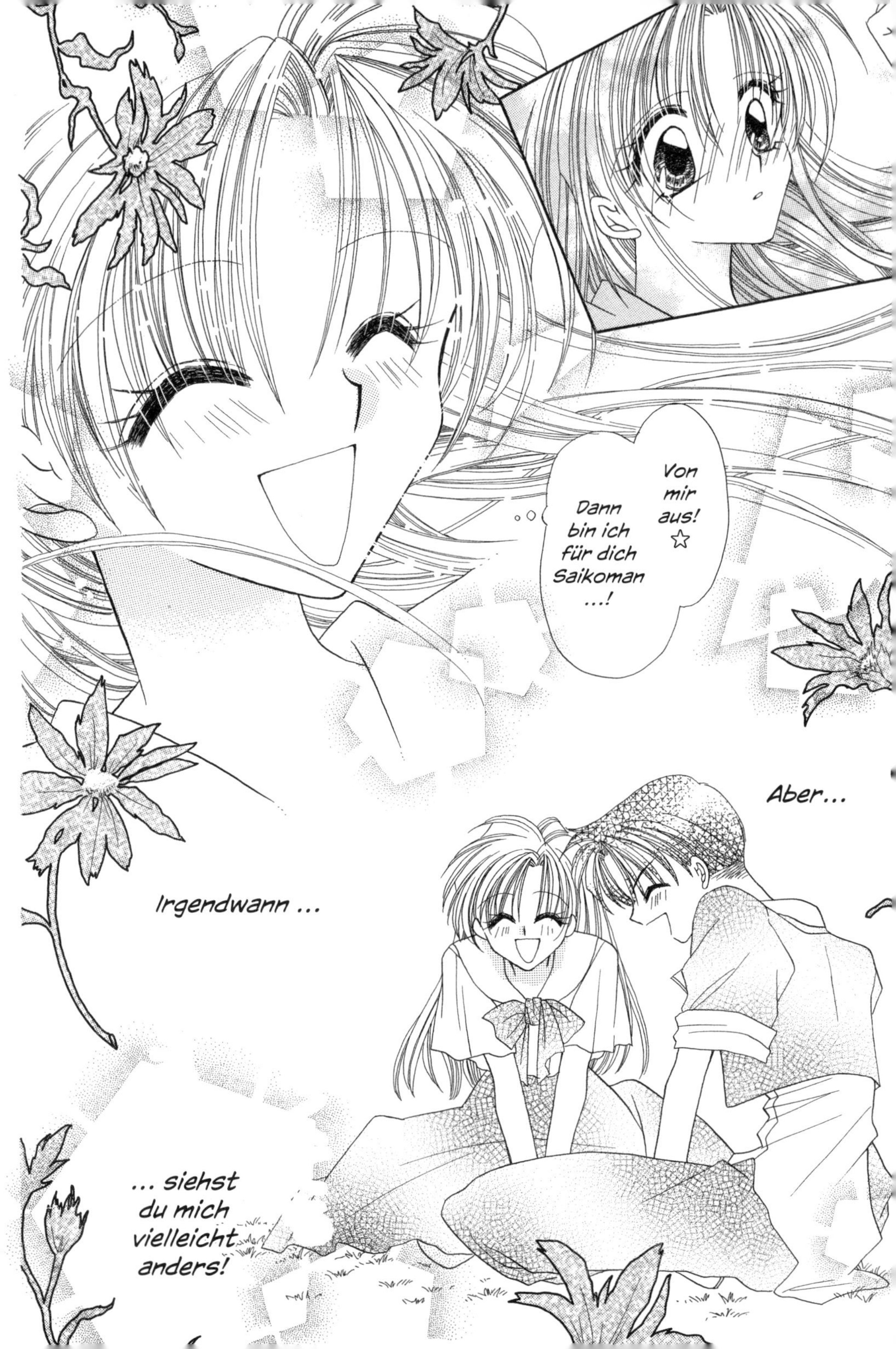
Von mir aus! ☆
Dann bin ich für dich Saikoman ...!
Aber...
Irgendwann ...
... siehst du mich vielleicht anders!

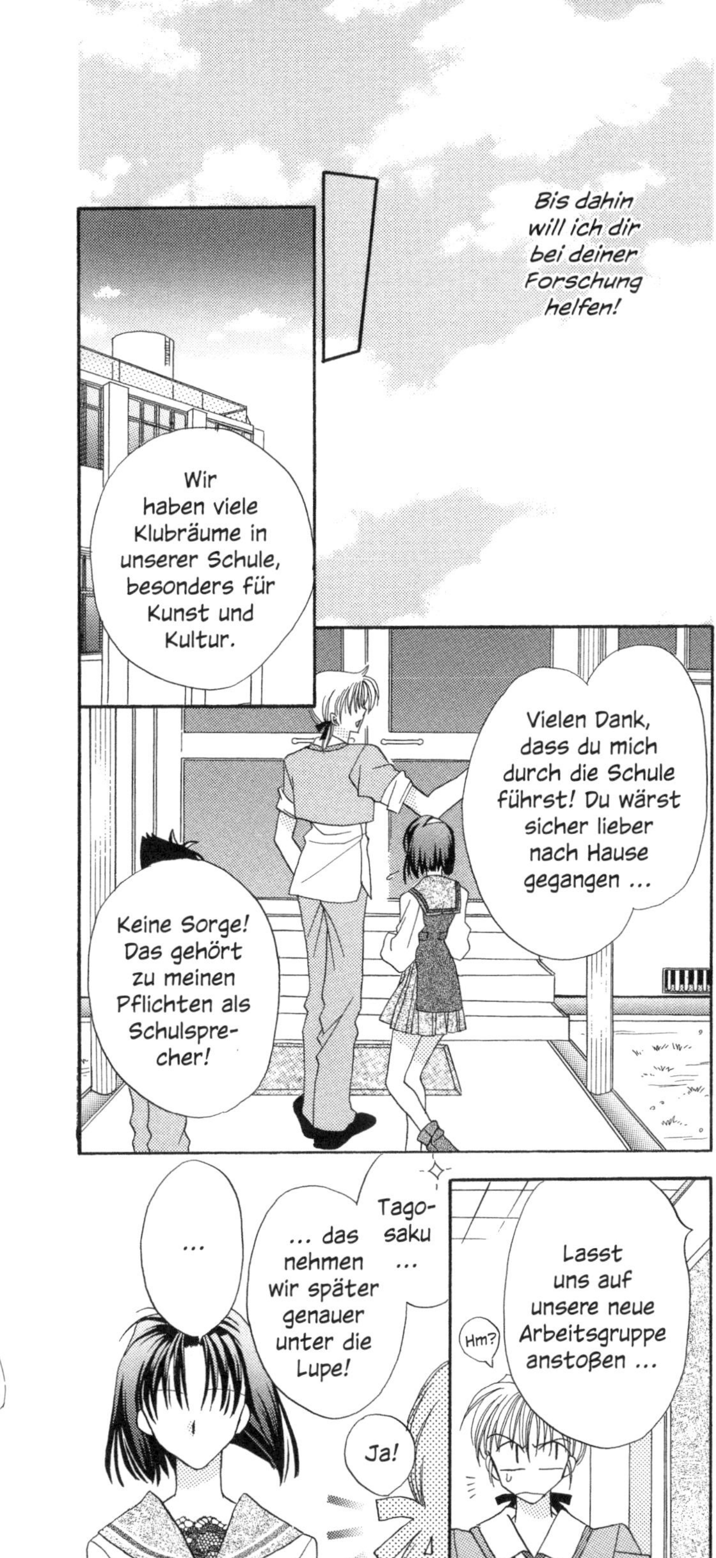
Bis dahin will ich dir bei deiner Forschung helfen!
Wir haben viele Klubräume in unserer Schule, besonders für Kunst und Kultur.
Vielen Dank, dass du mich durch die Schule führst! Du wärst sicher lieber nach Hause gegangen …
Keine Sorge! Das gehört zu meinen Pflichten als Schulsprecher!
Lasst uns auf unsere neue Arbeitsgruppe anstoßen …
Hm?
Tago-saku …
… das nehmen wir später genauer unter die Lupe!
…
Ja!

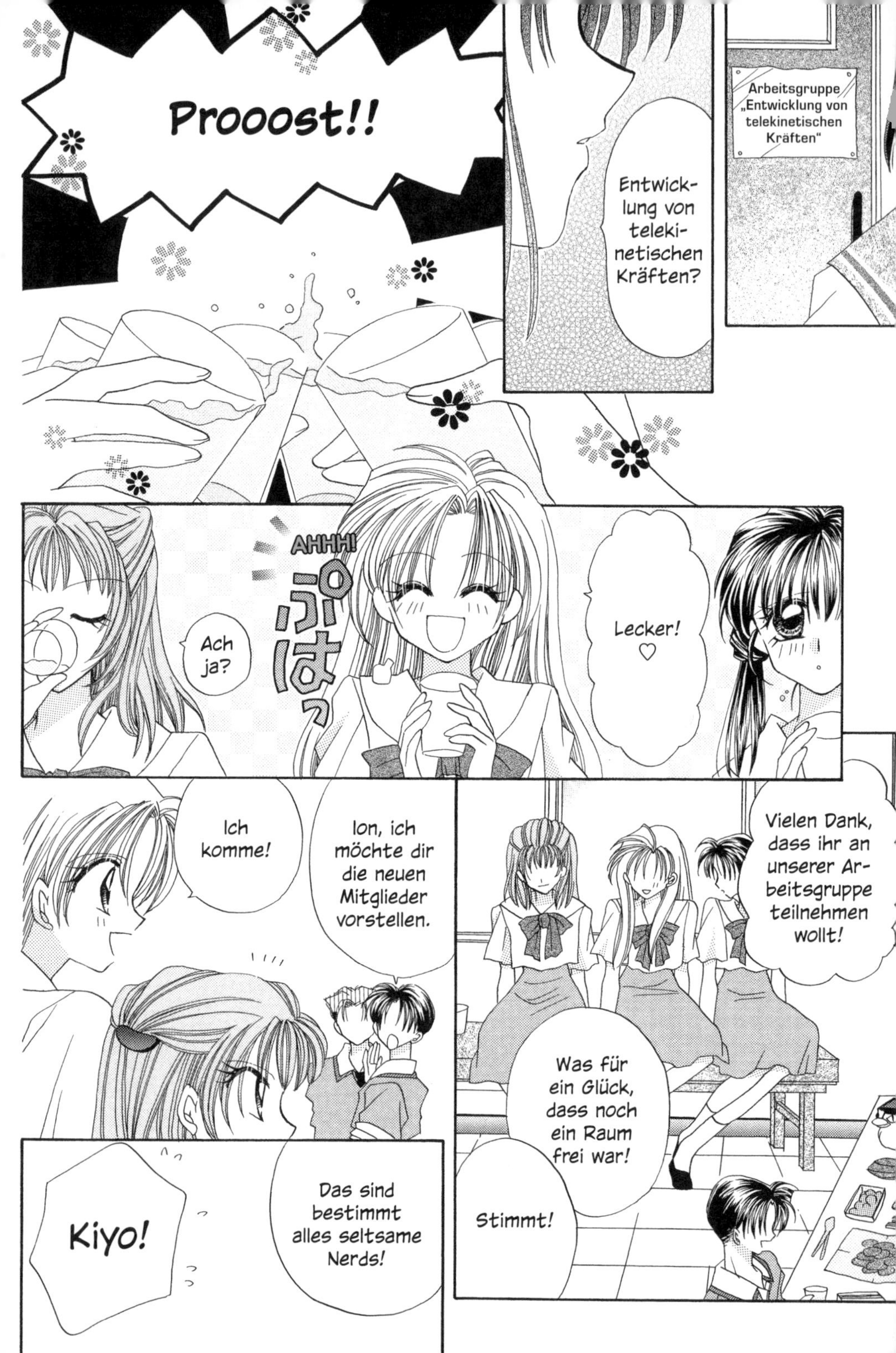

Arbeitsgruppe „Entwicklung von telekinetischen Kräften“
Entwicklung von telekinetischen Kräften?
Prooost!!
Lecker! ♡
AHHH!
ぷはっ
Ach ja?
Vielen Dank, dass ihr an unserer Arbeitsgruppe teilnehmen wollt!
Was für ein Glück, dass noch ein Raum frei war!
Stimmt!
Ion, ich möchte dir die neuen Mitglieder vorstellen.
Ich komme!
Das sind bestimmt alles seltsame Nerds!
Kiyo!

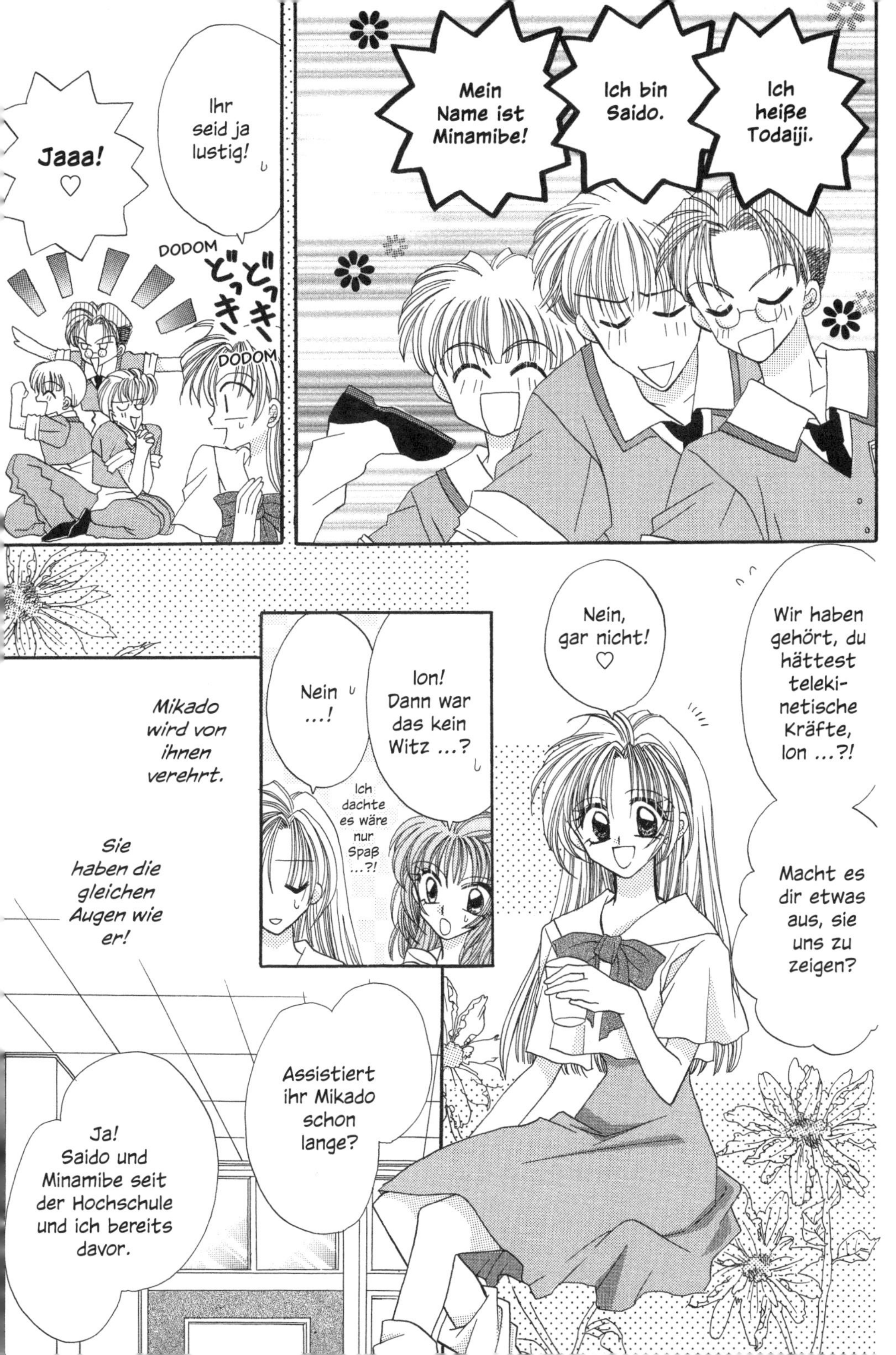
Ich heiße Todaiji.
Ich bin Saido.
Mein Name ist Minamibe!
Ihr seid ja lustig!
Jaaa! ♡
DODOM
どっきどっき
DODOM
Wir haben gehört, du hättest telekinetische Kräfte, Ion …?!
Macht es dir etwas aus, sie uns zu zeigen?
Nein, gar nicht! ♡
Ion! Dann war das kein Witz …?
Ich dachte es wäre nur Spaß …?!
Nein …!
Mikado wird von ihnen verehrt.
Sie haben die gleichen Augen wie er!
Assistiert ihr Mikado schon lange?
Ja! Saido und Minamibe seit der Hochschule und ich bereits davor.

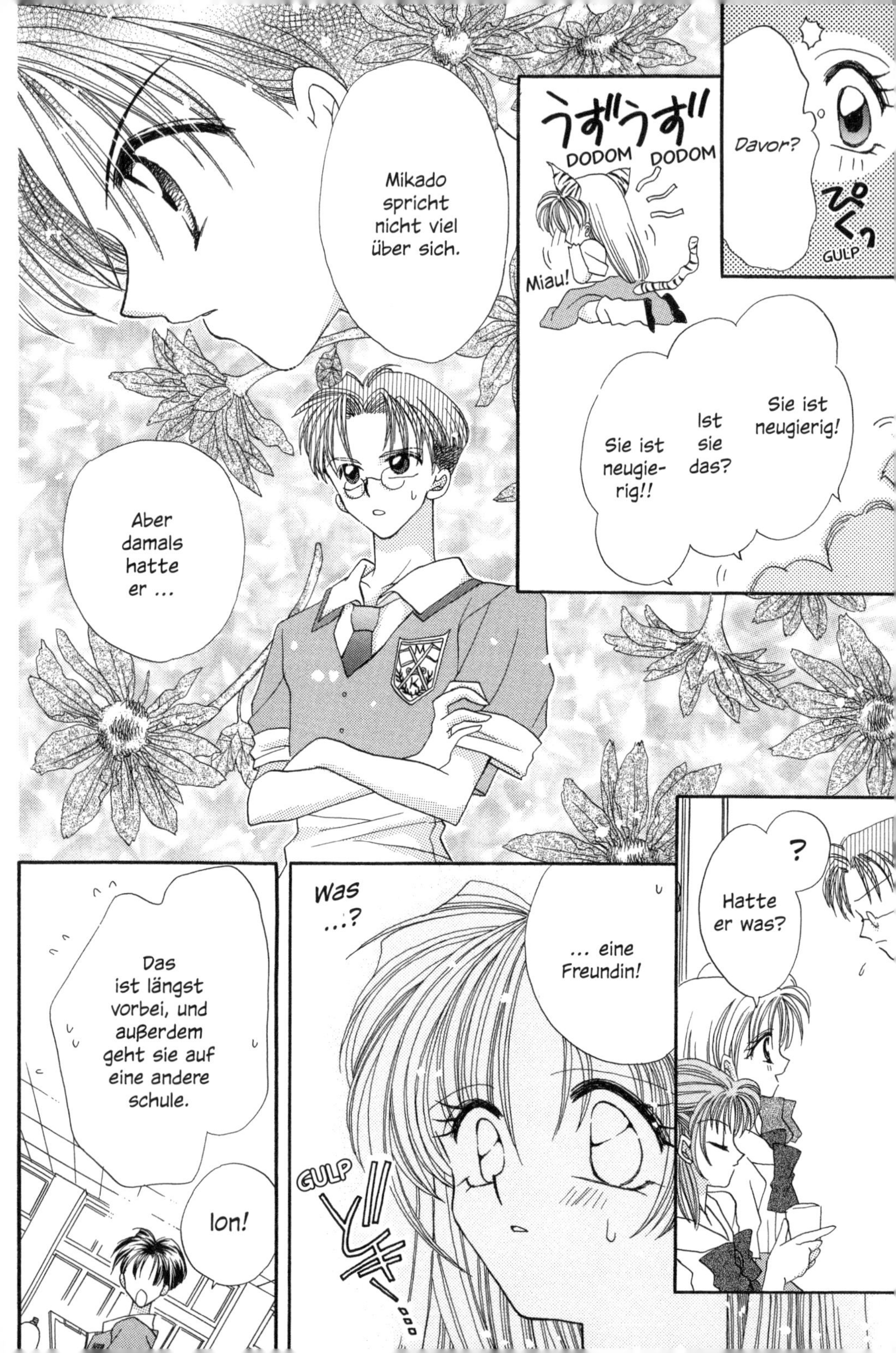
Davor?
ぴくっ
GULP
うずうず
DODOM DODOM
Miau!
Mikado spricht nicht viel über sich.
Sie ist neugierig!
Ist sie das?
Sie ist neugie-rig!!
Aber damals hatte er ...
?
Hatte er was?
... eine Freundin!
Was ...?
GULP
Das ist längst vorbei, und außerdem geht sie auf eine andere schule.
Ion!

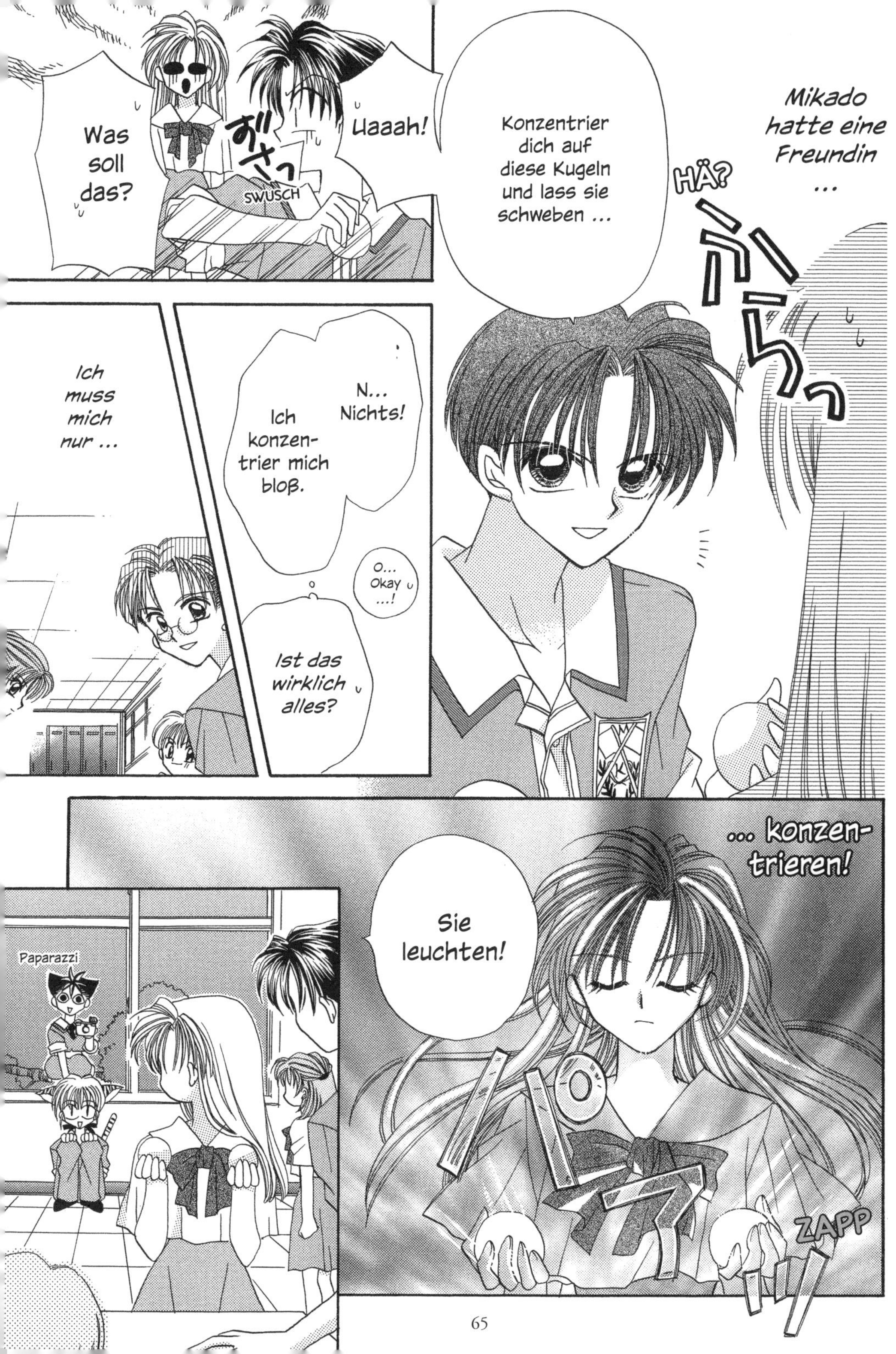
Mikado hatte eine Freundin ...
Konzentrier dich auf diese Kugeln und lass sie schweben ...
Uaaah!
SWUSCH
Was soll das?
HÄ?
N... Nichts!
Ich konzen-trier mich bloß.
Ich muss mich nur ...
O... Okay ...!
Ist das wirklich alles?
... konzen-trieren!
Sie leuchten!
ZAPP
Paparazzi

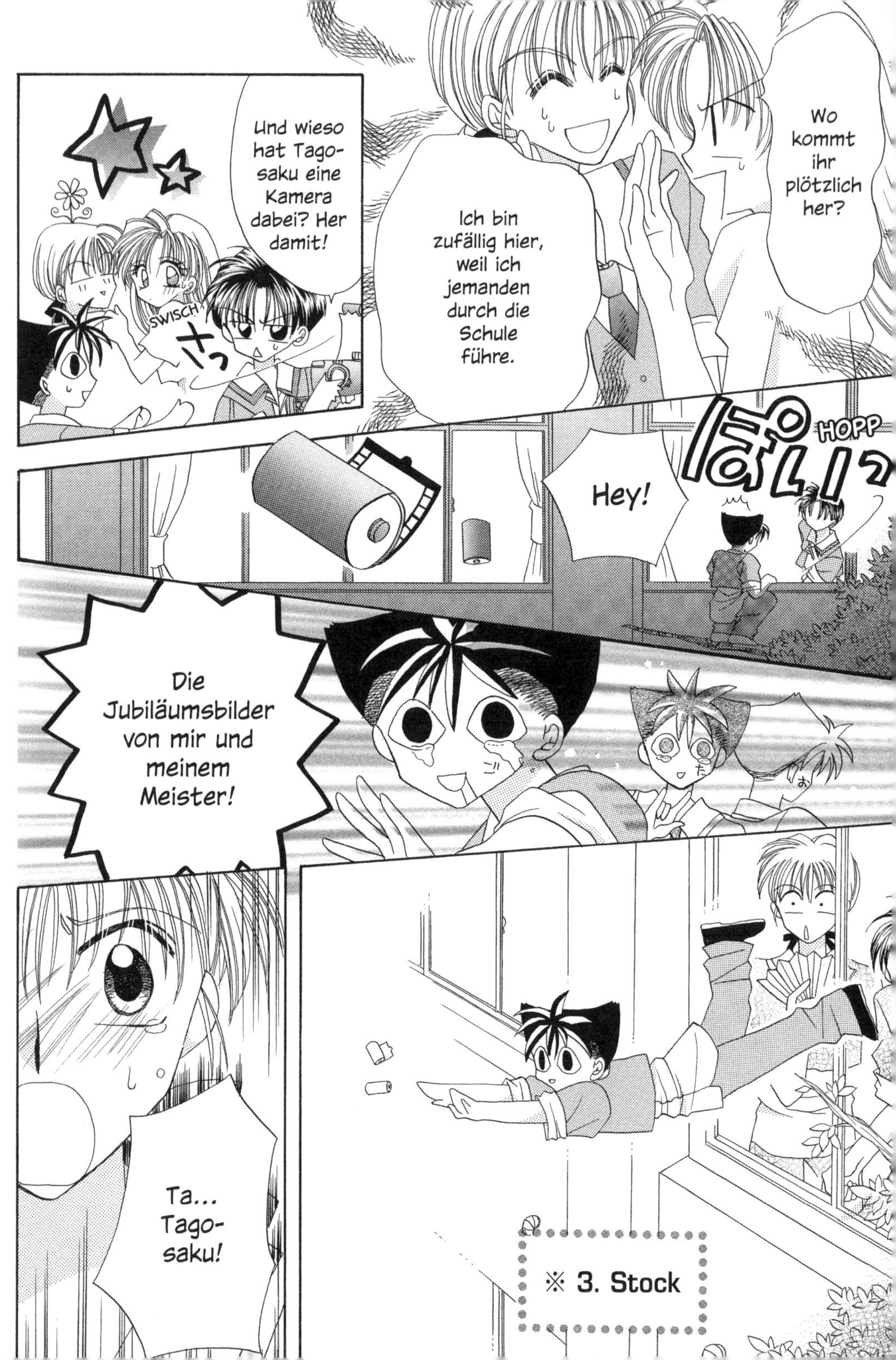
Wo kommt ihr plötzlich her?
Ich bin zufällig hier, weil ich jemanden durch die Schule führe.
Und wieso hat Tago-saku eine Kamera dabei? Her damit!
SWISCH
HOPP
Hey!
Die Jubiläumsbilder von mir und meinem Meister!
Ta... Tago-saku!
※ 3. Stock

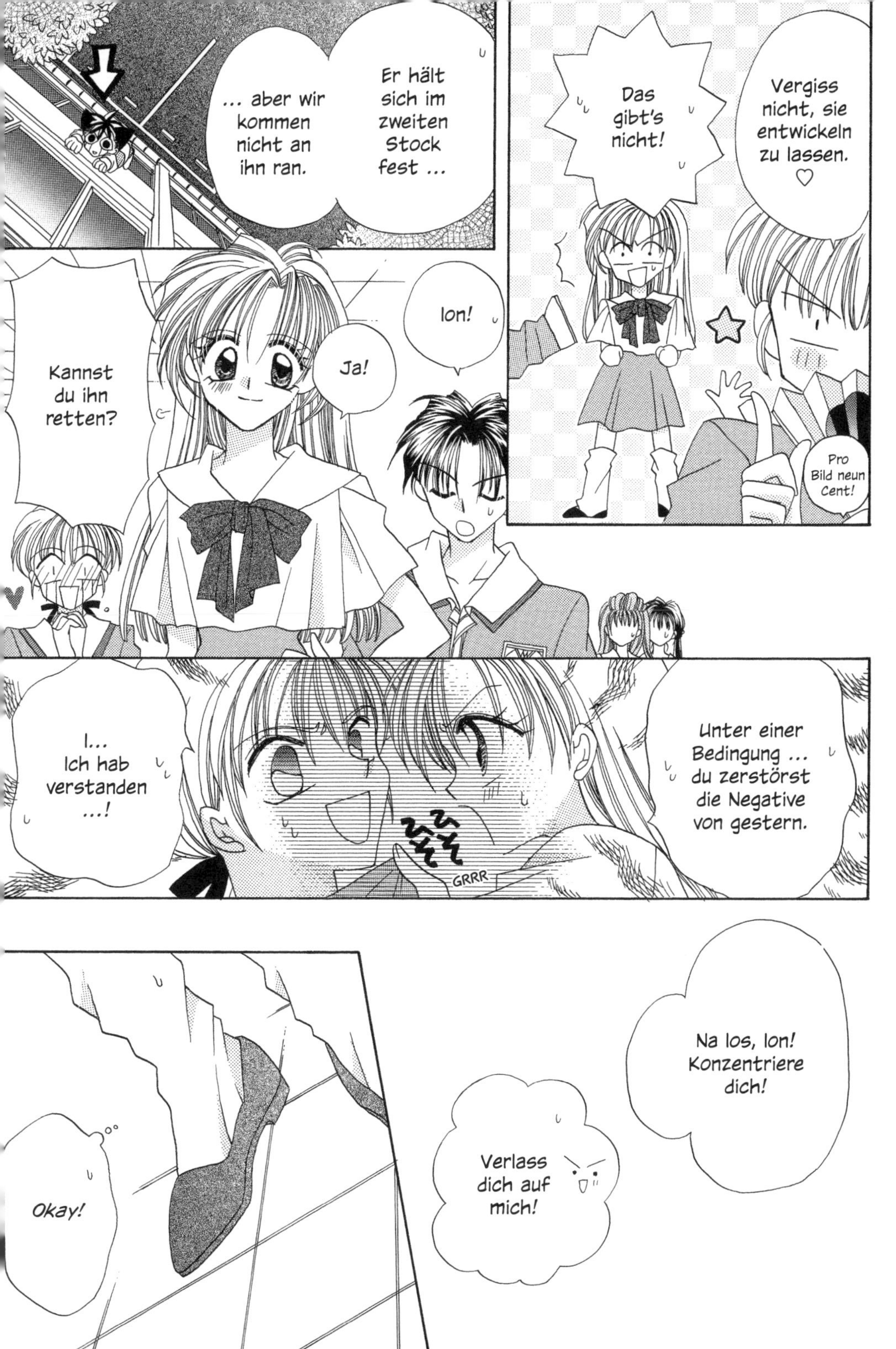
Vergiss nicht, sie entwickeln zu lassen. ♡
Pro Bild neun Cent!
Das gibt's nicht!
Er hält sich im zweiten Stock fest ...
... aber wir kommen nicht an ihn ran.
Ion!
Ja!
Kannst du ihn retten?
Unter einer Bedingung ... du zerstörst die Negative von gestern.
GRRR
I... Ich hab verstanden ...!
Na los, Ion! Konzentriere dich!
Verlass dich auf mich!
Okay!

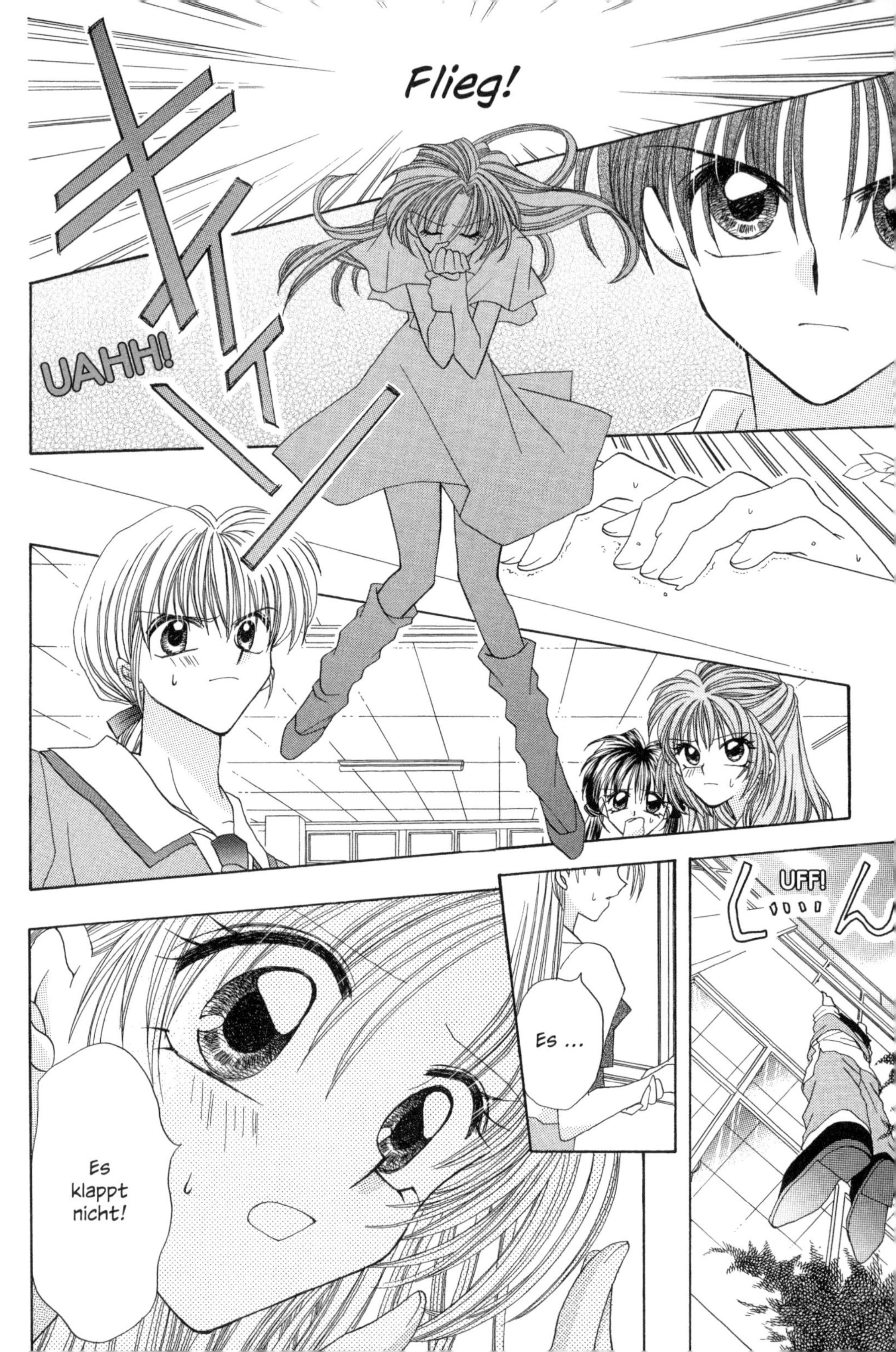
Flieg!
UAHH!
UFF!
Es ...
Es klappt nicht!

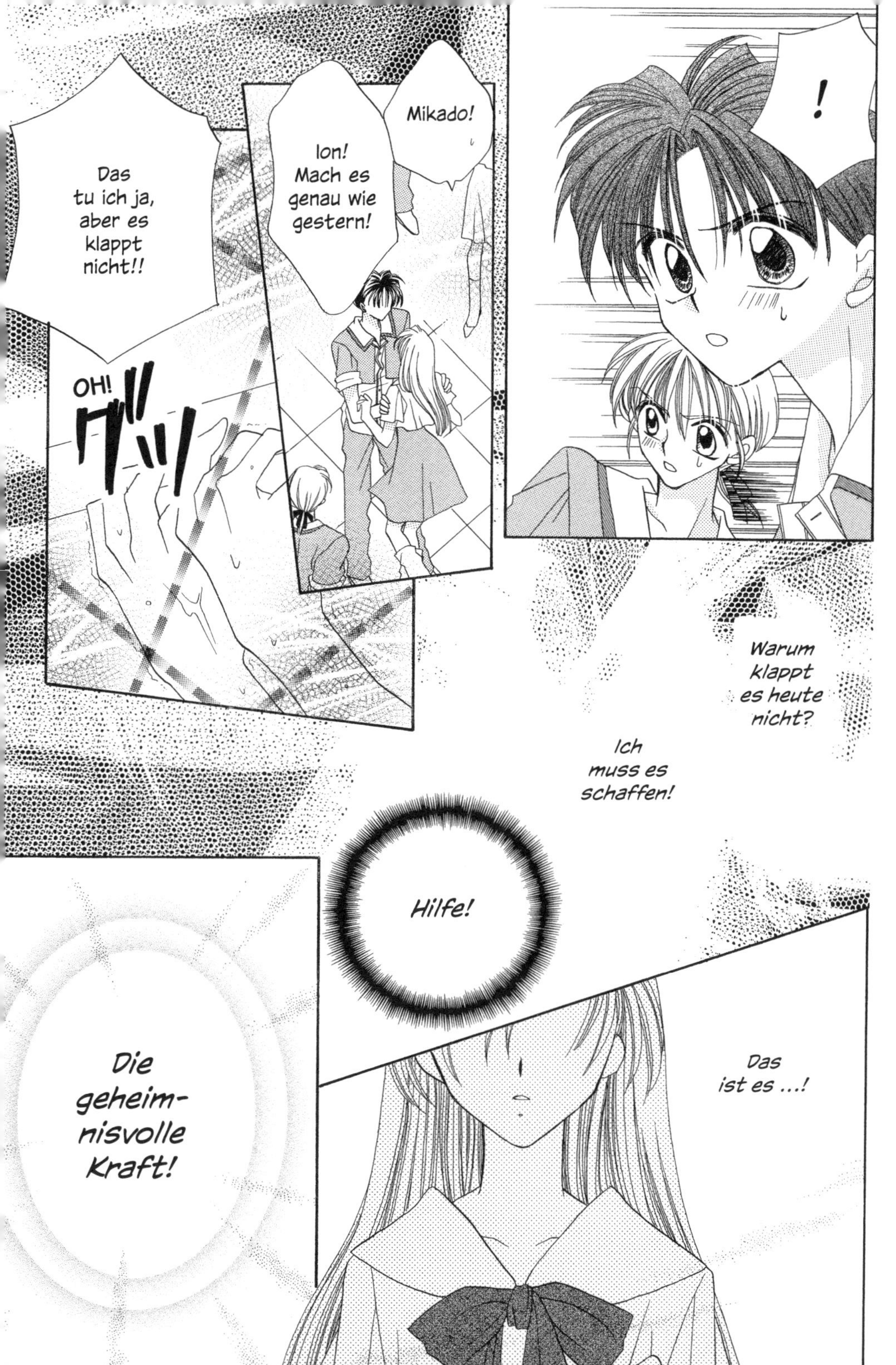
!
Mikado!
Ion! Mach es genau wie gestern!
Das tu ich ja, aber es klappt nicht!!
OH!
Warum klappt es heute nicht?
Ich muss es schaffen!
Hilfe!
Das ist es ...!
Die geheim-nisvolle Kraft!

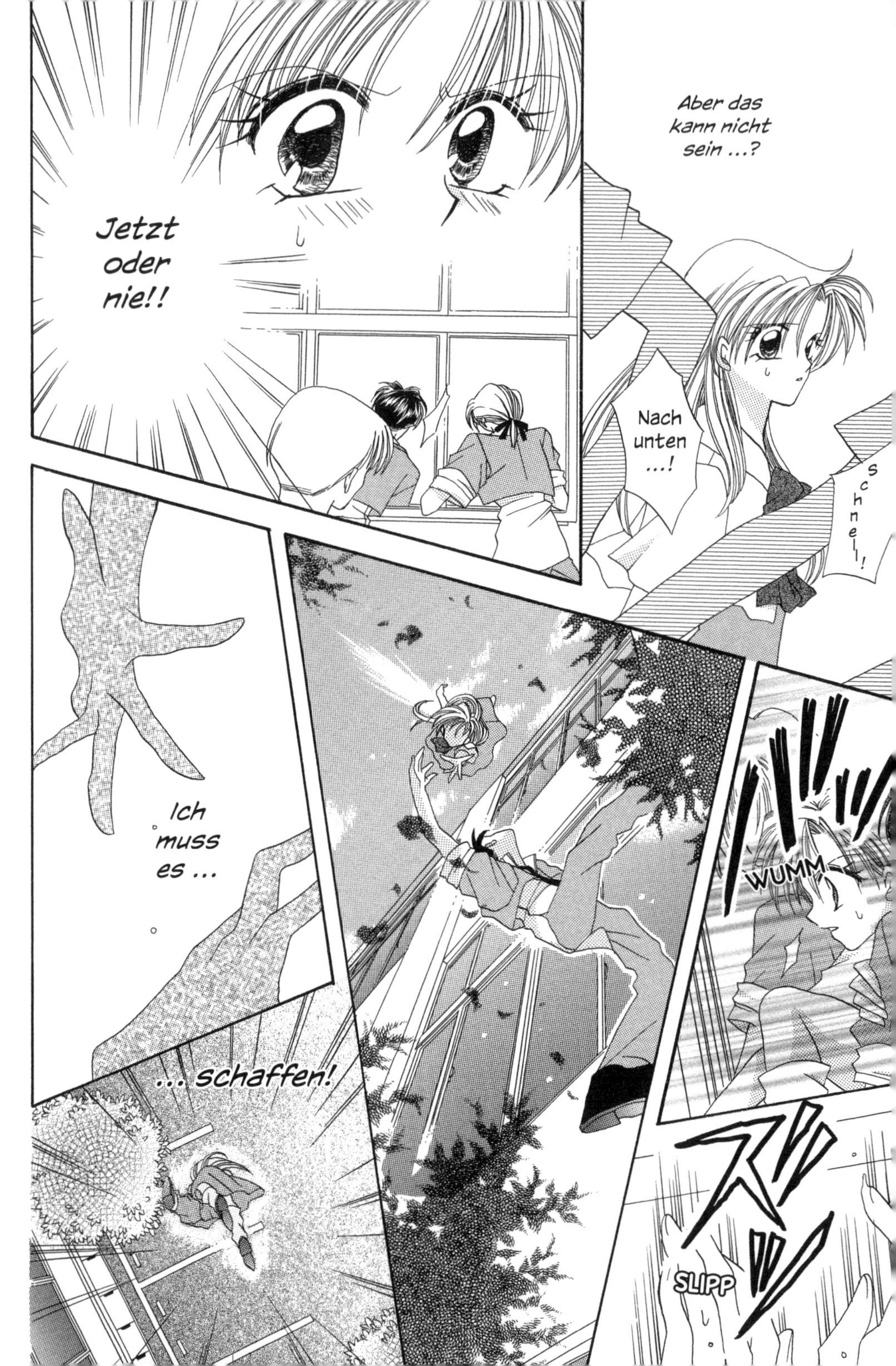

Aber das kann nicht sein ...?
Nach unten ...!
schnell!
Jetzt oder nie!!
WUMM
Ich muss es ...
... schaffen!
SLIPP

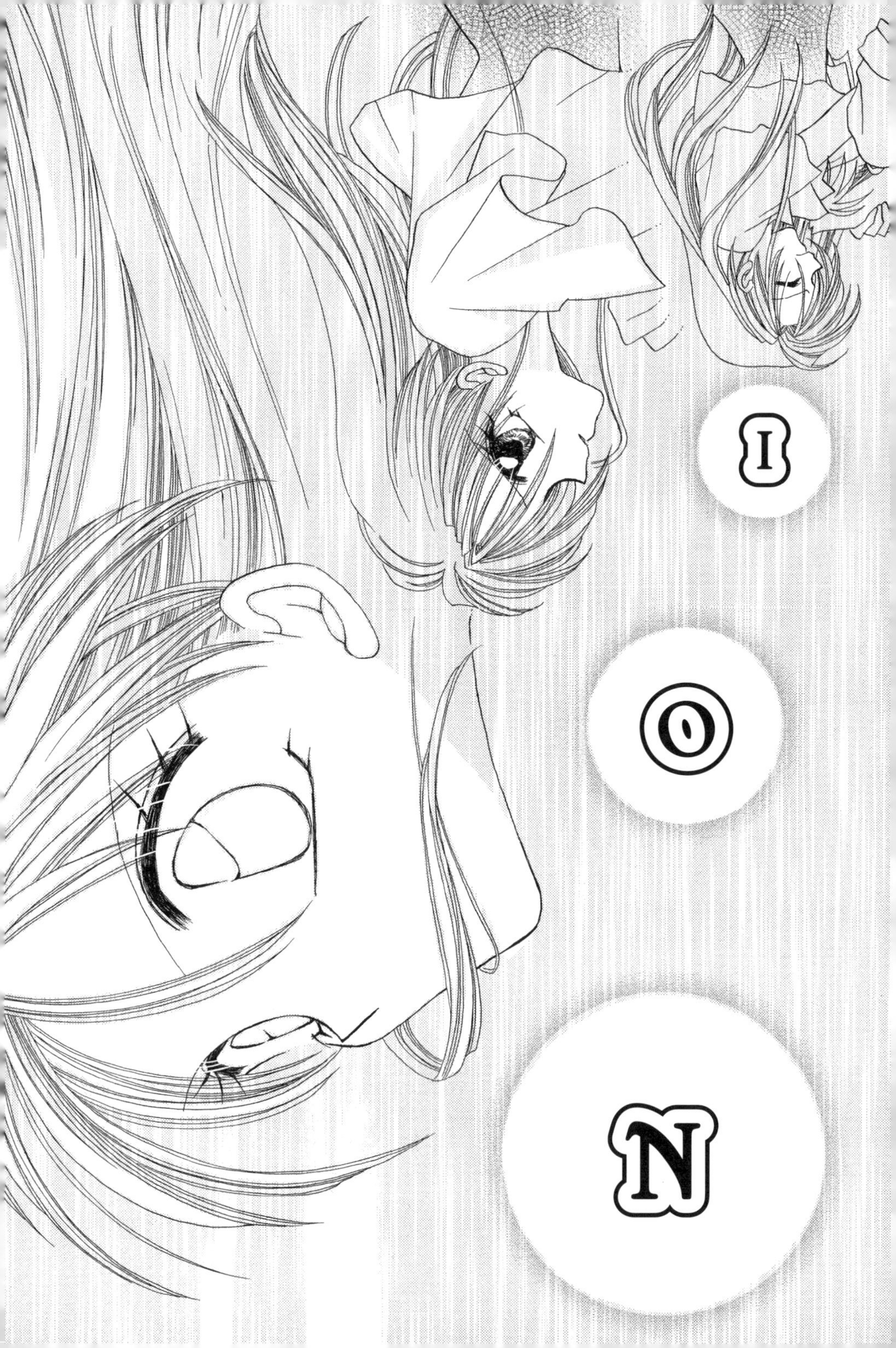
I
O
N

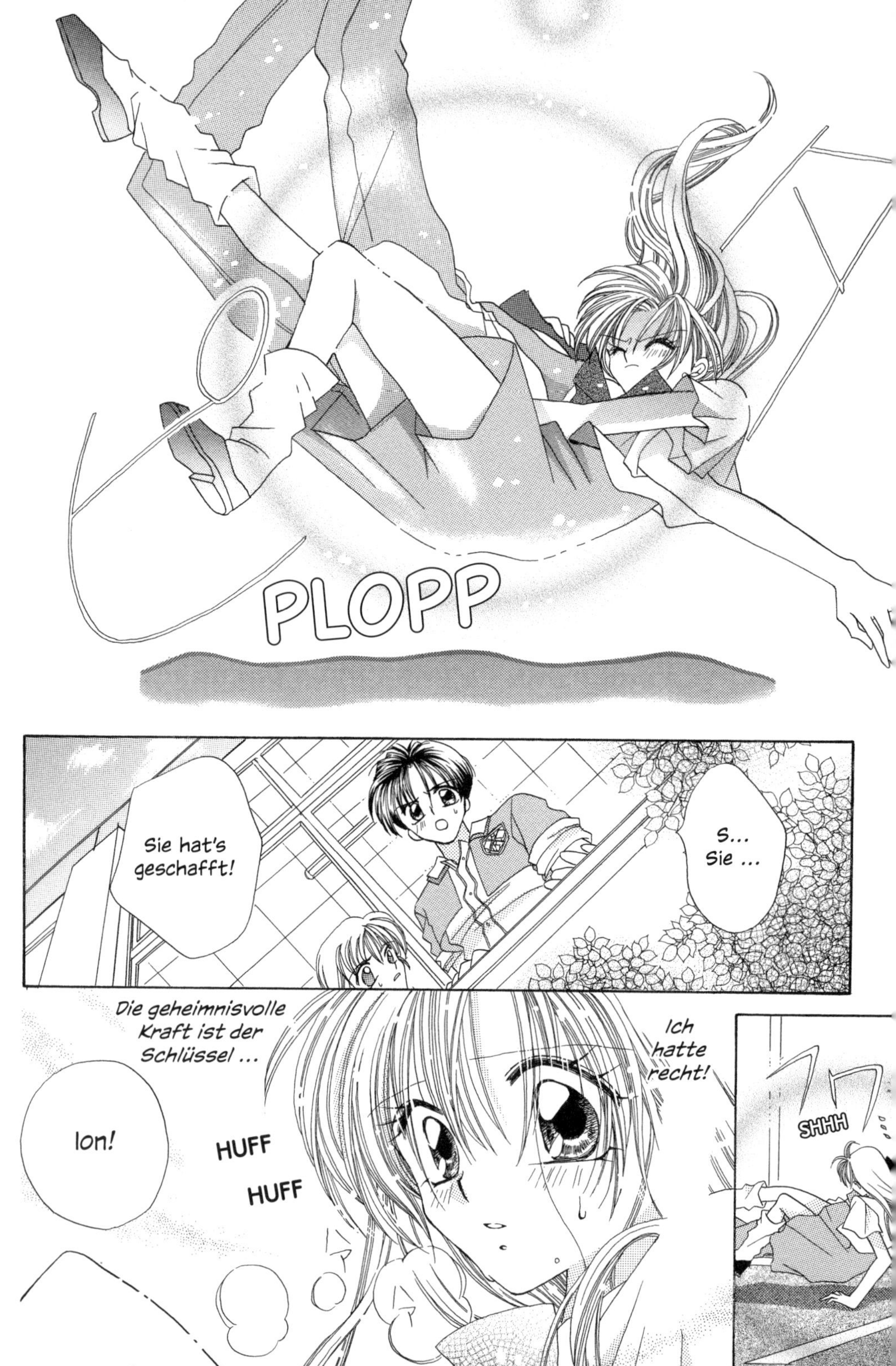
PLOPP
S… Sie …
Sie hat's geschafft!
Ich hatte recht!
Die geheimnisvolle Kraft ist der Schlüssel …
HUFF
HUFF
Ion!
SHHH

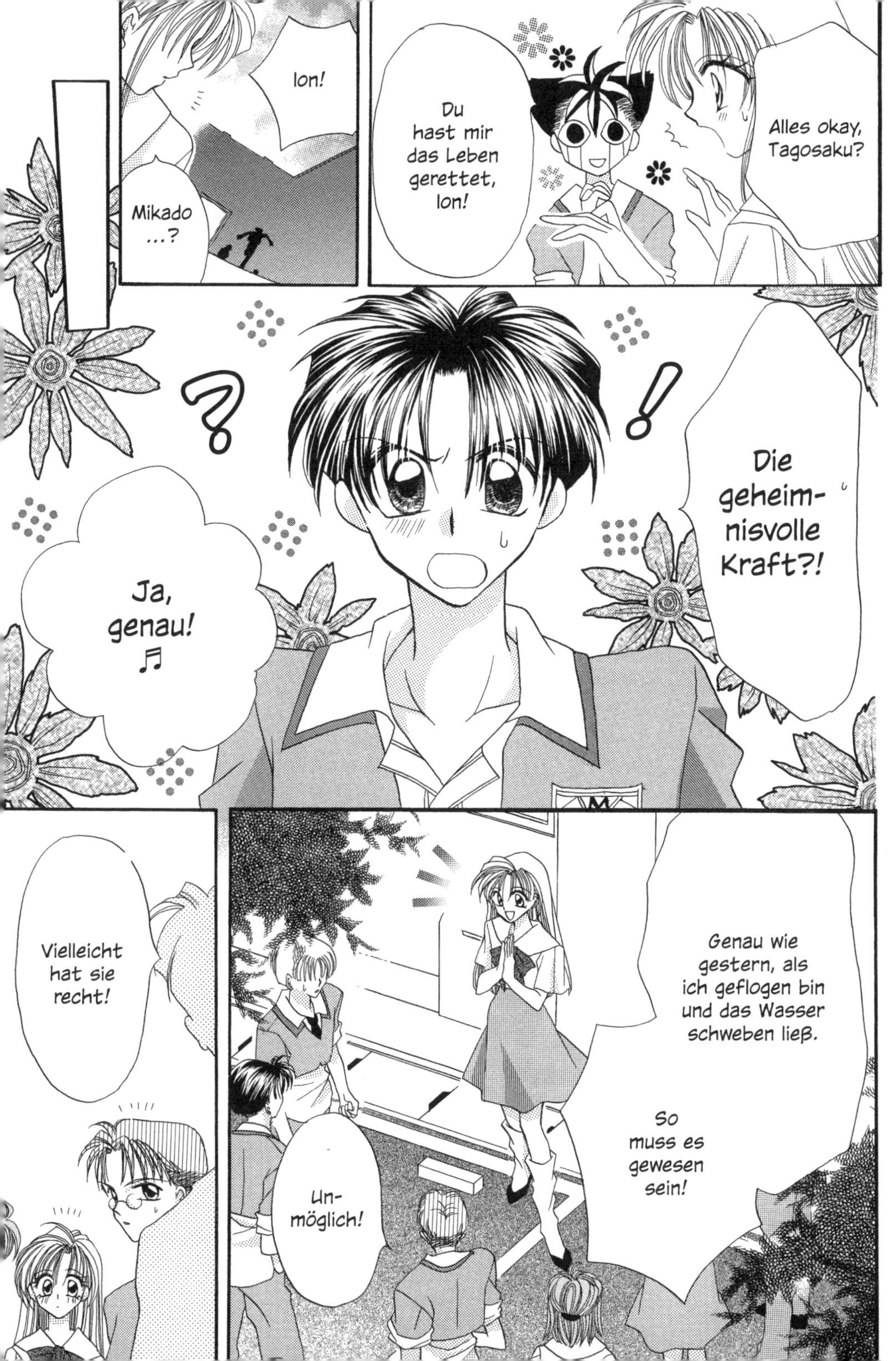

Alles okay, Tagosaku?
Du hast mir das Leben gerettet, Ion!
Ion!
Mikado ...?
Die geheim-nisvolle Kraft?!
Ja, genau! ♬
Genau wie gestern, als ich geflogen bin und das Wasser schweben ließ.
So muss es gewesen sein!
Un-möglich!
Vielleicht hat sie recht!

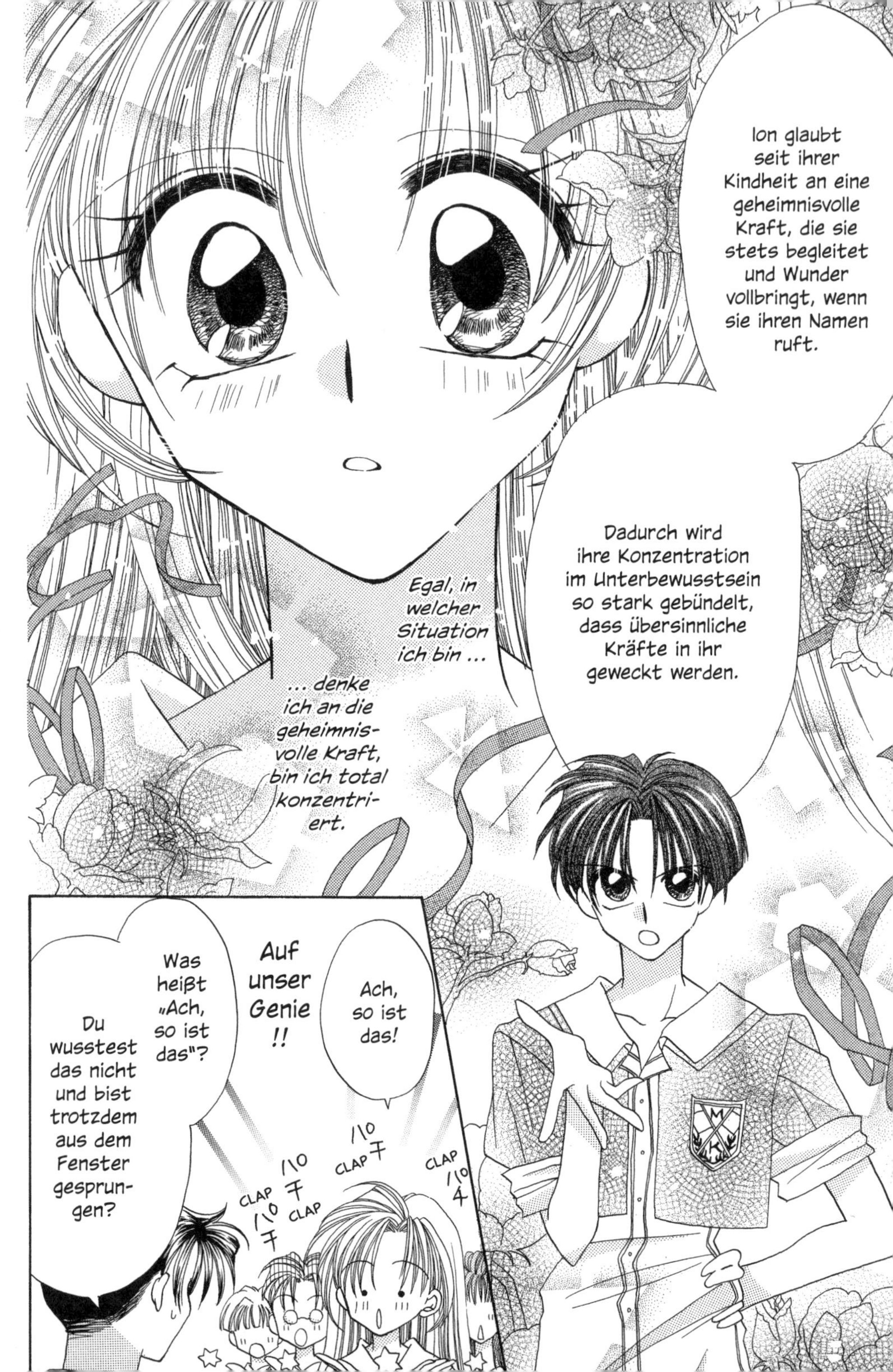
Ion glaubt seit ihrer Kindheit an eine geheimnisvolle Kraft, die sie stets begleitet und Wunder vollbringt, wenn sie ihren Namen ruft.
Egal, in welcher Situation ich bin …
… denke ich an die geheimnis-volle Kraft, bin ich total konzentri-ert.
Dadurch wird ihre Konzentration im Unterbewusstsein so stark gebündelt, dass übersinnliche Kräfte in ihr geweckt werden.
Ach, so ist das!
Auf unser Genie !!
Was heißt „Ach, so ist das"?
Du wusstest das nicht und bist trotzdem aus dem Fenster gesprun-gen?
CLAP CLAP CLAP CLAP CLAP

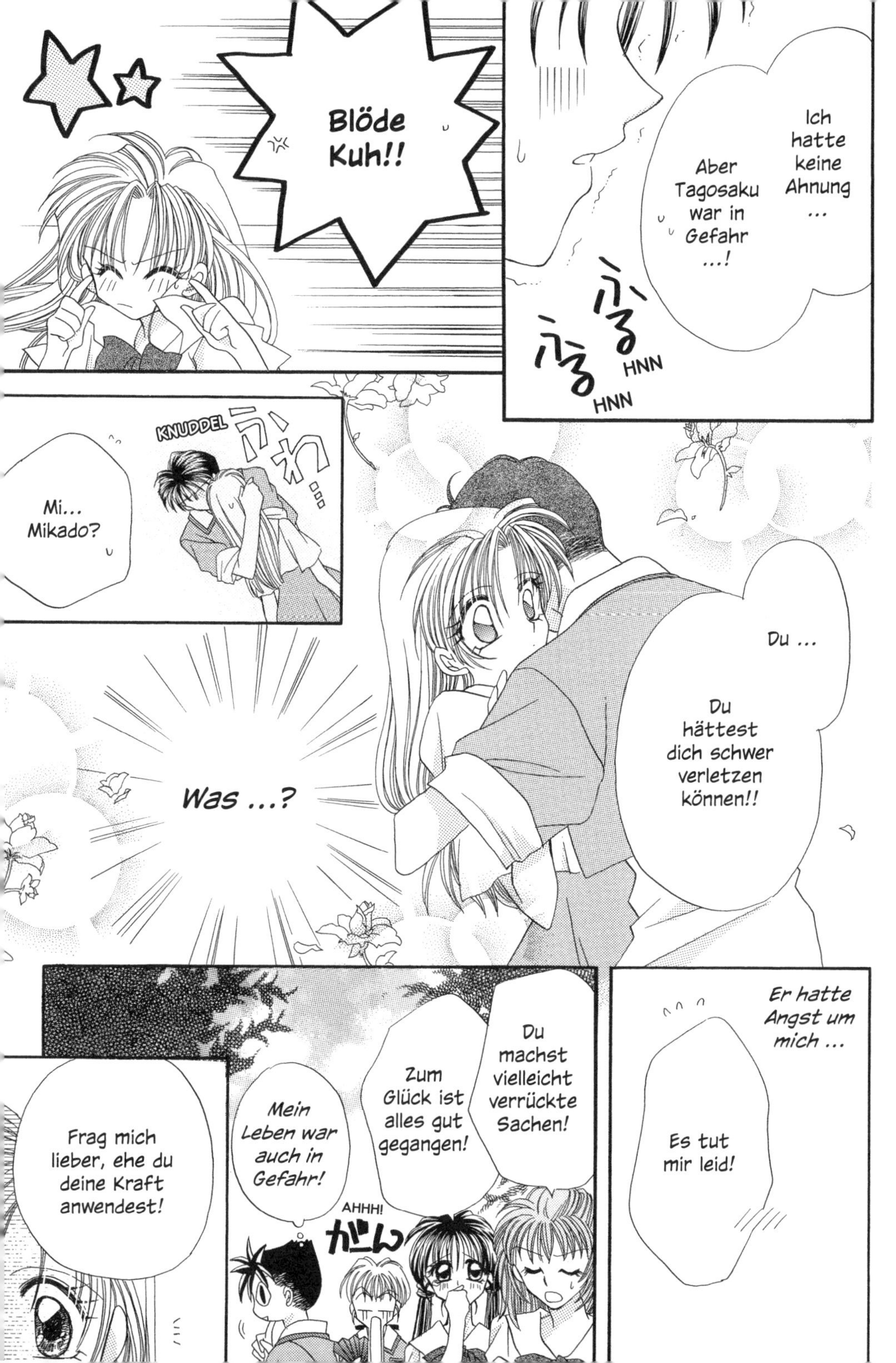
Ich hatte keine Ahnung …
Aber Tagosaku war in Gefahr …!
HNN
HNN
Blöde Kuh!!
KNUDDEL
Mi… Mikado?
Du …
Du hättest dich schwer verletzen können!!
Was …?
Er hatte Angst um mich …
Es tut mir leid!
Du machst vielleicht verrückte Sachen!
Zum Glück ist alles gut gegangen!
Mein Leben war auch in Gefahr!
AHHH!
Frag mich lieber, ehe du deine Kraft anwendest!

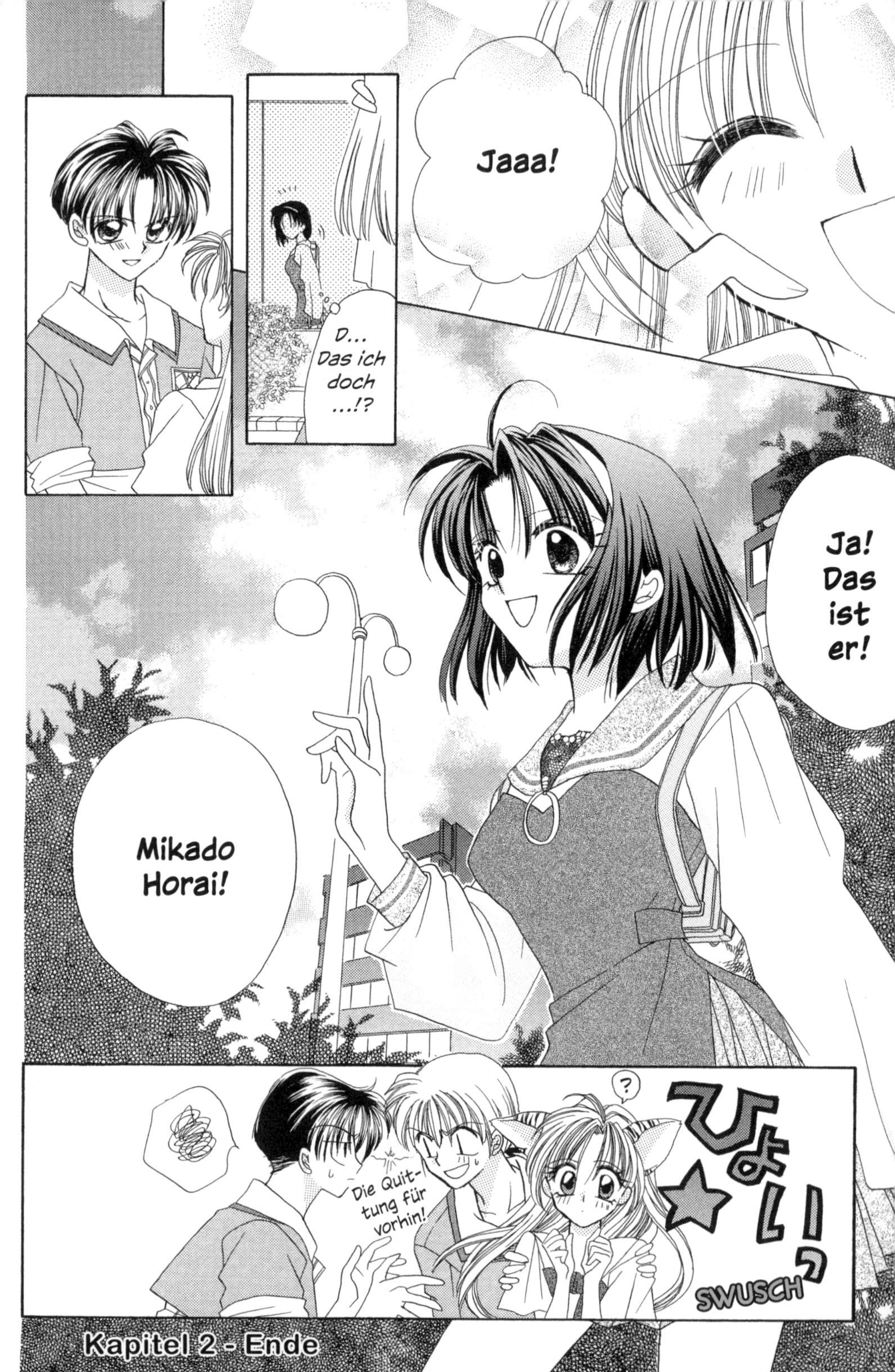
Jaaa!
D... Das ich doch ...!?
Ja! Das ist er!
Mikado Horai!
ひよいっ
SWUSCH
Die Quittung für vorhin!
Kapitel 2 - Ende

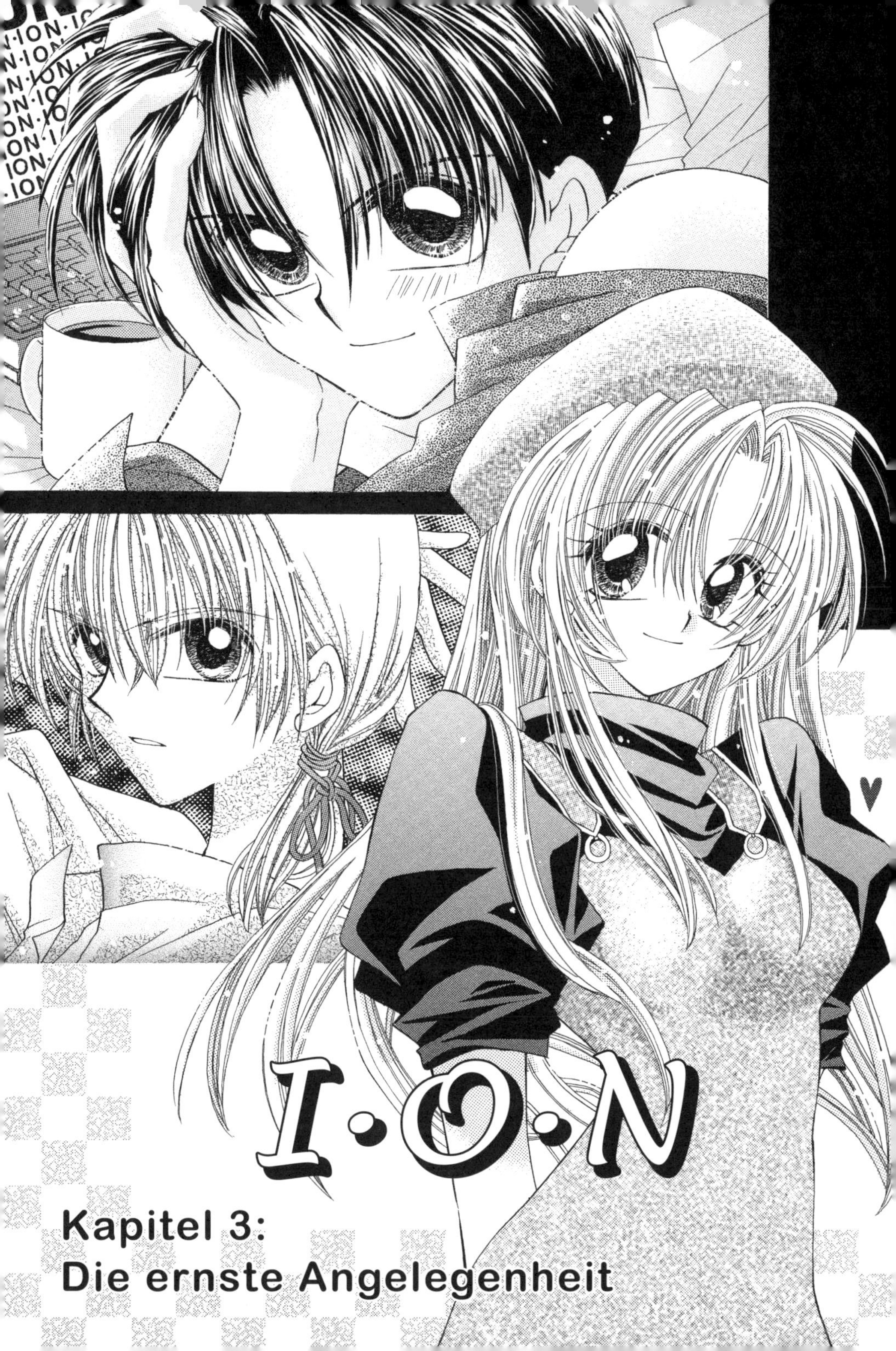
I·O·N
Kapitel 3:
Die ernste Angelegenheit

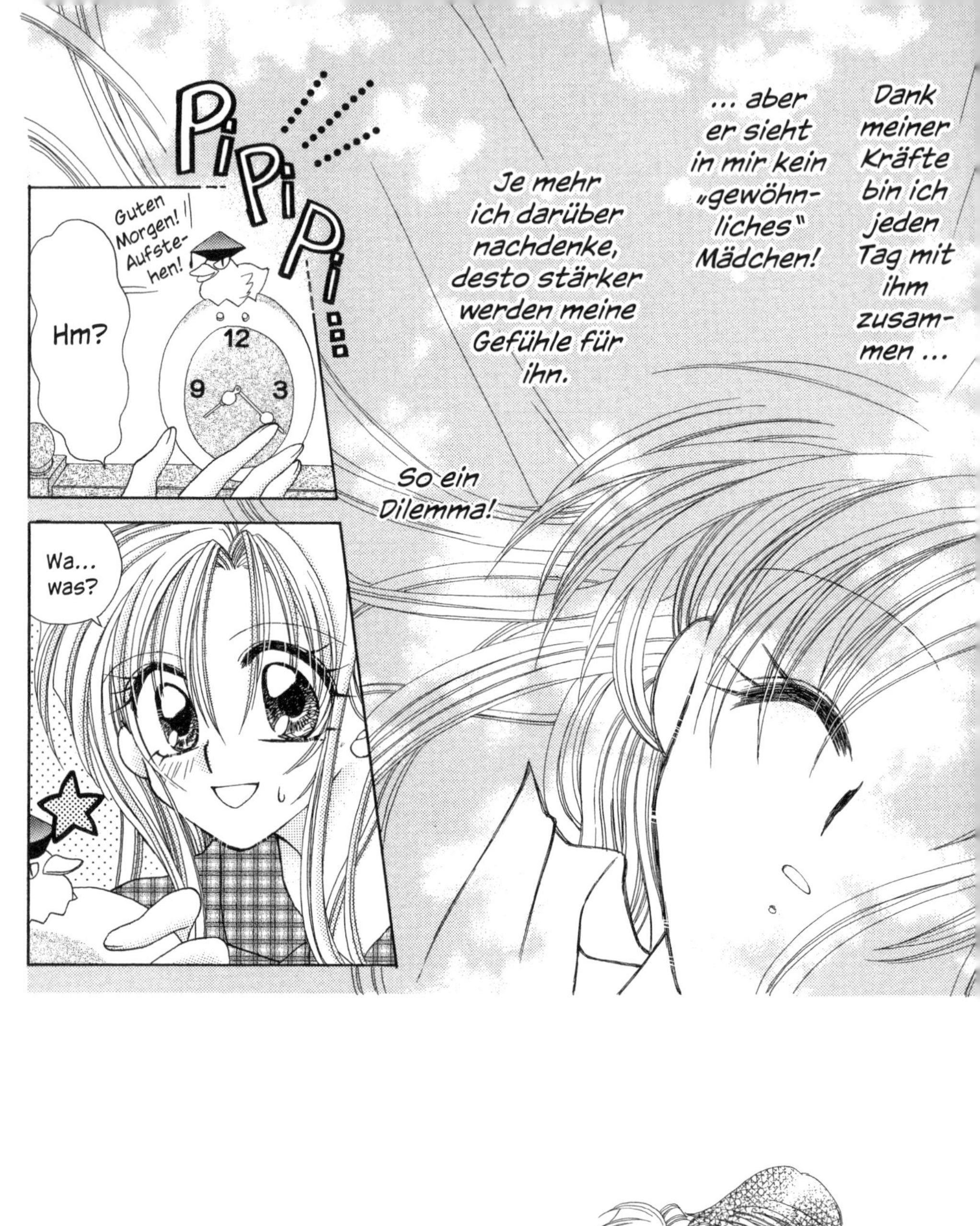
Dank meiner Kräfte bin ich jeden Tag mit ihm zusammen ...
... aber er sieht in mir kein „gewöhnliches" Mädchen!
Je mehr ich darüber nachdenke, desto stärker werden meine Gefühle für ihn.
So ein Dilemma!
PiPiPi ...
Guten Morgen! Aufstehen!
Hm?
Wa... was?

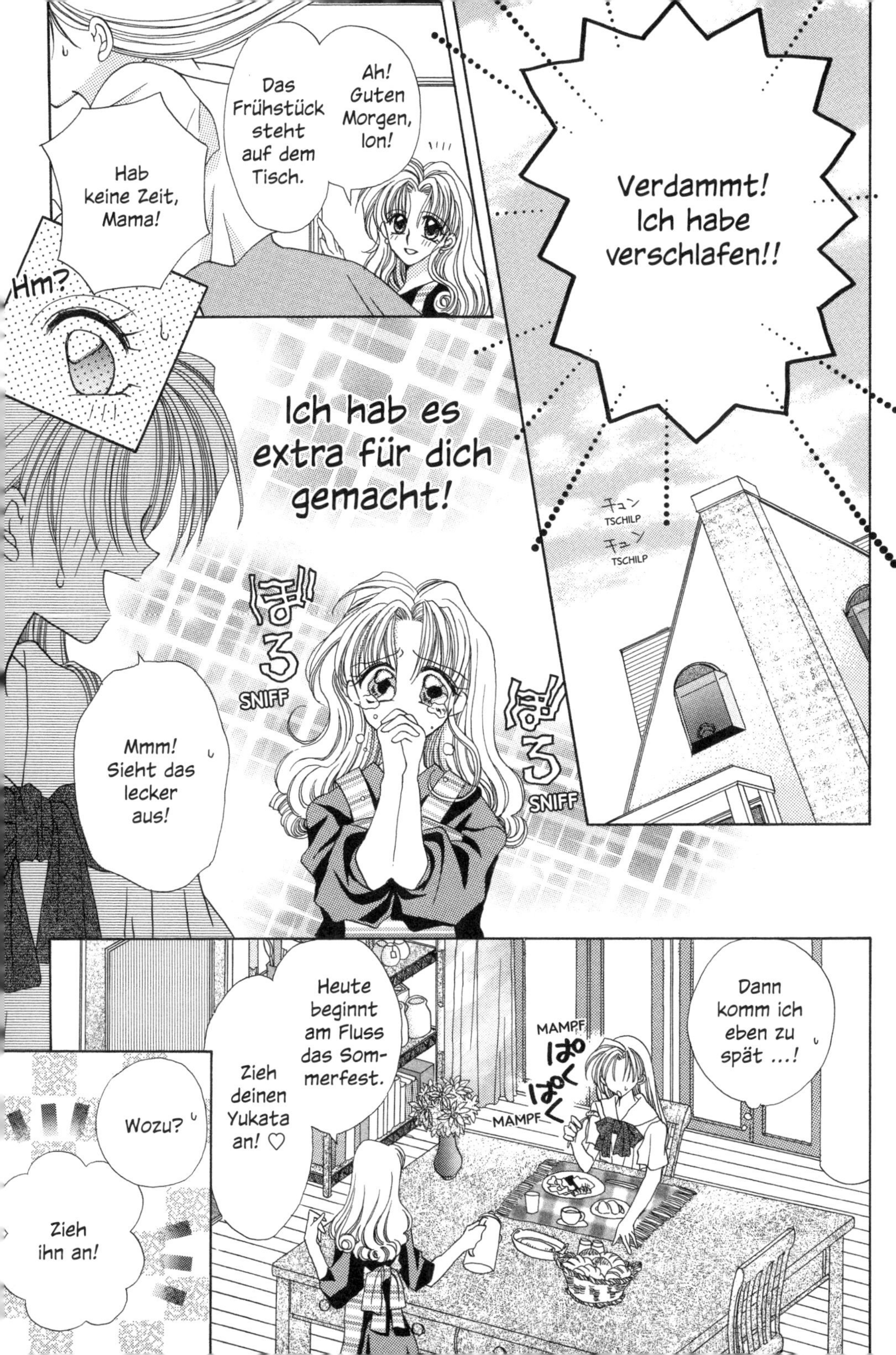

Verdammt! Ich habe verschlafen!!
Ah! Guten Morgen, Ion!
Das Frühstück steht auf dem Tisch.
Hab keine Zeit, Mama!
Hm?
チュン
TSCHILP
チュン
TSCHILP
Ich hab es extra für dich gemacht!
SNIFF
SNIFF
Mmm! Sieht das lecker aus!
Dann komm ich eben zu spät ...!
MAMPF
MAMPF
Heute beginnt am Fluss das Sommerfest.
Zieh deinen Yukata an! ♡
Wozu?
Zieh ihn an!

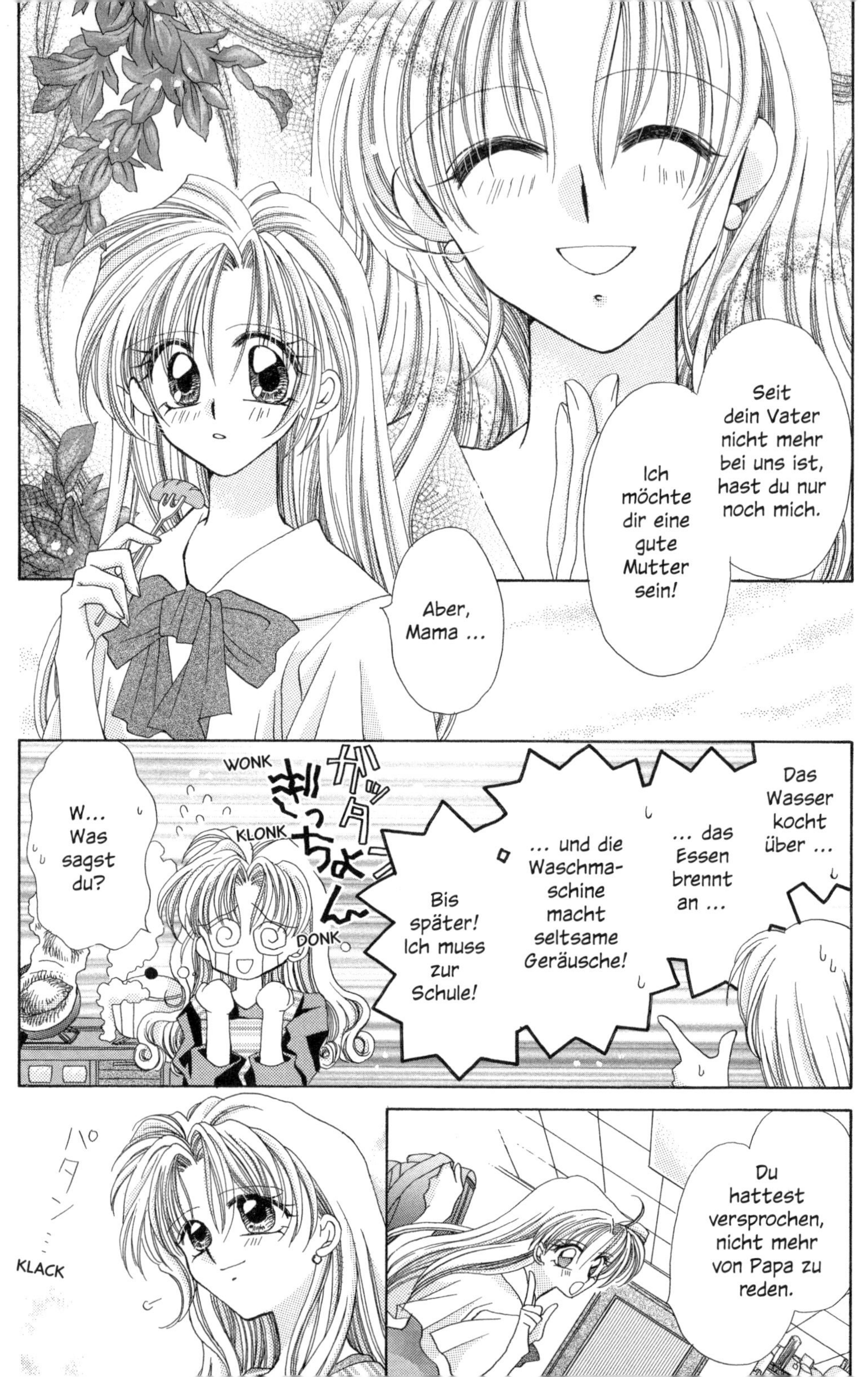
Seit dein Vater nicht mehr bei uns ist, hast du nur noch mich.
Ich möchte dir eine gute Mutter sein!
Aber, Mama ...
Das Wasser kocht über ...
... das Essen brennt an ...
... und die Waschmaschine macht seltsame Geräusche!
Bis später! Ich muss zur Schule!
WONK
KLONK
DONK
W... Was sagst du?
Du hattest versprochen, nicht mehr von Papa zu reden.
KLACK

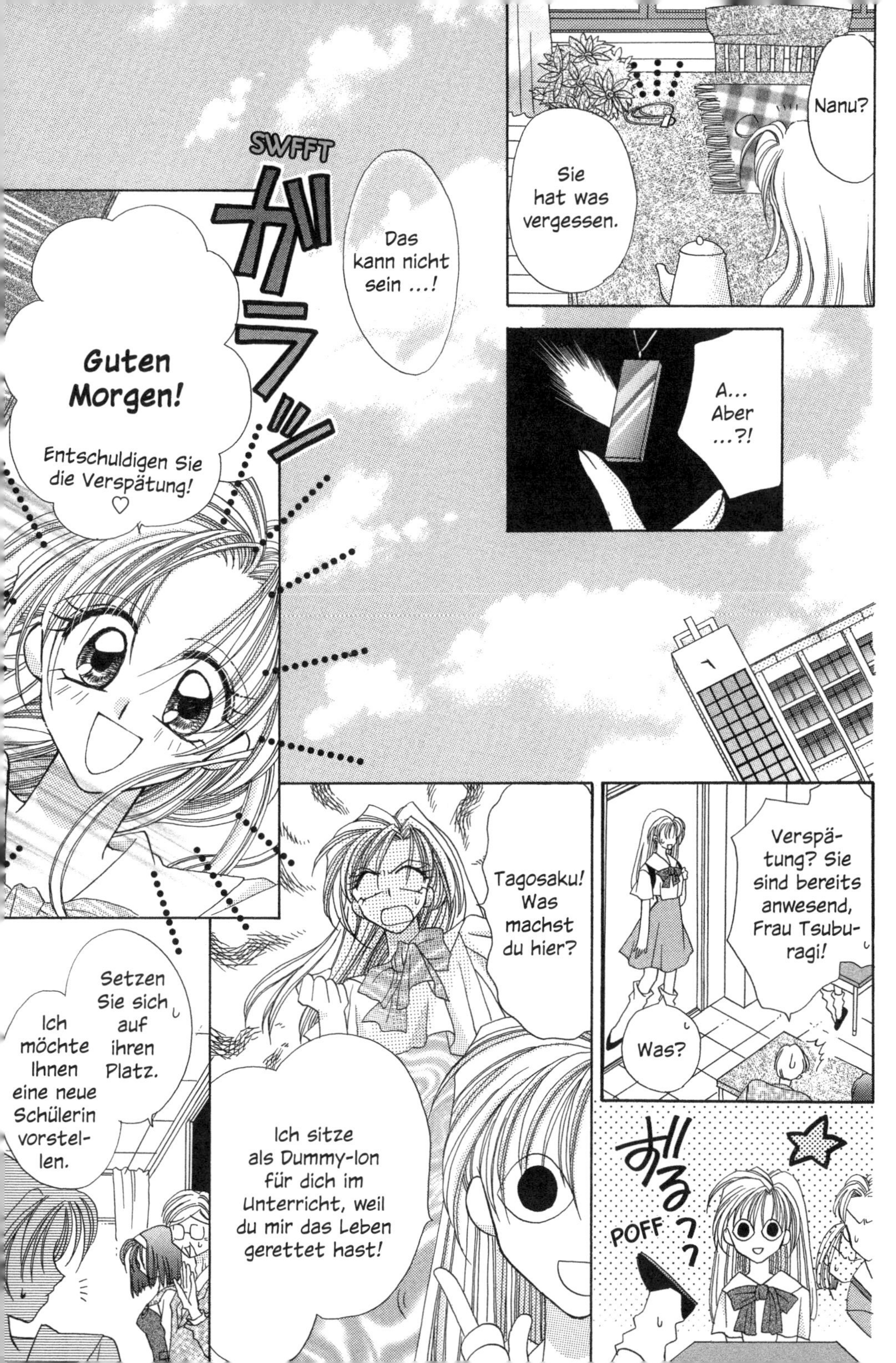

Nanu?
Sie hat was vergessen.
A... Aber ...?!
Das kann nicht sein ...!
SWFFT
Guten Morgen!
Entschuldigen Sie die Verspätung! ♡
Verspätung? Sie sind bereits anwesend, Frau Tsuburagi!
Was?
Tagosaku! Was machst du hier?
Setzen Sie sich auf ihren Platz.
Ich möchte Ihnen eine neue Schülerin vorstellen.
POFF
Ich sitze als Dummy-Ion für dich im Unterricht, weil du mir das Leben gerettet hast!

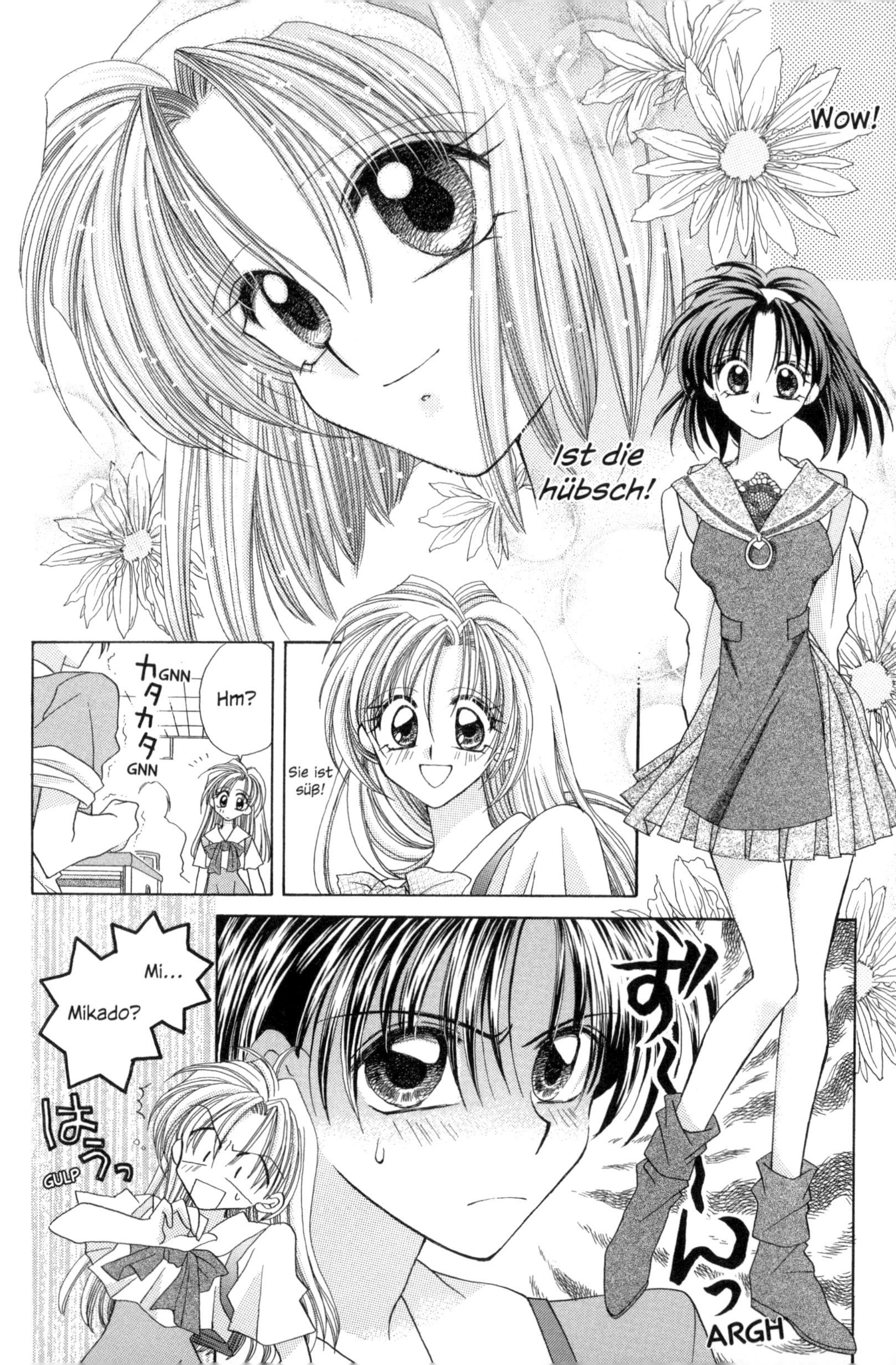

WOW!
Ist die hübsch!
Sie ist süß!
Hm?
カタカタ
GNN
GNN
すぃーんっ
ARGH
Mi... Mikado?
はうっ
GULP

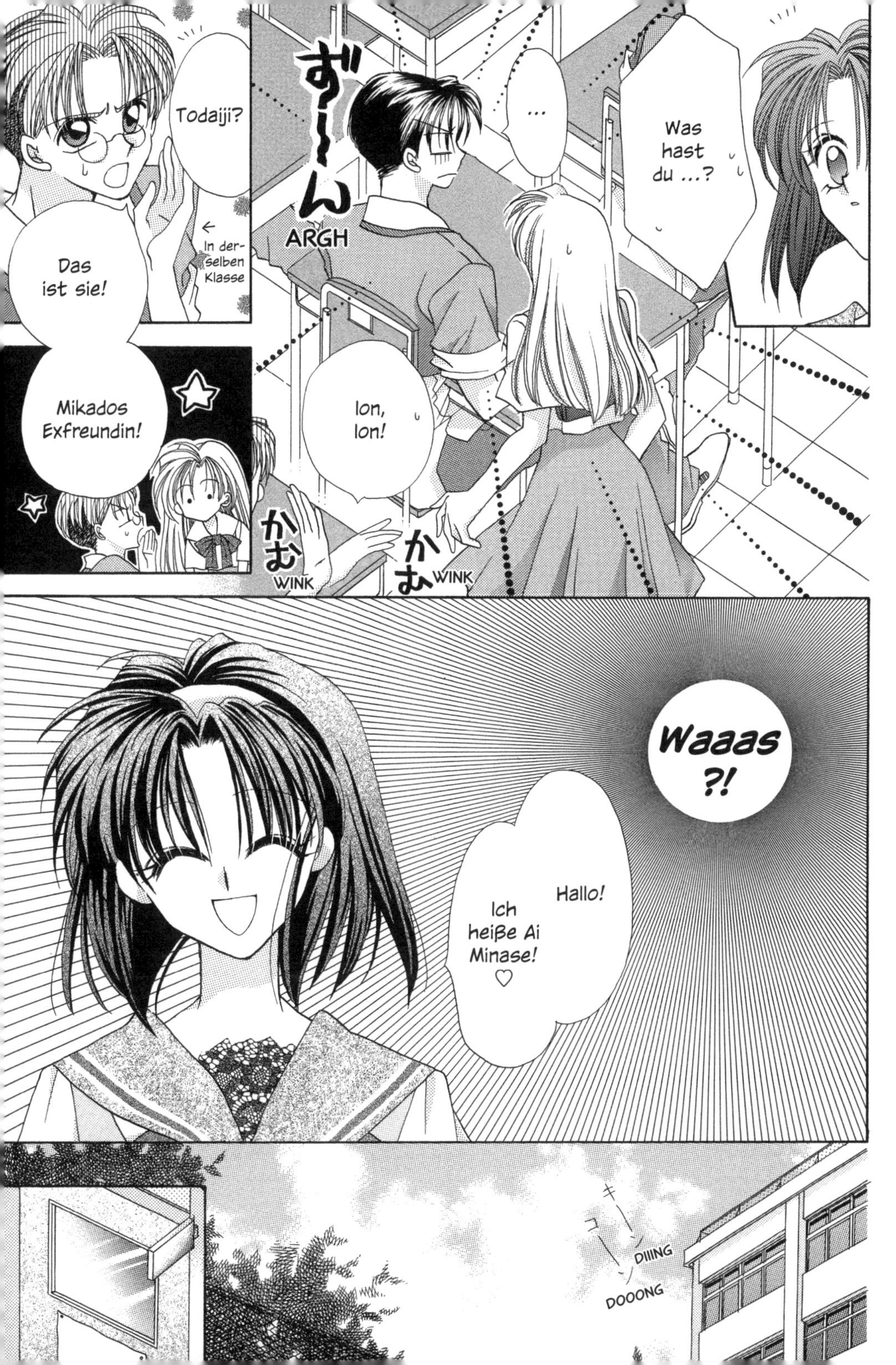
Was hast du ...?
...
ずーん
ARGH
Todaji?
In derselben Klasse
Das ist sie!
Mikados Exfreundin!
Ion, Ion!
かむ
WINK
かむ
WINK
Waaas ?!
Hallo!
Ich heiße Ai Minase! ♡
キーンコーン
DIIING
DOOONG

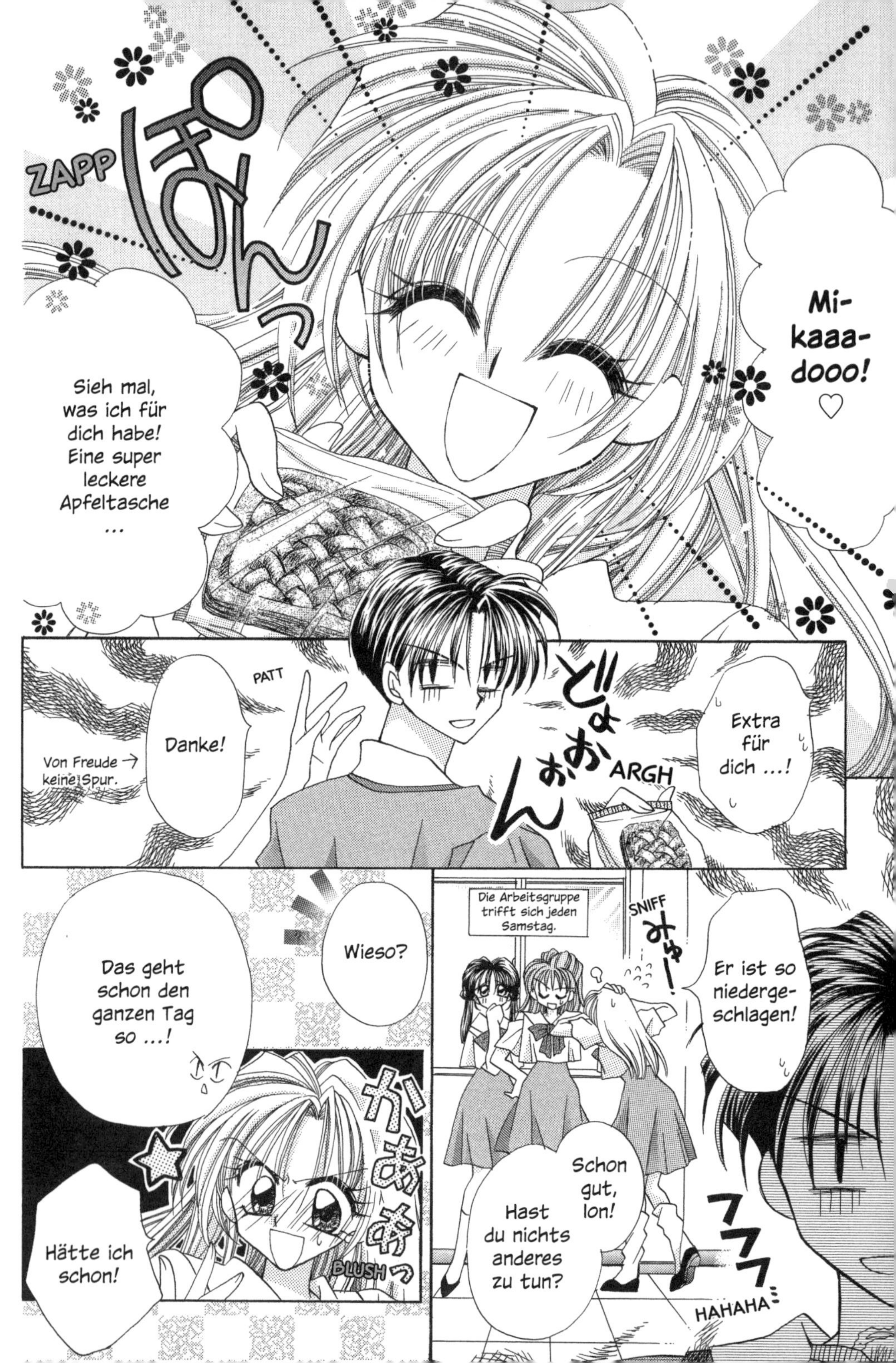
Mi-kaaa-dooo! ♡
ZAPP
Sieh mal, was ich für dich habe! Eine super leckere Apfeltasche ...
Extra für dich ...!
ARGH
PATT
Danke!
Von Freude keine Spur.
Wieso?
Das geht schon den ganzen Tag so ...!
Die Arbeitsgruppe trifft sich jeden Samstag.
SNIFF
Er ist so niederge-schlagen!
BLUSH
Hätte ich schon!
Schon gut, Ion!
Hast du nichts anderes zu tun?
HAHAHA

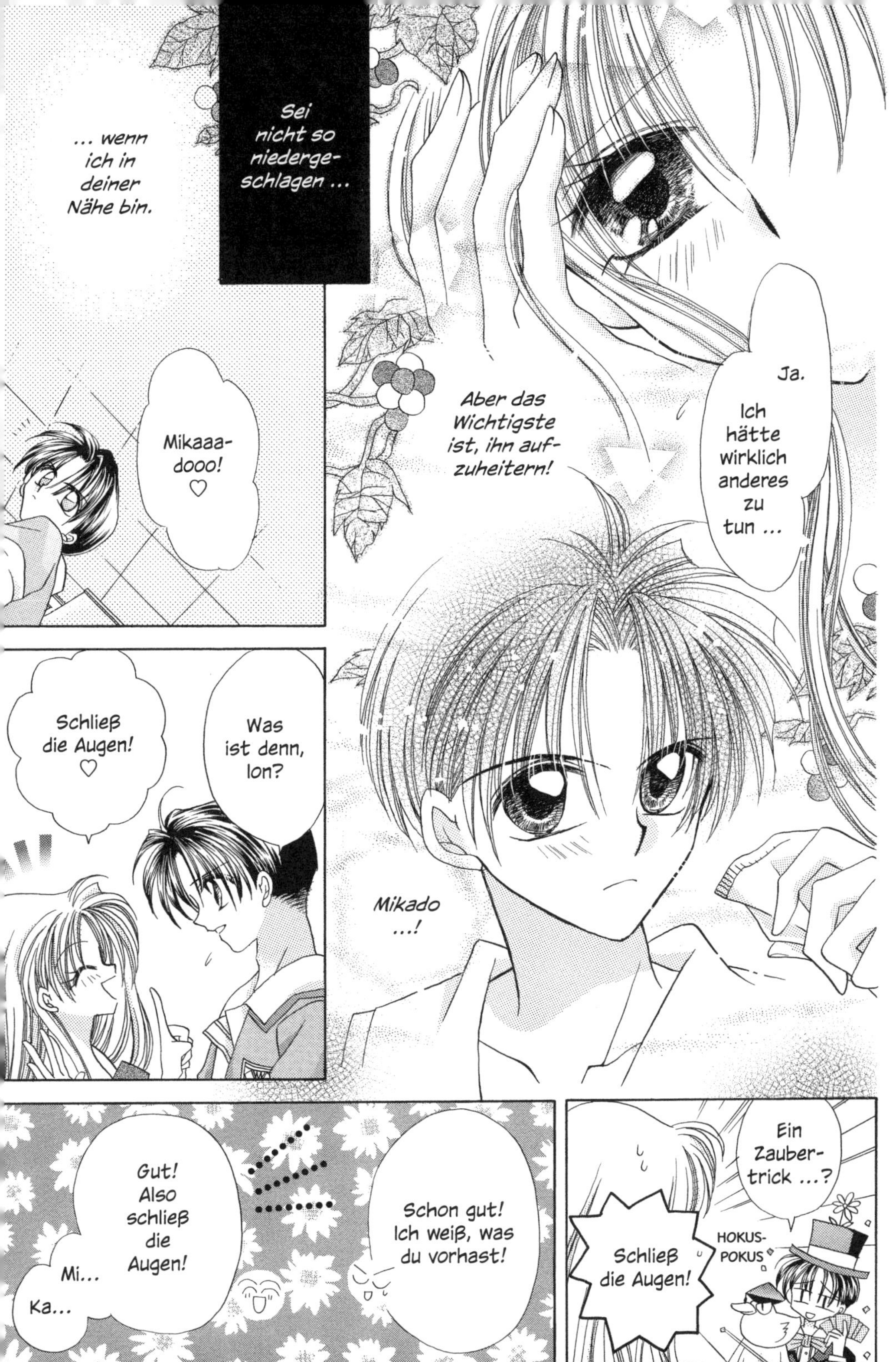
Sei nicht so niedergeschlagen ...
... wenn ich in deiner Nähe bin.
Ja. Ich hätte wirklich anderes zu tun ...
Aber das Wichtigste ist, ihn aufzuheitern!
Mikado ...!
Mikaaa-dooo! ♡
Was ist denn, Ion?
Schließ die Augen! ♡
Ein Zaubertrick ...?
HOKUS-POKUS
Schließ die Augen!
Schon gut! Ich weiß, was du vorhast!
Gut! Also schließ die Augen!
Mi...
Ka...

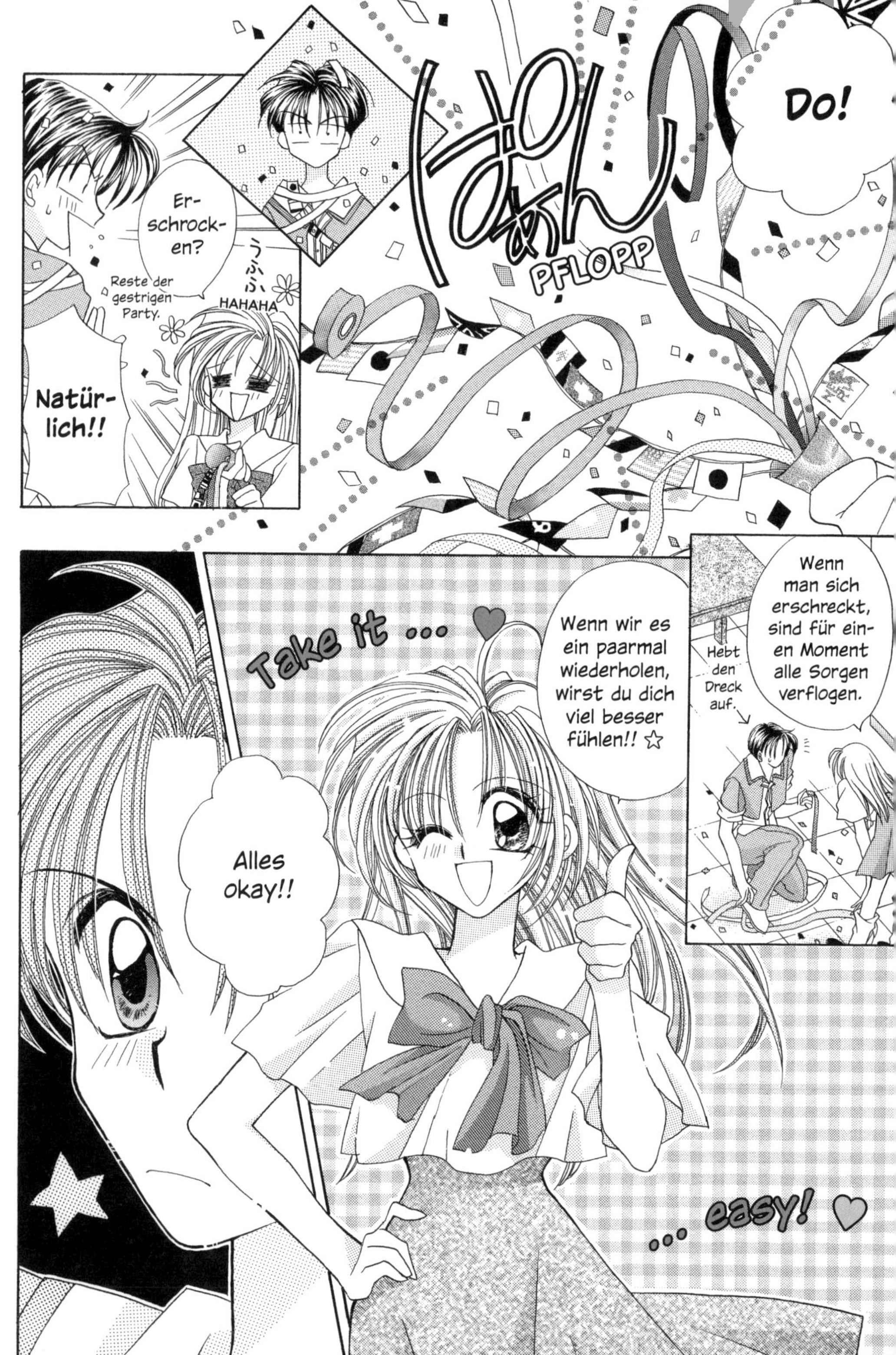

Do!
ぱあん
PFLOPP
Erschrocken?
うふふ
HAHAHA
Reste der gestrigen Party.
Natürlich!!
Wenn man sich erschreckt, sind für einen Moment alle Sorgen verflogen.
Hebt den Dreck auf.
Wenn wir es ein paarmal wiederholen, wirst du dich viel besser fühlen!! ☆
Take it ... ♥
Alles okay!!
... easy! ♥

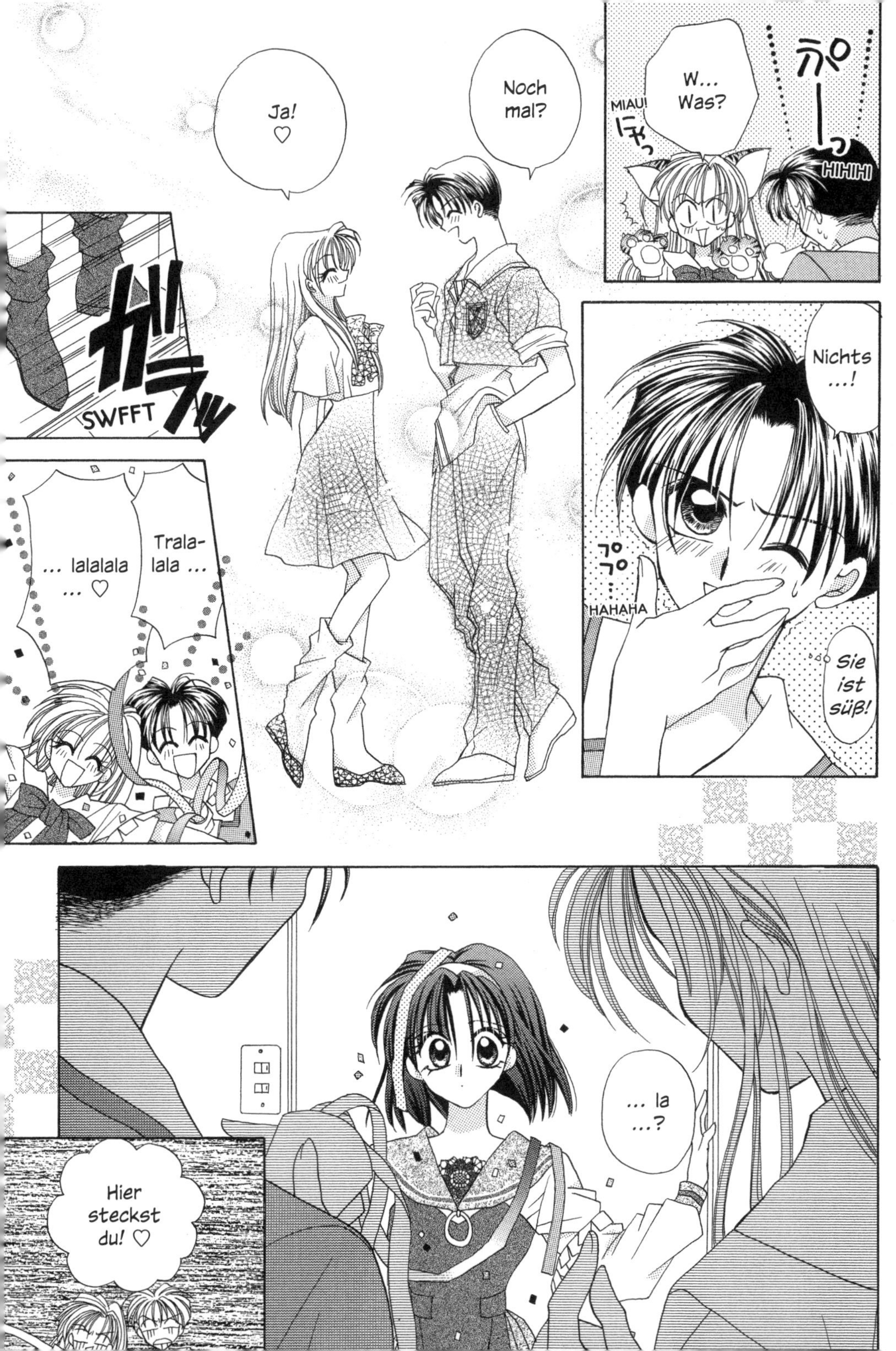

W... Was?
MIAU!
にゃっ
HIHIHI
Nichts ...!
HAHAHA
Sie ist süß!
Noch mal?
Ja! ♡
SWFFT
ガラッ
Trala- lala ...
... lalalala ... ♡
... la ...?
Hier steckst du! ♡

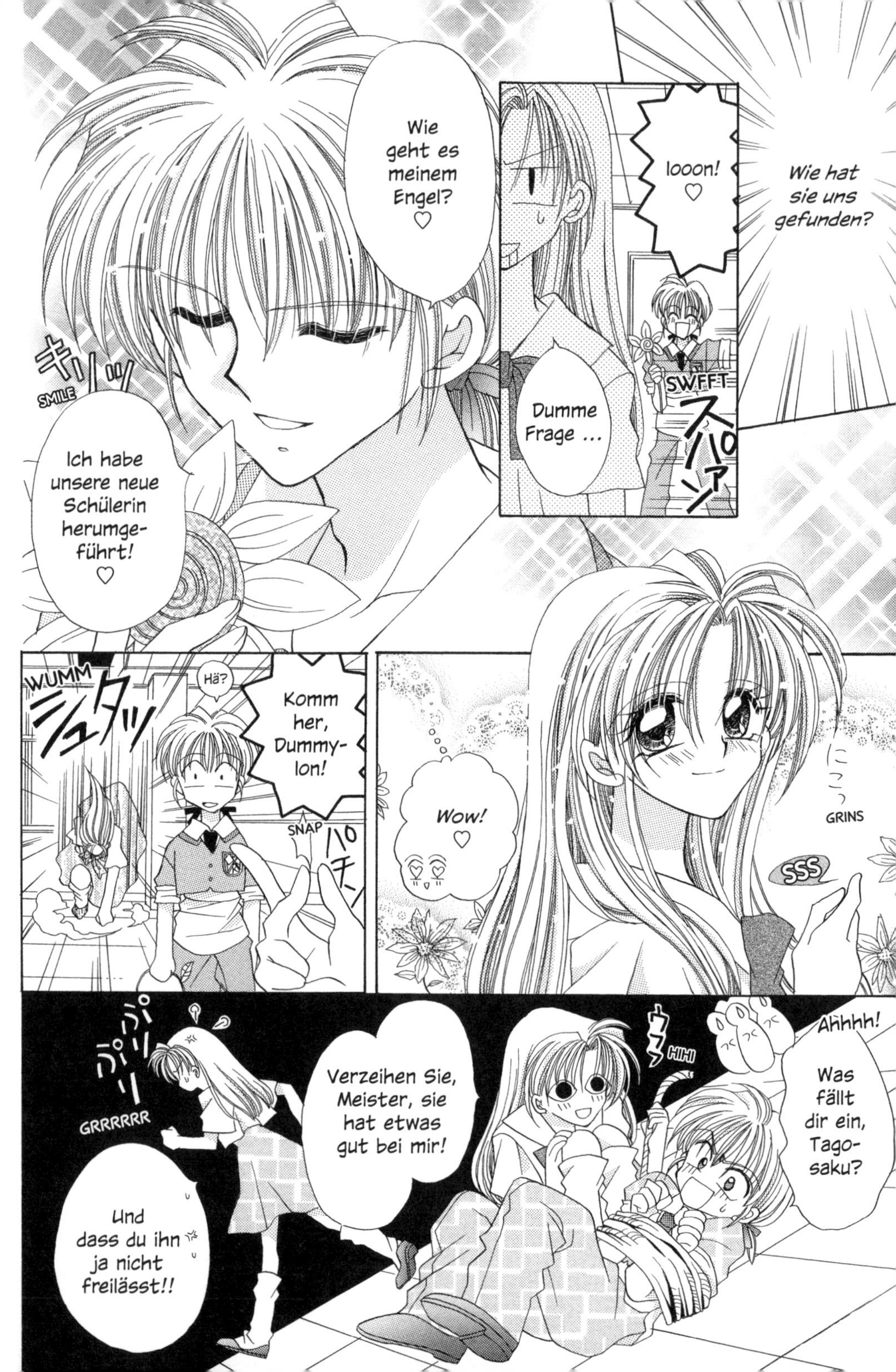
Wie hat sie uns gefunden?
Iooon! ♡
Dumme Frage …
SWFFT
Wie geht es meinem Engel? ♡
SMILE
Ich habe unsere neue Schülerin herumgeführt! ♡
GRINS
SSS
Wow! ♡
Komm her, Dummylon!
Hä?
WUMM
SNAP
Ahhhh!
Was fällt dir ein, Tagosaku?
HIHI
Verzeihen Sie, Meister, sie hat etwas gut bei mir!
GRRRRRR
Und dass du ihn ja nicht freilässt!!

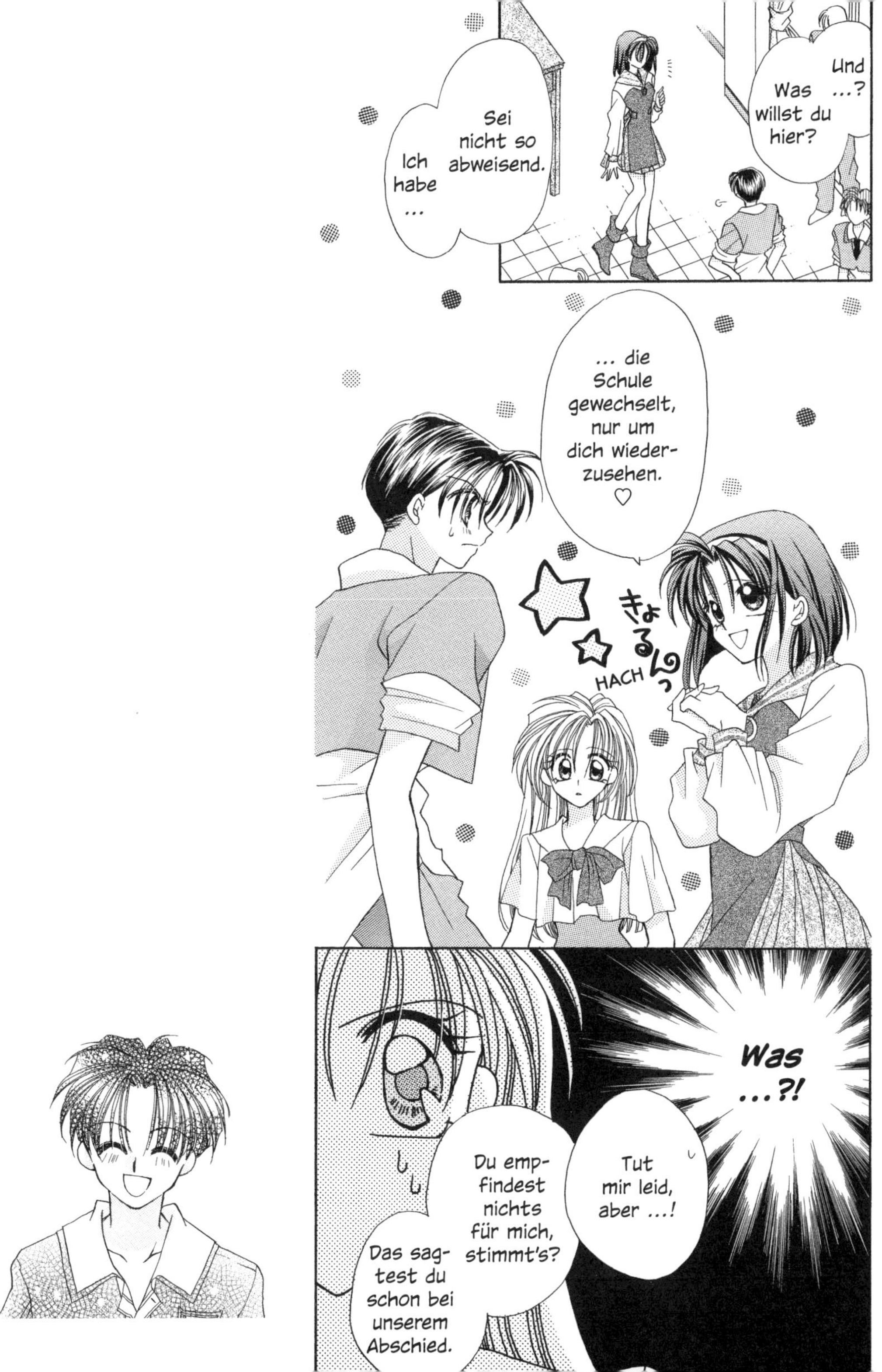
Und …?
Was willst du hier?
Sei nicht so abweisend.
Ich habe …
… die Schule gewechselt, nur um dich wiederzusehen. ♡
きょるんっ
HACH
Was …?!
Tut mir leid, aber …!
Du empfindest nichts für mich, stimmt's?
Das sagtest du schon bei unserem Abschied.

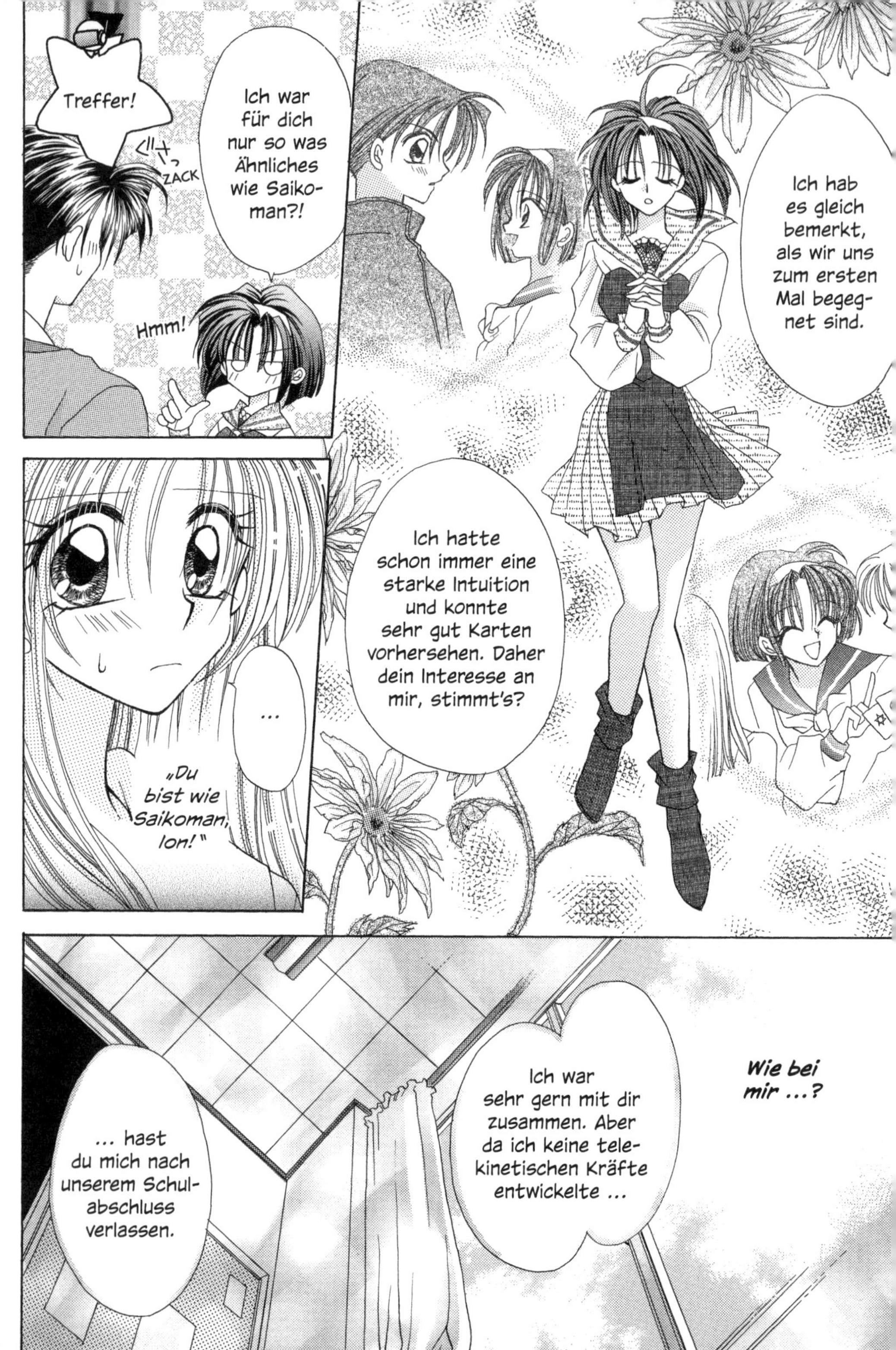
Ich hab es gleich bemerkt, als wir uns zum ersten Mal begegnet sind.
Ich hatte schon immer eine starke Intuition und konnte sehr gut Karten vorhersehen. Daher dein Interesse an mir, stimmt's?
Ich war für dich nur so was Ähnliches wie Saikoman?!
Treffer!
ZACK
Hmm!
...
„Du bist wie Saikoman, Ion!"
Wie bei mir ...?
Ich war sehr gern mit dir zusammen. Aber da ich keine telekinetischen Kräfte entwickelte ...
... hast du mich nach unserem Schulabschluss verlassen.

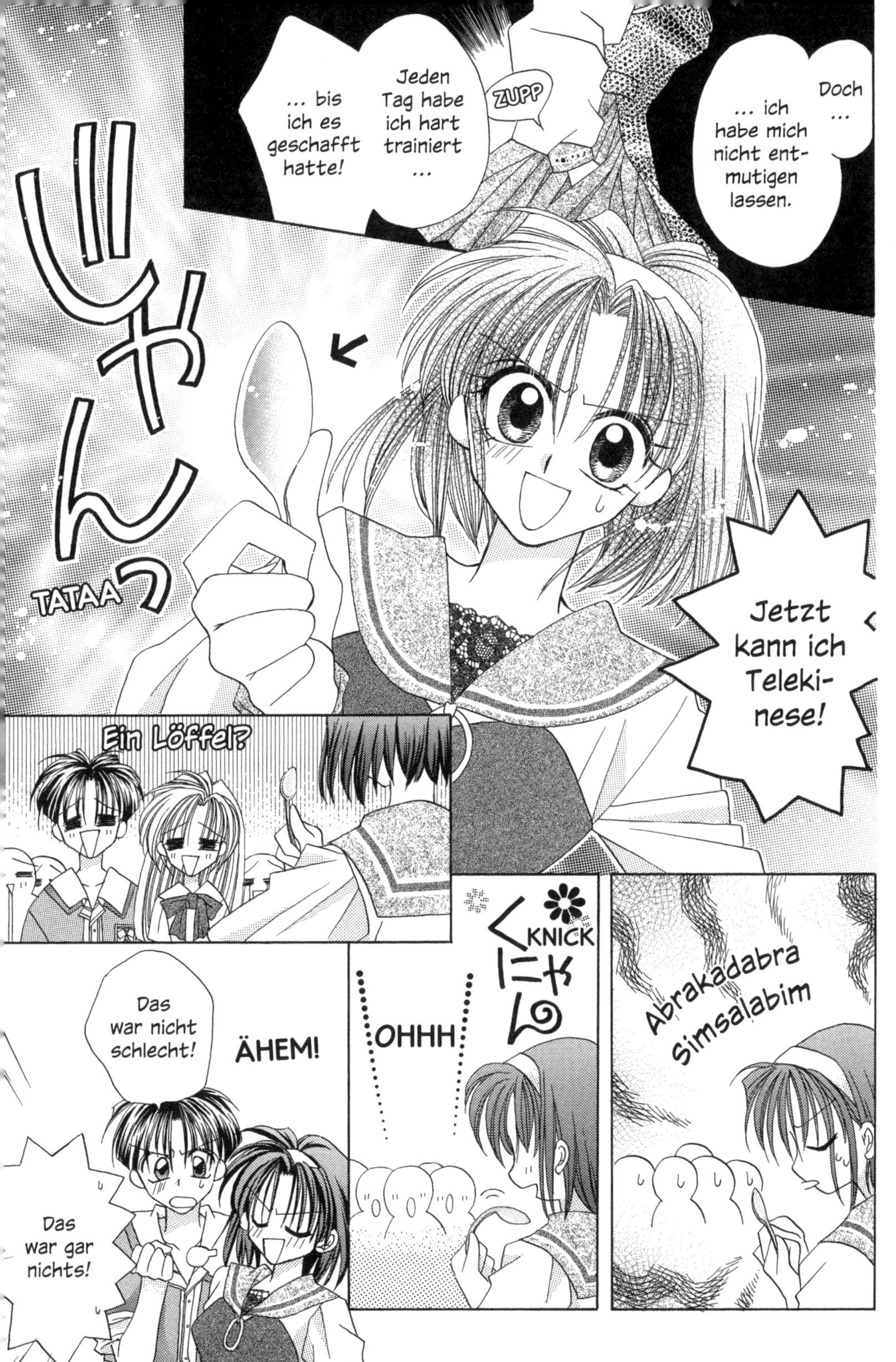
Doch …
… ich habe mich nicht entmutigen lassen.
ZUPP
Jeden Tag habe ich hart trainiert …
… bis ich es geschafft hatte!
Jetzt kann ich Telekinese!
じゃんっ
TATAA
Ein Löffel?
Abrakadabra Simsalabim
くにゃん
KNICK
OHHH
ÄHEM!
Das war nicht schlecht!
Das war gar nichts!

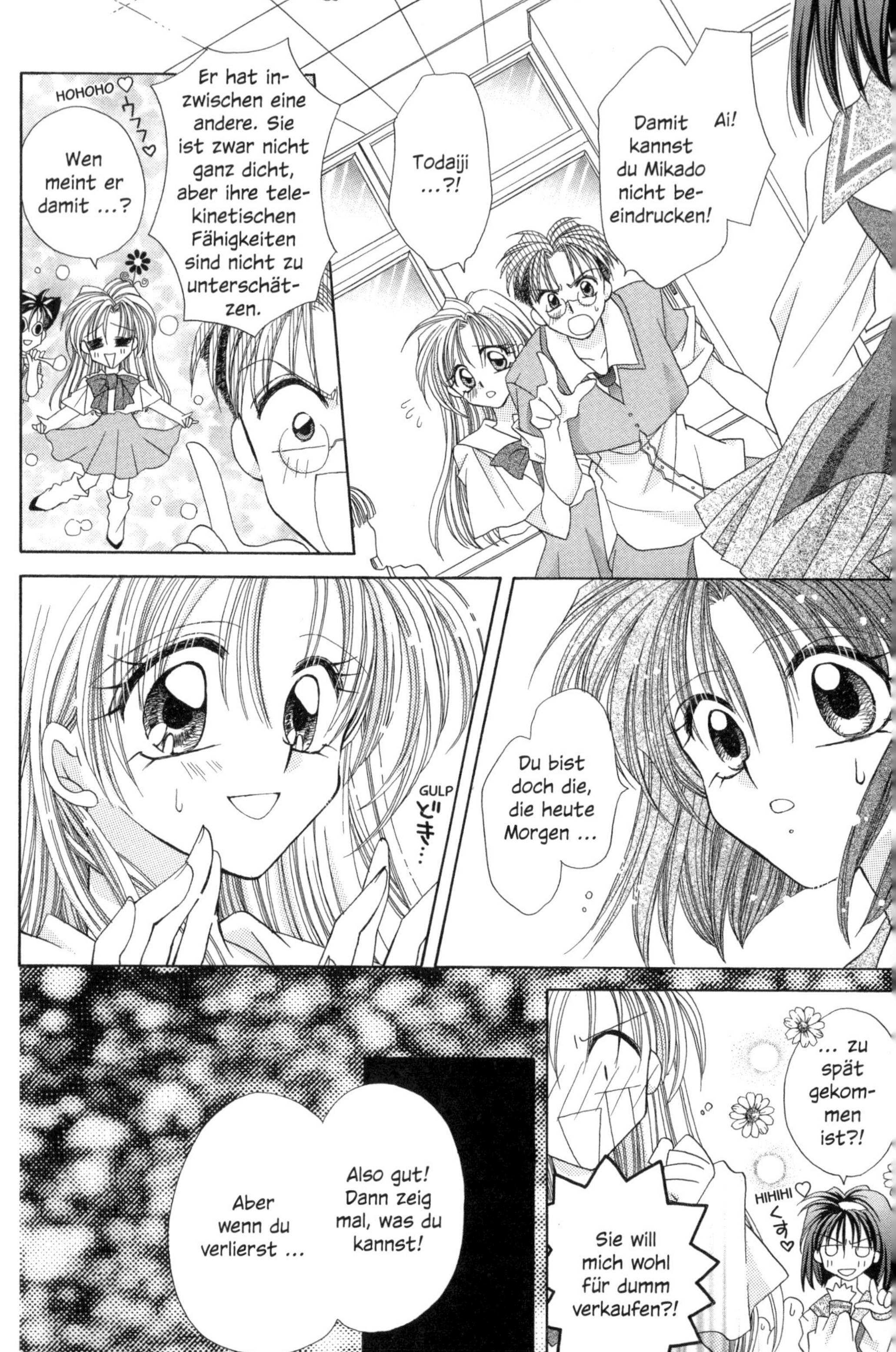
Ai!
Damit kannst du Mikado nicht beeindrucken!
Todaiji ...?!
Er hat inzwischen eine andere. Sie ist zwar nicht ganz dicht, aber ihre telekinetischen Fähigkeiten sind nicht zu unterschätzen.
HOHOHO ♡
ウフフ♡
Wen meint er damit ...?
Du bist doch die, die heute Morgen ...
GULP
どき…
... zu spät gekommen ist?!
HIHIHI ♡
くす♡
Sie will mich wohl für dumm verkaufen?!
Also gut! Dann zeig mal, was du kannst!
Aber wenn du verlierst ...

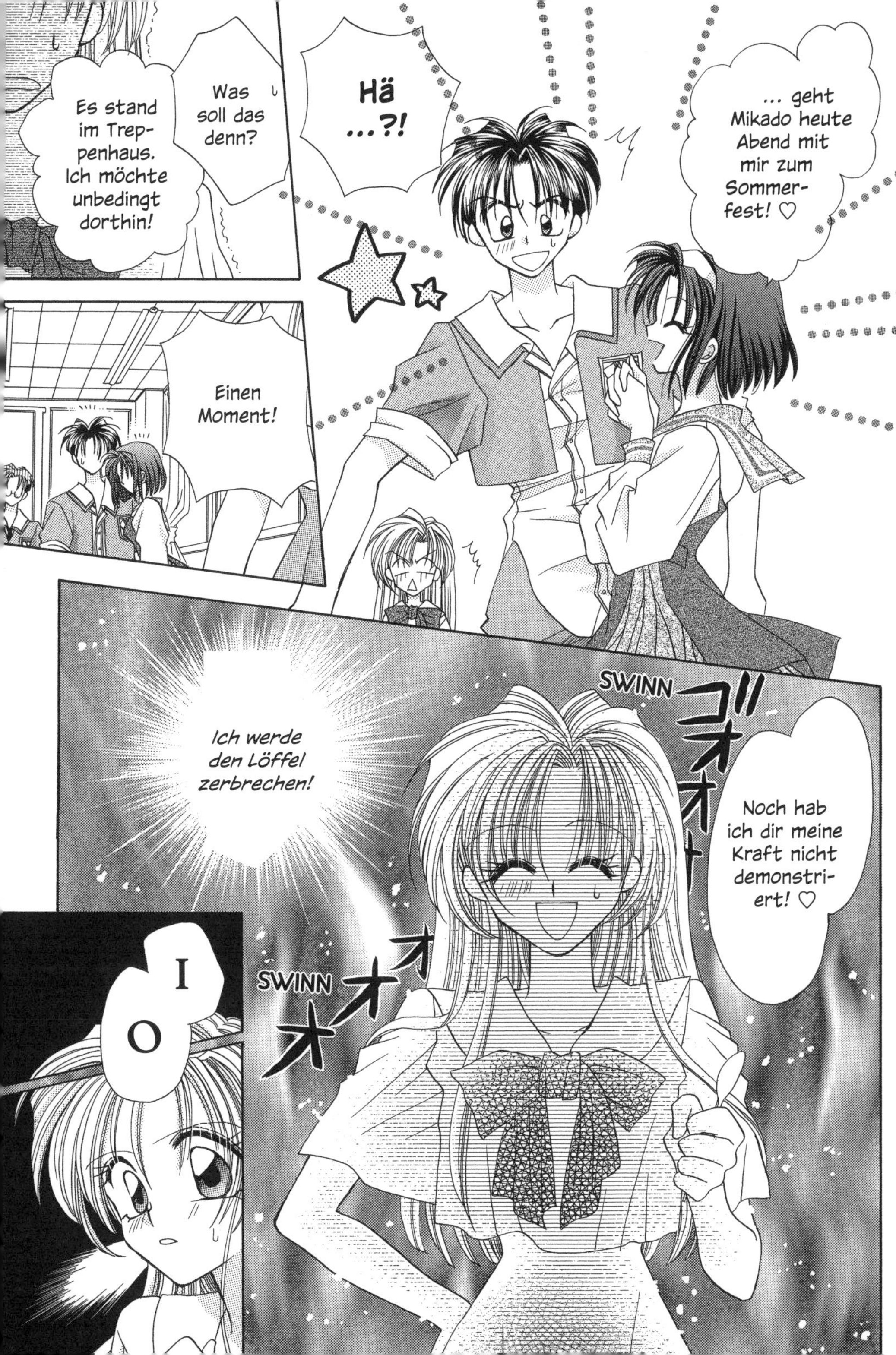
... geht Mikado heute Abend mit mir zum Sommerfest! ♡
Hä ...?!
Was soll das denn?
Es stand im Treppenhaus. Ich möchte unbedingt dorthin!
Einen Moment!
Noch hab ich dir meine Kraft nicht demonstriert! ♡
SWINN
Ich werde den Löffel zerbrechen!
SWINN
I O

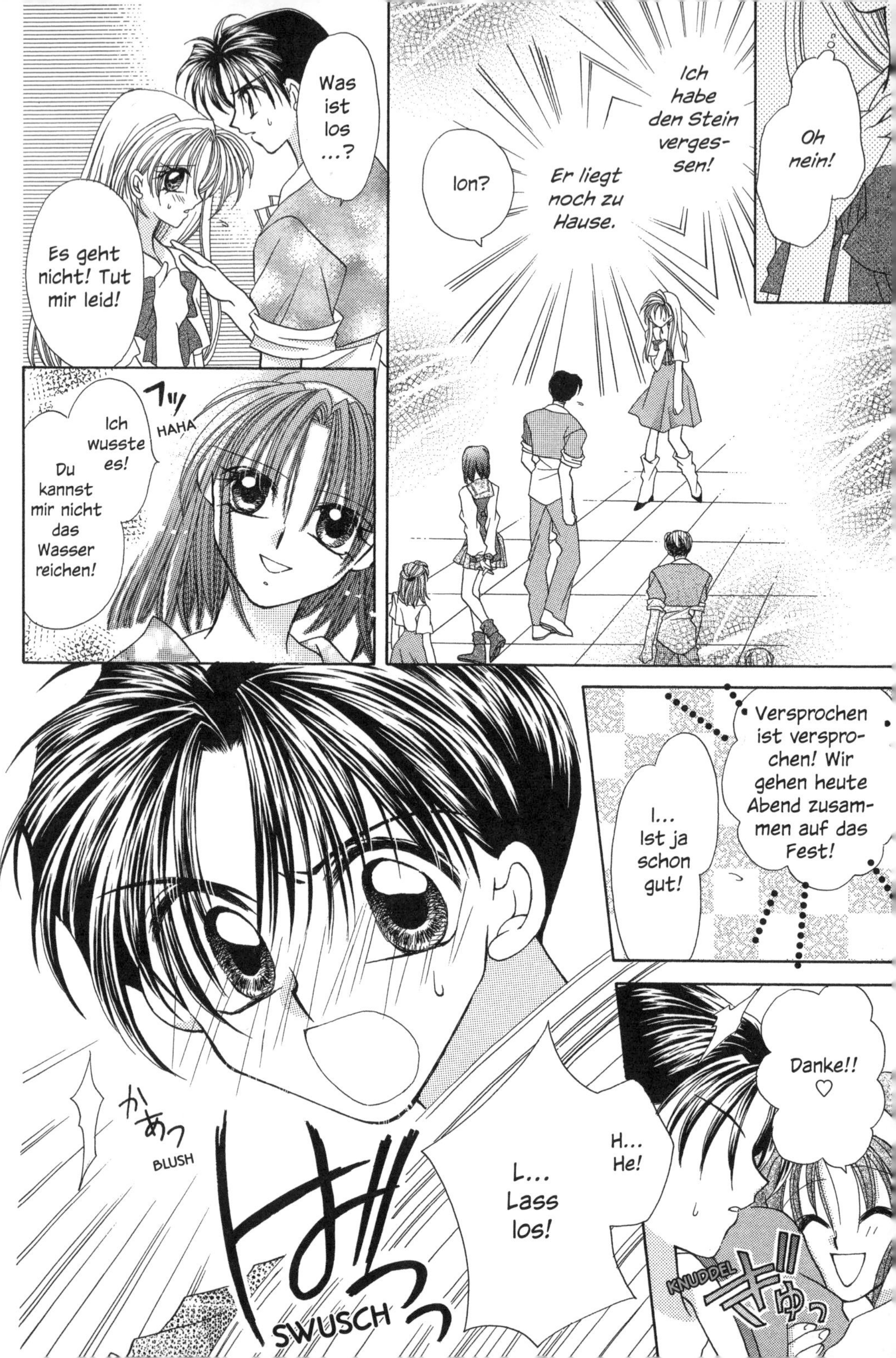

Oh nein!
Ich habe den Stein verges-sen!
Er liegt noch zu Hause.
Ion?
Was ist los ...?
Es geht nicht! Tut mir leid!
フッ
HAHA
Ich wusste es!
Du kannst mir nicht das Wasser reichen!
Versprochen ist versprochen! Wir gehen heute Abend zusam-men auf das Fest!
I... Ist ja schon gut!
かあっ
BLUSH
Danke!! ♡
H... He!
L... Lass los!
ぎゅっ
KNUDDEL
SWUSCH

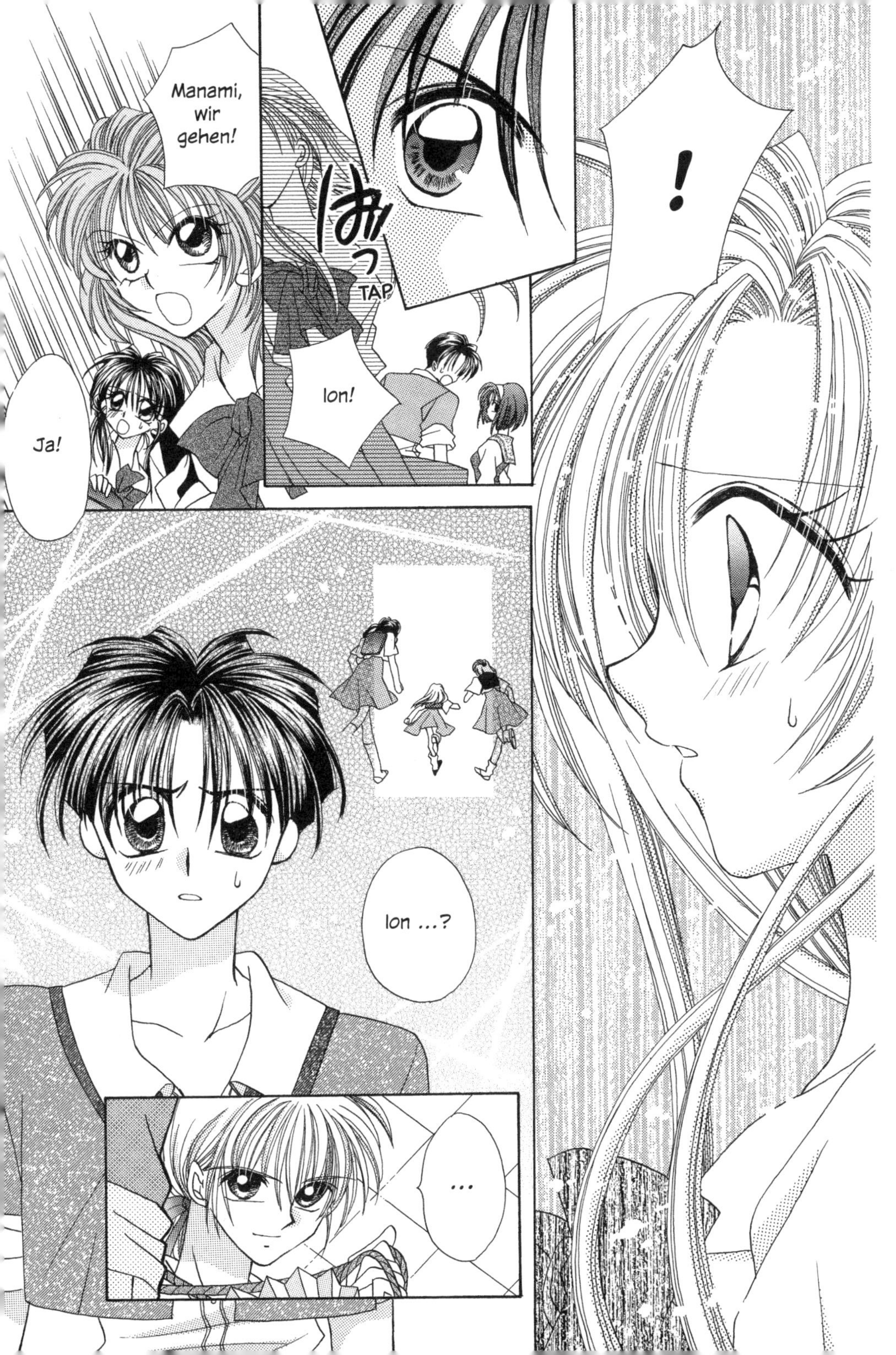
!
TAP
Ion!
Manami, wir gehen!
Ja!
Ion ...?
...

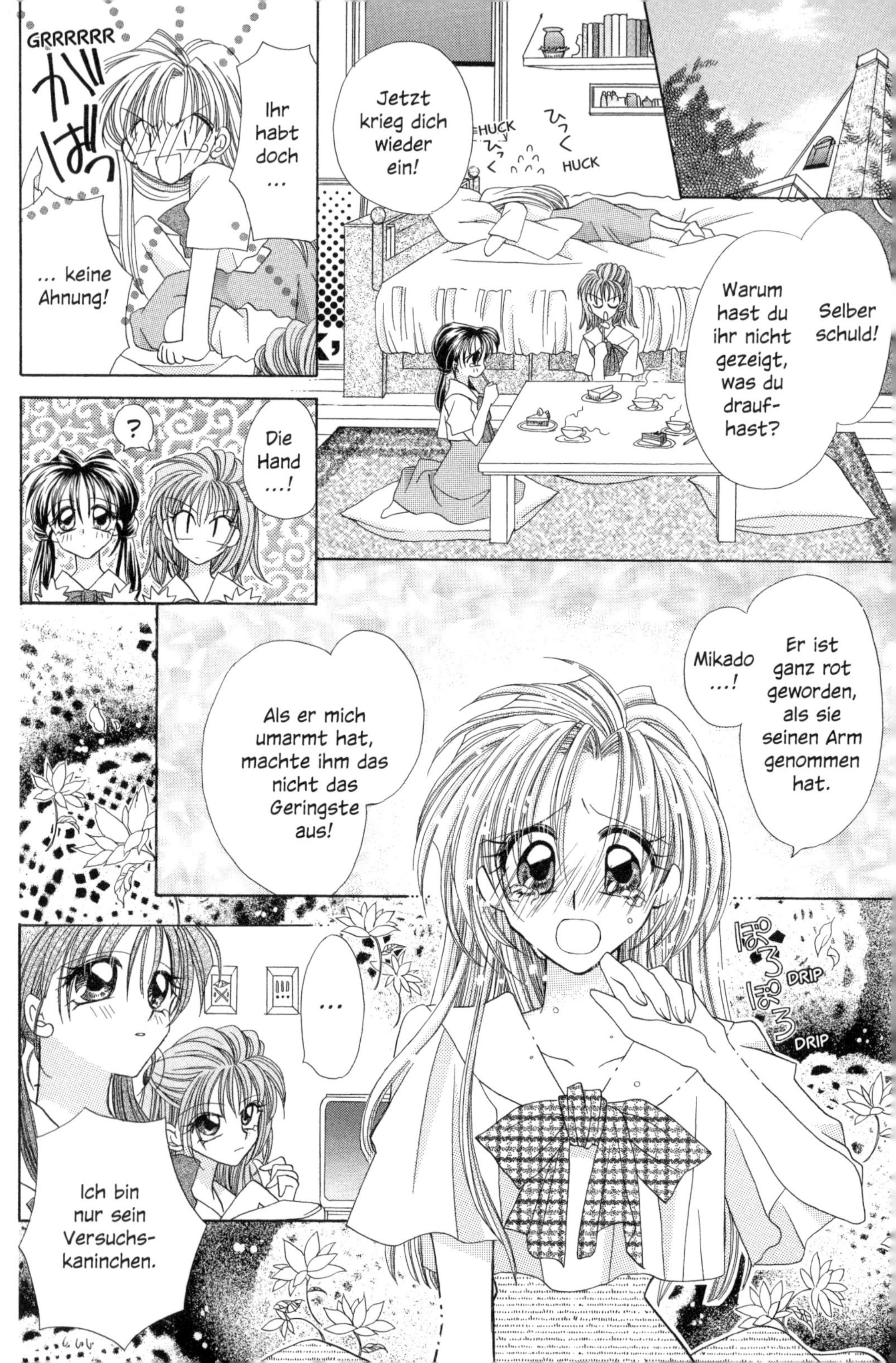
Warum hast du ihr nicht gezeigt, was du draufhast?
Selber schuld!
Jetzt krieg dich wieder ein!
HUCK
ひっく
HUCK
ひっく
GRRRRRR
かッぱっ
Ihr habt doch ...
... keine Ahnung!
Die Hand ...!
?
Er ist ganz rot geworden, als sie seinen Arm genommen hat.
Mikado ...!
Als er mich umarmt hat, machte ihm das nicht das Geringste aus!
ぽろぽろ
DRIP
DRIP
...
Ich bin nur sein Versuchskaninchen.

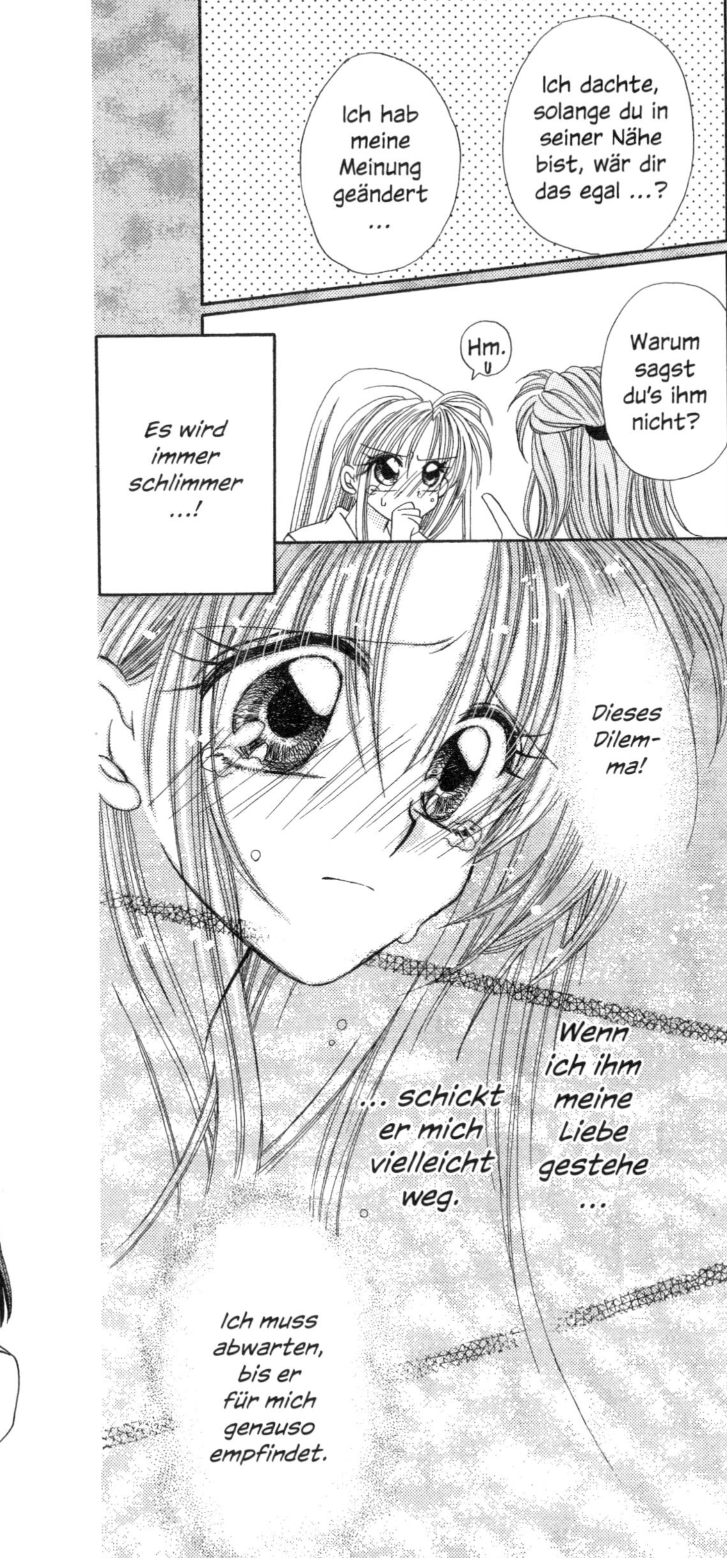
Ich dachte, solange du in seiner Nähe bist, wär dir das egal ...?
Ich hab meine Meinung geändert ...
Warum sagst du's ihm nicht?
Hm.
Es wird immer schlimmer ...!
Dieses Dilem-ma!
Wenn ich ihm meine Liebe gestehe ...
... schickt er mich vielleicht weg.
Ich muss abwarten, bis er für mich genauso empfindet.

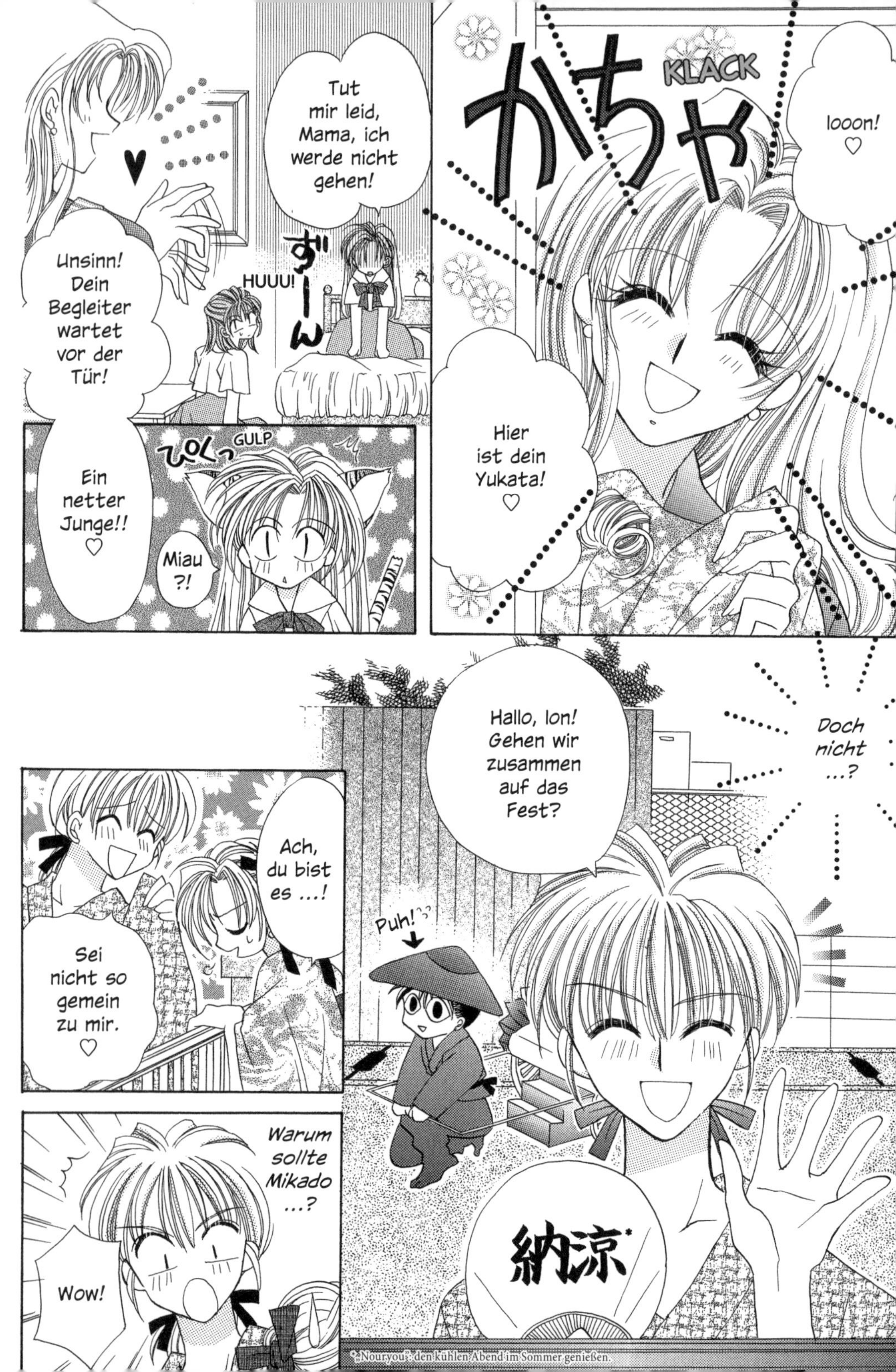

*„Nouryou": den kühlen Abend im Sommer genießen.

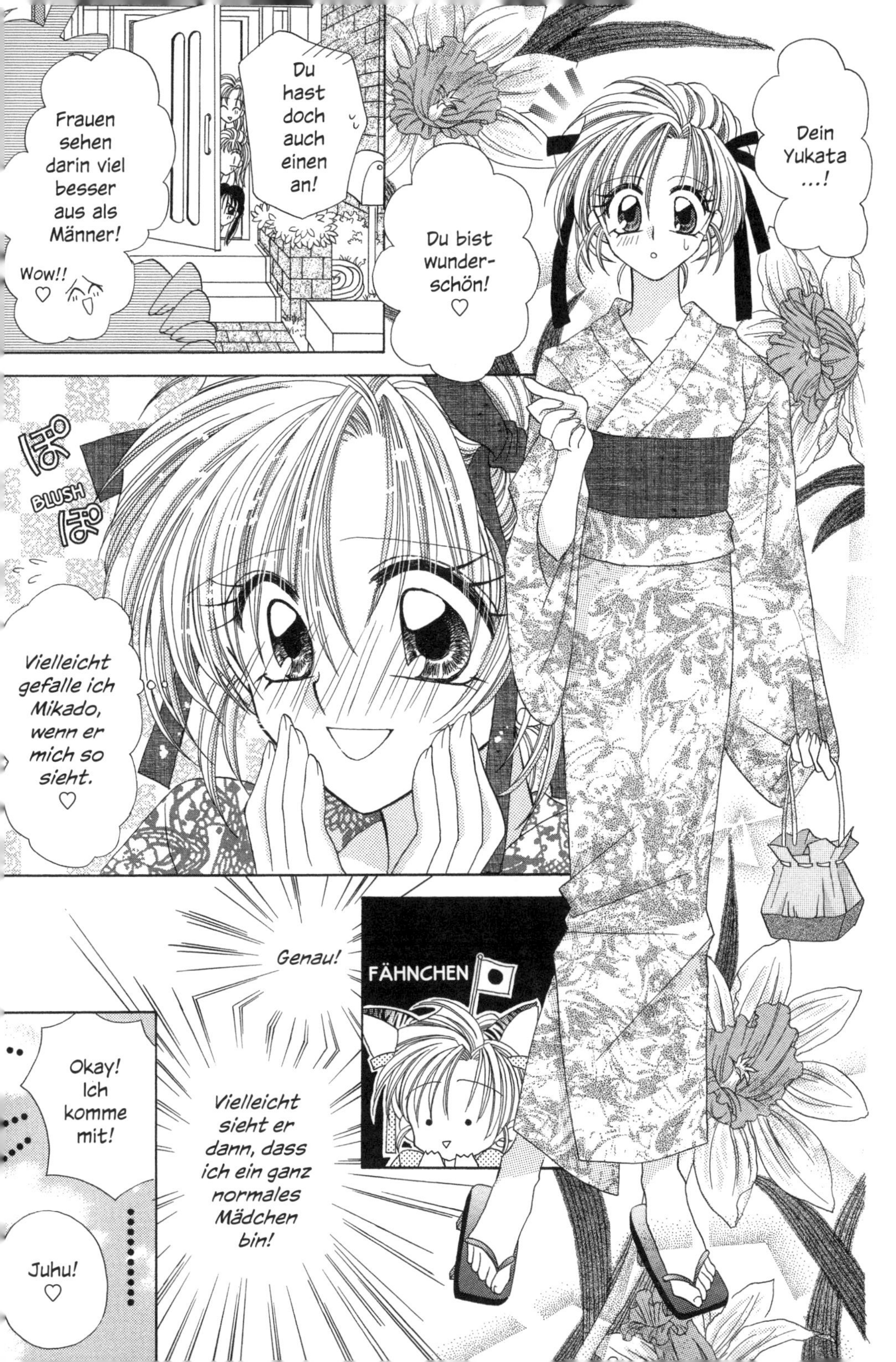
Dein Yukata ...!
Du bist wunderschön! ♡
Du hast doch auch einen an!
Frauen sehen darin viel besser aus als Männer!
Wow!! ♡
BLUSH
Vielleicht gefalle ich Mikado, wenn er mich so sieht. ♡
FÄHNCHEN
Genau!
Vielleicht sieht er dann, dass ich ein ganz normales Mädchen bin!
Okay! Ich komme mit!
Juhu! ♡

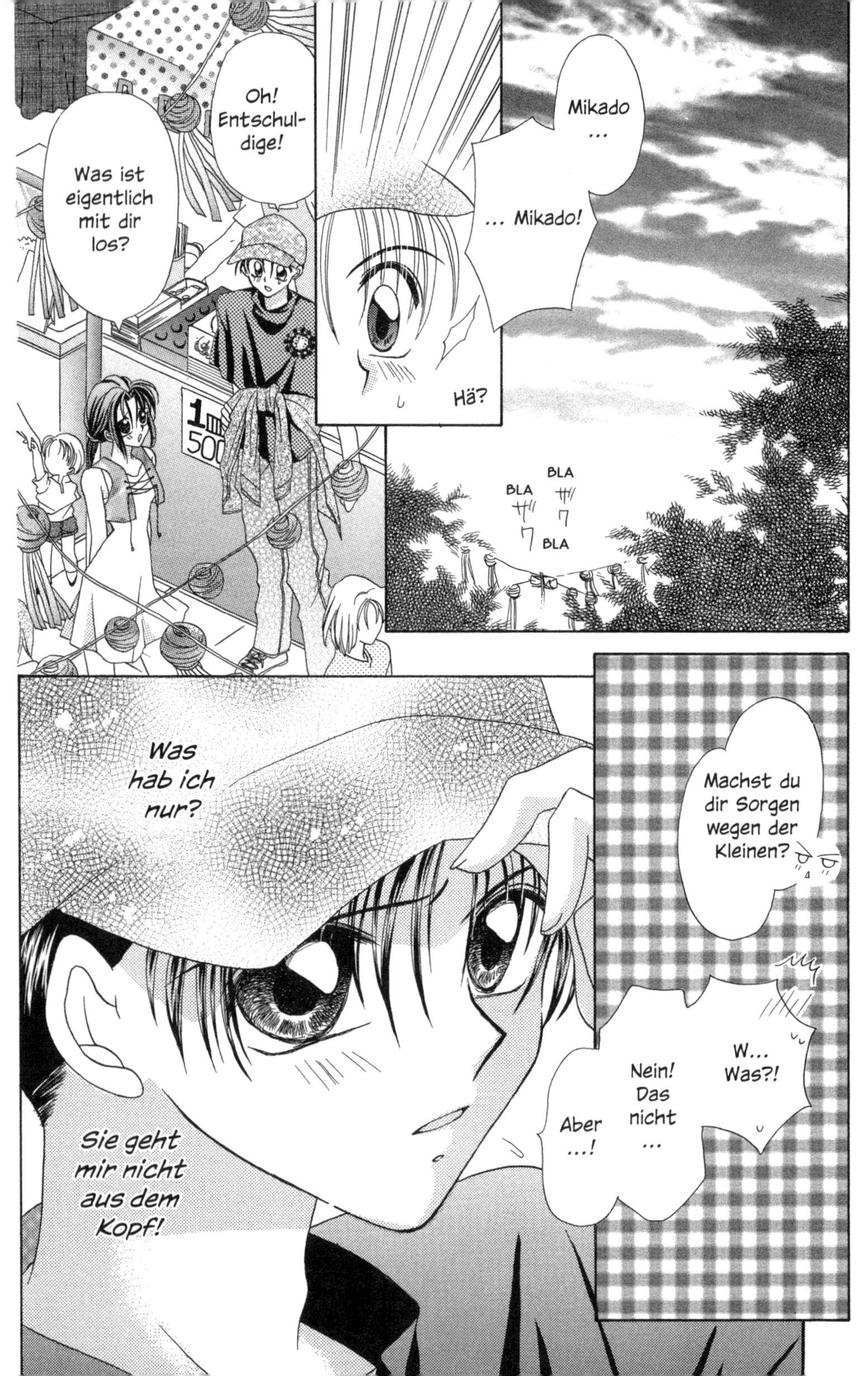
Mikado
...
... Mikado!
BLA
BLA
BLA
Hä?
Oh! Entschul-dige!
Was ist eigentlich mit dir los?
Machst du dir Sorgen wegen der Kleinen?
W... Was?!
Nein! Das nicht ...
Aber ...!
Was hab ich nur?
Sie geht mir nicht aus dem Kopf!

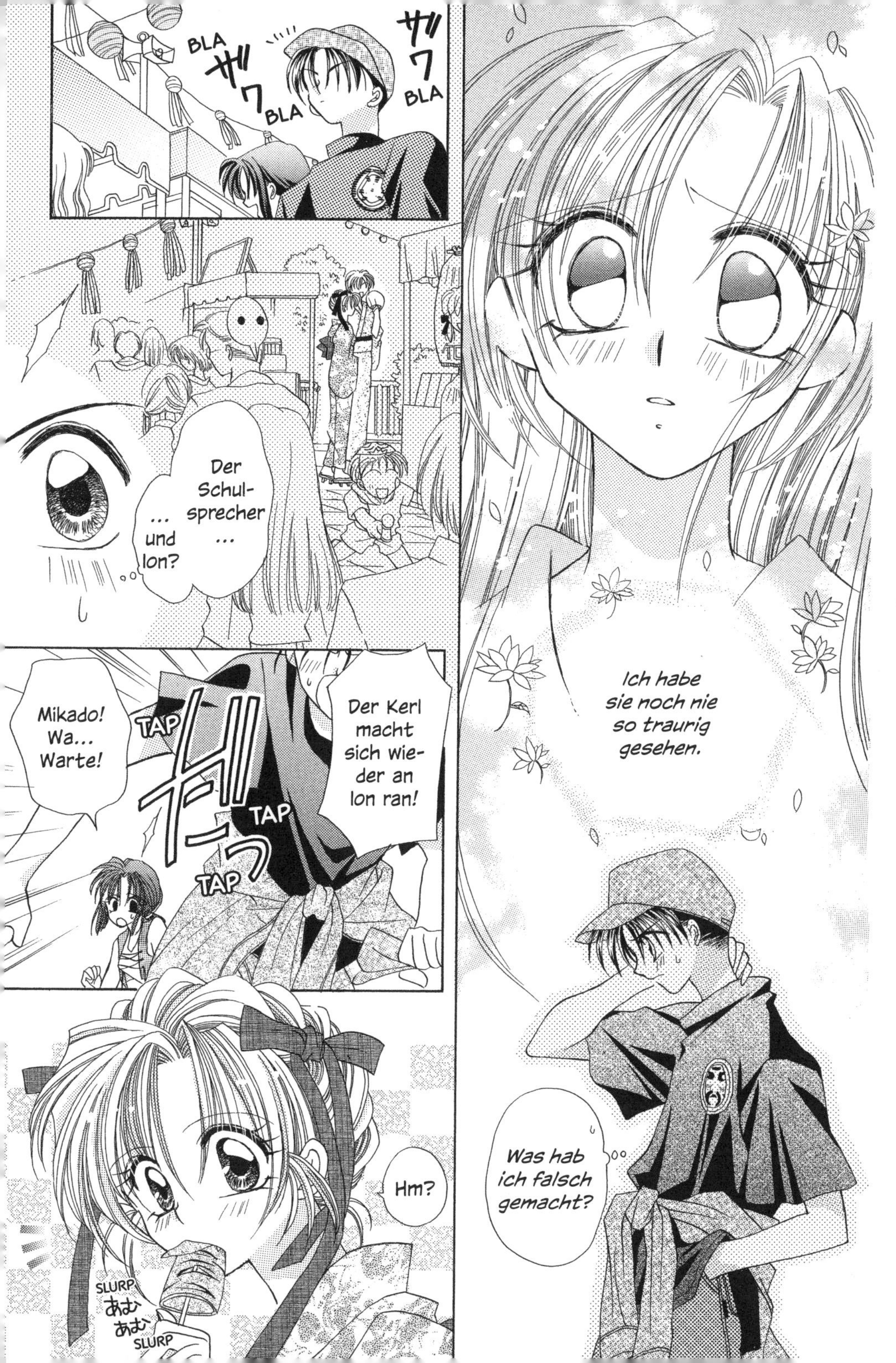
Ich habe sie noch nie so traurig gesehen.
Was hab ich falsch gemacht?
BLA
ザワ
BLA
ザワ
BLA
BLA
Der Schulsprecher ...
... und Ion?
Der Kerl macht sich wieder an Ion ran!
Mikado! Wa... Warte!
TAP
TAP
TAP
Hm?
SLURP
あむあむ
SLURP

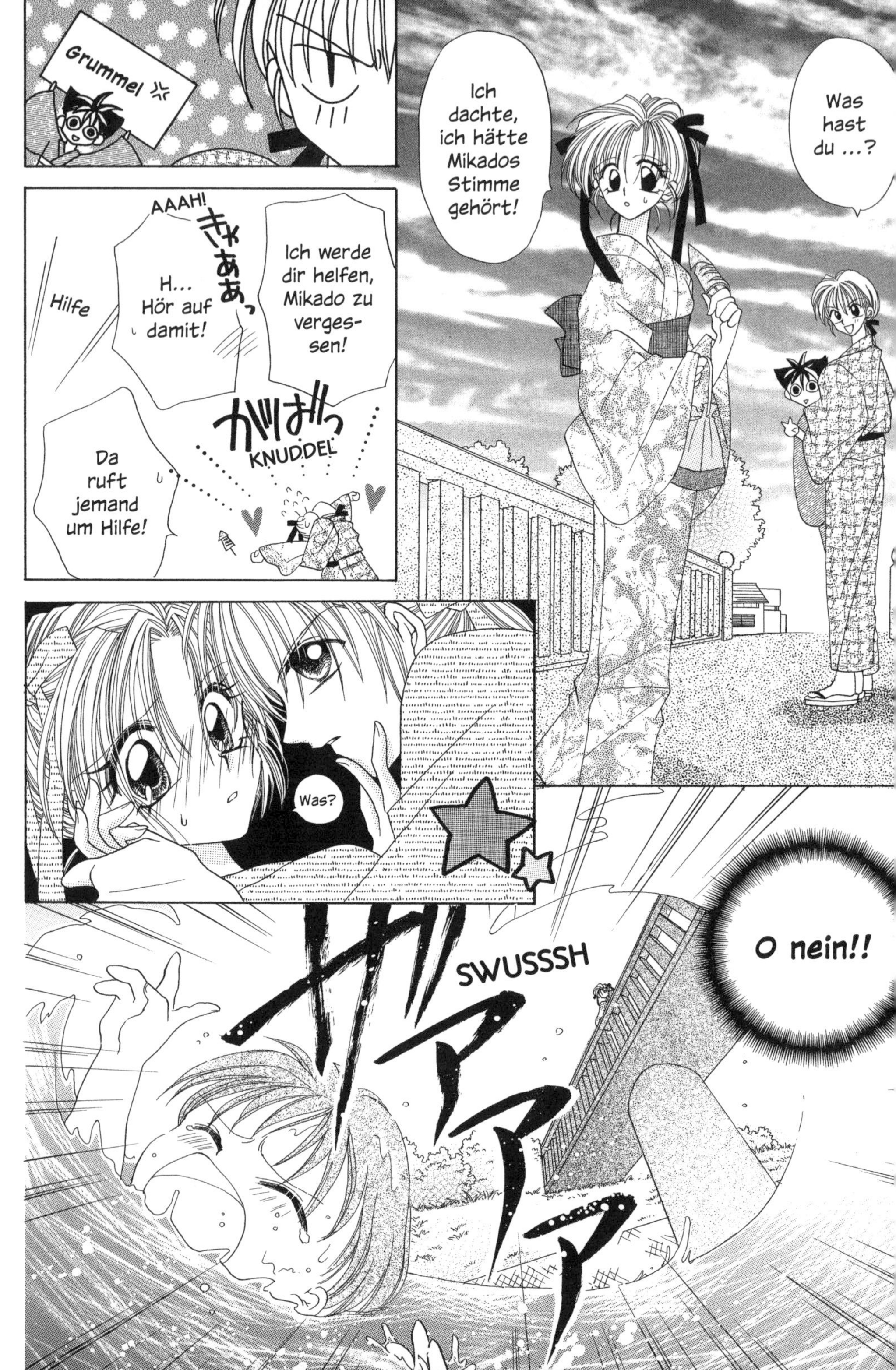
Grummel
Was hast du ...?
Ich dachte, ich hätte Mikados Stimme gehört!
Ich werde dir helfen, Mikado zu verges-sen!
AAAH!
H... Hör auf damit!
Hilfe
KNUDDEL
Da ruft jemand um Hilfe!
Was?
O nein!!
SWUSSSH

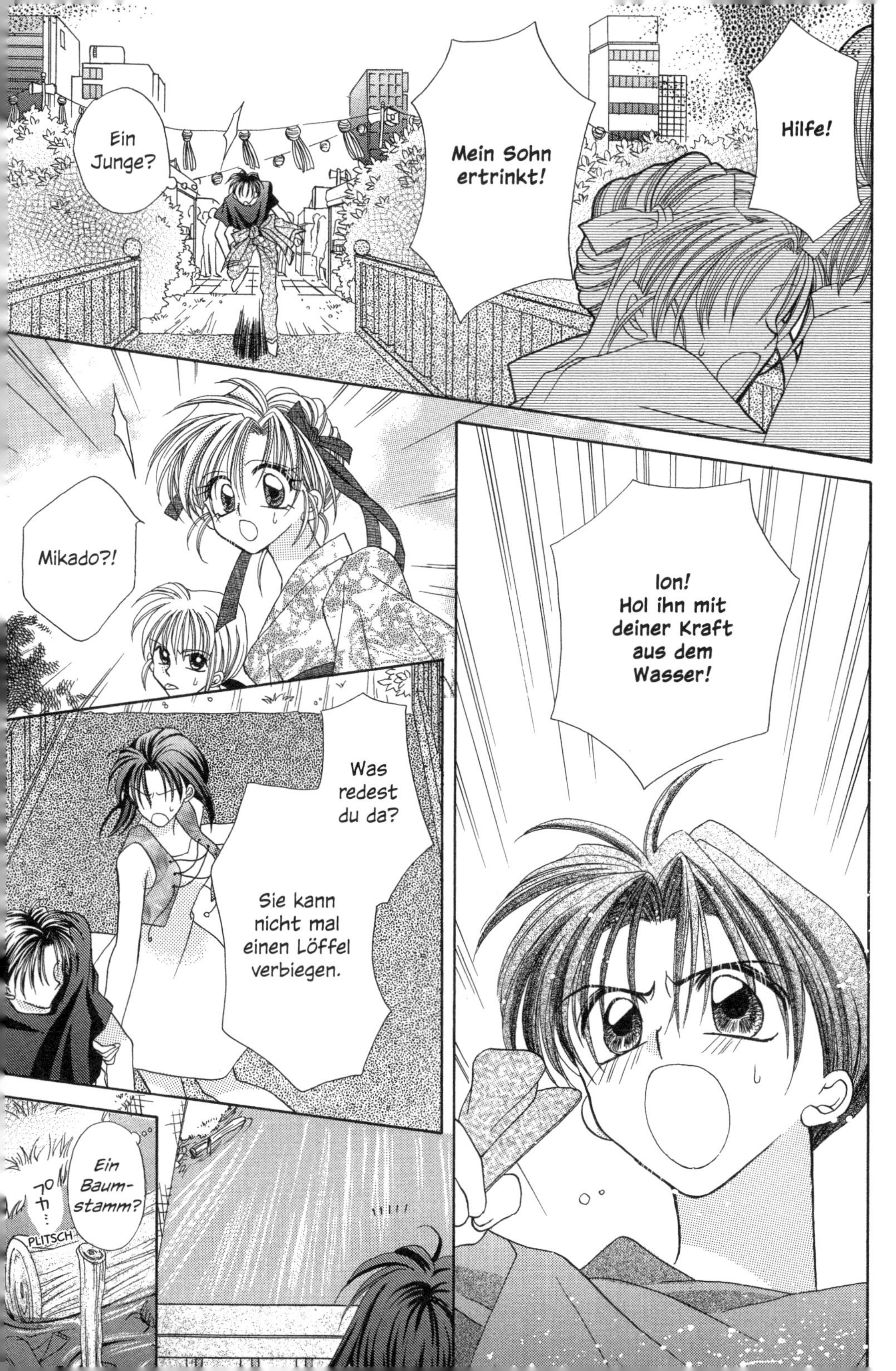
Hilfe!
Mein Sohn ertrinkt!
Ein Junge?
Mikado?!
Ion! Hol ihn mit deiner Kraft aus dem Wasser!
Was redest du da?
Sie kann nicht mal einen Löffel verbiegen.
Ein Baumstamm?
プカ…
PLITSCH

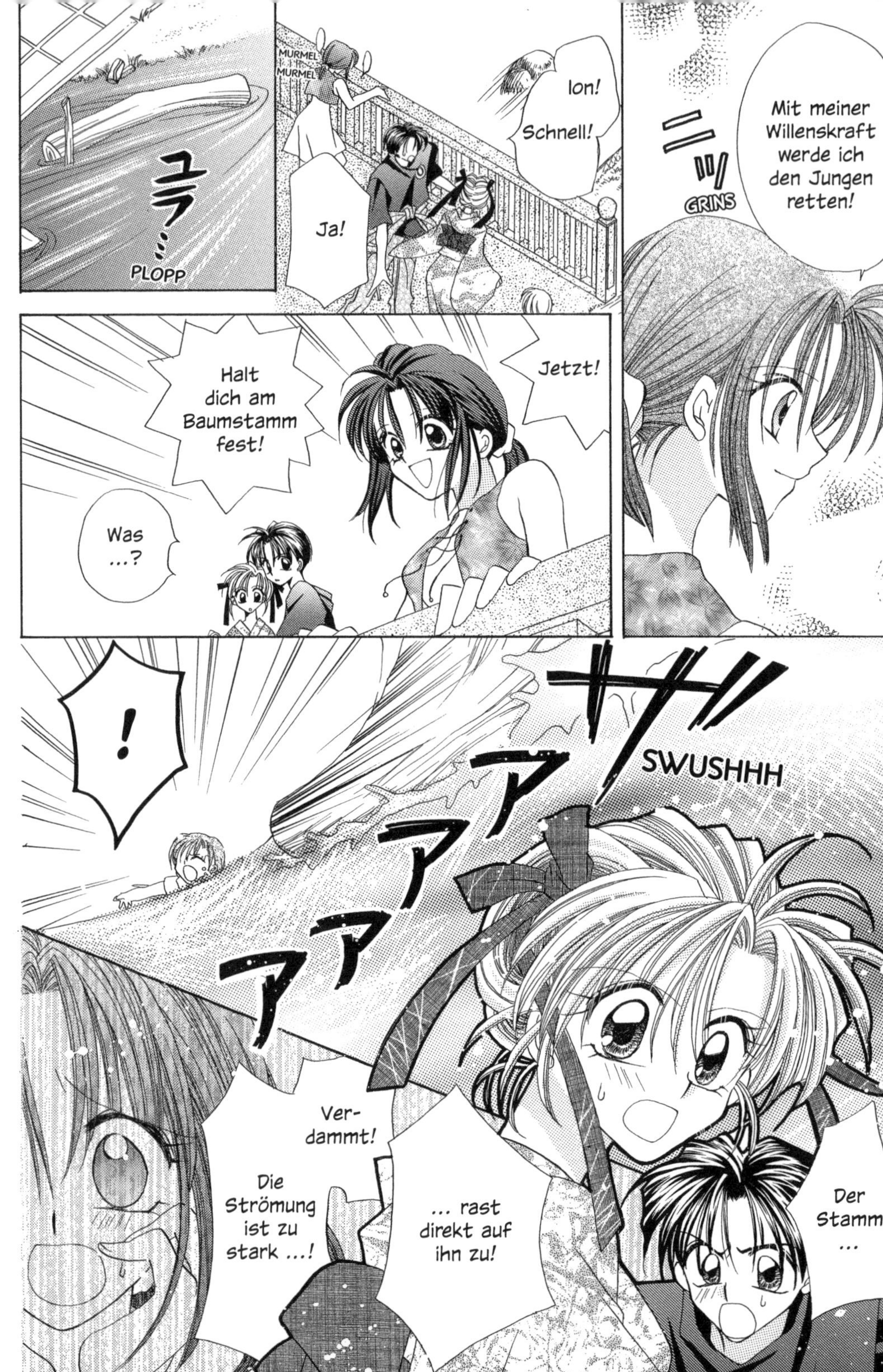

Mit meiner Willenskraft werde ich den Jungen retten!
GRINS
Ion!
Schnell!
MURMEL MURMEL
Ja!
ユラ…
PLOPP
Jetzt!
Halt dich am Baumstamm fest!
Was ...?
!
SWUSHHH
Der Stamm ...
... rast direkt auf ihn zu!
Ver-dammt!
Die Strömung ist zu stark ...!

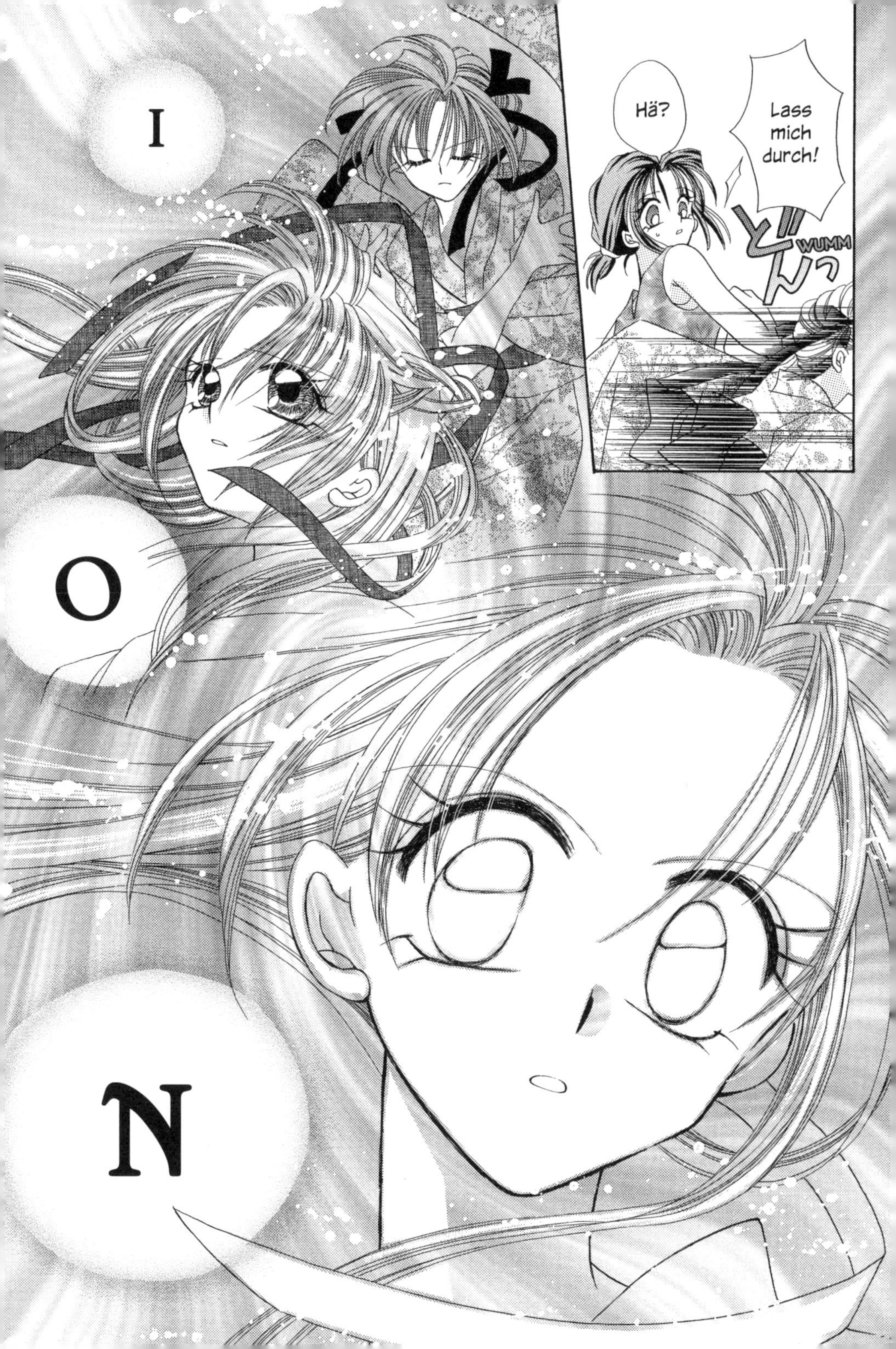
Lass mich durch!
Hä?
WUMM
I
O
N

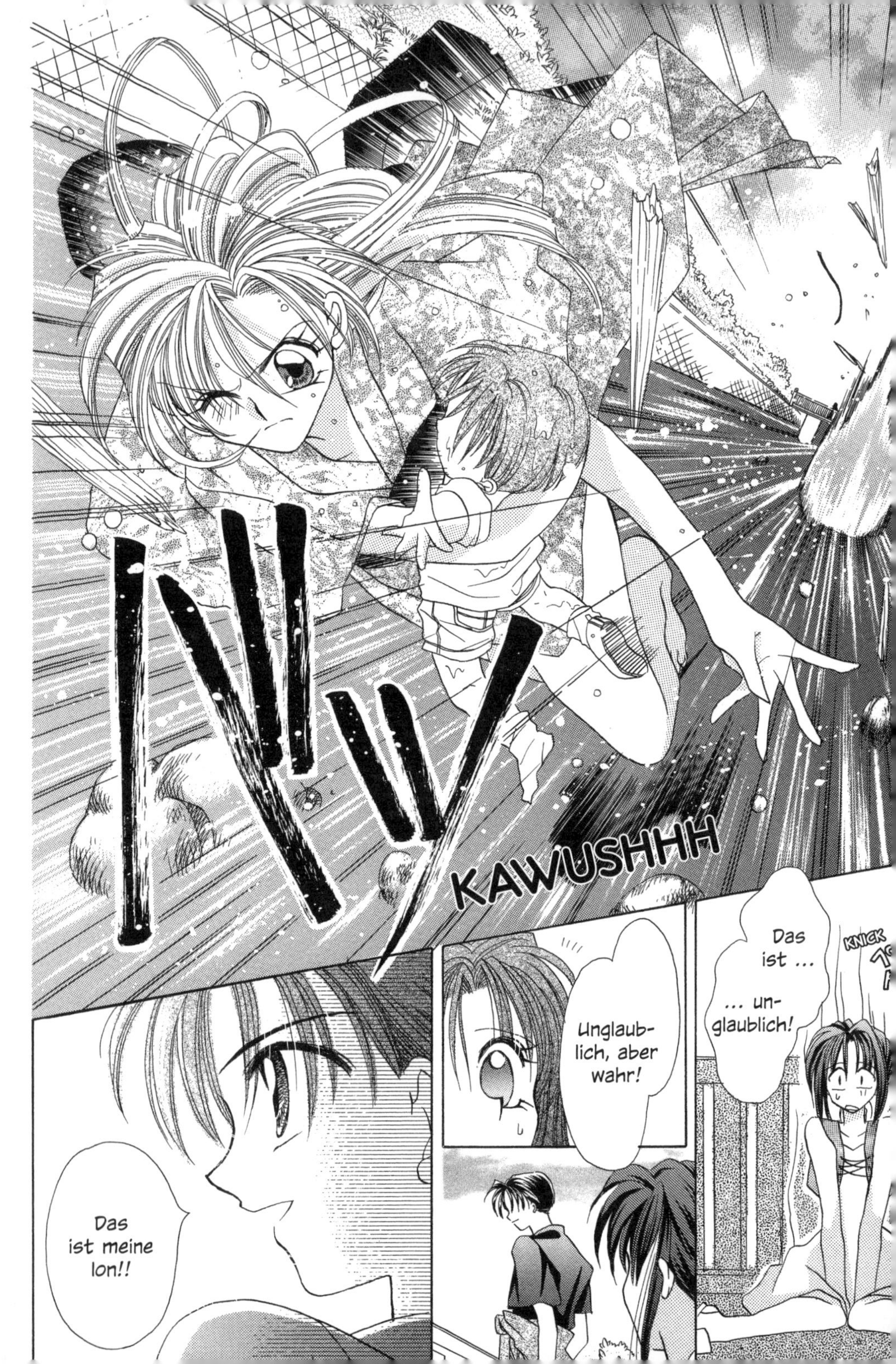
KAWUSHHH
KNICK
Das ist ...
... un-glaublich!
Unglaub-lich, aber wahr!
Das ist meine Ion!!

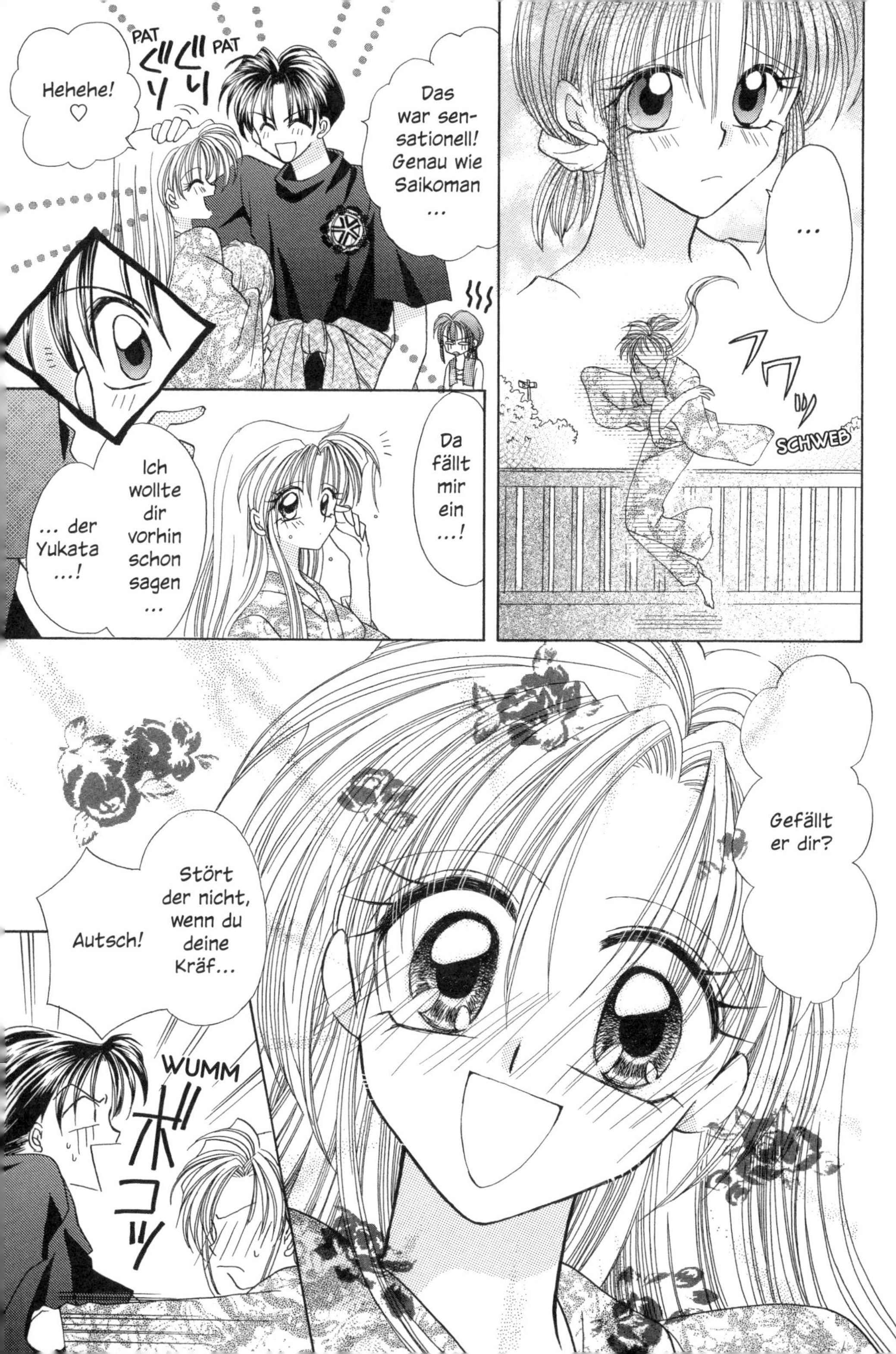
...
フワッ
SCHWEB
Das war sen-sationell! Genau wie Saikoman ...
PAT PAT
ぐりぐり
Hehehe! ♡
Da fällt mir ein ...!
Ich wollte dir vorhin schon sagen ...
... der Yukata ...!
Gefällt er dir?
Stört der nicht, wenn du deine Kräf...
WUMM
ボコッ
Autsch!

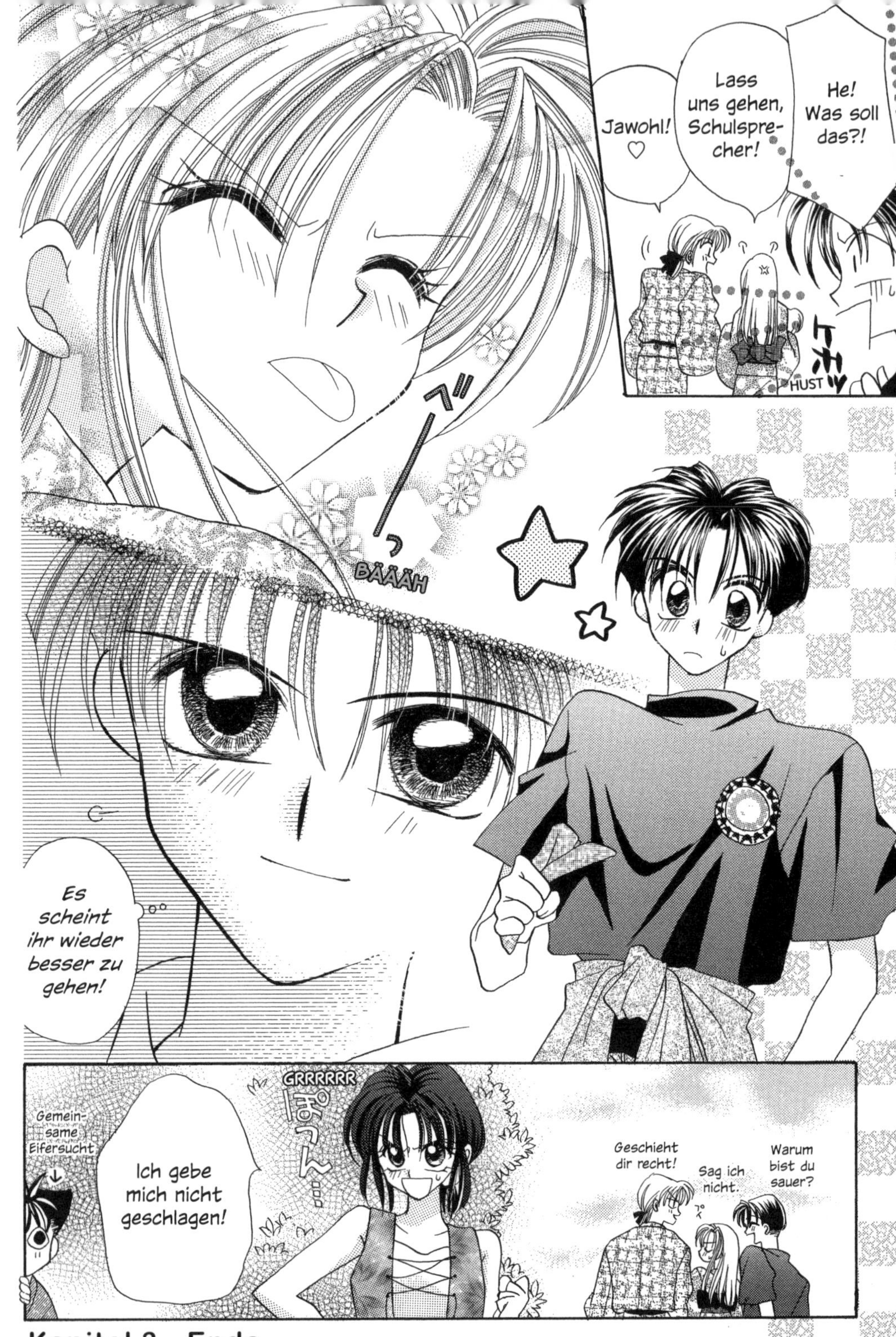

Kapitel 3 - Ende

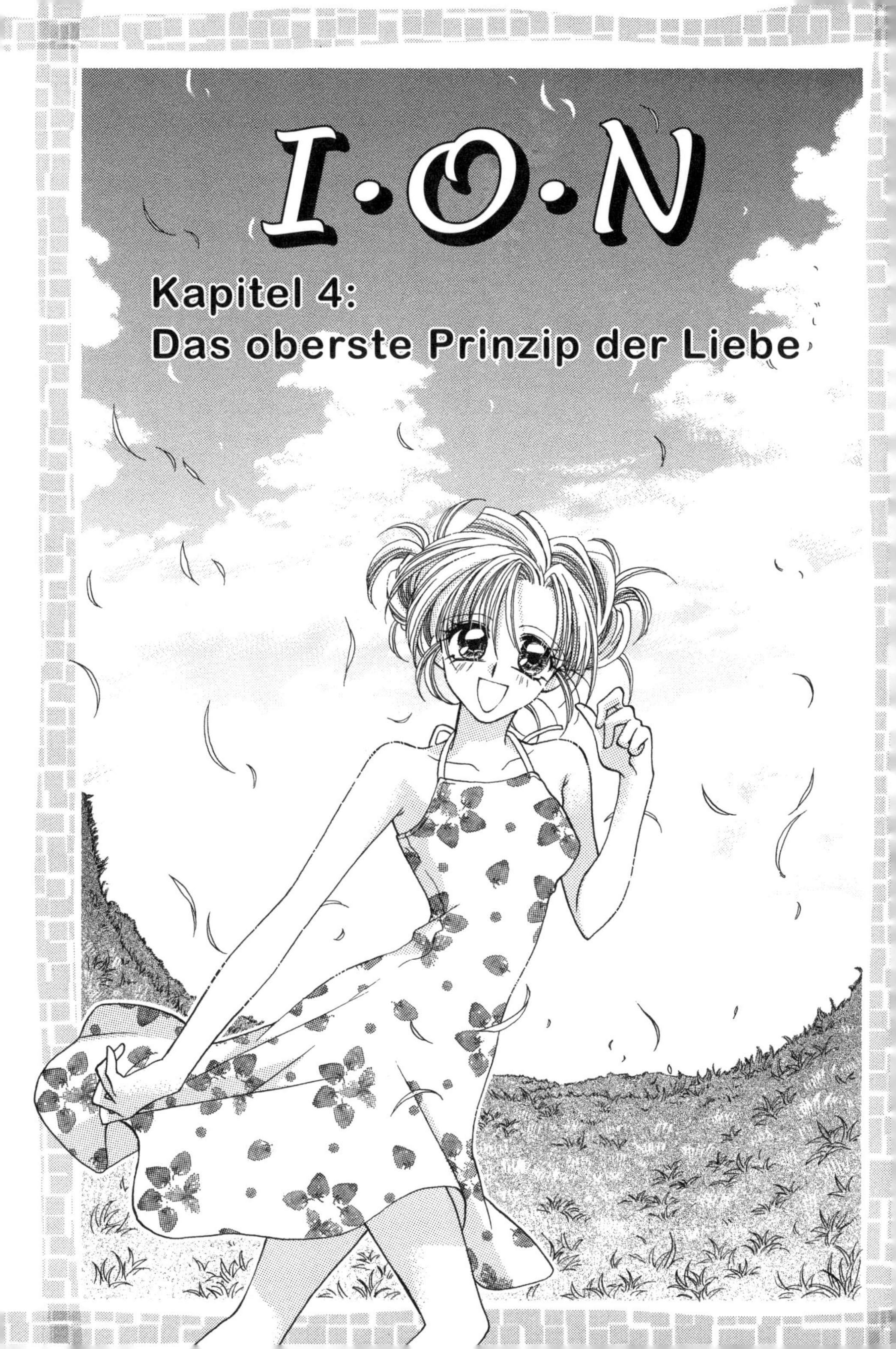

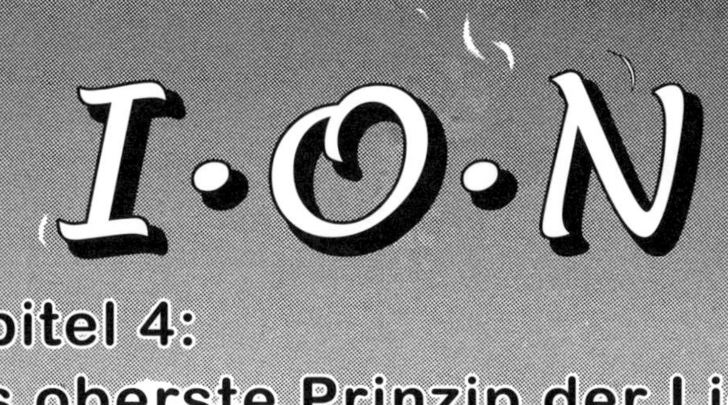

Kapitel 4: Das oberste Prinzip der Liebe

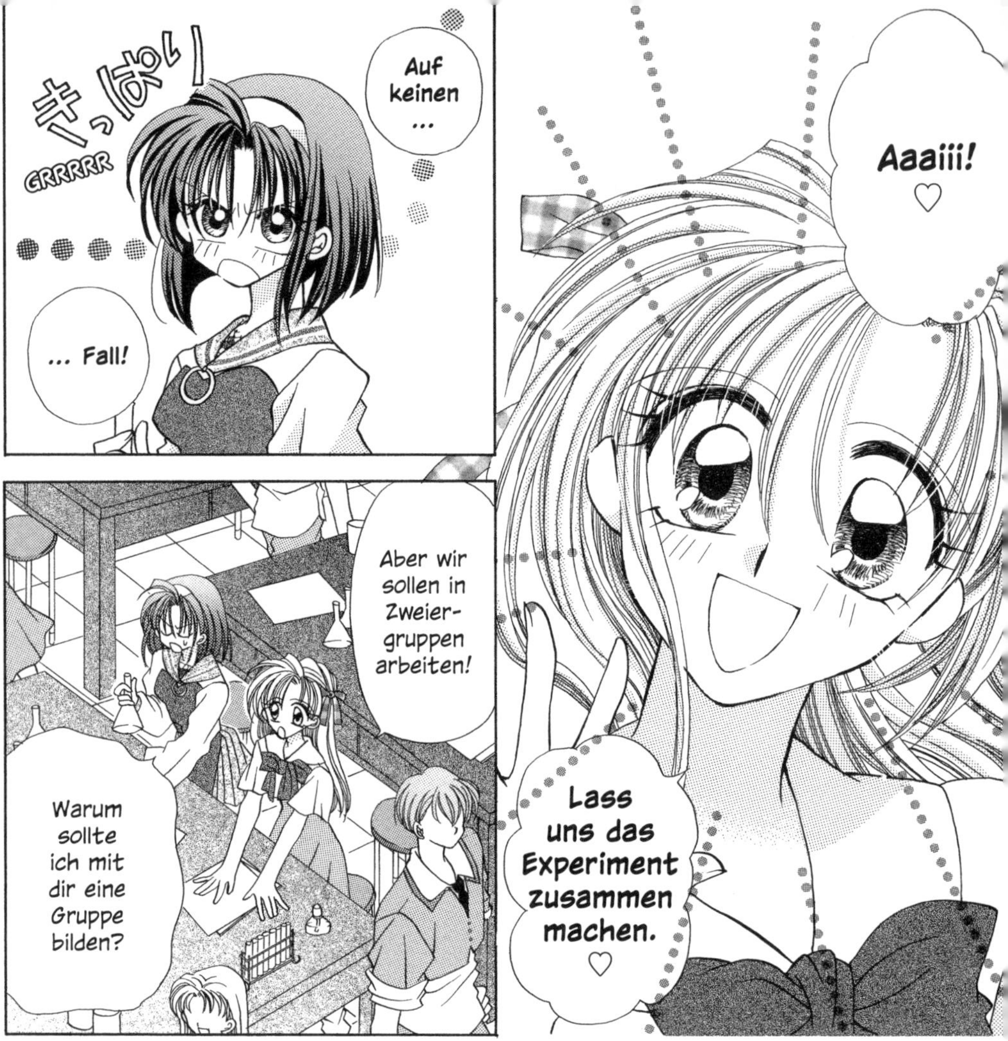

Aaaiii! ♡

Lass uns das Experiment zusammen machen. ♡

Auf keinen ...

きっぱり

GRRRRR

... Fall!

Aber wir sollen in Zweiergruppen arbeiten!

Warum sollte ich mit dir eine Gruppe bilden?

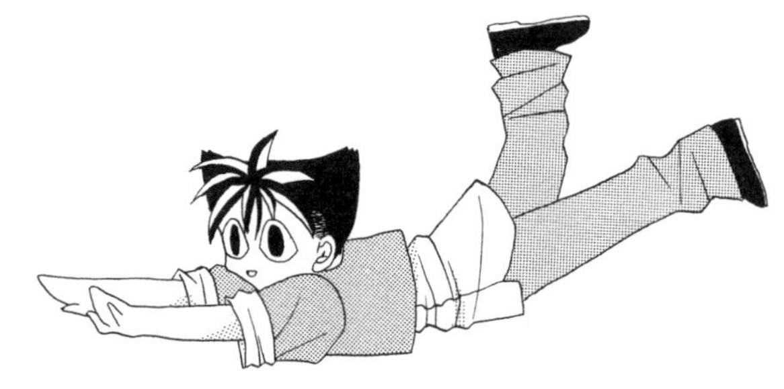

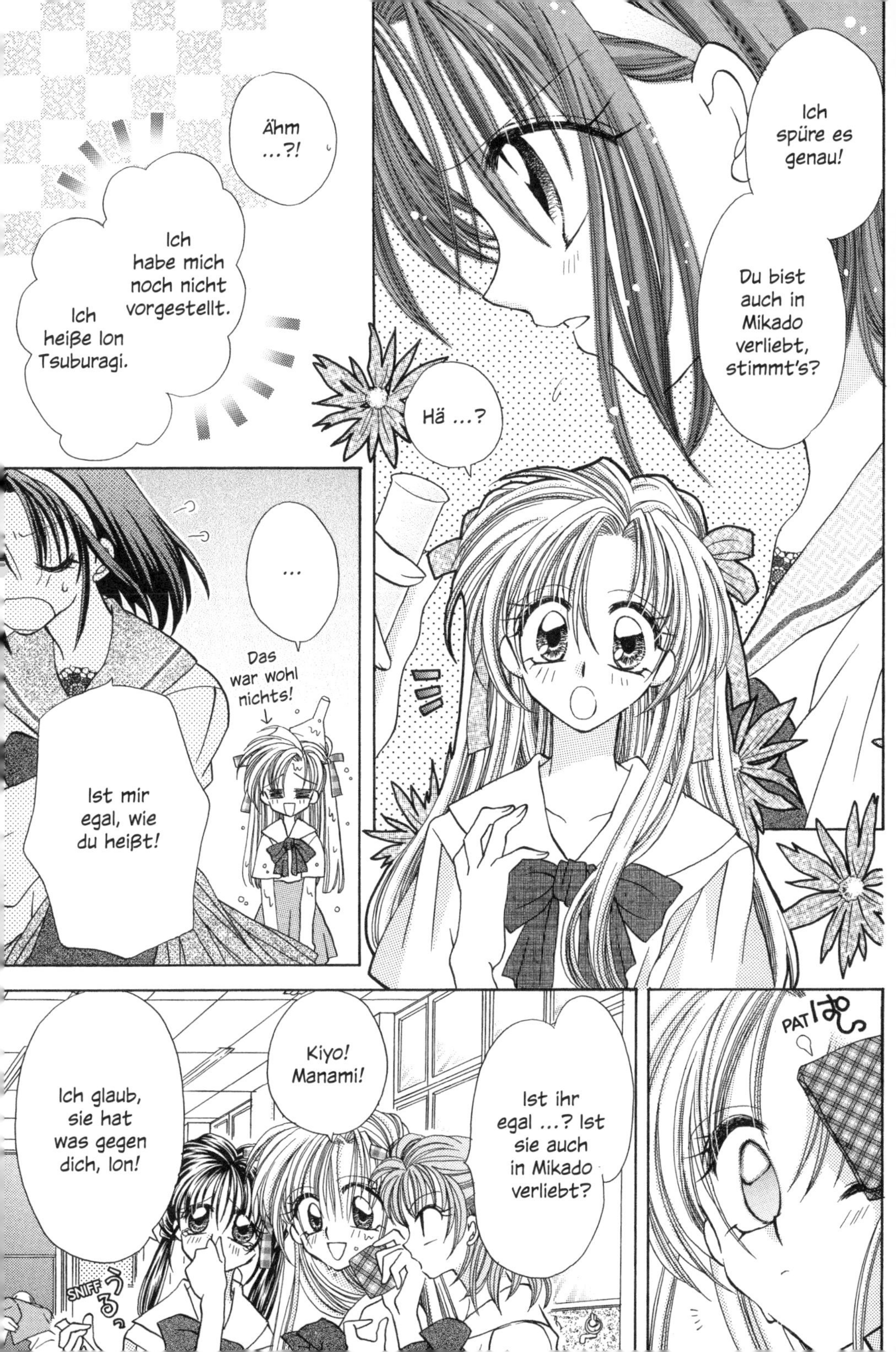
Ich spüre es genau!
Du bist auch in Mikado verliebt, stimmt's?
Hä …?
Ähm …?!
Ich habe mich noch nicht vorgestellt.
Ich heiße Ion Tsuburagi.
…
Das war wohl nichts!
Ist mir egal, wie du heißt!
PAT
Ist ihr egal …? Ist sie auch in Mikado verliebt?
Kiyo! Manami!
Ich glaub, sie hat was gegen dich, Ion!
SNIFF

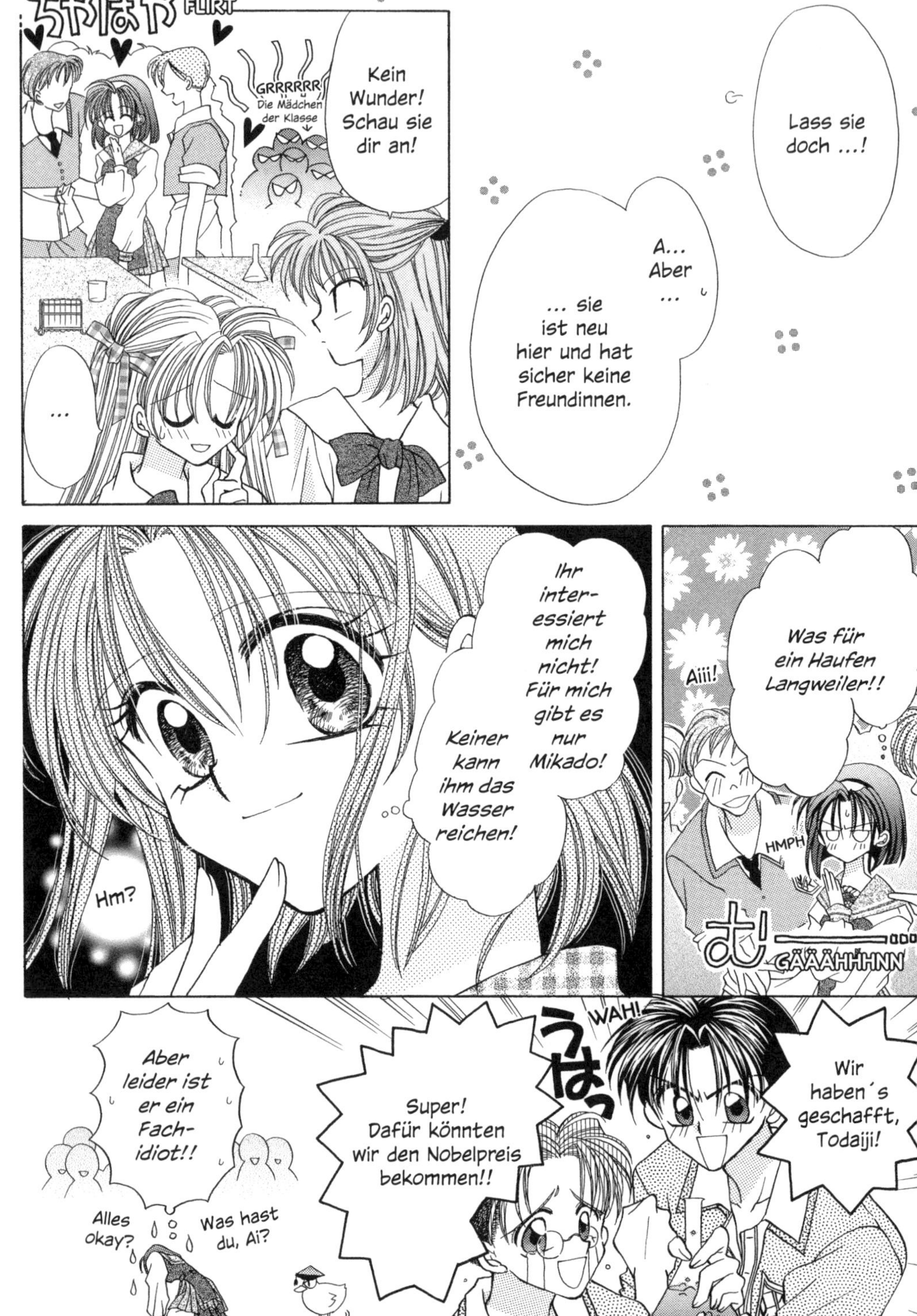
Lass sie doch ...!
A... Aber ...
... sie ist neu hier und hat sicher keine Freundinnen.
ちやほや FLIRT
Kein Wunder! Schau sie dir an!
GRRRRRR
Die Mädchen der Klasse
...
Was für ein Haufen Langweiler!!
Aiii!
HMPH
む! GÄÄÄHHHNN
Ihr interessiert mich nicht! Für mich gibt es nur Mikado!
Keiner kann ihm das Wasser reichen!
Hm?
Wir haben´s geschafft, Todaiji!
うはっ WAH!
Super! Dafür könnten wir den Nobelpreis bekommen!!
Aber leider ist er ein Fach-idiot!!
Was hast du, Ai?
Alles okay?

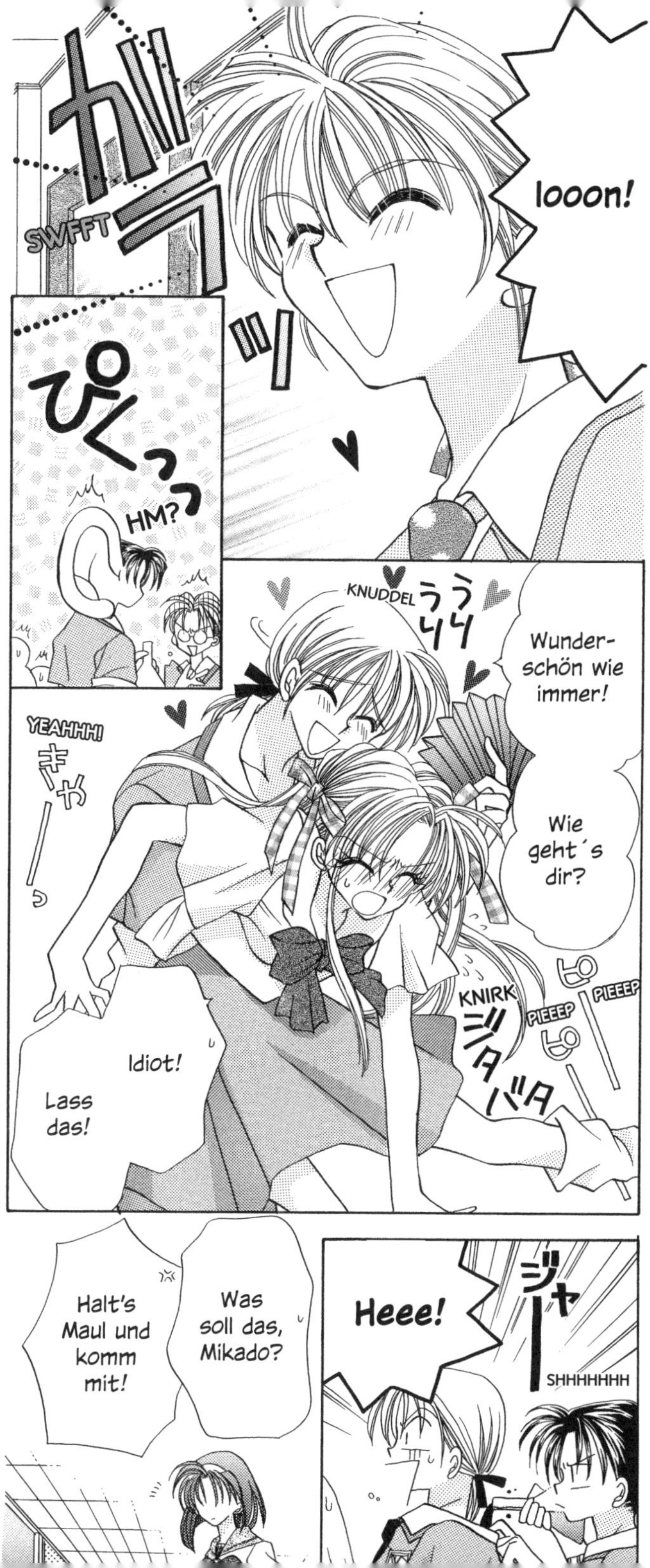

SWFFT

looon!

HM?

KNUDDEL

Wunder-schön wie immer!

Wie geht´s dir?

YEAHHH!

KNIRK

PIEEEP

PIEEEP

Idiot!

Lass das!

Heee!

SHHHHHHH

Was soll das, Mikado?

Halt's Maul und komm mit!

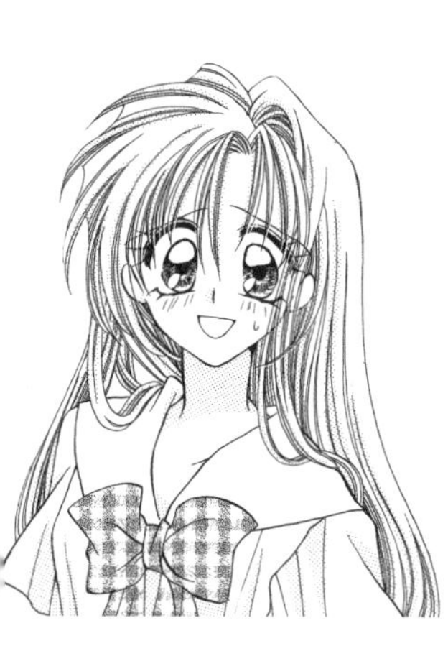

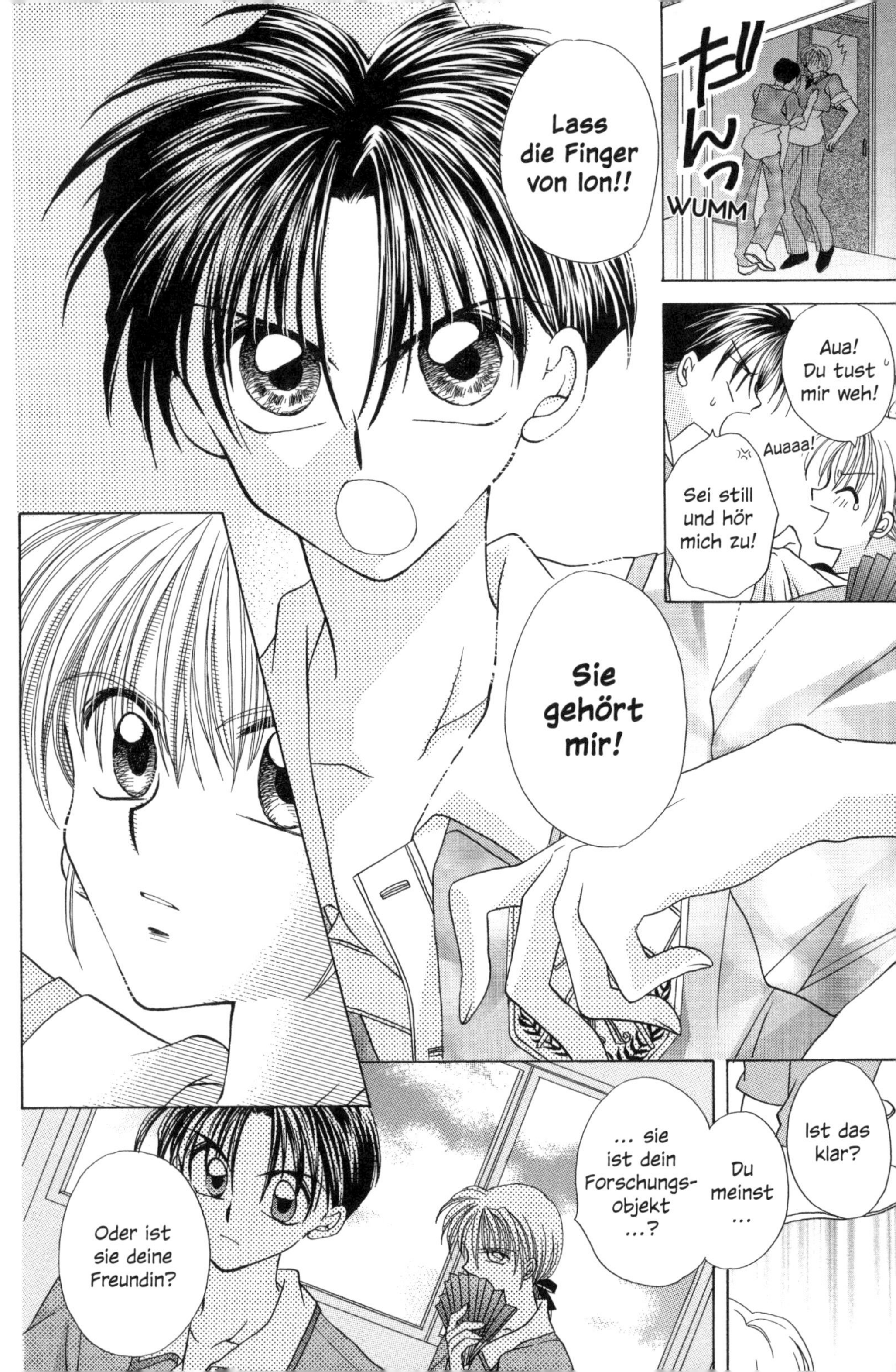
だんっ
WUMM
Aua! Du tust mir weh!
Auaaa!
Sei still und hör mich zu!
Lass die Finger von Ion!!
Sie gehört mir!
Ist das klar?
Du meinst …
… sie ist dein Forschungs-objekt …?
Oder ist sie deine Freundin?

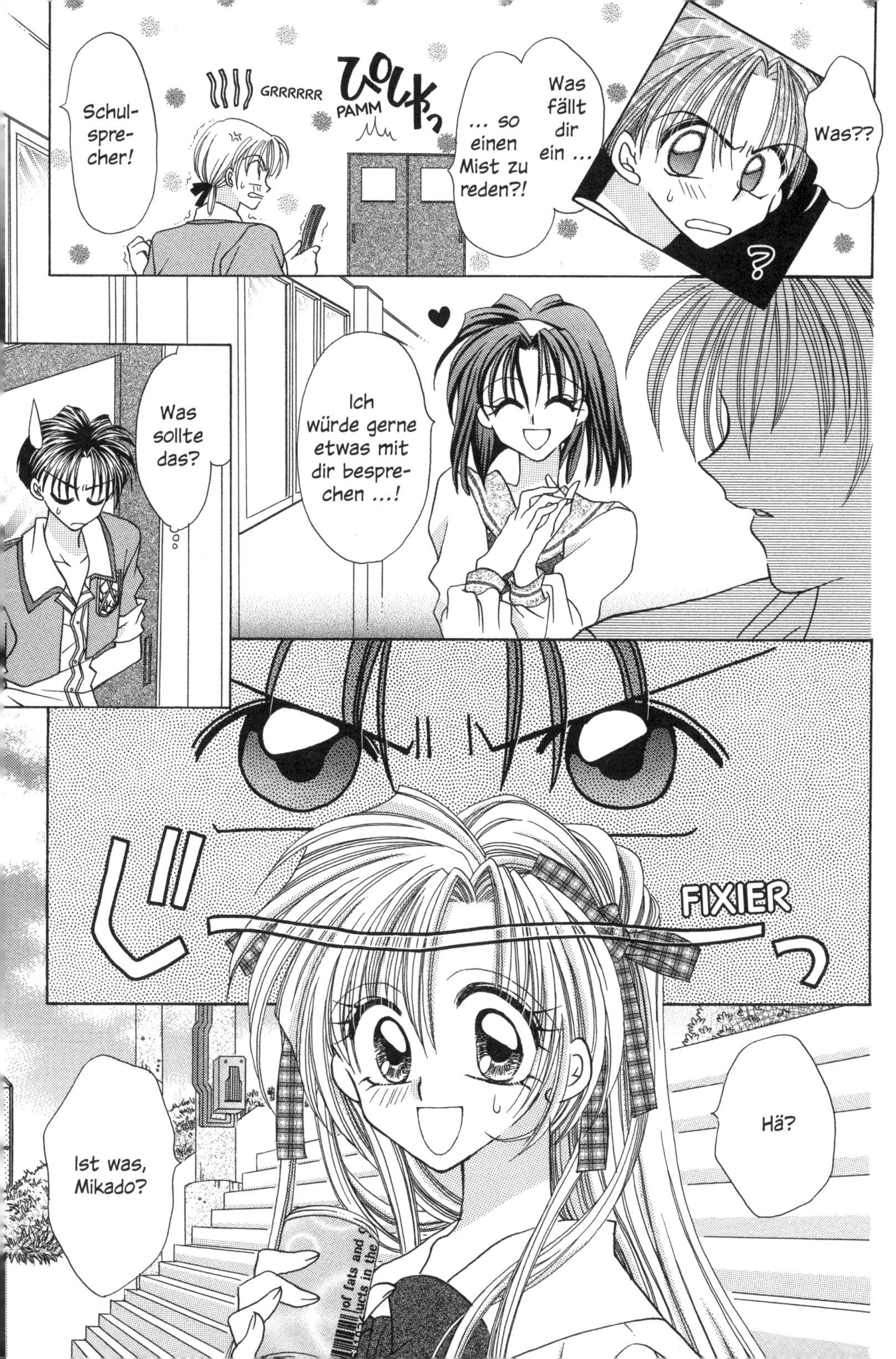
Was??
Was fällt dir ein …
… so einen Mist zu reden?!
ひゅん
PAMM
GRRRRRR
Schul-spre-cher!
Ich würde gerne etwas mit dir bespre-chen …!
Was sollte das?
じーっ
FIXIER
Hä?
Ist was, Mikado?

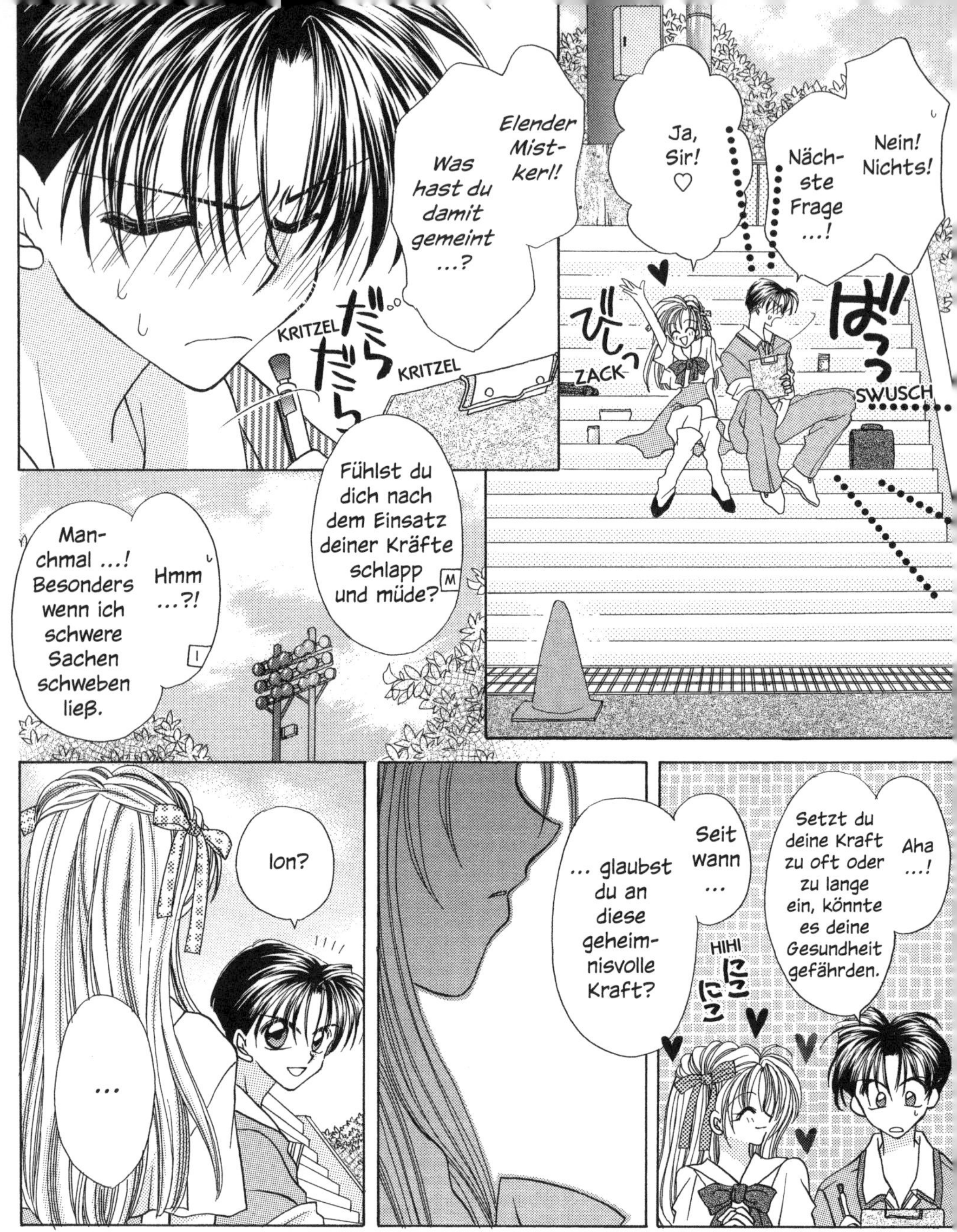

Nein! Nichts!
Näch-ste Frage ...!
ぱっ
SWUSCH
Ja, Sir! ♡
びしっ
ZACK
Elender Mist-kerl!
Was hast du damit gemeint ...?
KRITZEL
だらだら
KRITZEL
Fühlst du dich nach dem Einsatz deiner Kräfte schlapp und müde?
Hmm ...?!
Man-chmal ...! Besonders wenn ich schwere Sachen schweben ließ.
Aha ...!
Setzt du deine Kraft zu oft oder zu lange ein, könnte es deine Gesundheit gefährden.
HIHI
にこにこ
Seit wann ...
... glaubst du an diese geheim-nisvolle Kraft?
Ion?
...

„Okay, Ion?“

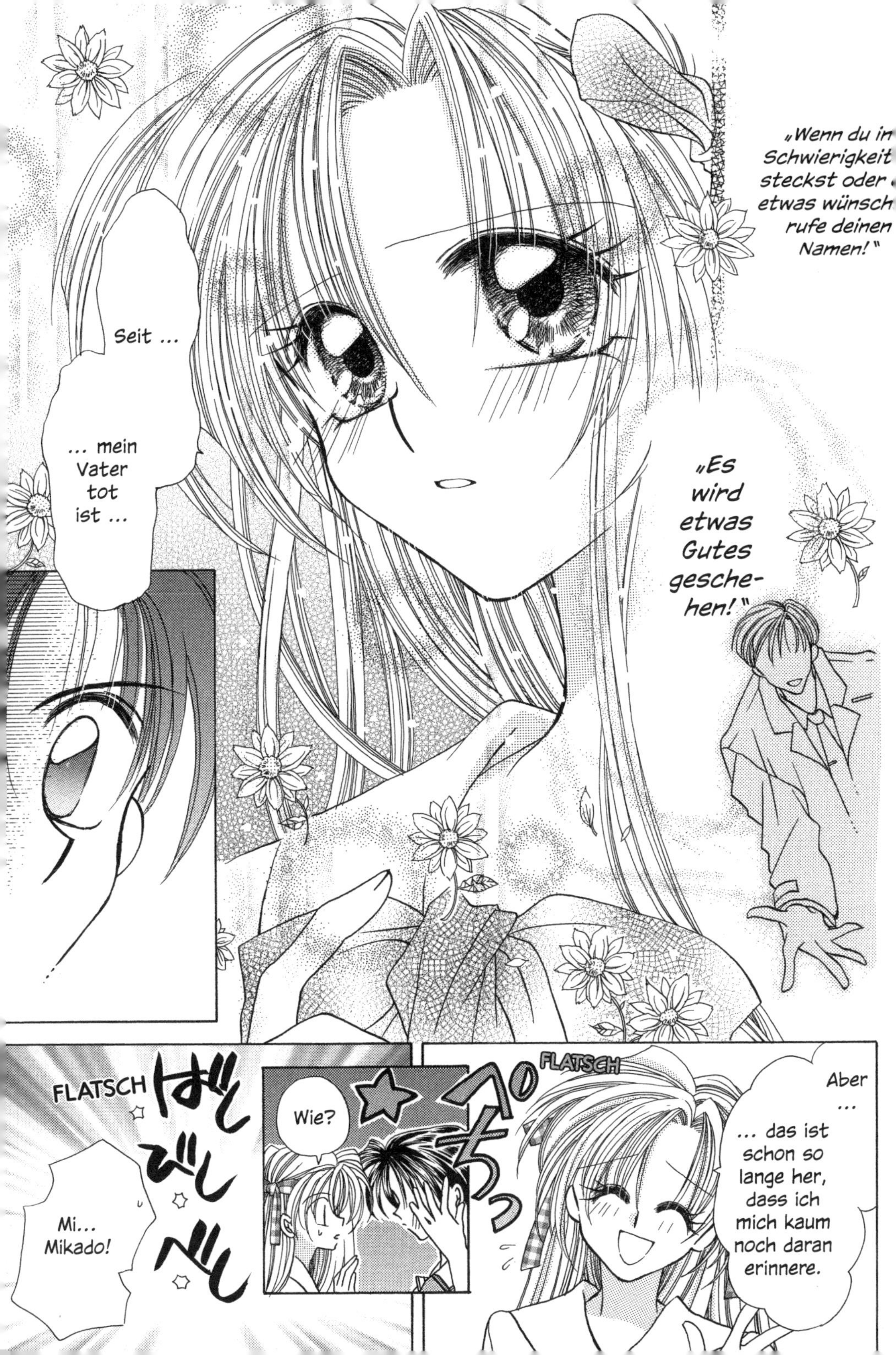
„Wenn du in Schwierigkeit steckst oder etwas wünsch rufe deinen Namen!"
„Es wird etwas Gutes gesche-hen!"
Seit ...
... mein Vater tot ist ...
Aber ...
... das ist schon so lange her, dass ich mich kaum noch daran erinnere.
FLATSCH
Wie?
FLATSCH
Mi... Mikado!

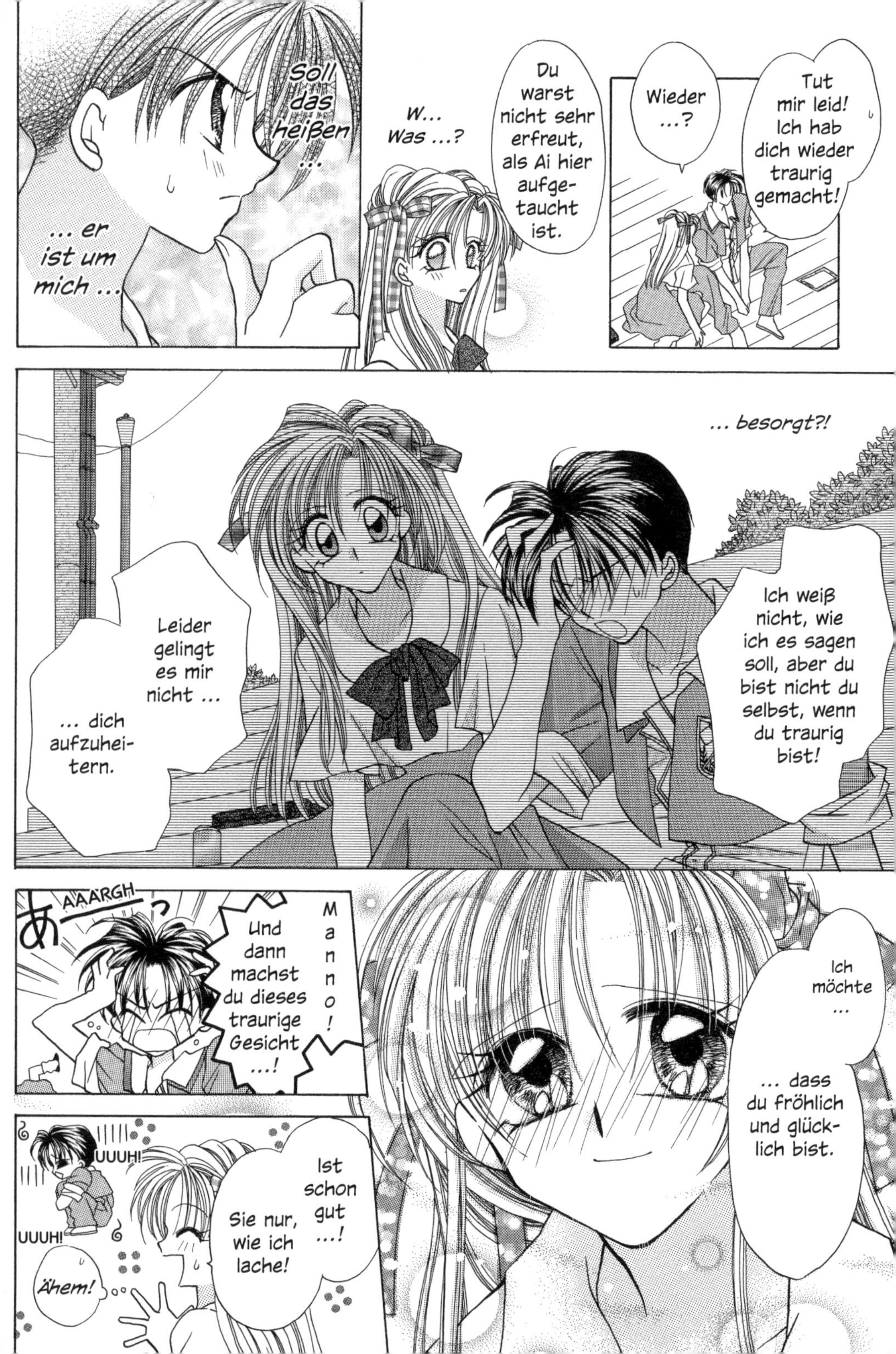
Tut mir leid! Ich hab dich wieder traurig gemacht!
Wieder ...?
Du warst nicht sehr erfreut, als Ai hier aufgetaucht ist.
W... Was ...?
Soll das heißen ...
... er ist um mich ...
... besorgt?!
Ich weiß nicht, wie ich es sagen soll, aber du bist nicht du selbst, wenn du traurig bist!
Leider gelingt es mir nicht ...
... dich aufzuheitern.
Ich möchte ...
... dass du fröhlich und glücklich bist.
Manno!
Und dann machst du dieses traurige Gesicht ...!
AAARGH
あ
Ist schon gut ...!
Sie nur, wie ich lache!
UUUH!
UUUH!
Ähem!

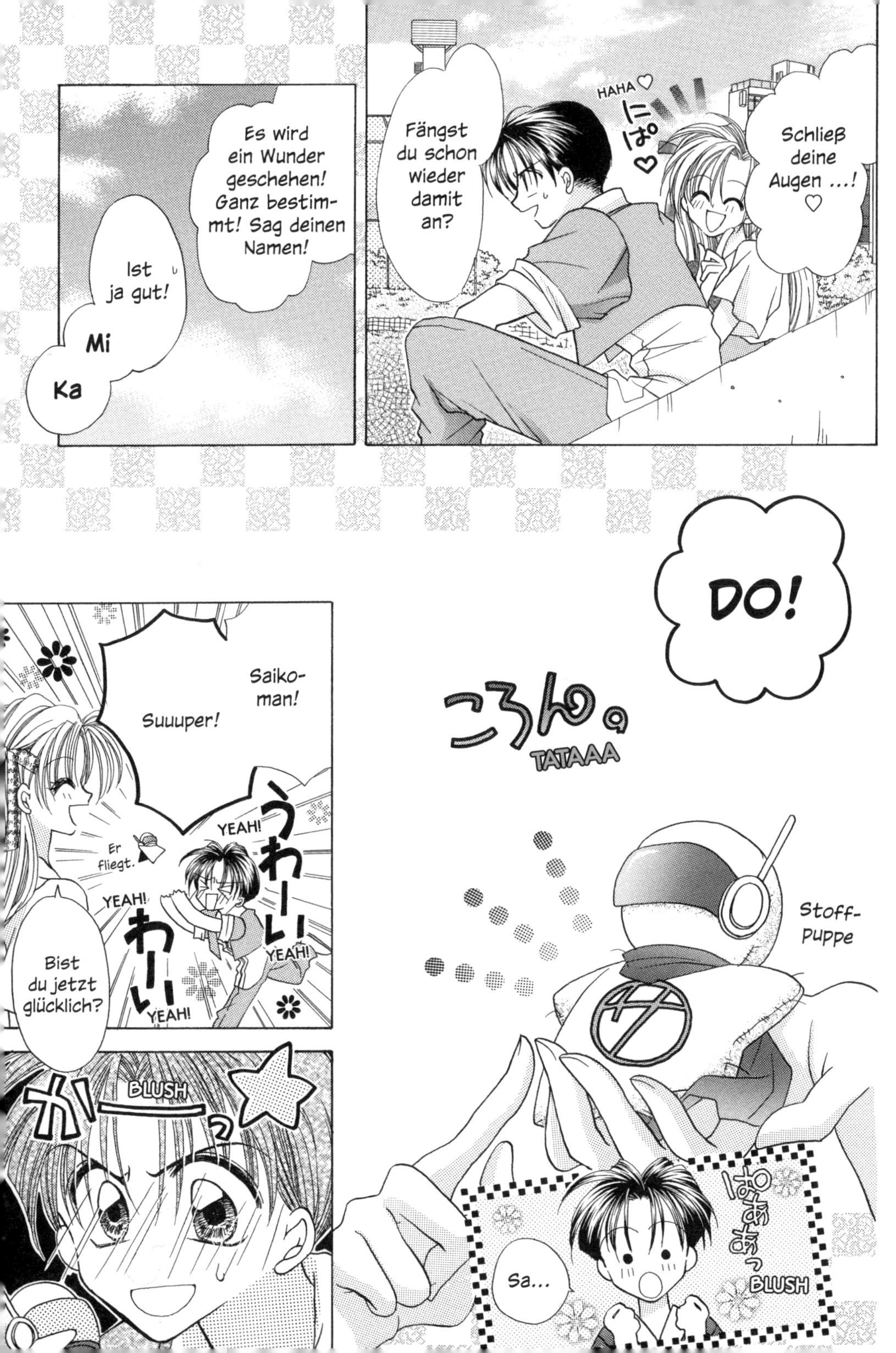

Schließ deine Augen ...! ♡
HAHA ♡
にぱ♡
Fängst du schon wieder damit an?
Es wird ein Wunder geschehen! Ganz bestimmt! Sag deinen Namen!
Ist ja gut!
Mi
Ka
DO!
ころん
TATAAA
Stoff-puppe
Sa...
ぱあああっ
BLUSH
Saiko-man!
Suuuper!
うわーい
YEAH!
YEAH!
わーい
YEAH!
YEAH!
Er fliegt.
Bist du jetzt glücklich?
かーっ
BLUSH

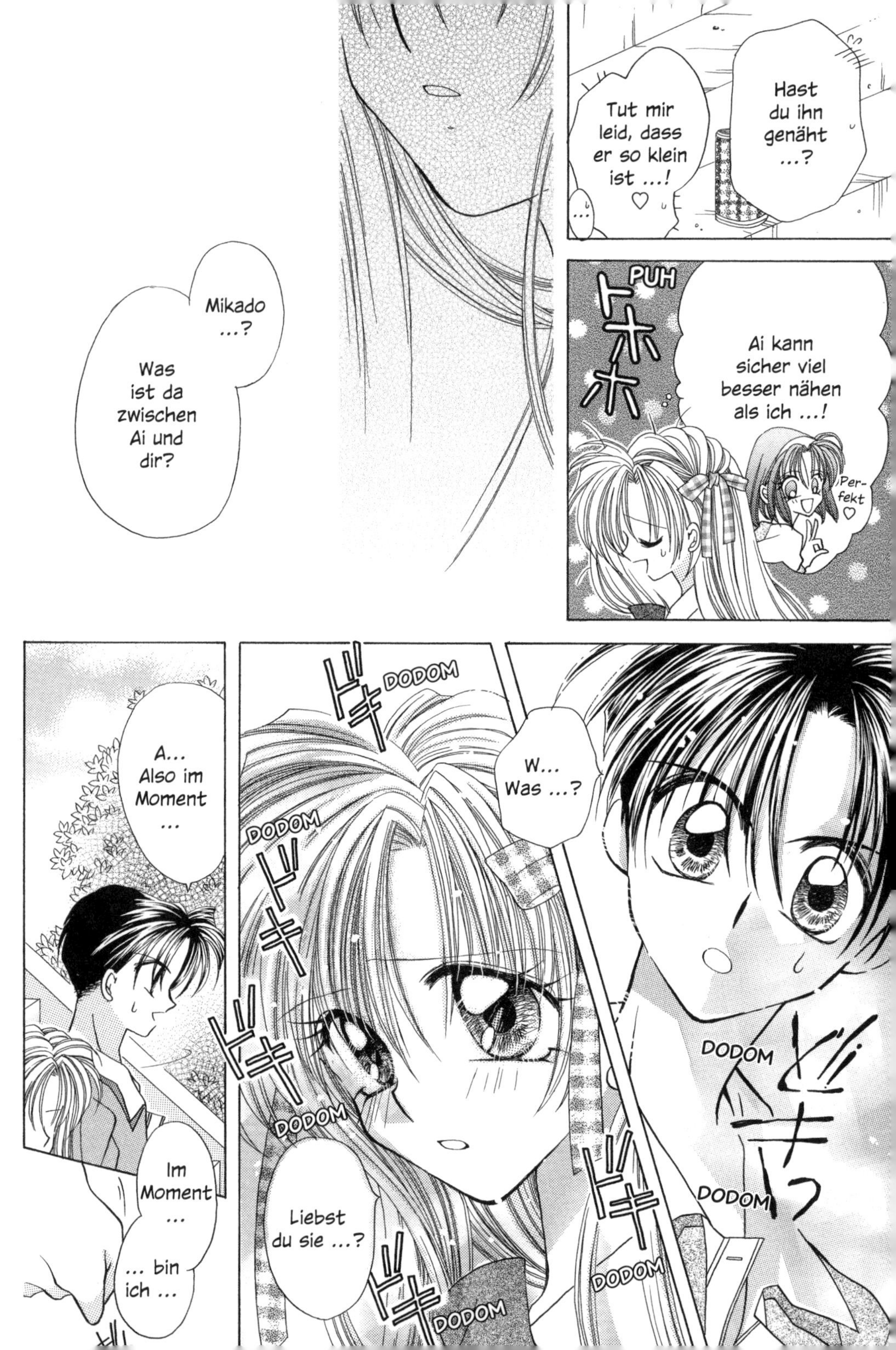

Hast du ihn genäht ...?

Tut mir leid, dass er so klein ist ...! ♡

...

PUH

Ai kann sicher viel besser nähen als ich ...!

Perfekt ♡

Mikado ...?

Was ist da zwischen Ai und dir?

DODOM

W... Was ...?

DODOM

DODOM

DODOM

DODOM

DODOM

DODOM

Liebst du sie ...?

A... Also im Moment ...

Im Moment ...

... bin ich ...

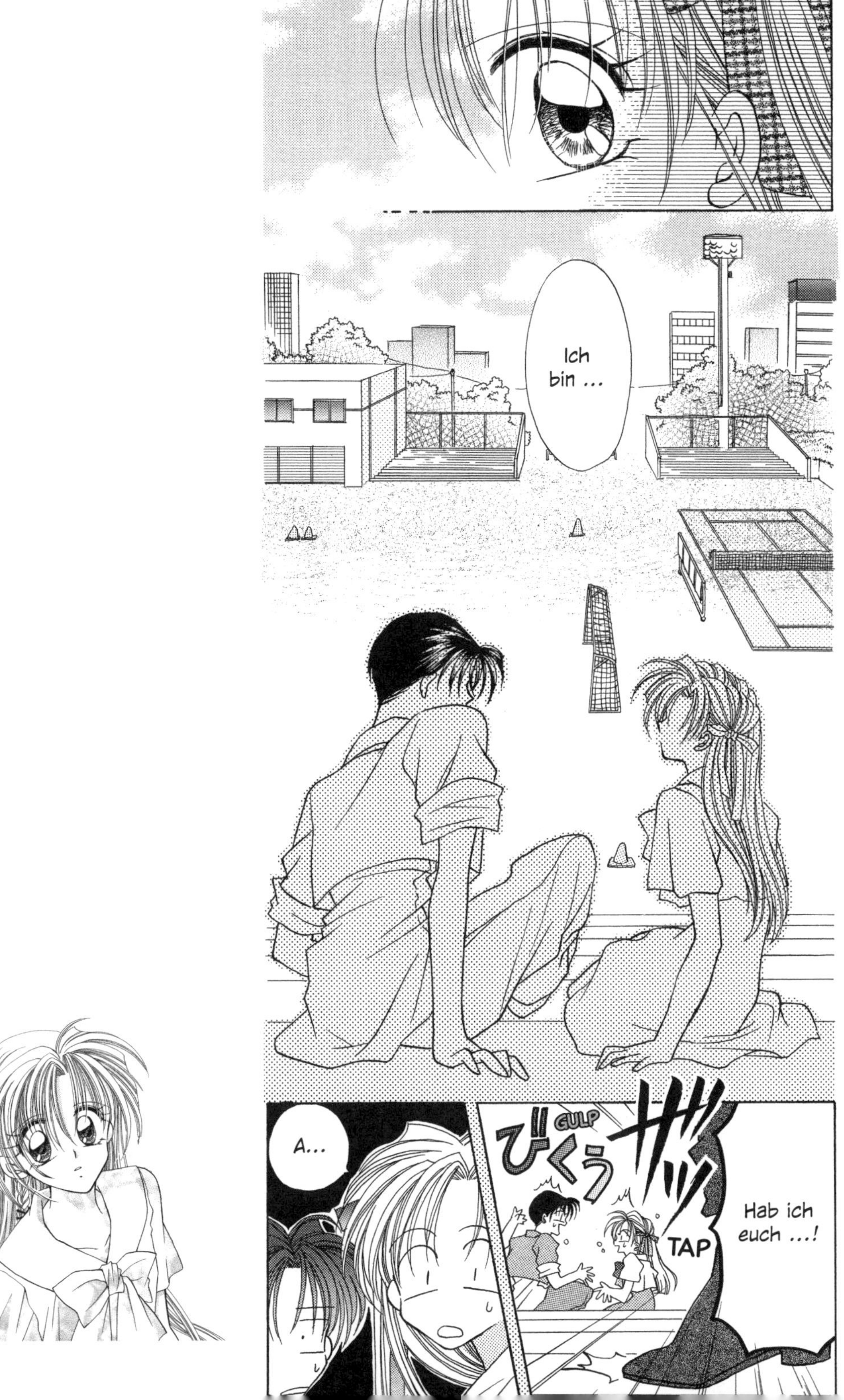
Ich bin ...
Hab ich euch ...!
TAP
GULP
A...

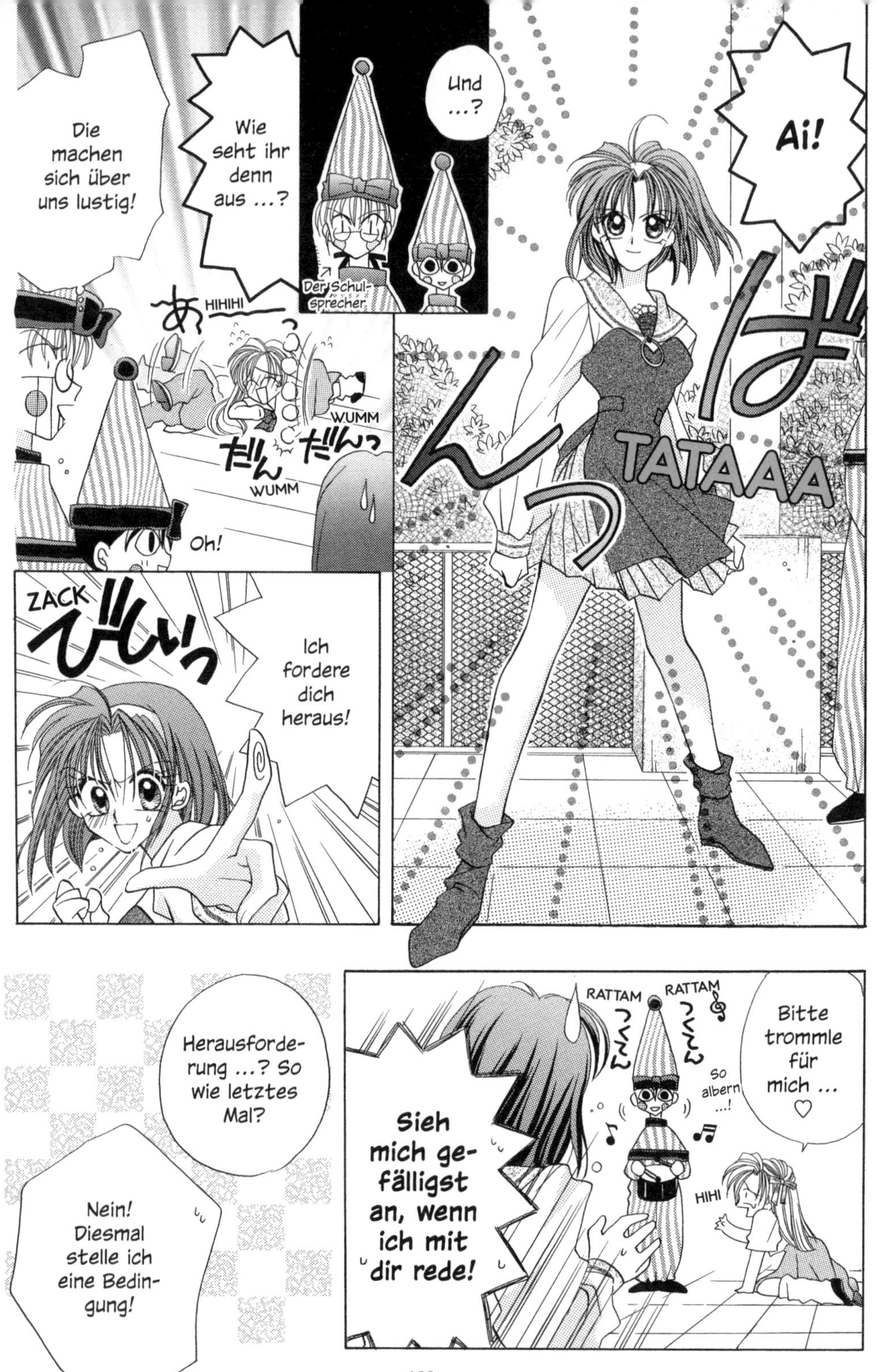
Wie seht ihr denn aus ...?
Und ...?
Der Schulsprecher
Die machen sich über uns lustig!
HIHIHI
WUMM
WUMM
Oh!
Ai!
TATAAA
ZACK
Ich fordere dich heraus!
Bitte trommle für mich ... ♡
RATTAM
RATTAM
So albern ...!
HIHI
Sieh mich gefälligst an, wenn ich mit dir rede!
Herausforderung ...? So wie letztes Mal?
Nein! Diesmal stelle ich eine Bedingung!

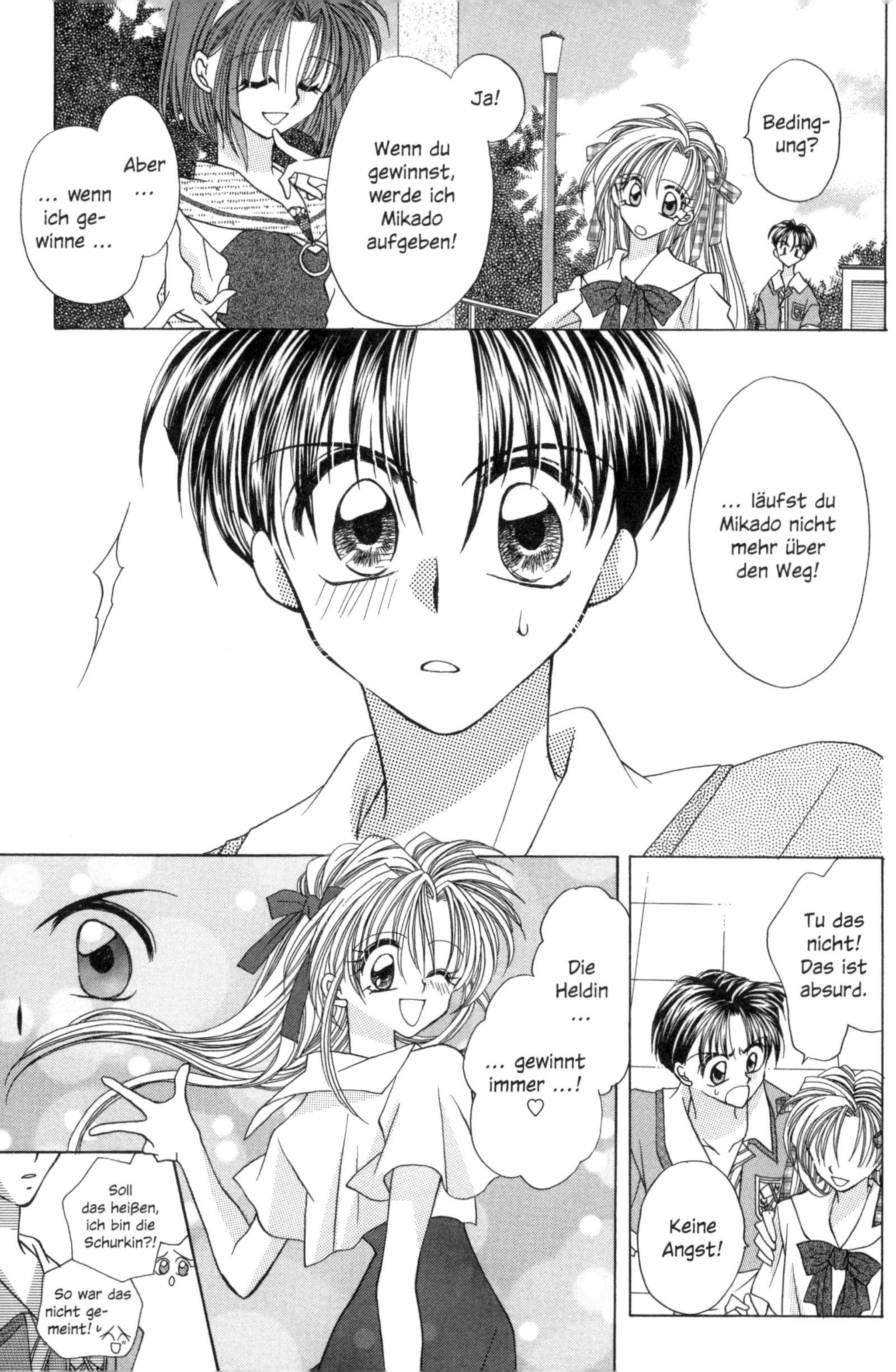
Bedingung?
Ja!
Wenn du gewinnst, werde ich Mikado aufgeben!
Aber ...
... wenn ich gewinne ...
... läufst du Mikado nicht mehr über den Weg!
Tu das nicht! Das ist absurd.
Keine Angst!
Die Heldin ...
... gewinnt immer ...! ♡
Soll das heißen, ich bin die Schurkin?!
So war das nicht gemeint!

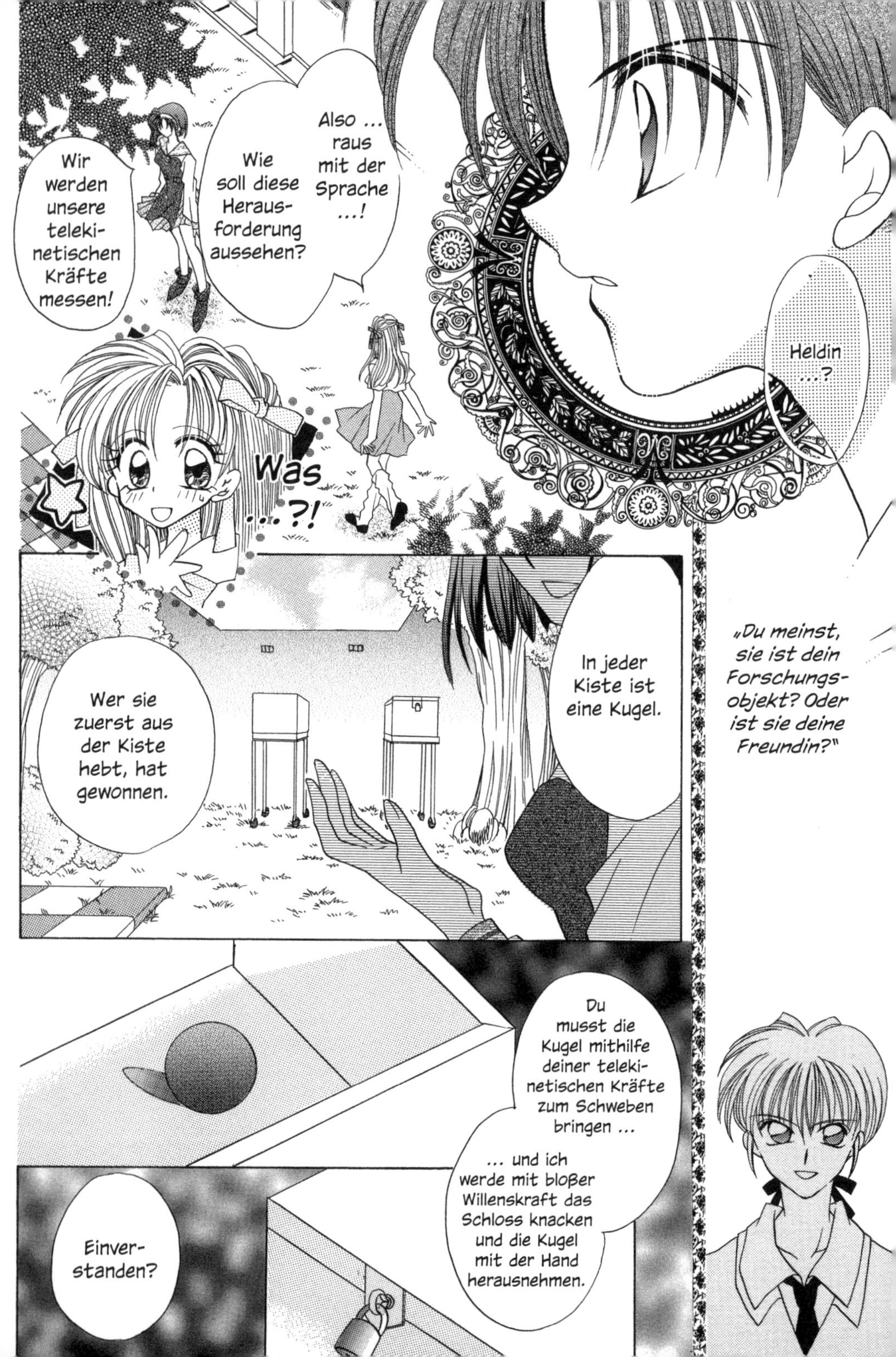
Heldin ...?
„Du meinst, sie ist dein Forschungsobjekt? Oder ist sie deine Freundin?"
Also ... raus mit der Sprache ...!
Wie soll diese Herausforderung aussehen?
Wir werden unsere telekinetischen Kräfte messen!
Was ...?!
In jeder Kiste ist eine Kugel.
Wer sie zuerst aus der Kiste hebt, hat gewonnen.
Du musst die Kugel mithilfe deiner telekinetischen Kräfte zum Schweben bringen ...
... und ich werde mit bloßer Willenskraft das Schloss knacken und die Kugel mit der Hand herausnehmen.
Einverstanden?

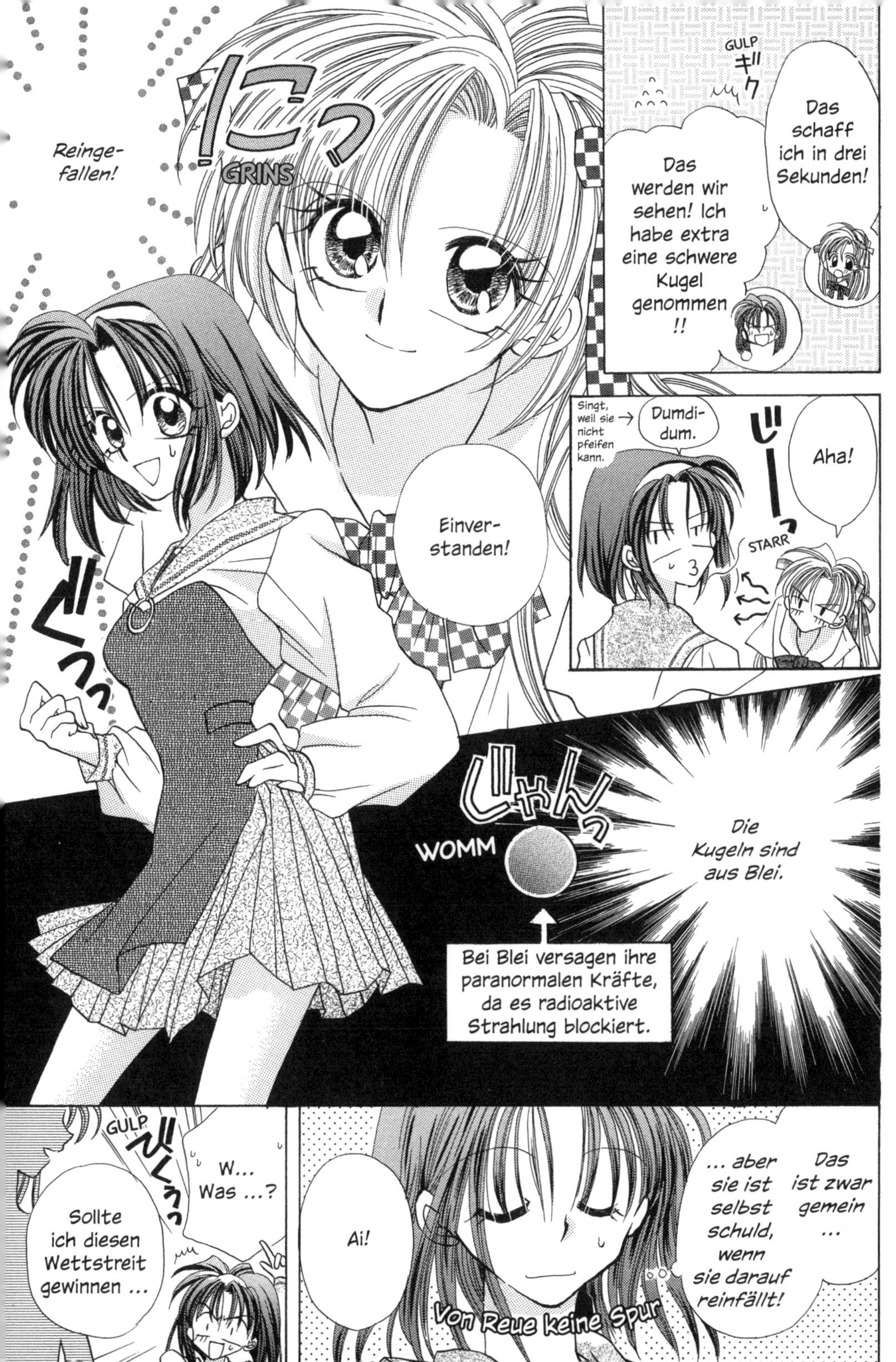
Das schaff ich in drei Sekunden!
GULP
Das werden wir sehen! Ich habe extra eine schwere Kugel genommen !!
Einver-standen!
GRINS
Reinge-fallen!
Aha!
STARR
Dumdi-dum.
Singt, weil sie nicht pfeifen kann.
WOMM
Die Kugeln sind aus Blei.
Bei Blei versagen ihre paranormalen Kräfte, da es radioaktive Strahlung blockiert.
Das ist zwar gemein ...
... aber sie ist selbst schuld, wenn sie darauf reinfällt!
Von Reue keine Spur
Ai!
W... Was ...?
GULP
Sollte ich diesen Wettstreit gewinnen ...

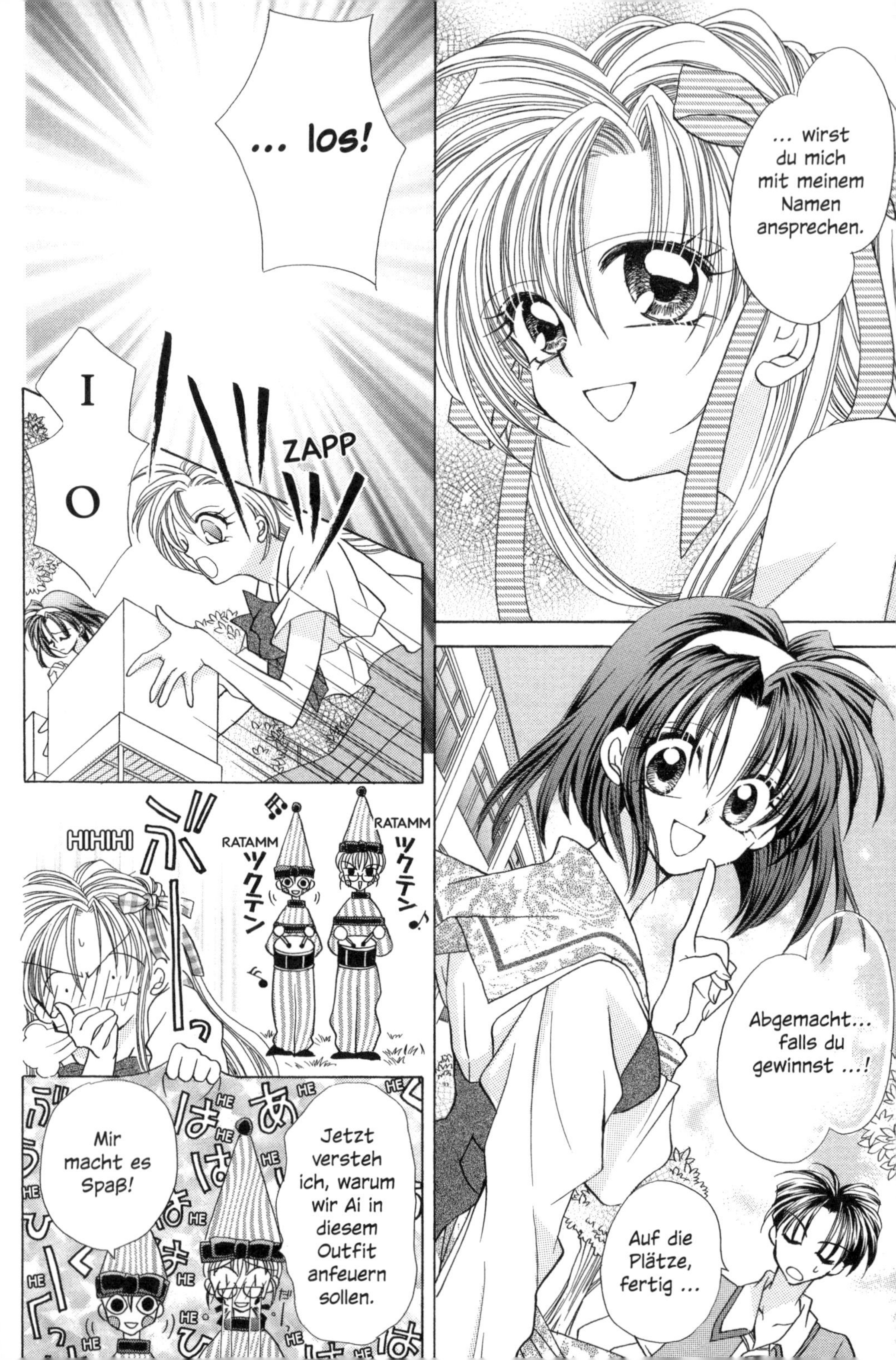
... wirst du mich mit meinem Namen ansprechen.
Abgemacht... falls du gewinnst ...!
Auf die Plätze, fertig ...
... los!
I O
ZAPP
HIHIHI
RATAMM
ツクテン
RATAMM
ツクテン
Jetzt versteh ich, warum wir Ai in diesem Outfit anfeuern sollen.
Mir macht es Spaß!
HE

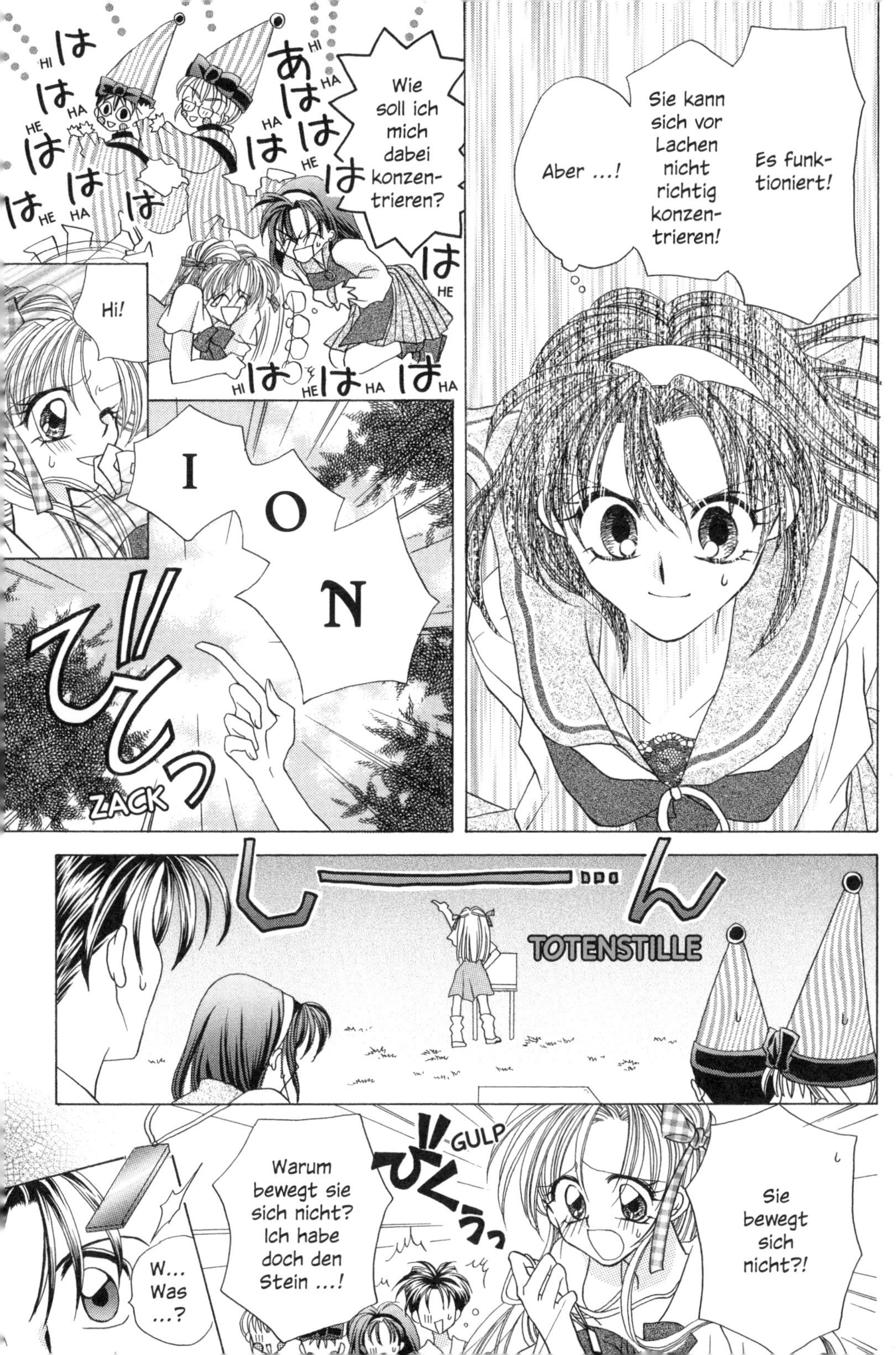
Sie kann sich vor Lachen nicht richtig konzentrieren!
Es funktioniert!
Aber ...!
Wie soll ich mich dabei konzentrieren?
あははは
HA
HA
HE
はははは
HI
HE
HE
HA
Hi!
はははは
HI
HE
HA
HA
ION
ぴとっ
ZACK
し―――…ん
TOTENSTILLE
Sie bewegt sich nicht?!
びくうっ
GULP
Warum bewegt sie sich nicht? Ich habe doch den Stein ...!
W... Was ...?

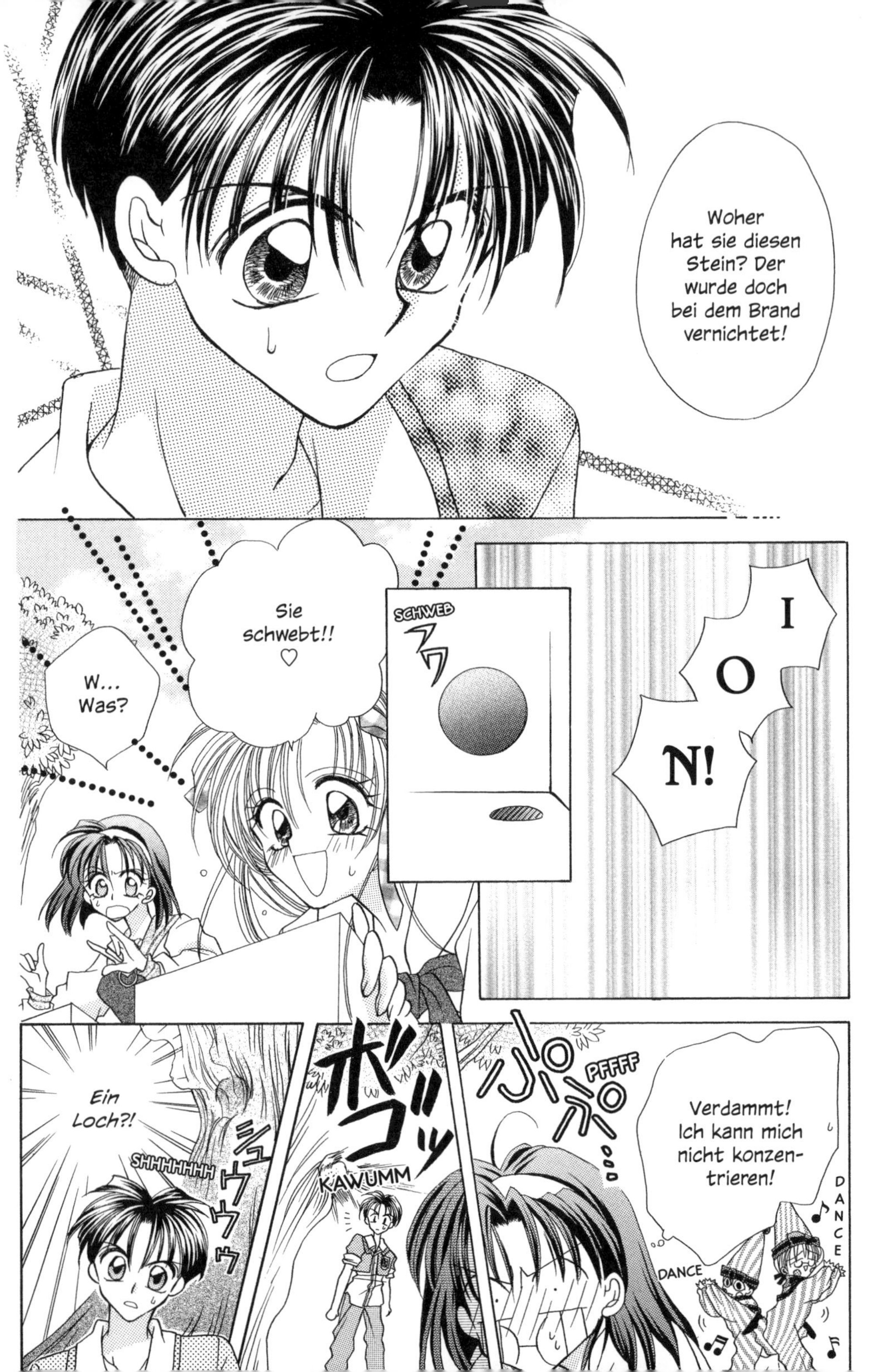
Woher hat sie diesen Stein? Der wurde doch bei dem Brand vernichtet!
I
O
N!
SCHWEB
Sie schwebt!! ♡
W... Was?
PFFFF
Verdammt! Ich kann mich nicht konzen-trieren!
DANCE
DANCE
KAWUMM
SHHHHHHH
Ein Loch?!

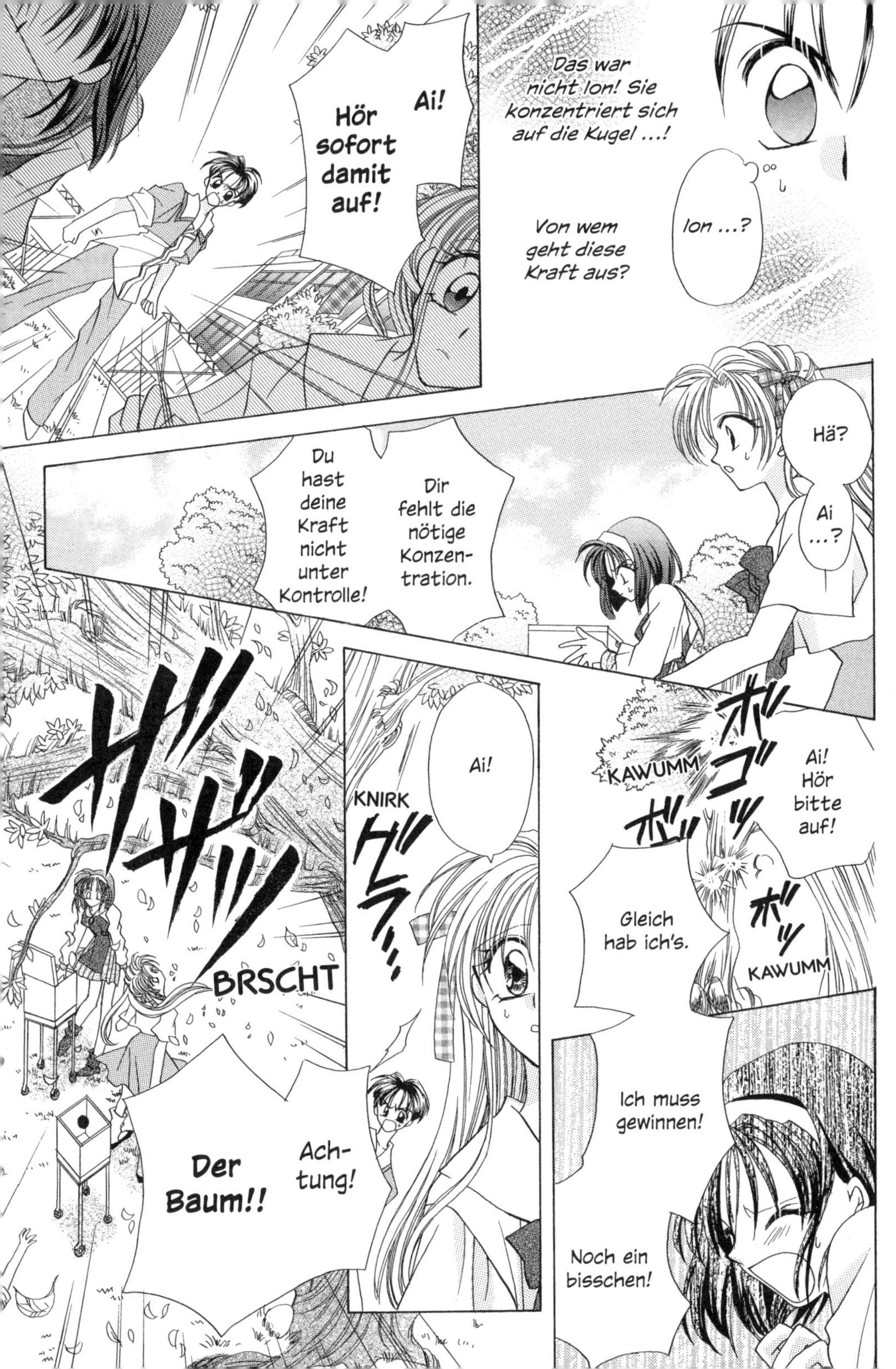
Das war nicht Ion! Sie konzentriert sich auf die Kugel ...!
Ion ...?
Von wem geht diese Kraft aus?
Ai!
Hör sofort damit auf!
Hä?
Ai ...?
Dir fehlt die nötige Konzentration.
Du hast deine Kraft nicht unter Kontrolle!
KAWUMM
Ai! Hör bitte auf!
KAWUMM
Gleich hab ich's.
Ich muss gewinnen!
Noch ein bisschen!
Ai!
KNIRK
Ach-tung!
BRSCHT
Der Baum!!

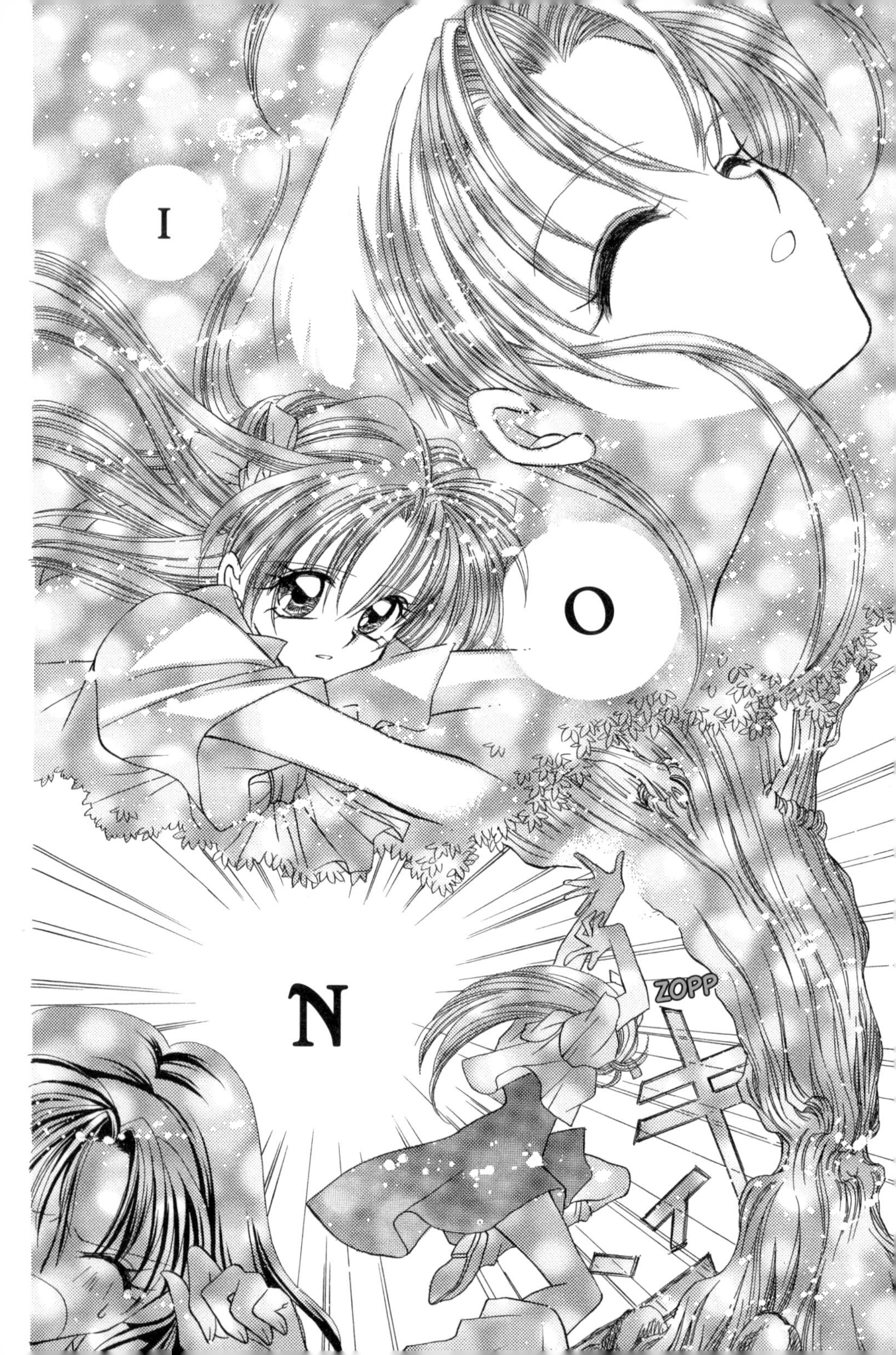
I
O
N
ZOPP

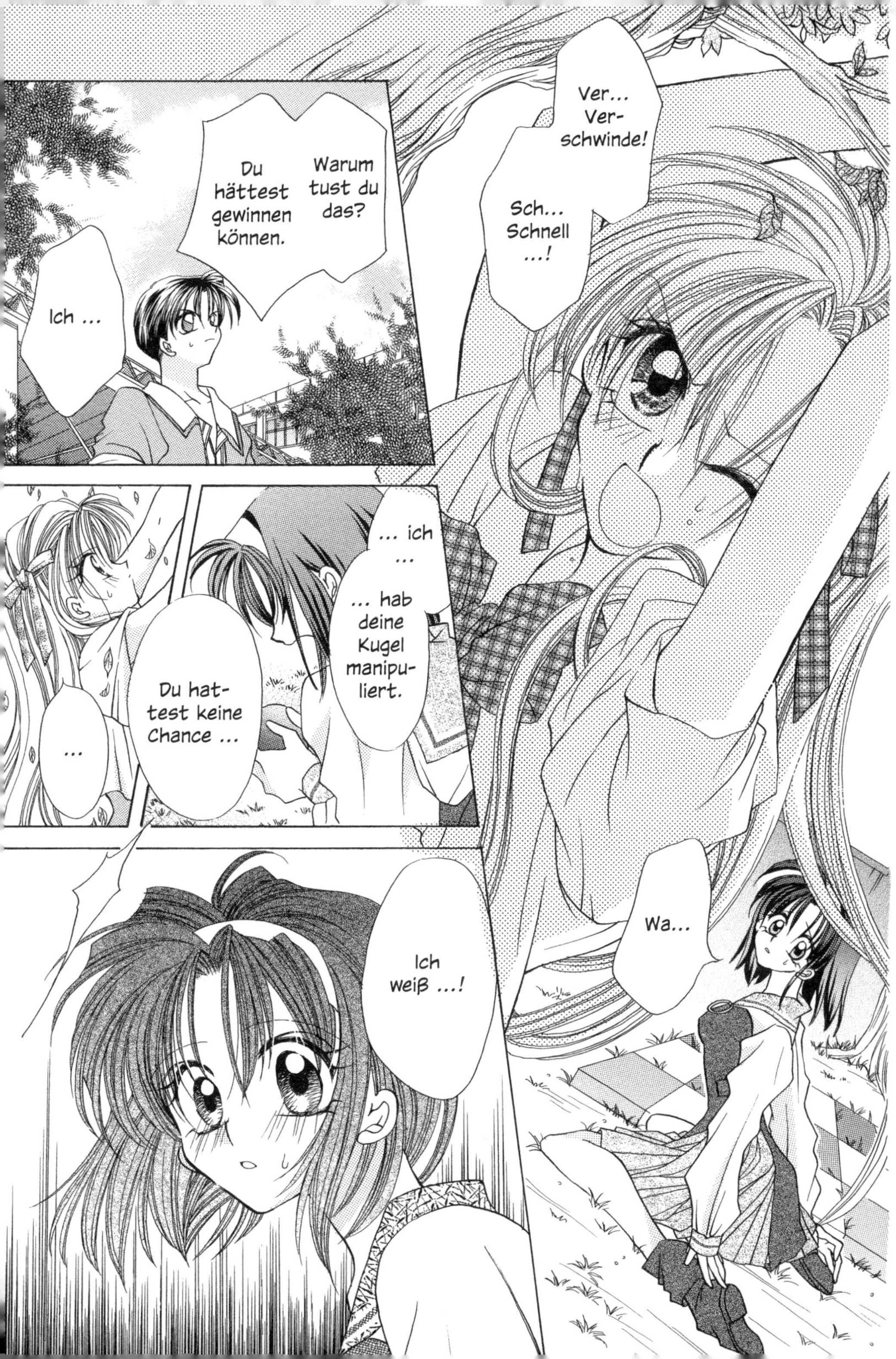
Ver... Ver-schwinde!
Sch... Schnell ...!
Warum tust du das?
Du hättest gewinnen können.
Ich ...
... ich ...
... hab deine Kugel manipuliert.
Du hat-test keine Chance ...
...
Wa...
Ich weiß ...!

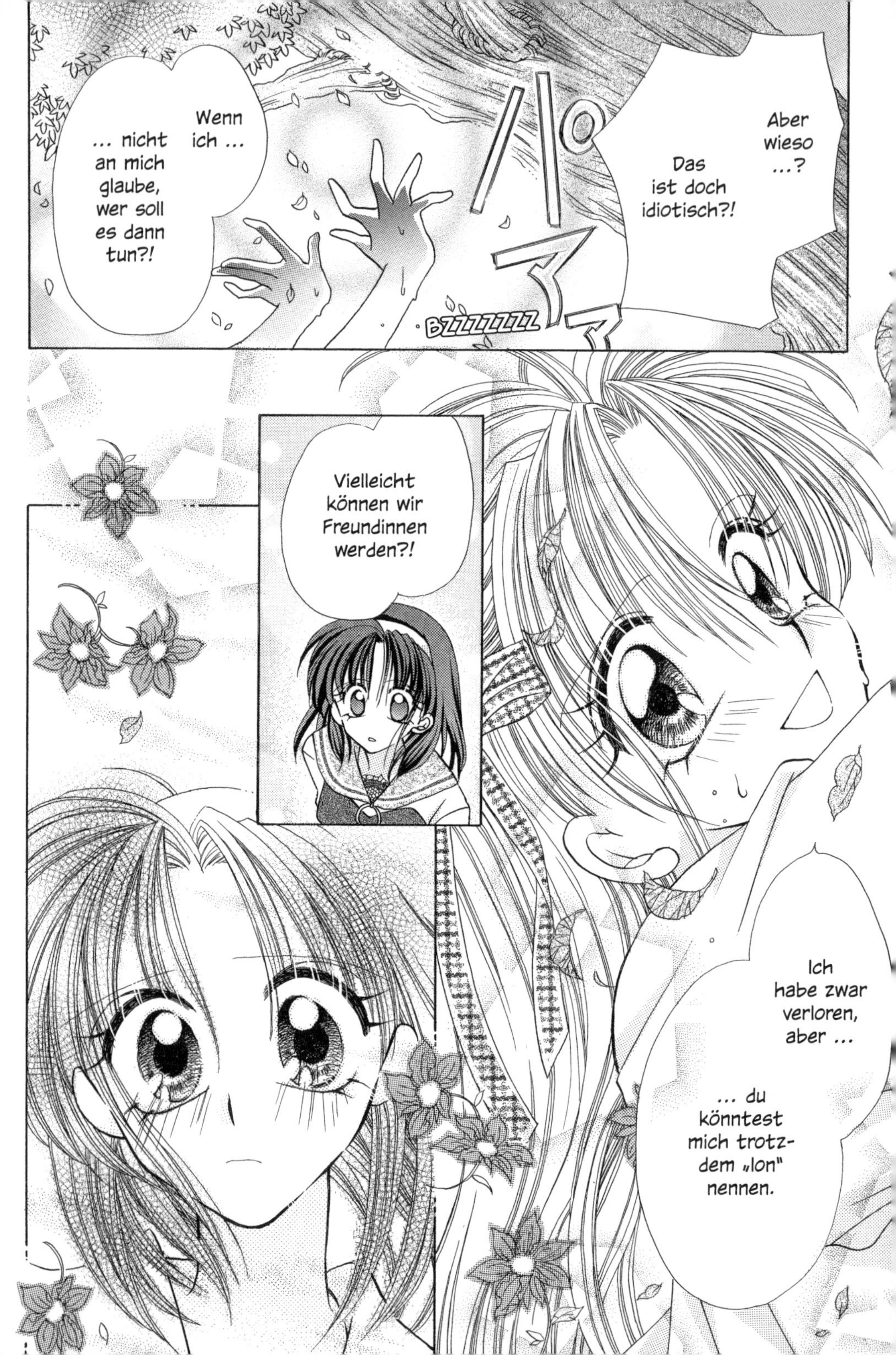
Aber wieso ...?
Das ist doch idiotisch?!
BZZZZZZZ
Wenn ich ...
... nicht an mich glaube, wer soll es dann tun?!
Ich habe zwar verloren, aber ...
... du könntest mich trotzdem „Ion" nennen.
Vielleicht können wir Freundinnen werden?!

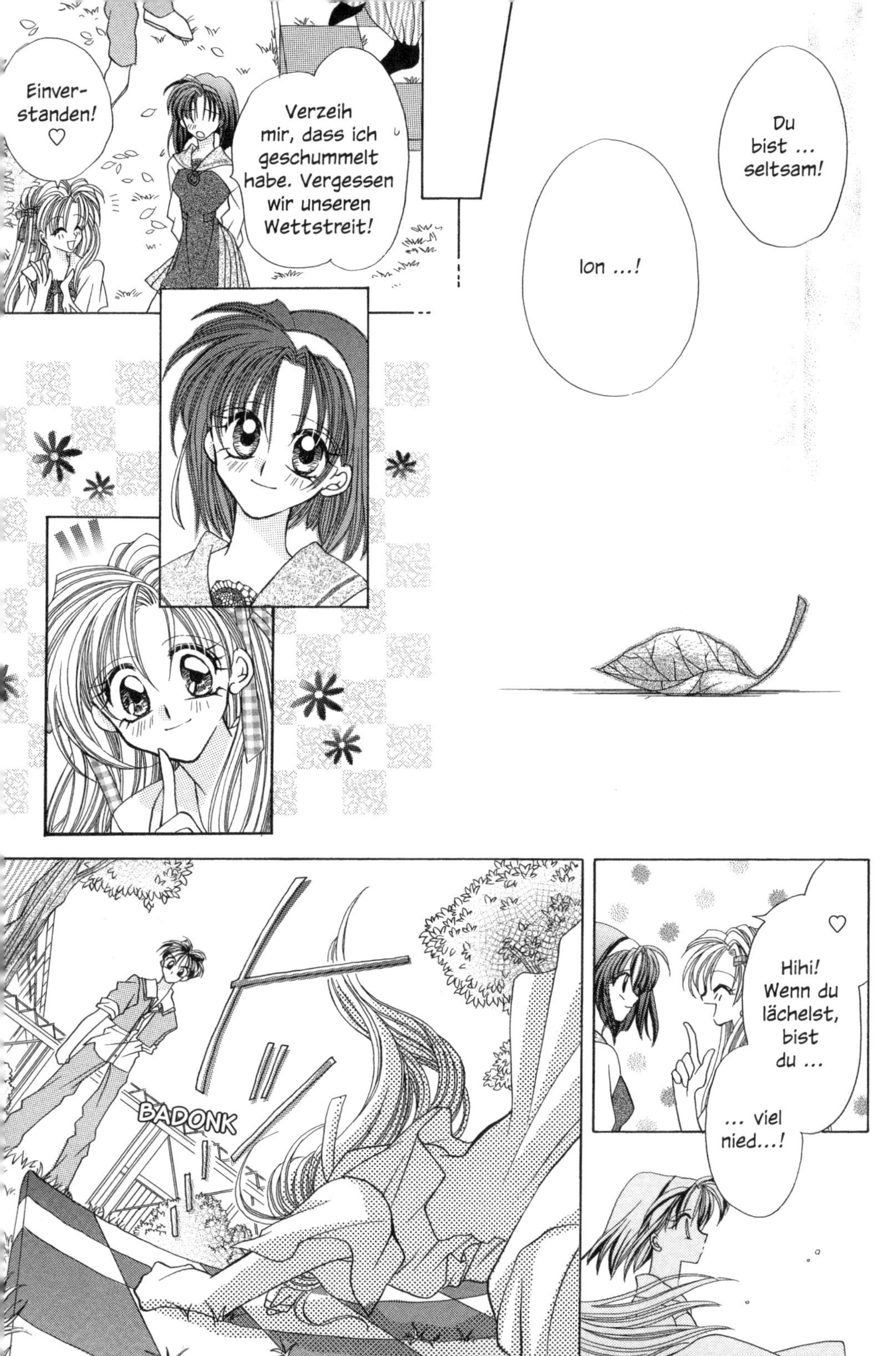
Du bist ... seltsam!
Ion ...!
Verzeih mir, dass ich geschummelt habe. Vergessen wir unseren Wettstreit!
Einverstanden! ♡
Hihi! Wenn du lächelst, bist du ... ♡
... viel nied...!
BADONK

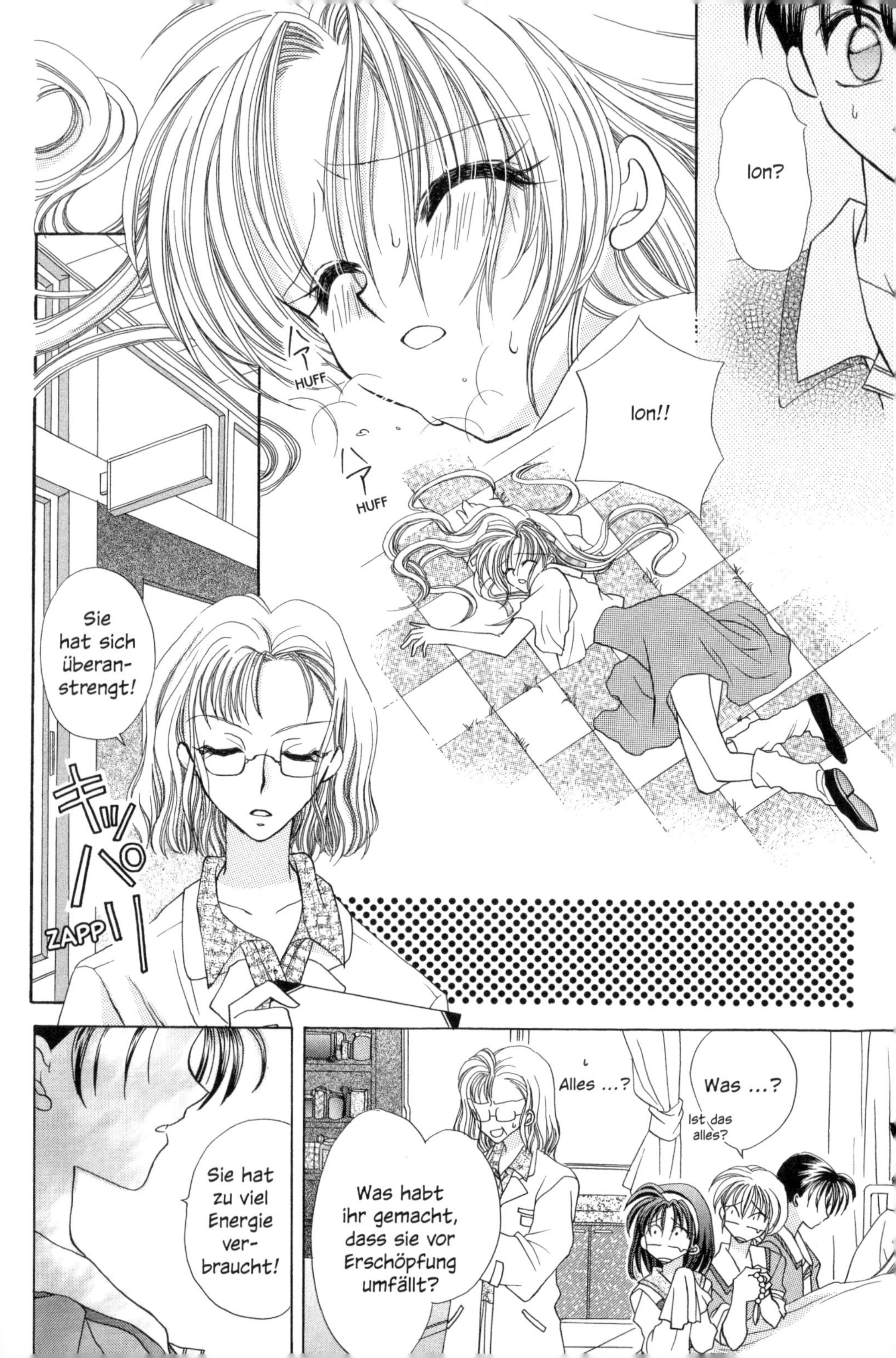
Ion?
Ion!!
HUFF
HUFF
Sie hat sich überan-strengt!
ZAPP
Sie hat zu viel Energie ver-braucht!
Was habt ihr gemacht, dass sie vor Erschöpfung umfällt?
Alles ...?
Was ...?
Ist das alles?

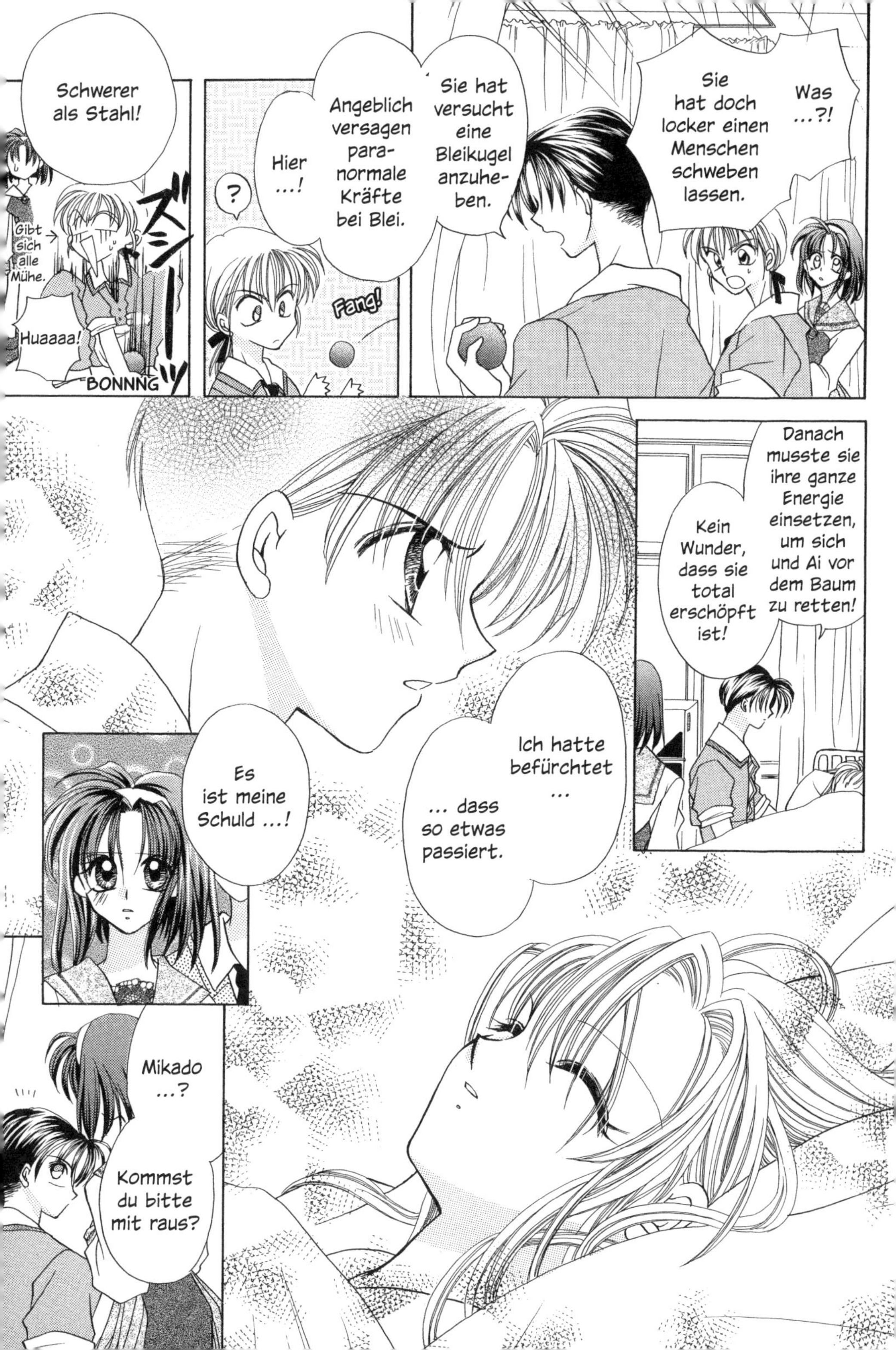
Was …?!
Sie hat doch locker einen Menschen schweben lassen.
Sie hat versucht eine Bleikugel anzuheben.
Angeblich versagen paranormale Kräfte bei Blei.
Hier …!
?
Fang!
Schwerer als Stahl!
Gibt sich alle Mühe.
Huaaaa!
BONNNG
Danach musste sie ihre ganze Energie einsetzen, um sich und Ai vor dem Baum zu retten!
Kein Wunder, dass sie total erschöpft ist!
Ich hatte befürchtet …
… dass so etwas passiert.
Es ist meine Schuld …!
Mikado …?
Kommst du bitte mit raus?

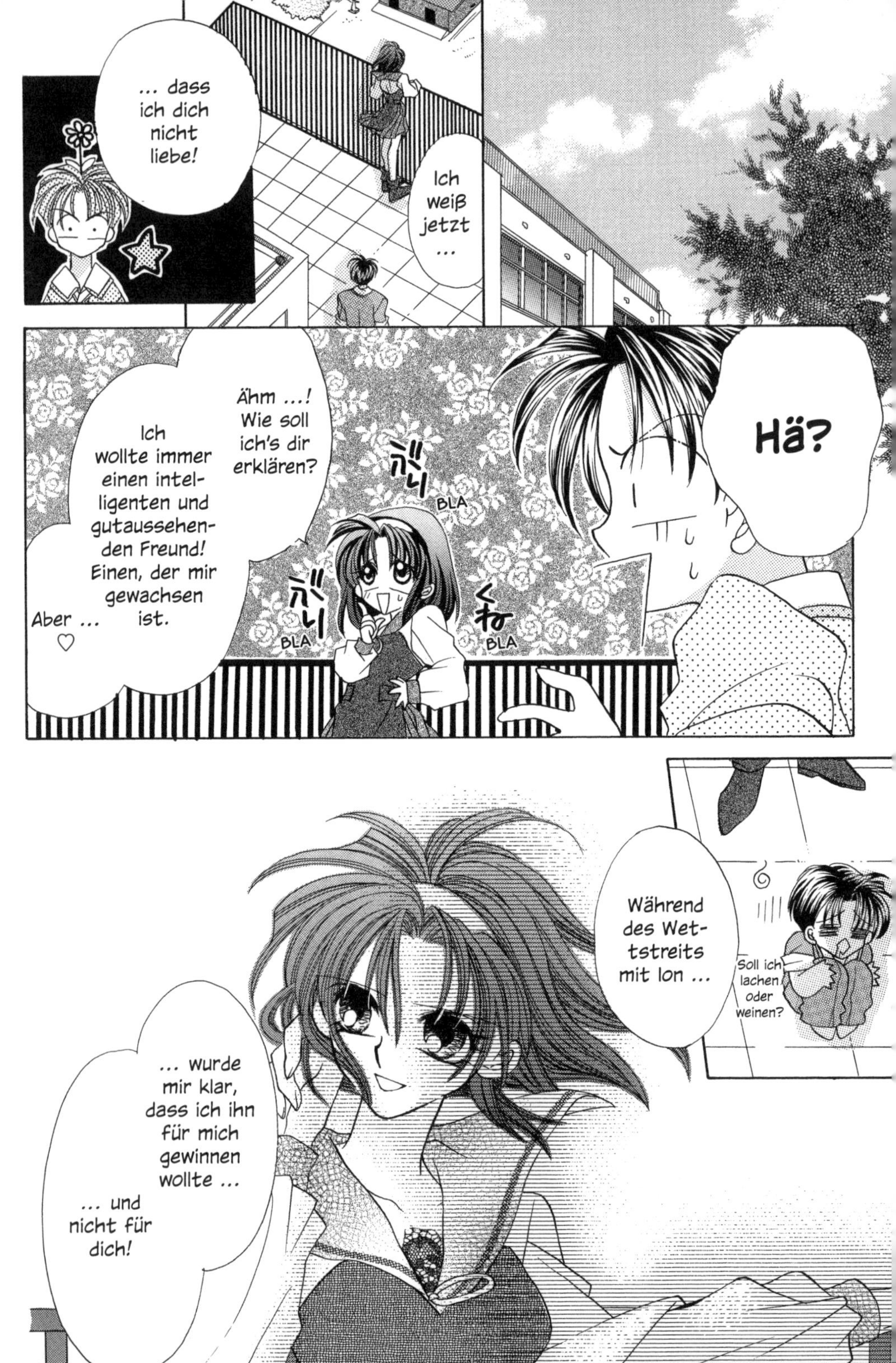
Ich weiß jetzt ...
... dass ich dich nicht liebe!
Hä?
Ähm ...! Wie soll ich's dir erklären?
BLA
BLA
BLA
Ich wollte immer einen intel-ligenten und gutaussehen-den Freund! Einen, der mir gewachsen ist.
Aber ... ♡
Während des Wet-tstreits mit Ion ...
Soll ich lachen oder weinen?
... wurde mir klar, dass ich ihn für mich gewinnen wollte ...
... und nicht für dich!

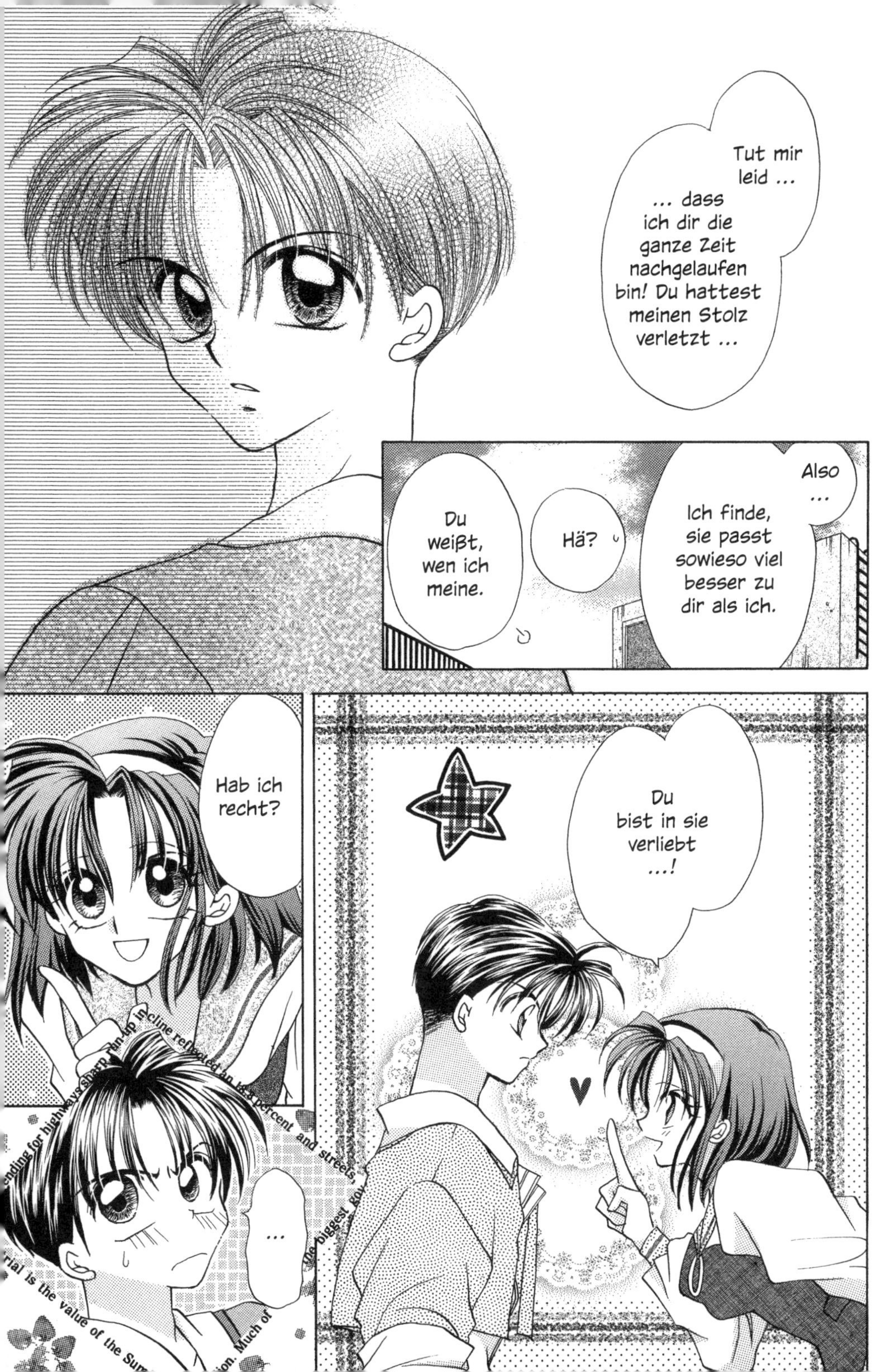

Tut mir leid ...
... dass ich dir die ganze Zeit nachgelaufen bin! Du hattest meinen Stolz verletzt ...
Also ...
Ich finde, sie passt sowieso viel besser zu dir als ich.
Hä?
Du weißt, wen ich meine.
Du bist in sie verliebt ...!
Hab ich recht?
...

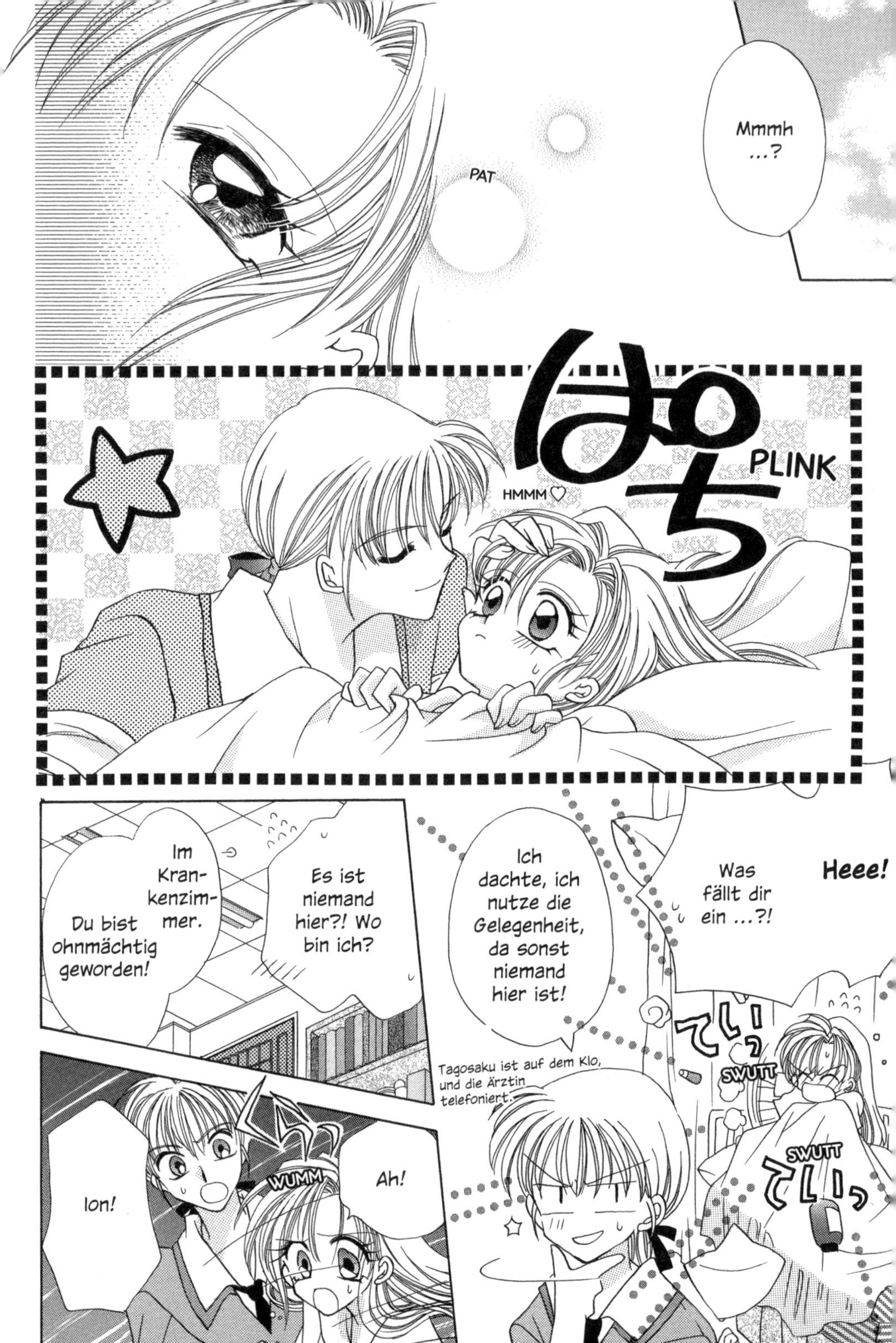
Mmmh ...?
PAT
PLINK
HMMM♡
Heee!
Was fällt dir ein ...?!
Ich dachte, ich nutze die Gelegenheit, da sonst niemand hier ist!
Es ist niemand hier?! Wo bin ich?
Im Krankenzimmer.
Du bist ohnmächtig geworden!
Tagosaku ist auf dem Klo, und die Ärztin telefoniert.
SWUTT
SWUTT
Ah!
WUMM
Ion!

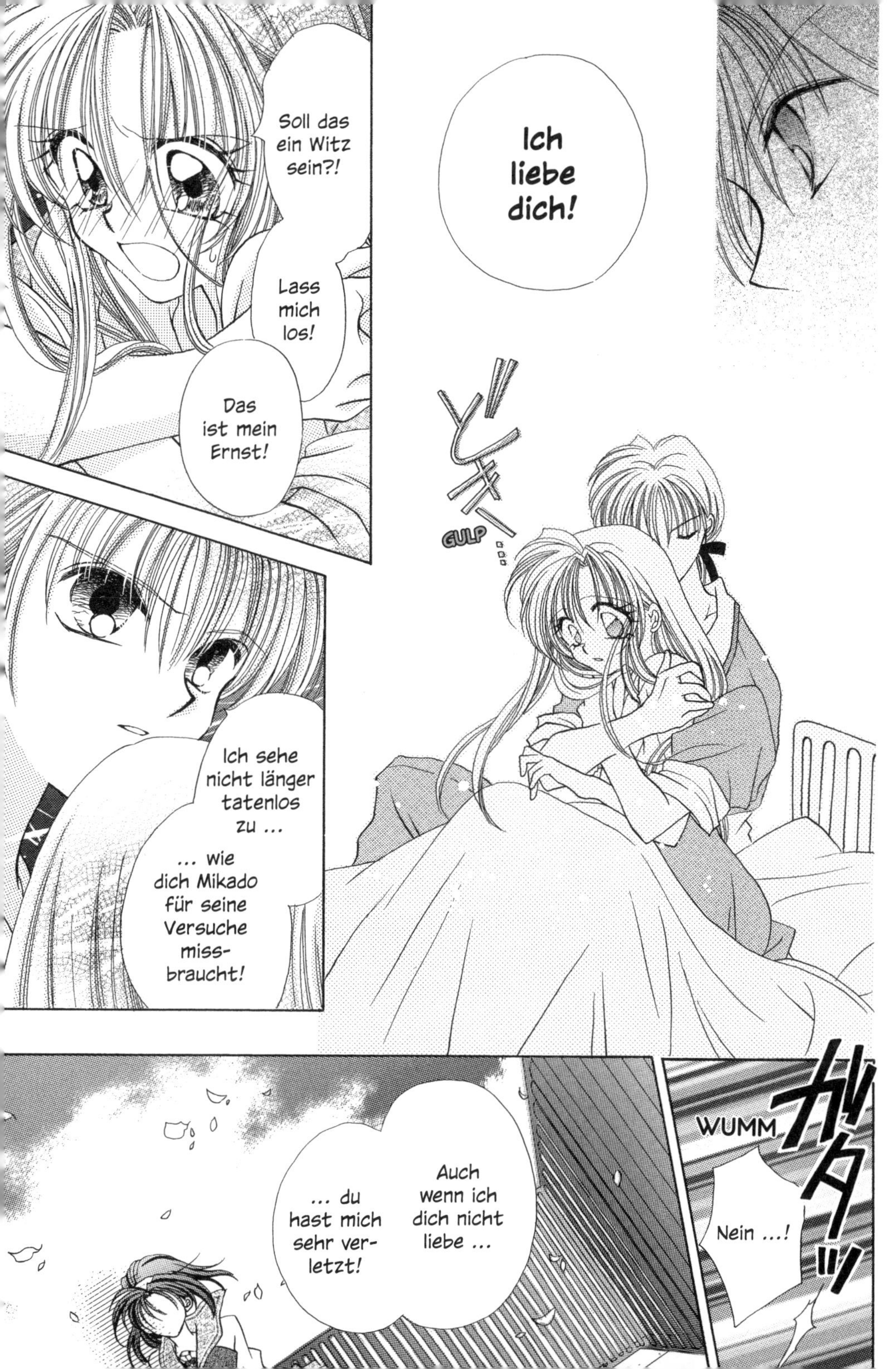

Ich liebe dich!
Soll das ein Witz sein?!
Lass mich los!
Das ist mein Ernst!
GULP
Ich sehe nicht länger tatenlos zu ...
... wie dich Mikado für seine Versuche miss-braucht!
WUMM
Nein ...!
Auch wenn ich dich nicht liebe ...
... du hast mich sehr ver-letzt!

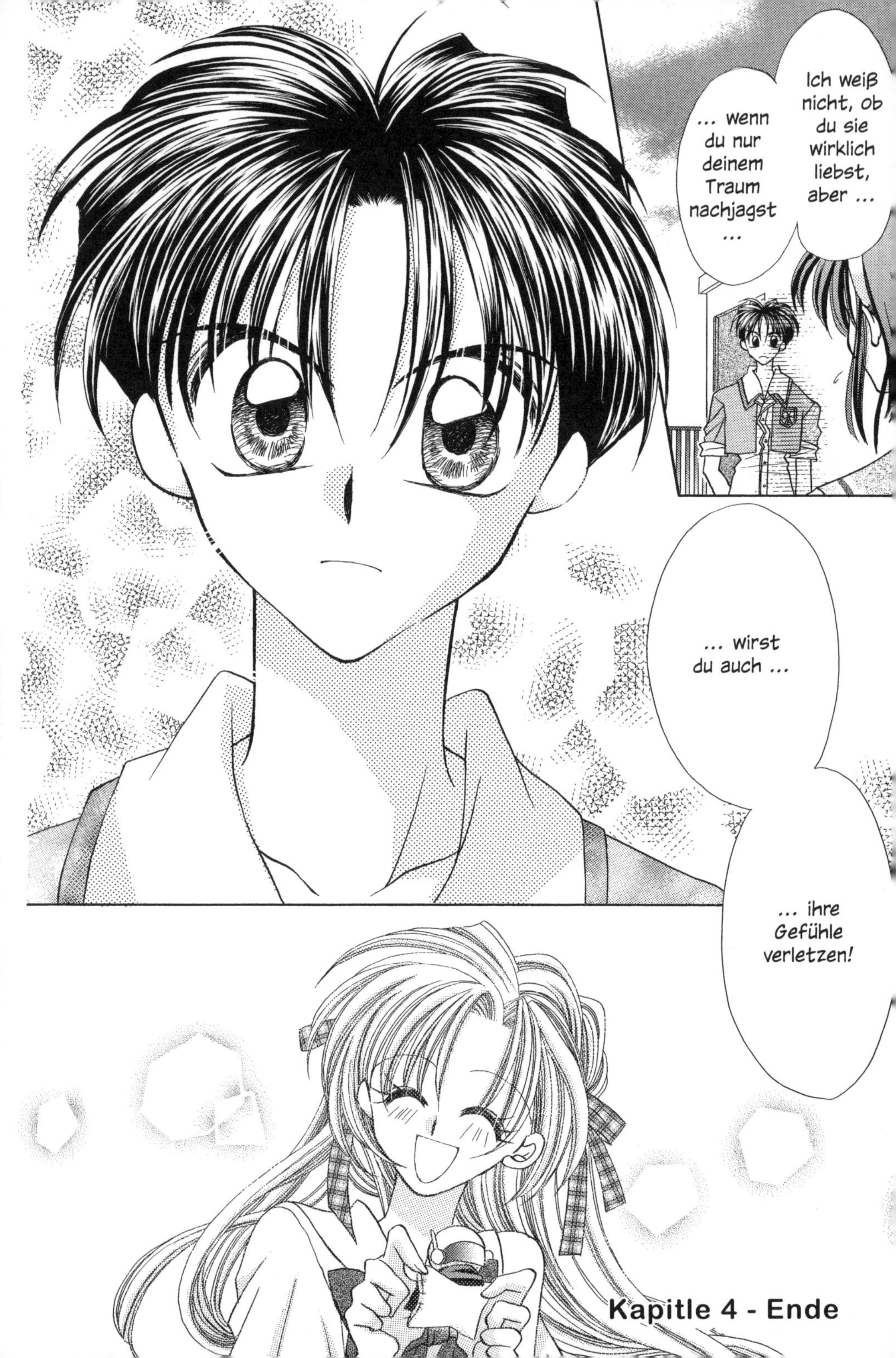
Ich weiß nicht, ob du sie wirklich liebst, aber ...
... wenn du nur deinem Traum nachjagst ...
... wirst du auch ...
... ihre Gefühle verletzen!
Kapitle 4 - Ende

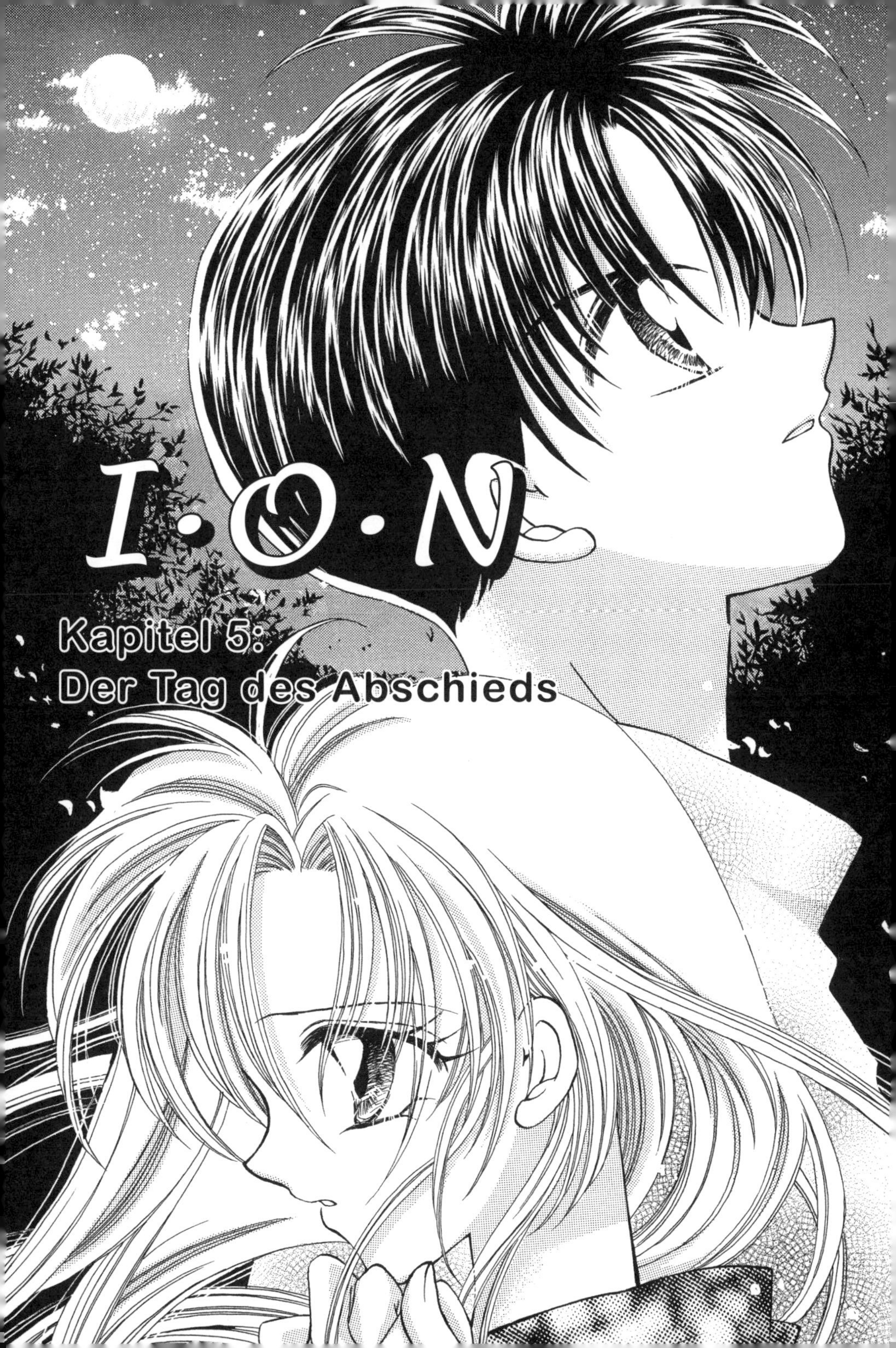
I·O·N
Kapitel 5:
Der Tag des Abschieds

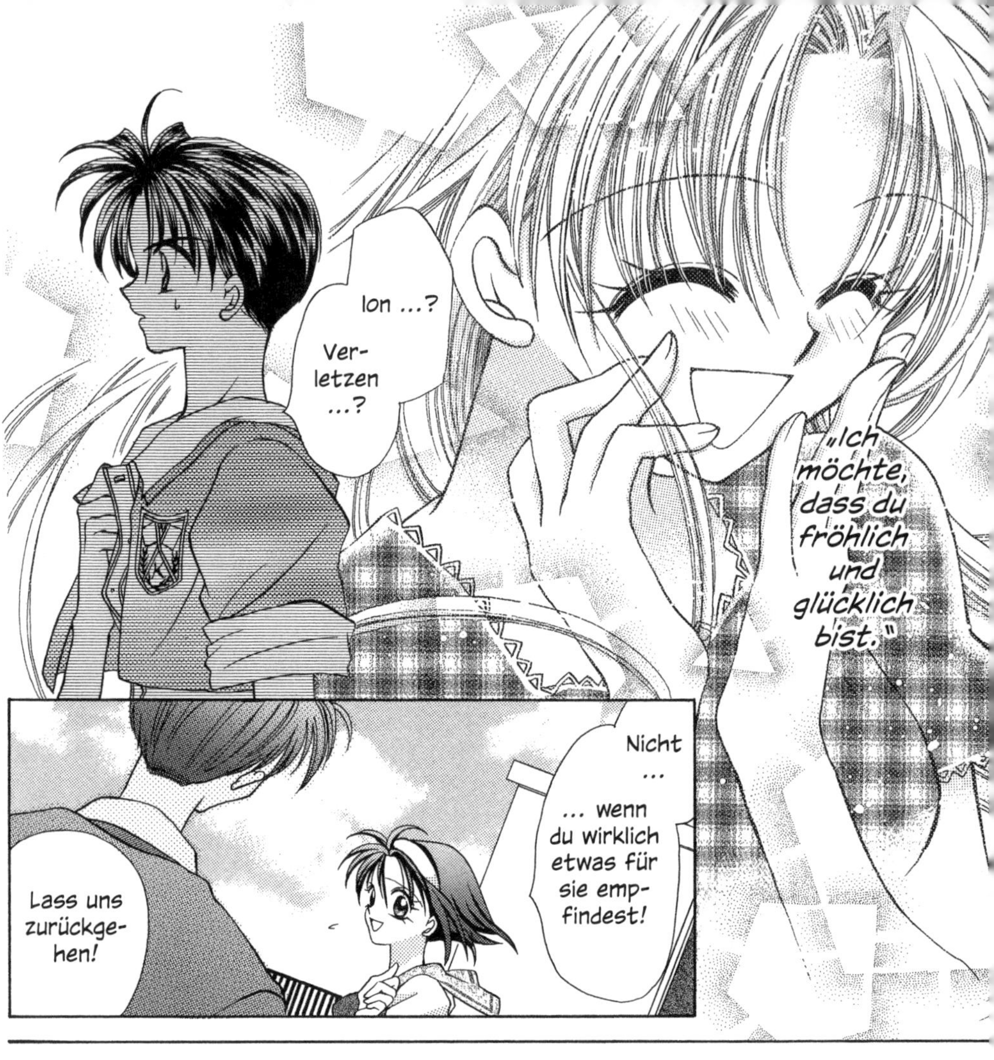

„Ich möchte, dass du fröhlich und glücklich bist."

Ion ...?

Verletzen ...?

Nicht ...

... wenn du wirklich etwas für sie empfindest!

Lass uns zurückgehen!

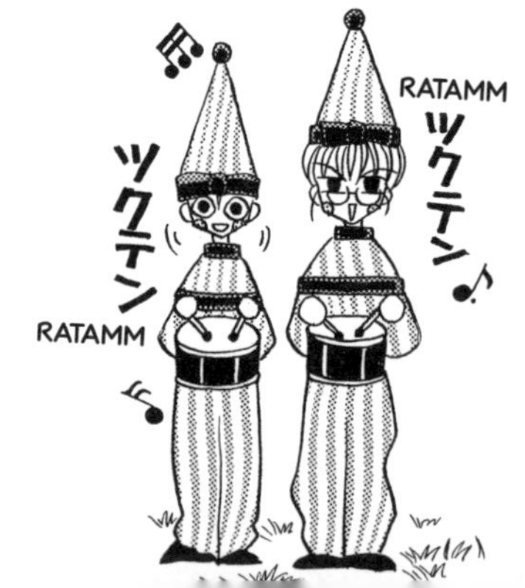

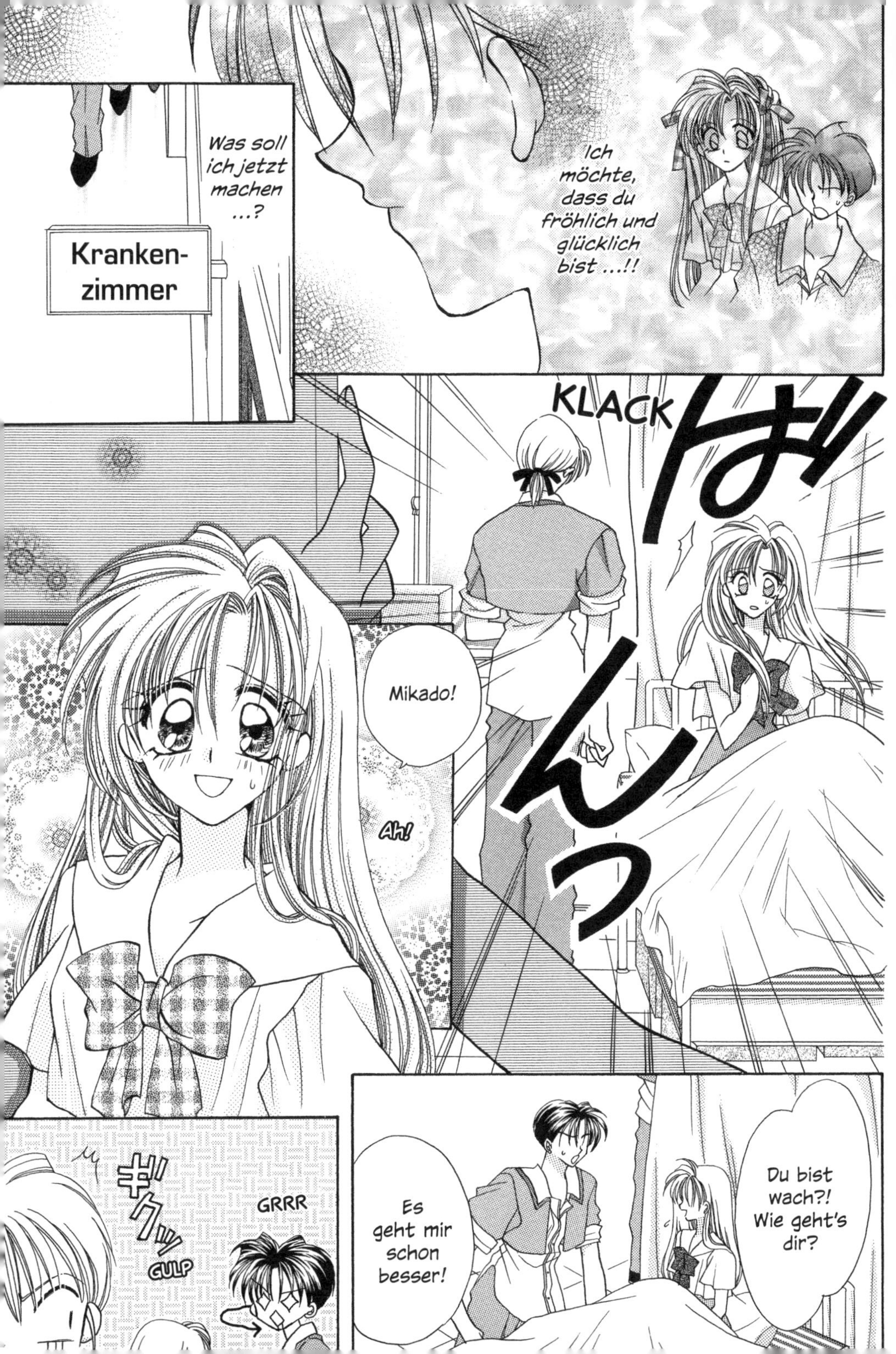
Ich möchte, dass du fröhlich und glücklich bist ...!!
Was soll ich jetzt machen ...?
Kranken-
zimmer
KLACK
Mikado!
Ah!
Du bist wach?! Wie geht's dir?
Es geht mir schon besser!
GRRR
ギクッ
GULP

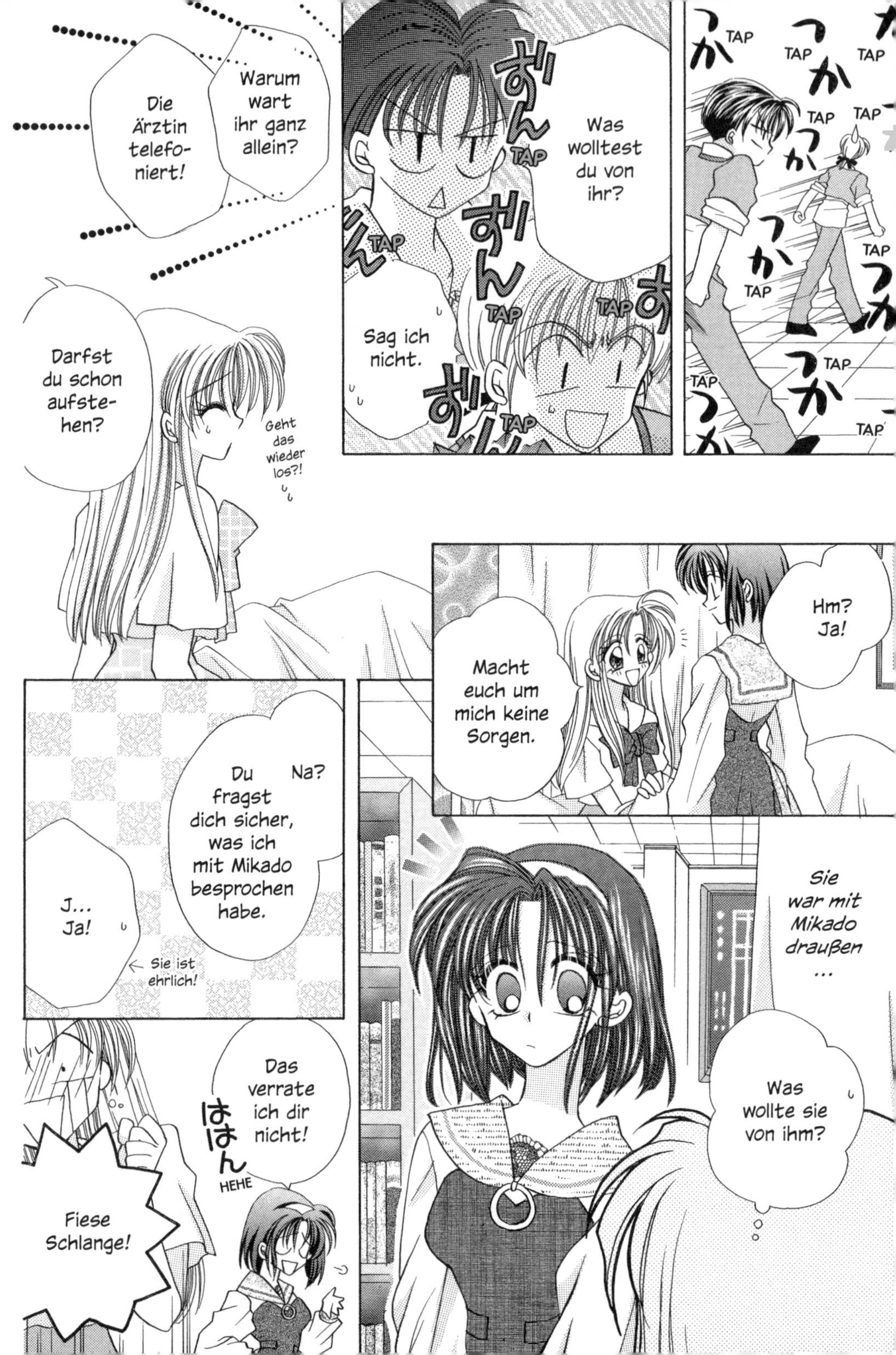

TAP TAP TAP TAP TAP TAP TAP TAP TAP
Was wolltest du von ihr?
Sag ich nicht.
TAP TAP TAP TAP TAP
Warum wart ihr ganz allein?
Die Ärztin telefoniert!
Darfst du schon aufstehen?
Geht das wieder los?!
Hm? Ja!
Macht euch um mich keine Sorgen.
Sie war mit Mikado draußen …
Was wollte sie von ihm?
Na?
Du fragst dich sicher, was ich mit Mikado besprochen habe.
J… Ja!
Sie ist ehrlich!
Das verrate ich dir nicht!
ははん
HEHE
Fiese Schlange!

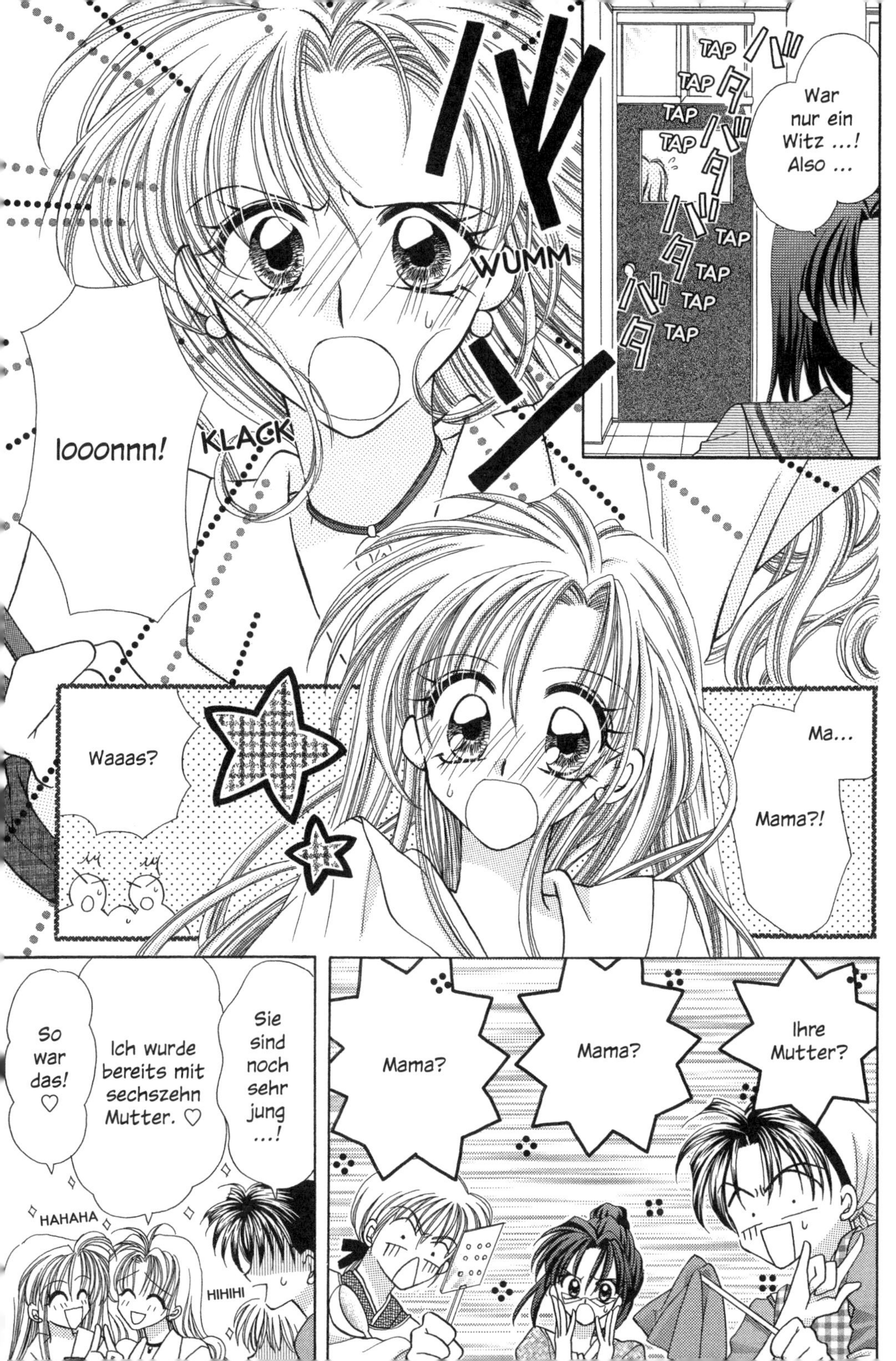
War nur ein Witz ...! Also ...
TAP TAP TAP TAP TAP TAP TAP TAP
WUMM
KLACK
looonnn!
Ma... Mama?!
Waaas?
Ihre Mutter?
Mama?
Mama?
Sie sind noch sehr jung ...!
Ich wurde bereits mit sechszehn Mutter. ♡
So war das! ♡
HAHAHA
HIHIHI

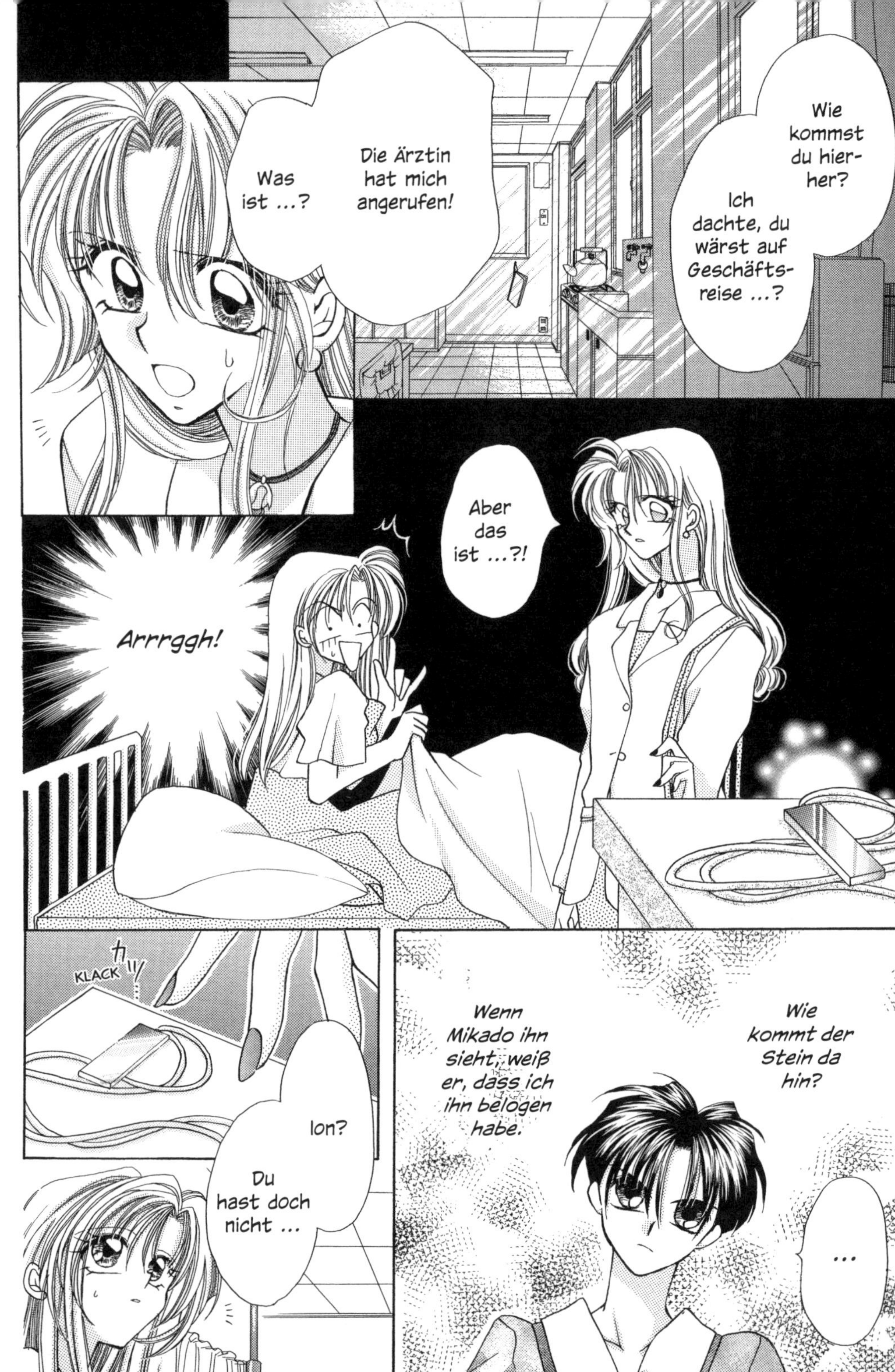
Wie kommst du hierher?
Ich dachte, du wärst auf Geschäftsreise …?
Die Ärztin hat mich angerufen!
Was ist …?
Aber das ist …?!
Arrrggh!
KLACK
Wie kommt der Stein da hin?
Wenn Mikado ihn sieht, weiß er, dass ich ihn belogen habe.
Ion?
Du hast doch nicht …
…

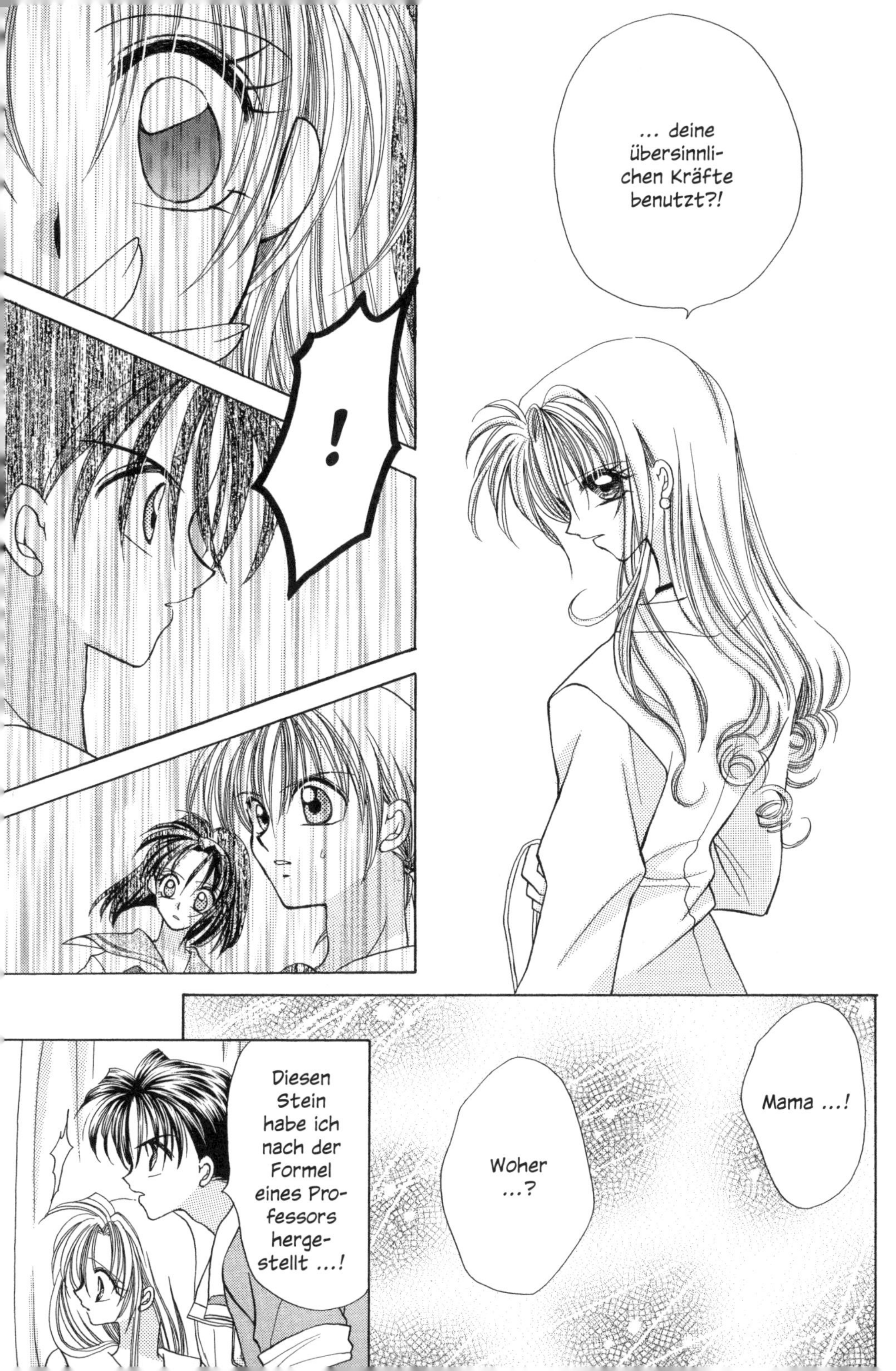
... deine übersinnlichen Kräfte benutzt?!
!
Mama ...!
Woher ...?
Diesen Stein habe ich nach der Formel eines Professors hergestellt ...!

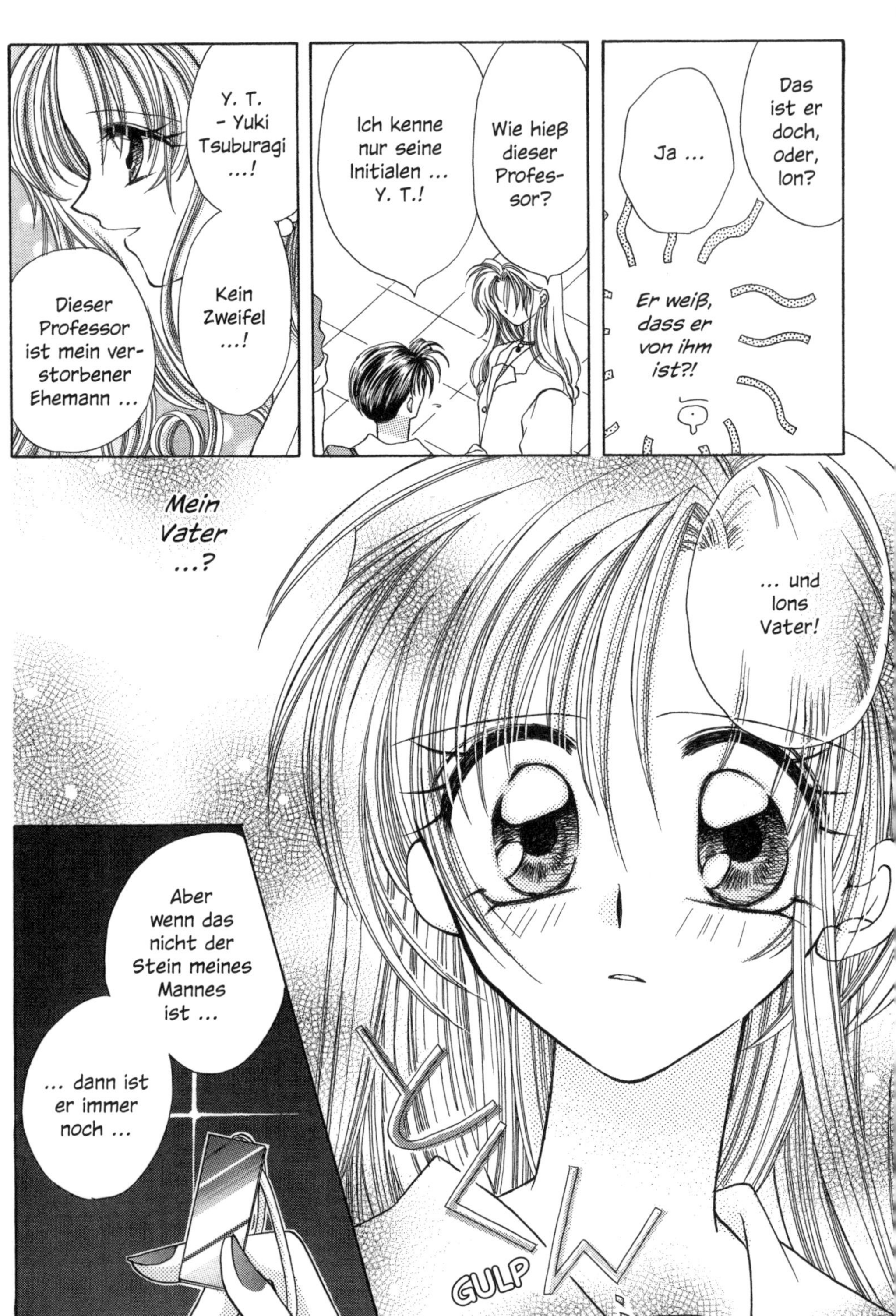

Das ist er doch, oder, Ion?
Ja …
Er weiß, dass er von ihm ist?!
Wie hieß dieser Professor?
Ich kenne nur seine Initialen … Y. T.!
Y. T. - Yuki Tsuburagi …!
Kein Zweifel …!
Dieser Professor ist mein verstorbener Ehemann …
… und Ions Vater!
Mein Vater …?
Aber wenn das nicht der Stein meines Mannes ist …
… dann ist er immer noch …
GULP

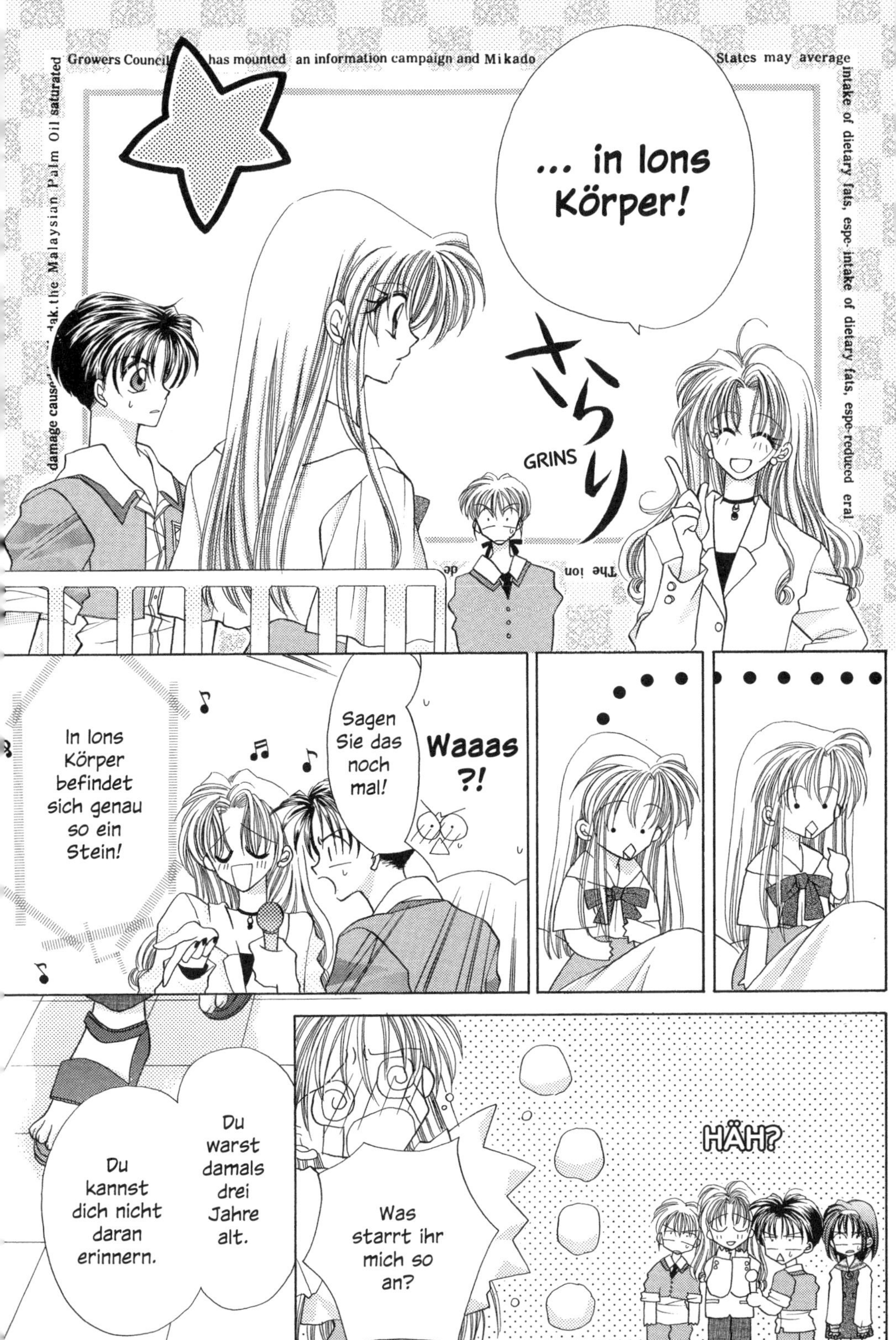

... in Ions Körper!
GRINS
Waaas ?!
Sagen Sie das noch mal!
In Ions Körper befindet sich genau so ein Stein!
HÄH?
Was starrt ihr mich so an?
Du warst damals drei Jahre alt.
Du kannst dich nicht daran erinnern.

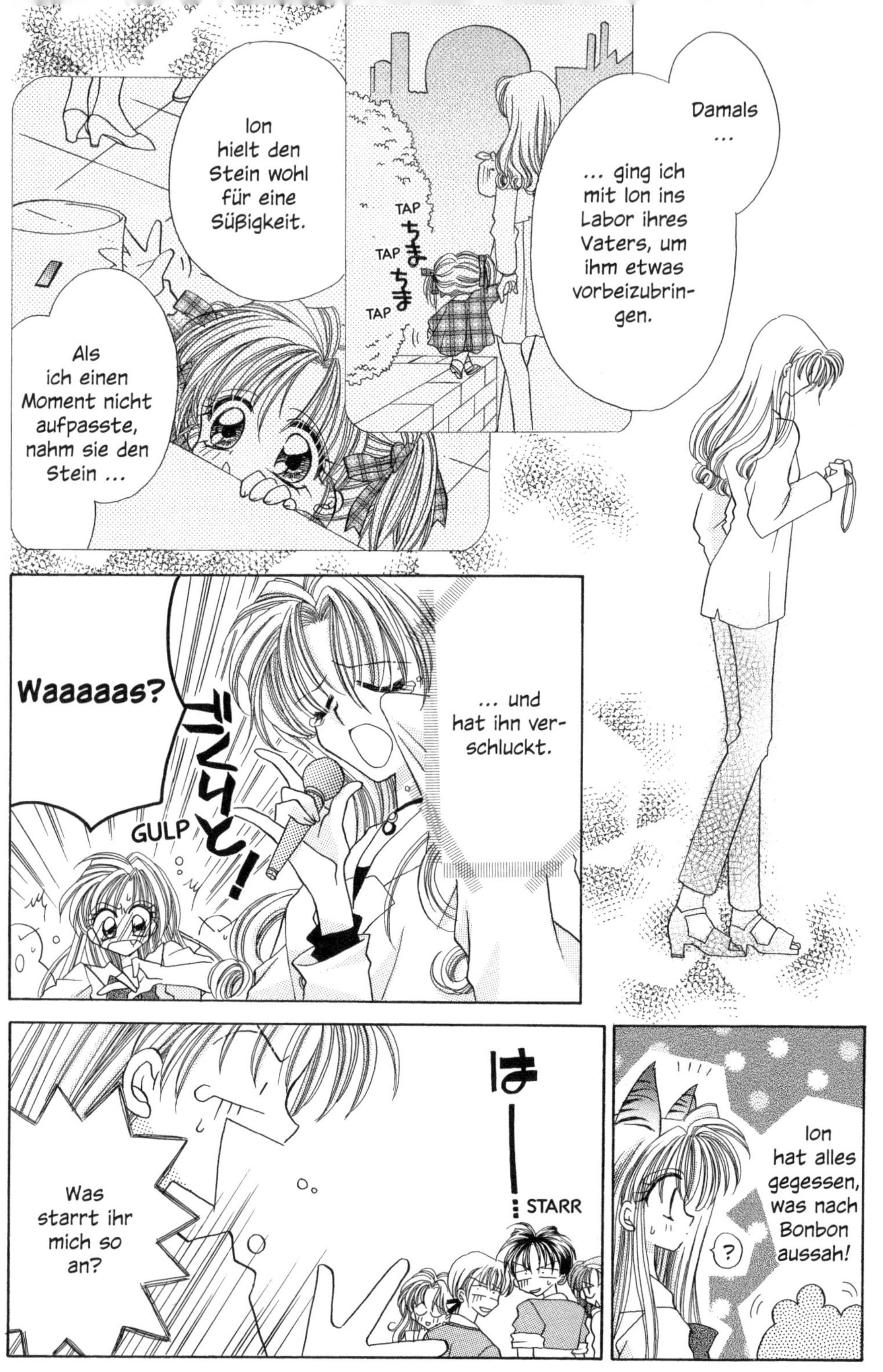
Damals …
… ging ich mit Ion ins Labor ihres Vaters, um ihm etwas vorbeizubringen.
TAP
TAP
TAP
ちまちま
Ion hielt den Stein wohl für eine Süßigkeit.
Als ich einen Moment nicht aufpasste, nahm sie den Stein …
… und hat ihn verschluckt.
GULP
ごくりと!
Waaaaas?
Ion hat alles gegessen, was nach Bonbon aussah!
?
はー
STARR
Was starrt ihr mich so an?

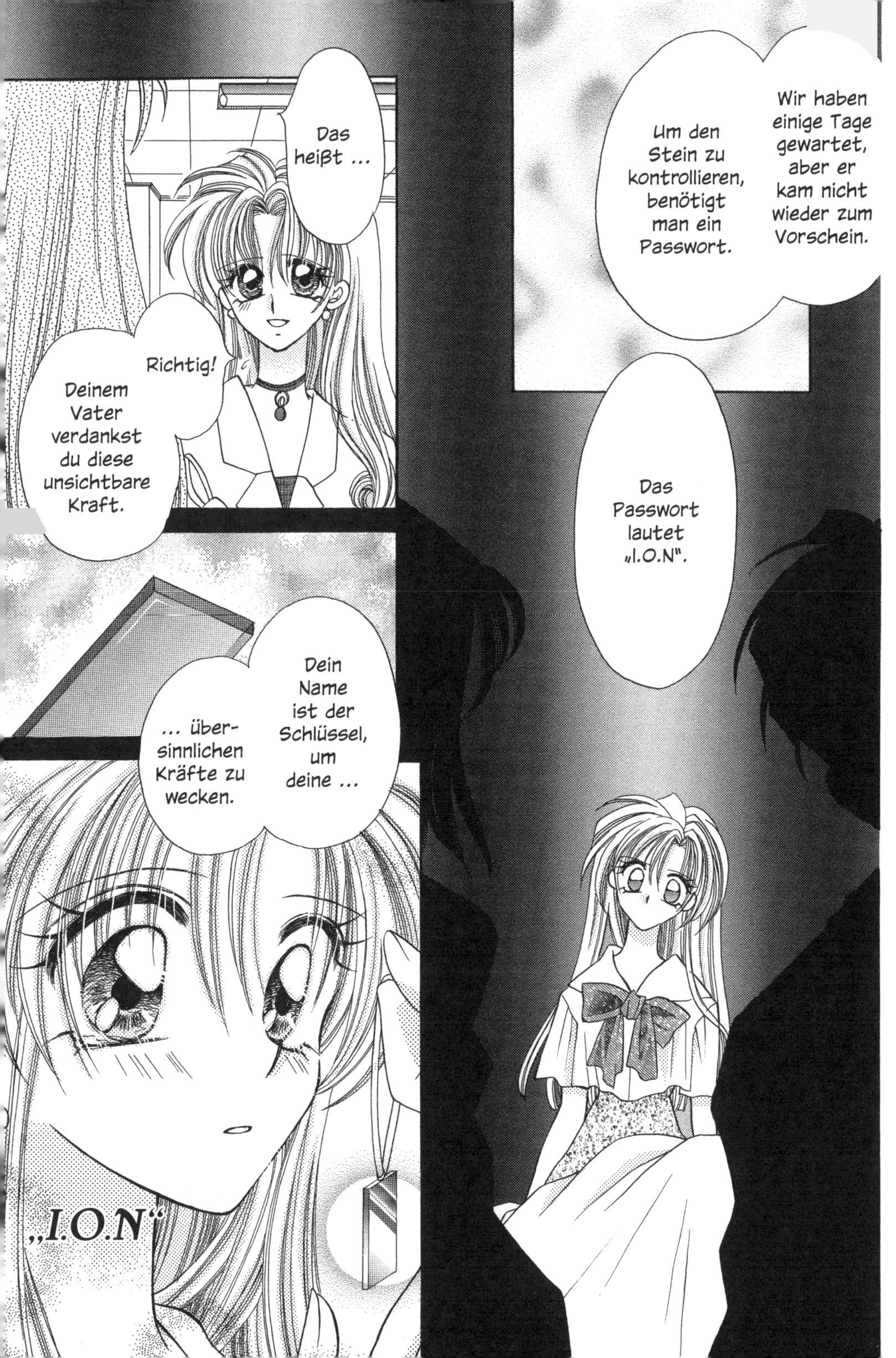
Wir haben einige Tage gewartet, aber er kam nicht wieder zum Vorschein.
Um den Stein zu kontrollieren, benötigt man ein Passwort.
Das heißt …
Richtig!
Deinem Vater verdankst du diese unsichtbare Kraft.
Das Passwort lautet „I.O.N“.
Dein Name ist der Schlüssel, um deine …
… über-sinnlichen Kräfte zu wecken.
„I.O.N“

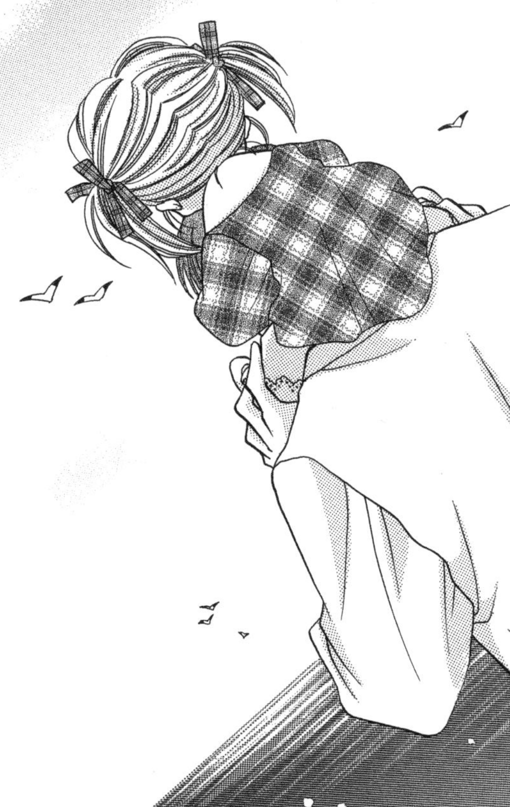
„Es war schon immer mein Traum, meine Forschung zu vollenden."
„Traum ...? Forschung ...?"

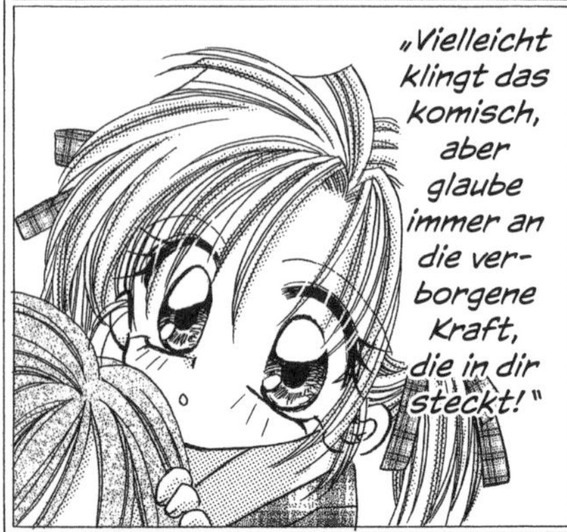
„Vielleicht klingt das komisch, aber glaube immer an die verborgene Kraft, die in dir steckt!"

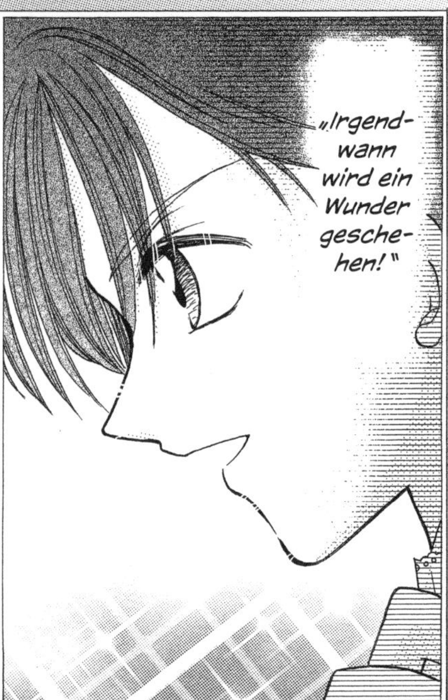
„Irgendwann wird ein Wunder geschehen!"

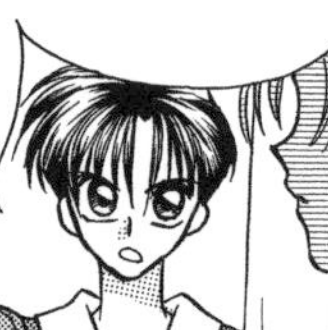
Aber ...
Obwohl ich daran geglaubt habe, ist nie etwas Wundersames geschehen, wenn ich meinen Namen rief.
Du hattest auch nur einen Stein!
Seine Energie reichte nicht aus.
Erst als du mit dem Zweiten in Berührung kamst, hat sich etwas getan!

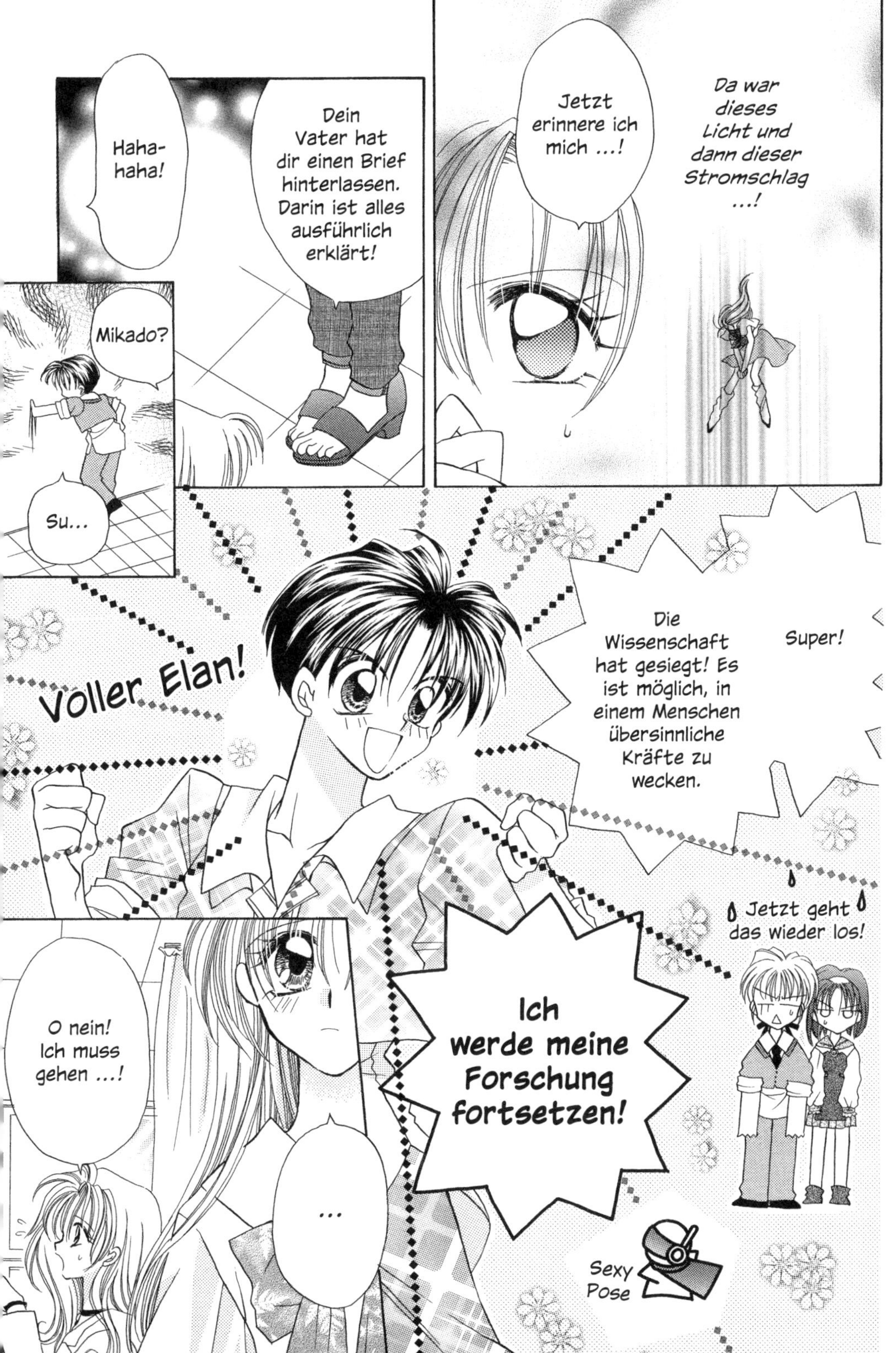

Jetzt erinnere ich mich ...!
Da war dieses Licht und dann dieser Stromschlag ...!
Dein Vater hat dir einen Brief hinterlassen. Darin ist alles ausführlich erklärt!
Haha-haha!
Mikado?
Su...
Super!
Die Wissenschaft hat gesiegt! Es ist möglich, in einem Menschen übersinnliche Kräfte zu wecken.
Voller Elan!
Jetzt geht das wieder los!
Ich werde meine Forschung fortsetzen!
Sexy Pose
...
O nein! Ich muss gehen ...!

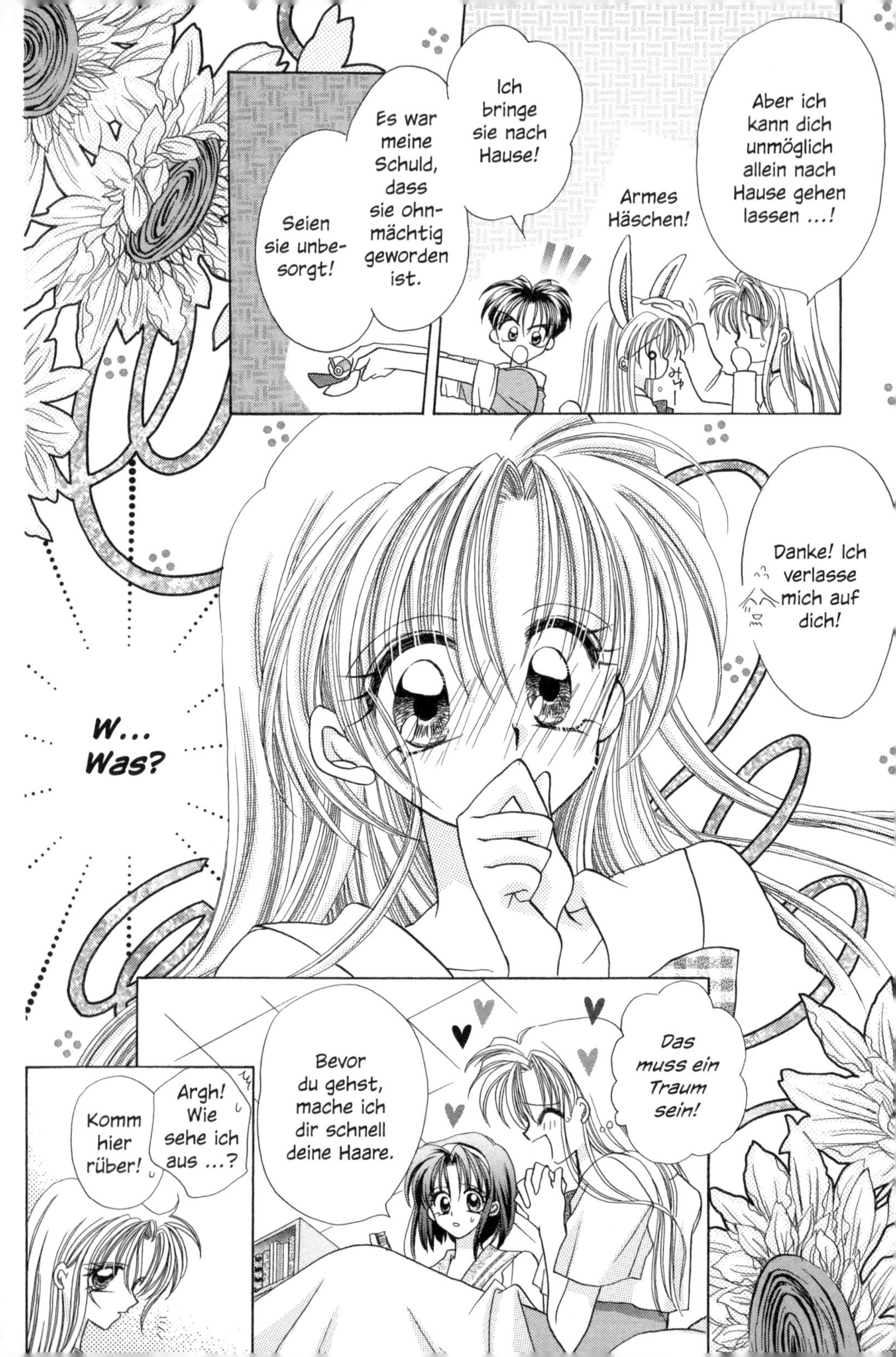
Aber ich kann dich unmöglich allein nach Hause gehen lassen ...!
Armes Häschen!
Ich bringe sie nach Hause!
Es war meine Schuld, dass sie ohnmächtig geworden ist.
Seien sie unbesorgt!
Danke! Ich verlasse mich auf dich!
W... Was?
Das muss ein Traum sein!
Bevor du gehst, mache ich dir schnell deine Haare.
Argh! Wie sehe ich aus ...?
Komm hier rüber!

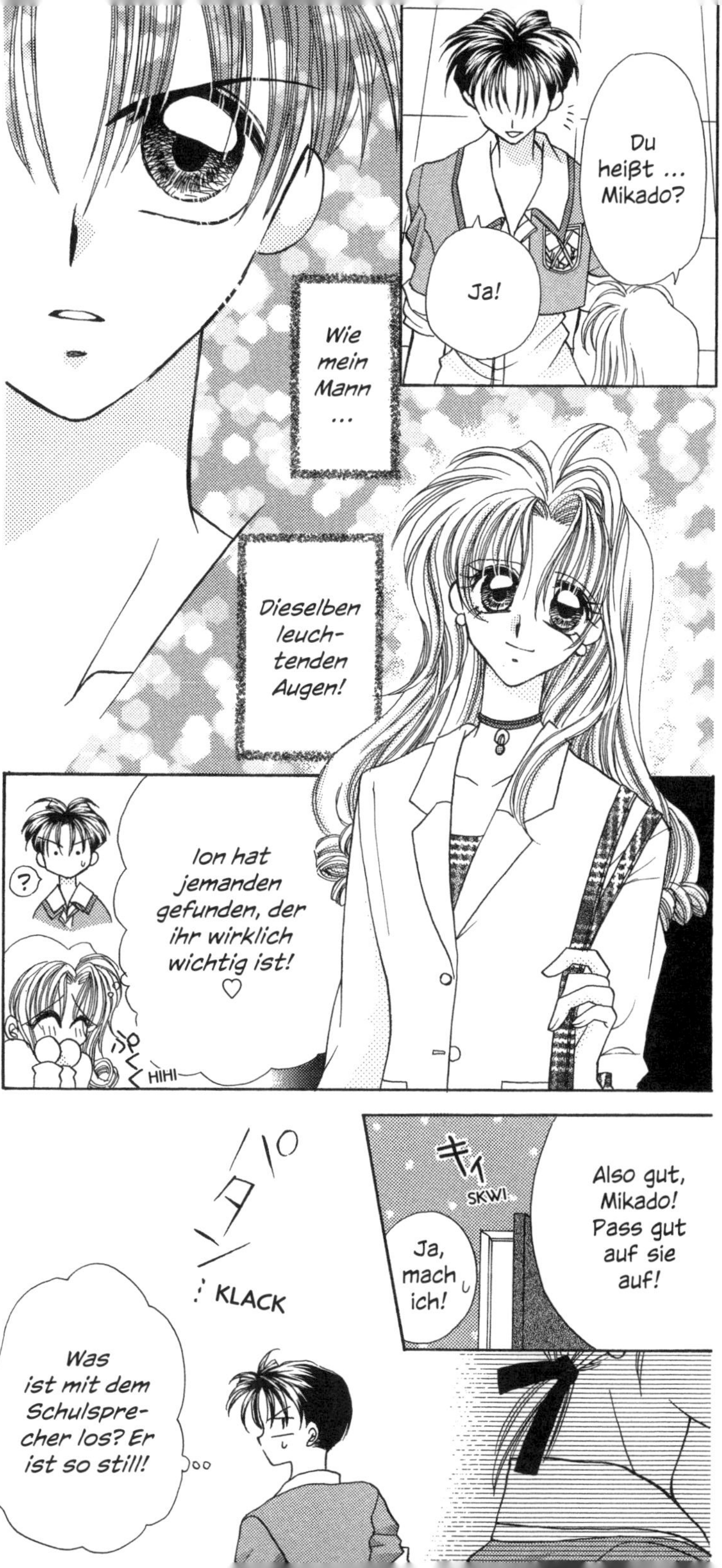

Du heißt … Mikado?

Ja!

Wie mein Mann …

Dieselben leuchtenden Augen!

Ion hat jemanden gefunden, der ihr wirklich wichtig ist! ♡

HIHI

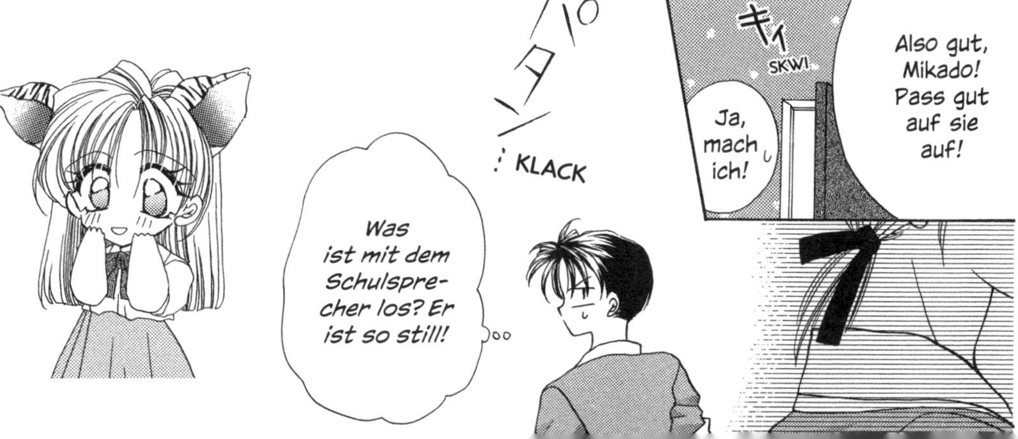

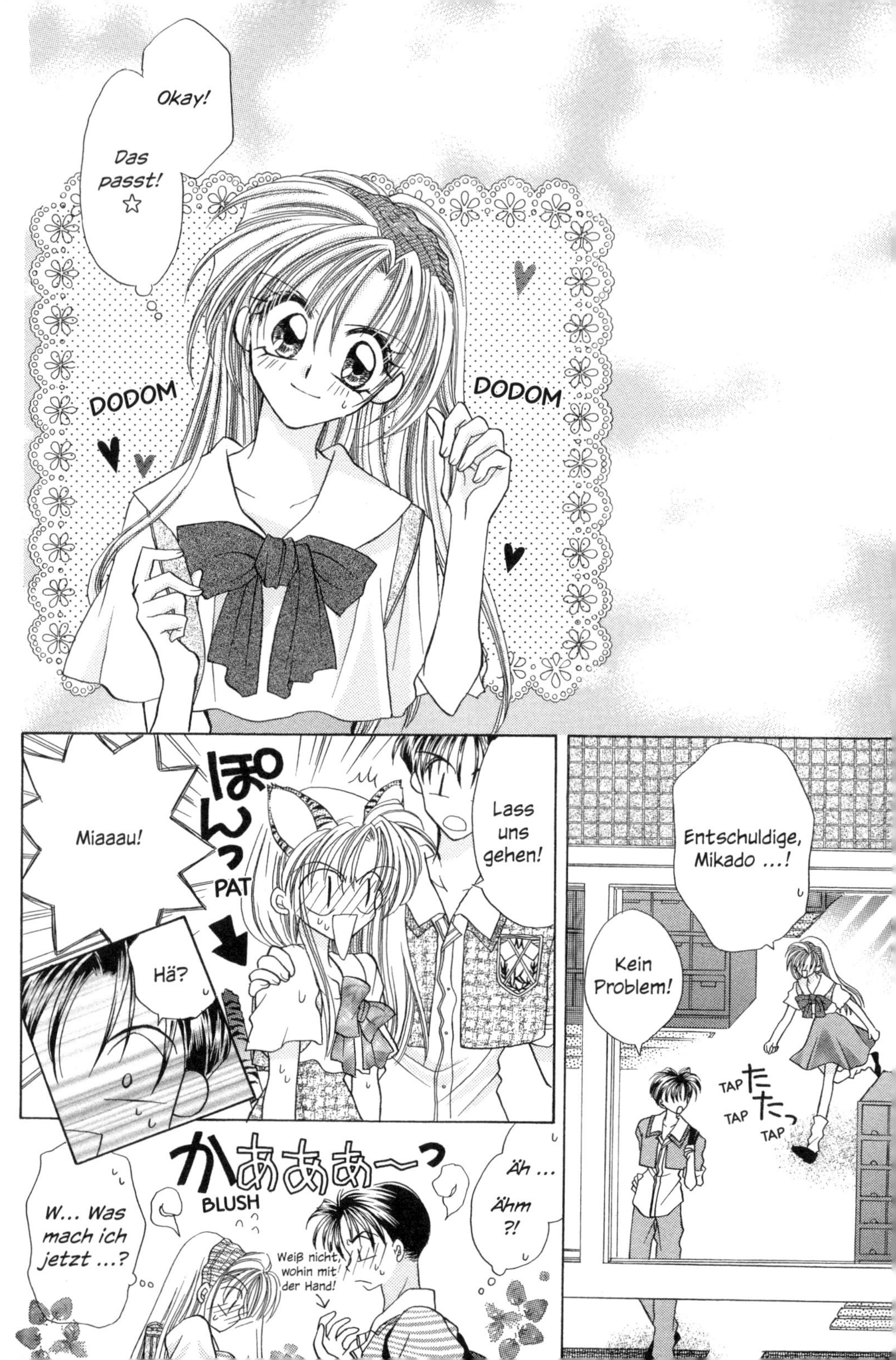
Okay!
Das passt! ☆
DODOM
DODOM
Entschuldige, Mikado ...!
Kein Problem!
TAP たたっ TAP TAP
Lass uns gehen!
ぽんっ PAT
Miaaau!
Hä?
Äh ...
Ähm ?!
かあああ〜っ BLUSH
Weiß nicht, wohin mit der Hand!
W... Was mach ich jetzt ...?

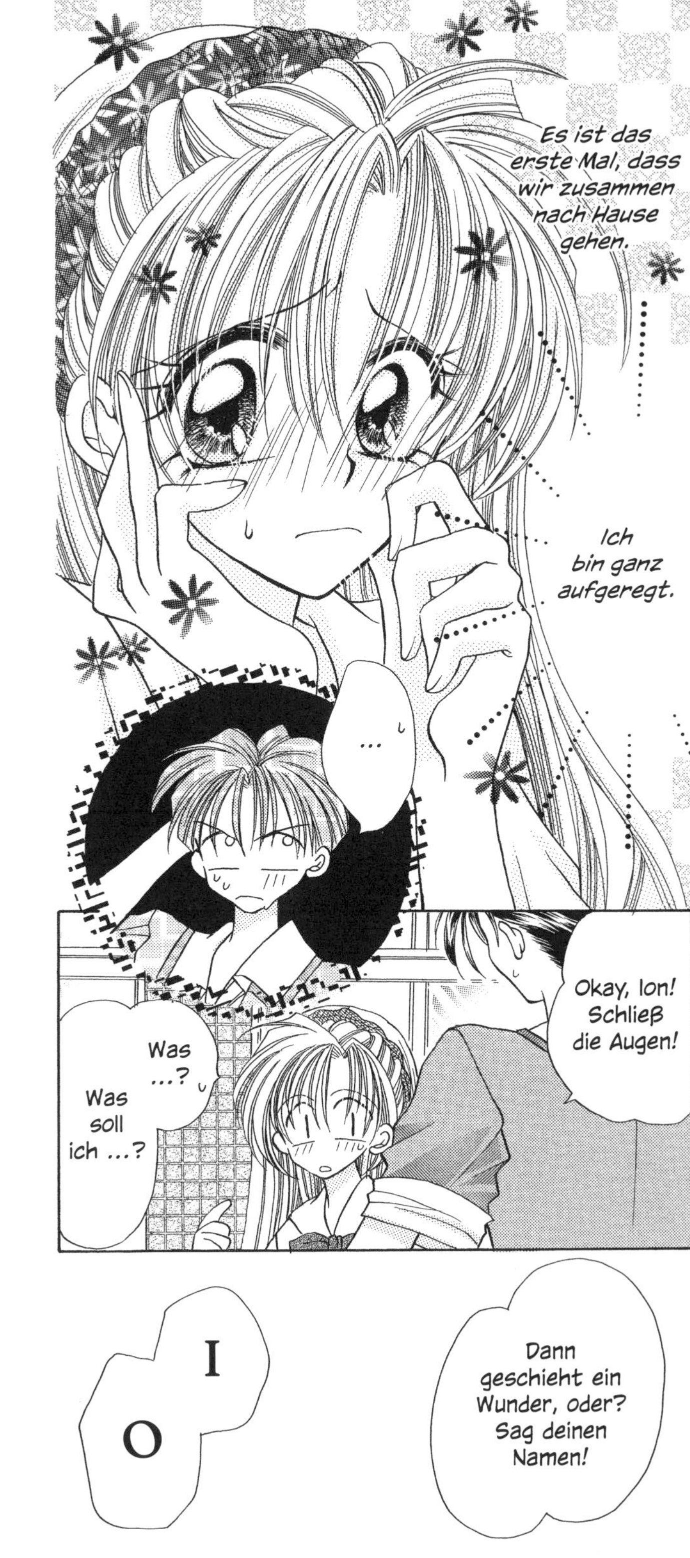
Es ist das erste Mal, dass wir zusammen nach Hause gehen.
Ich bin ganz aufgeregt.
...
Okay, Ion! Schließ die Augen!
Was ...?
Was soll ich ...?
Dann geschieht ein Wunder, oder? Sag deinen Namen!
I
O

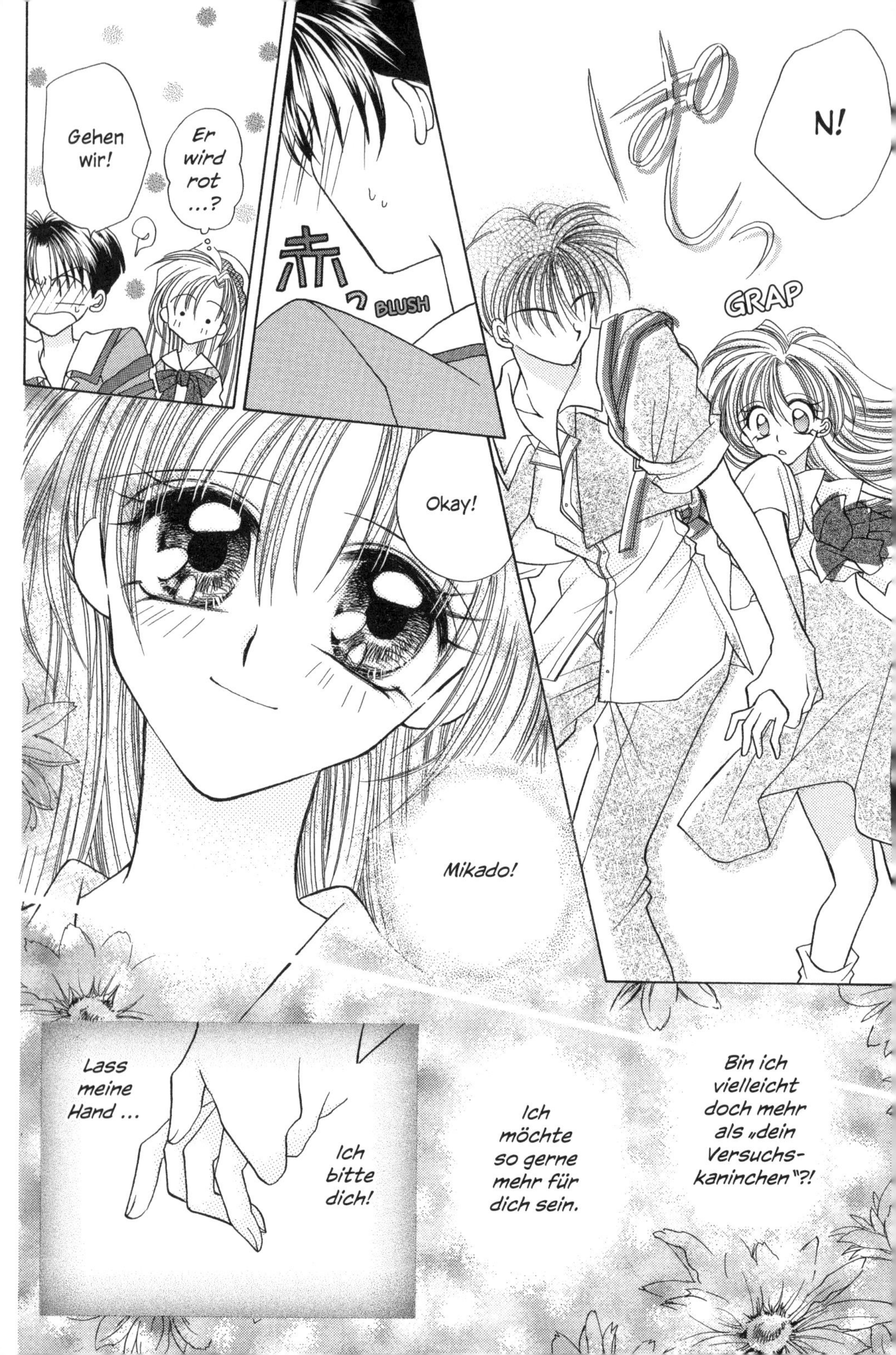
N!
GRAP
赤っ BLUSH
Gehen wir!
Er wird rot …?
Okay!
Mikado!
Bin ich vielleicht doch mehr als „dein Versuchskaninchen"?!
Ich möchte so gerne mehr für dich sein.
Ich bitte dich!
Lass meine Hand …

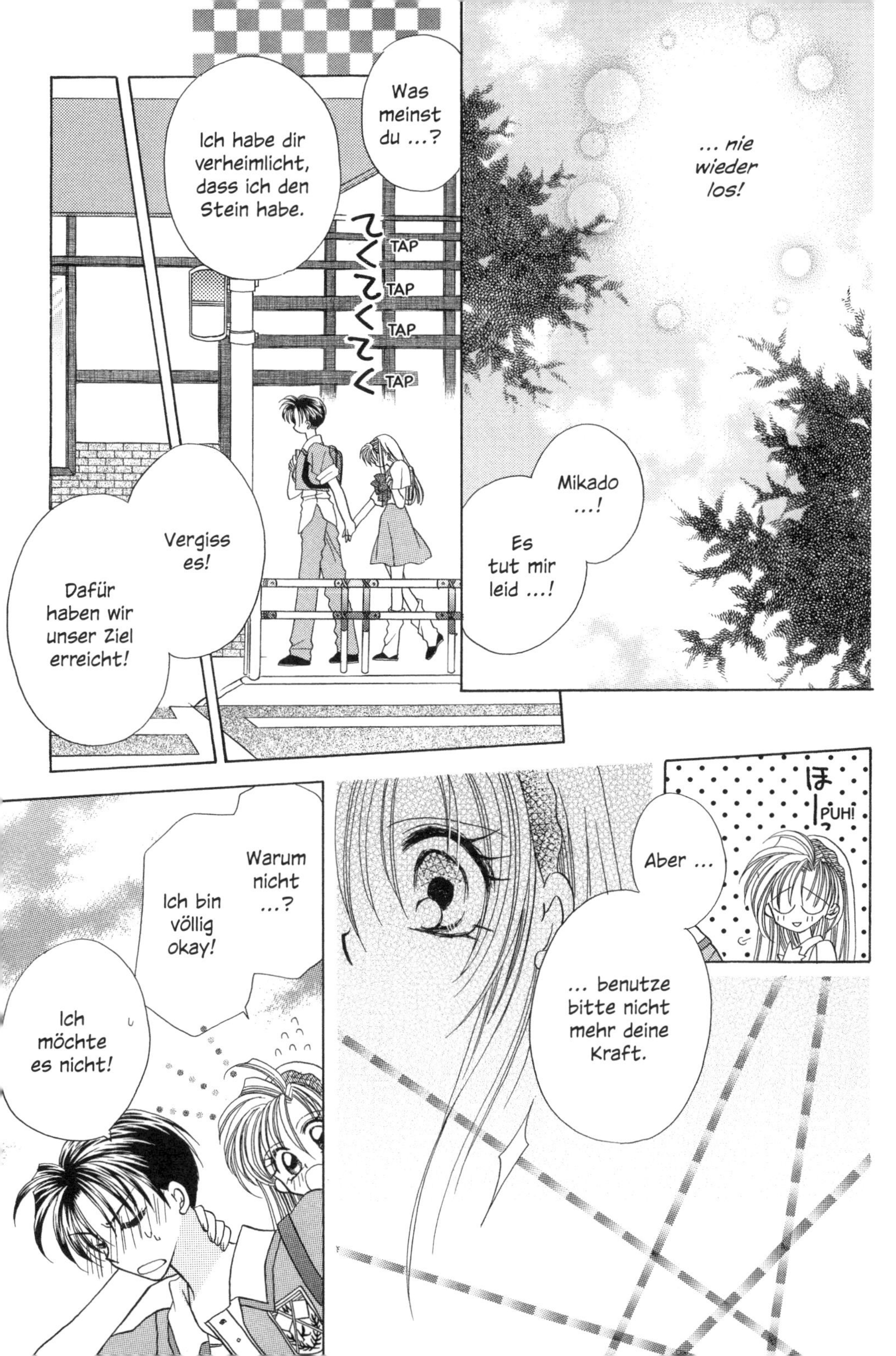
... nie wieder los!
Mikado ...!
Es tut mir leid ...!
Was meinst du ...?
Ich habe dir verheimlicht, dass ich den Stein habe.
てくてくてくてく TAP TAP TAP TAP
Vergiss es!
Dafür haben wir unser Ziel erreicht!
ほー PUH!
Aber ...
... benutze bitte nicht mehr deine Kraft.
Warum nicht ...?
Ich bin völlig okay!
Ich möchte es nicht!

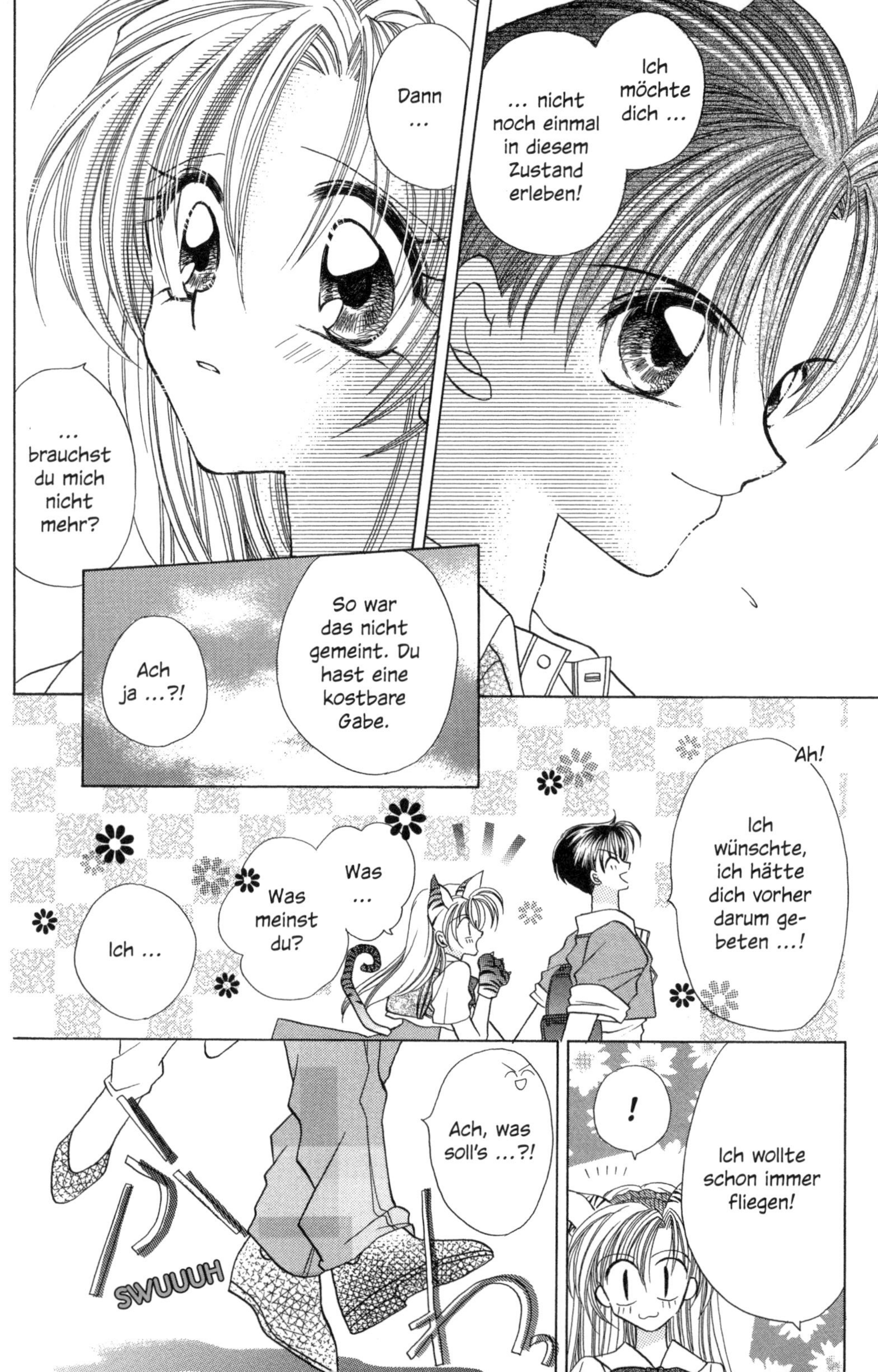
Ich möchte dich ...
... nicht noch einmal in diesem Zustand erleben!
Dann ...
... brauchst du mich nicht mehr?
So war das nicht gemeint. Du hast eine kostbare Gabe.
Ach ja ...?!
Ah!
Ich wünschte, ich hätte dich vorher darum gebeten ...!
Was ...
Was meinst du?
Ich ...
!
Ich wollte schon immer fliegen!
Ach, was soll's ...?!
SWUUUH

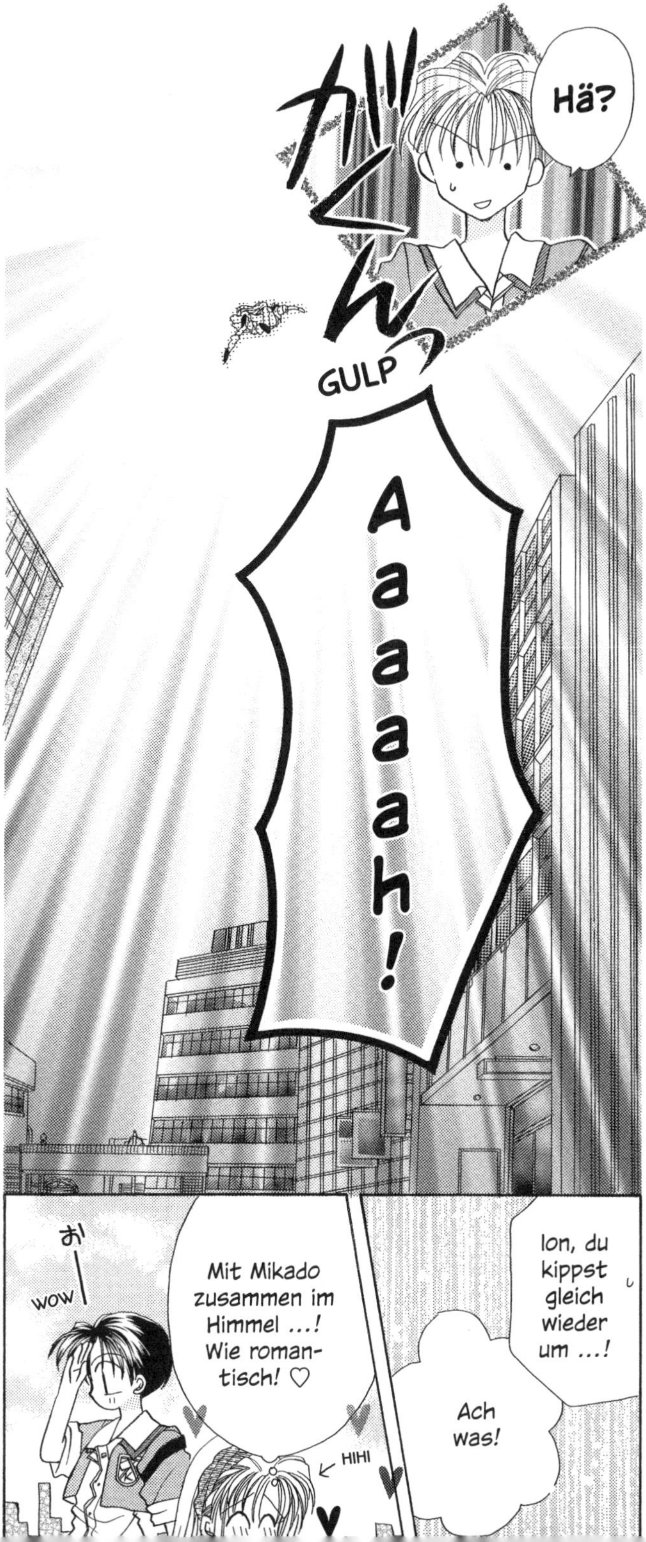

Hä?

GULP

Aaaaah!

Ion, du kippst gleich wieder um ...!

Ach was!

Mit Mikado zusammen im Himmel ...! Wie roman-tisch! ♡

WOW

HIHI

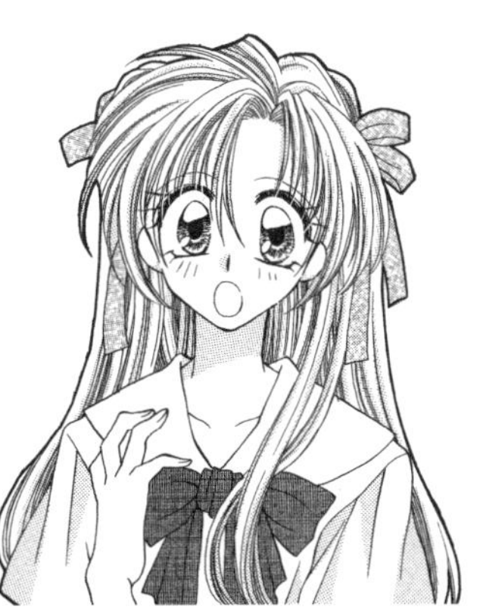

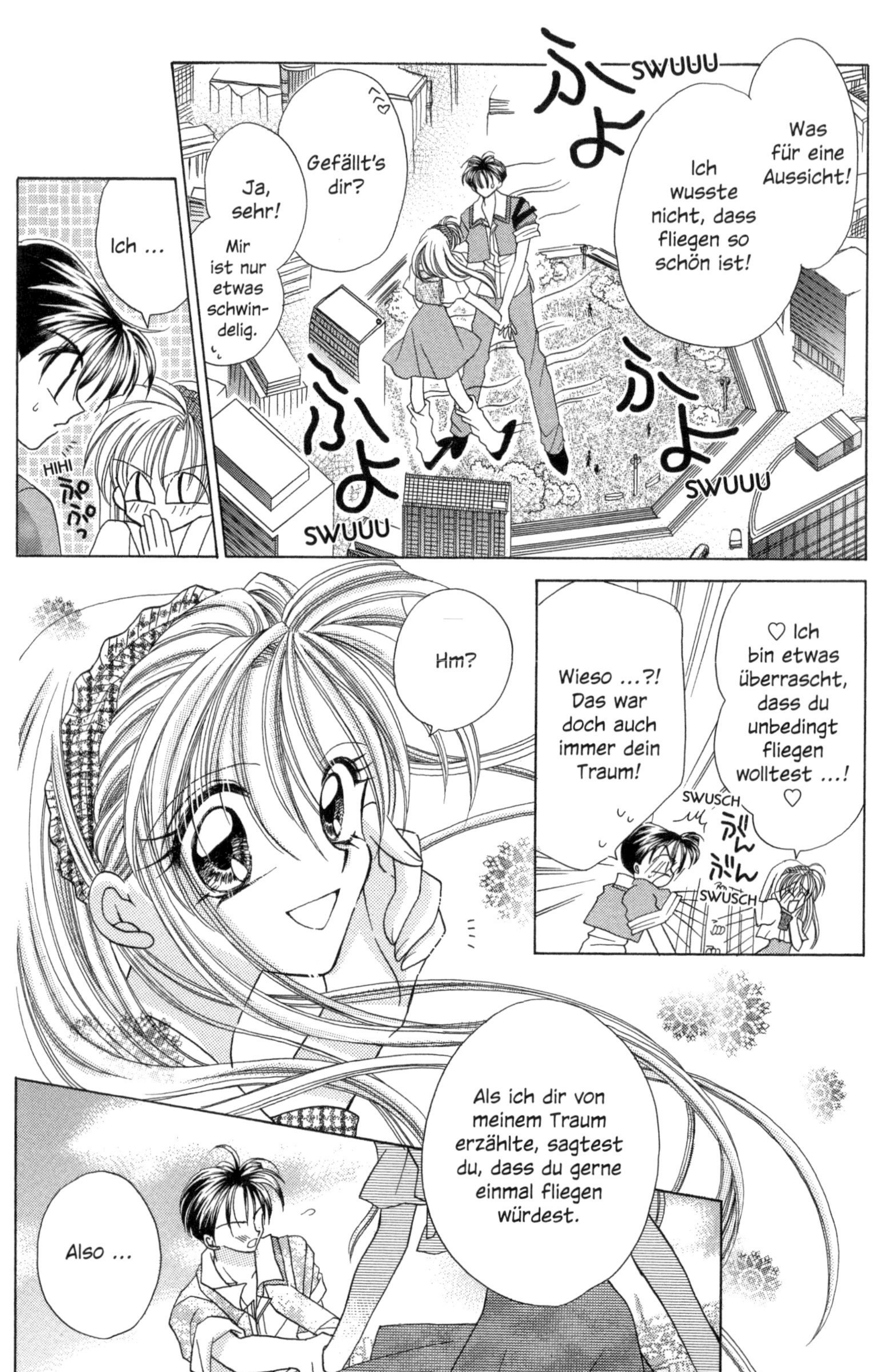

SWUUU
Was für eine Aussicht!
Ich wusste nicht, dass fliegen so schön ist!
SWUUU
Gefällt's dir?
Ja, sehr! Mir ist nur etwas schwindelig.
SWUUU
Ich ...
HIHI
♡ Ich bin etwas überrascht, dass du unbedingt fliegen wolltest ...! ♡
Wieso ...?! Das war doch auch immer dein Traum!
SWUSCH
SWUSCH
Hm?
Als ich dir von meinem Traum erzählte, sagtest du, dass du gerne einmal fliegen würdest.
Also ...

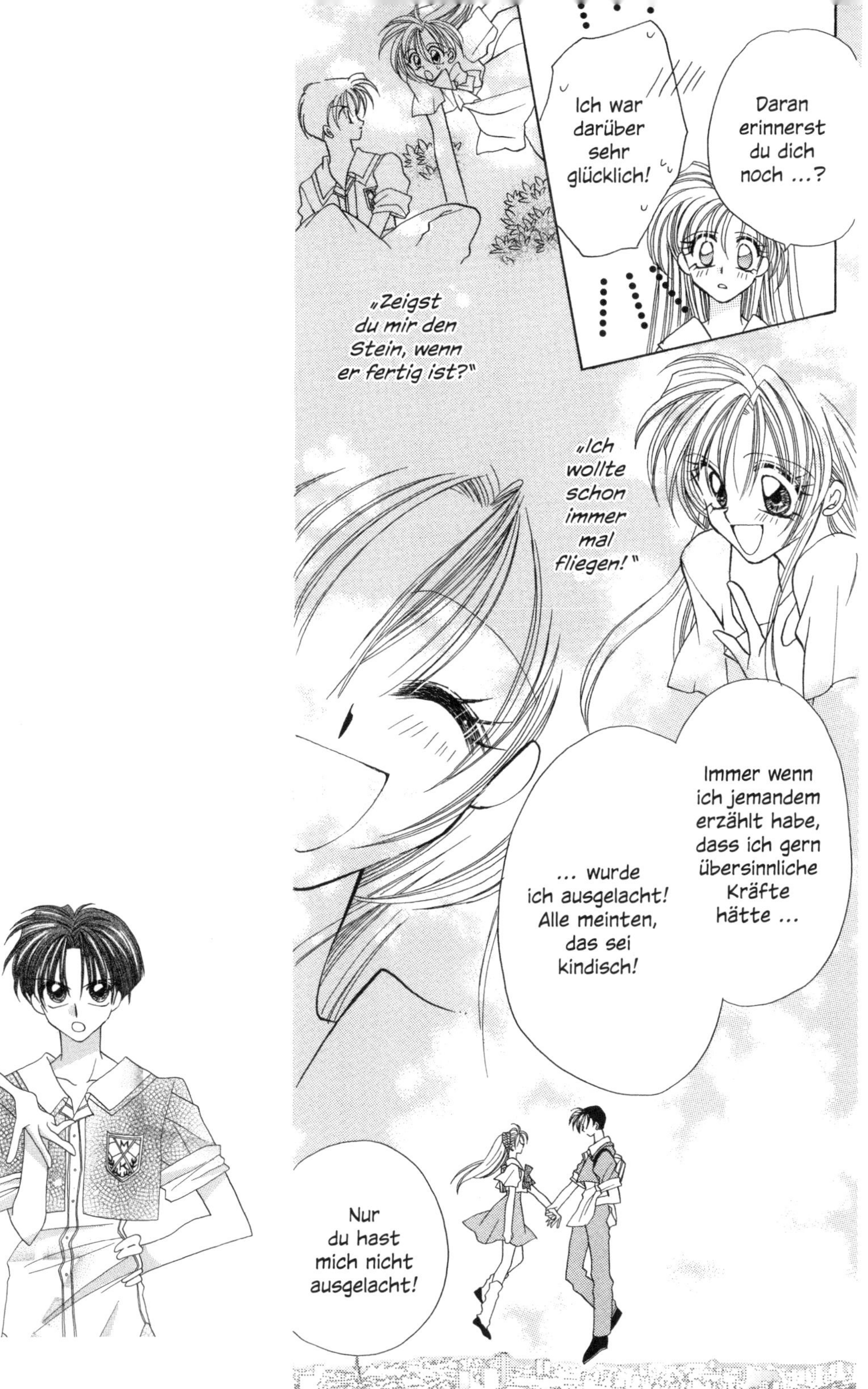
Daran erinnerst du dich noch ...?
Ich war darüber sehr glücklich!
„Zeigst du mir den Stein, wenn er fertig ist?"
„Ich wollte schon immer mal fliegen!"
Immer wenn ich jemandem erzählt habe, dass ich gern übersinnliche Kräfte hätte ...
... wurde ich ausgelacht! Alle meinten, das sei kindisch!
Nur du hast mich nicht ausgelacht!

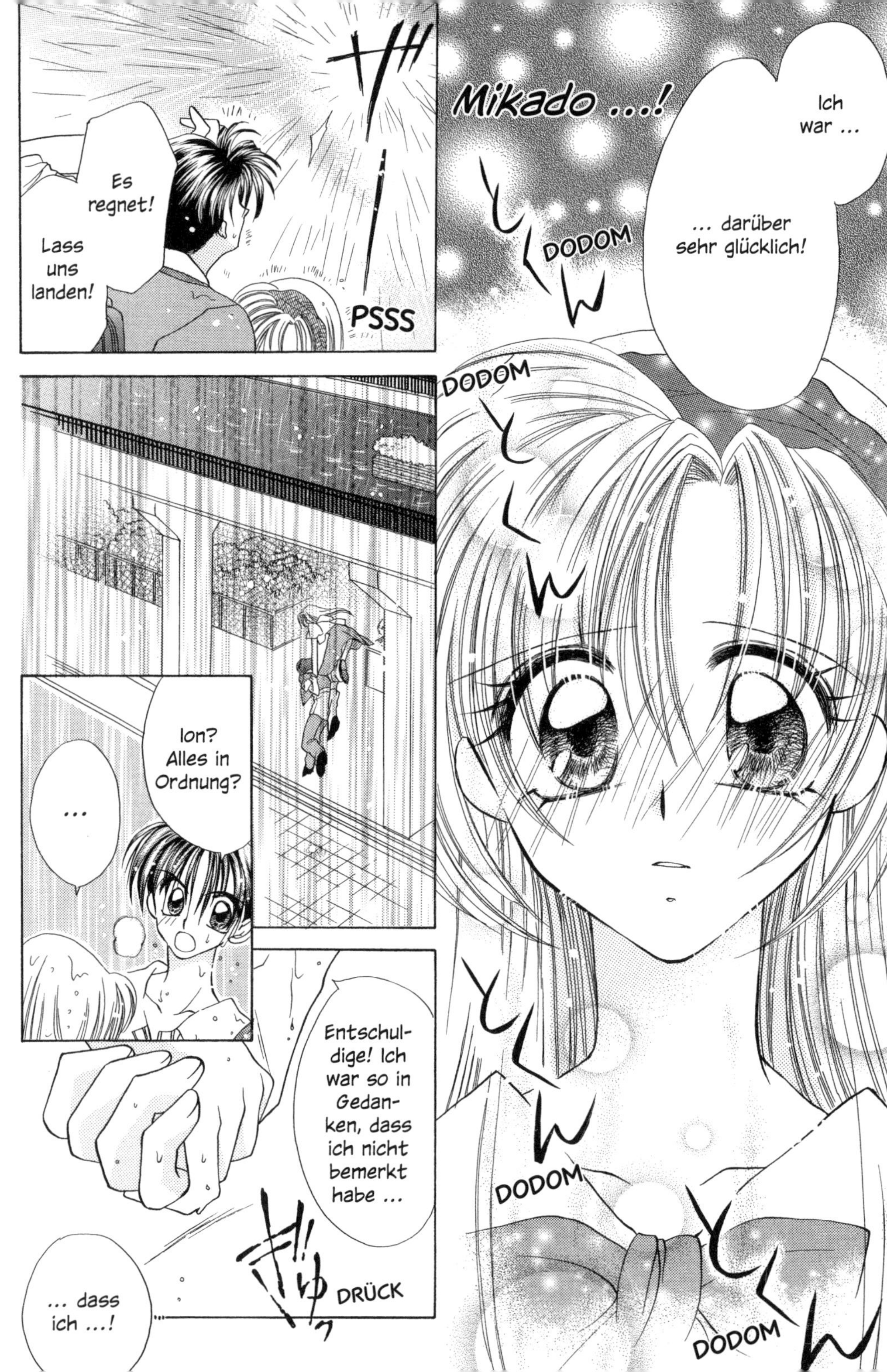
Ich war …
… darüber sehr glücklich!
Mikado …!
DODOM
DODOM
DODOM
DODOM
Es regnet!
Lass uns landen!
PSSS
Ion? Alles in Ordnung?
…
Entschuldige! Ich war so in Gedanken, dass ich nicht bemerkt habe …
DRÜCK
… dass ich …!

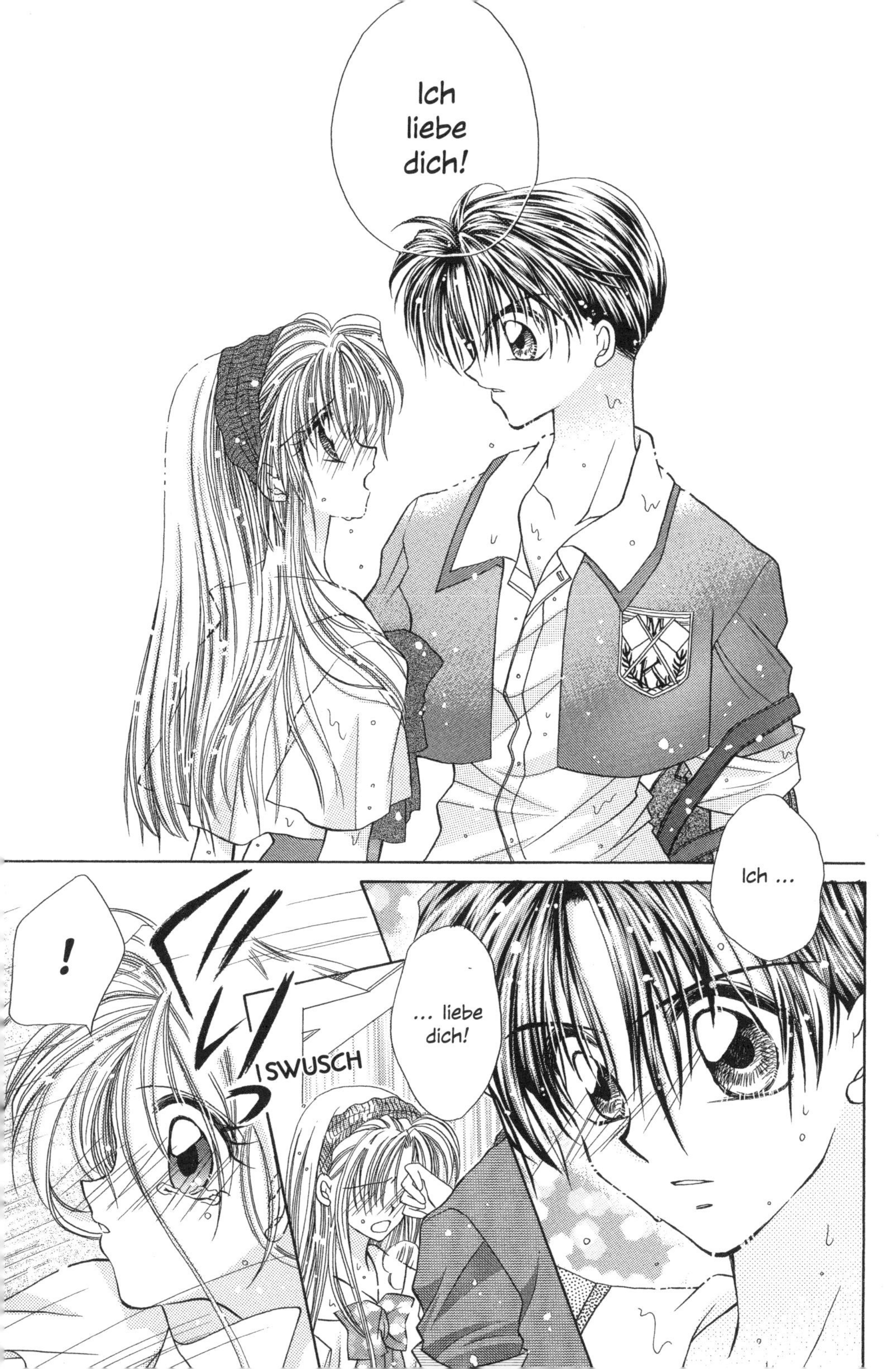
Ich liebe dich!
Ich ...
... liebe dich!
!
SWUSCH

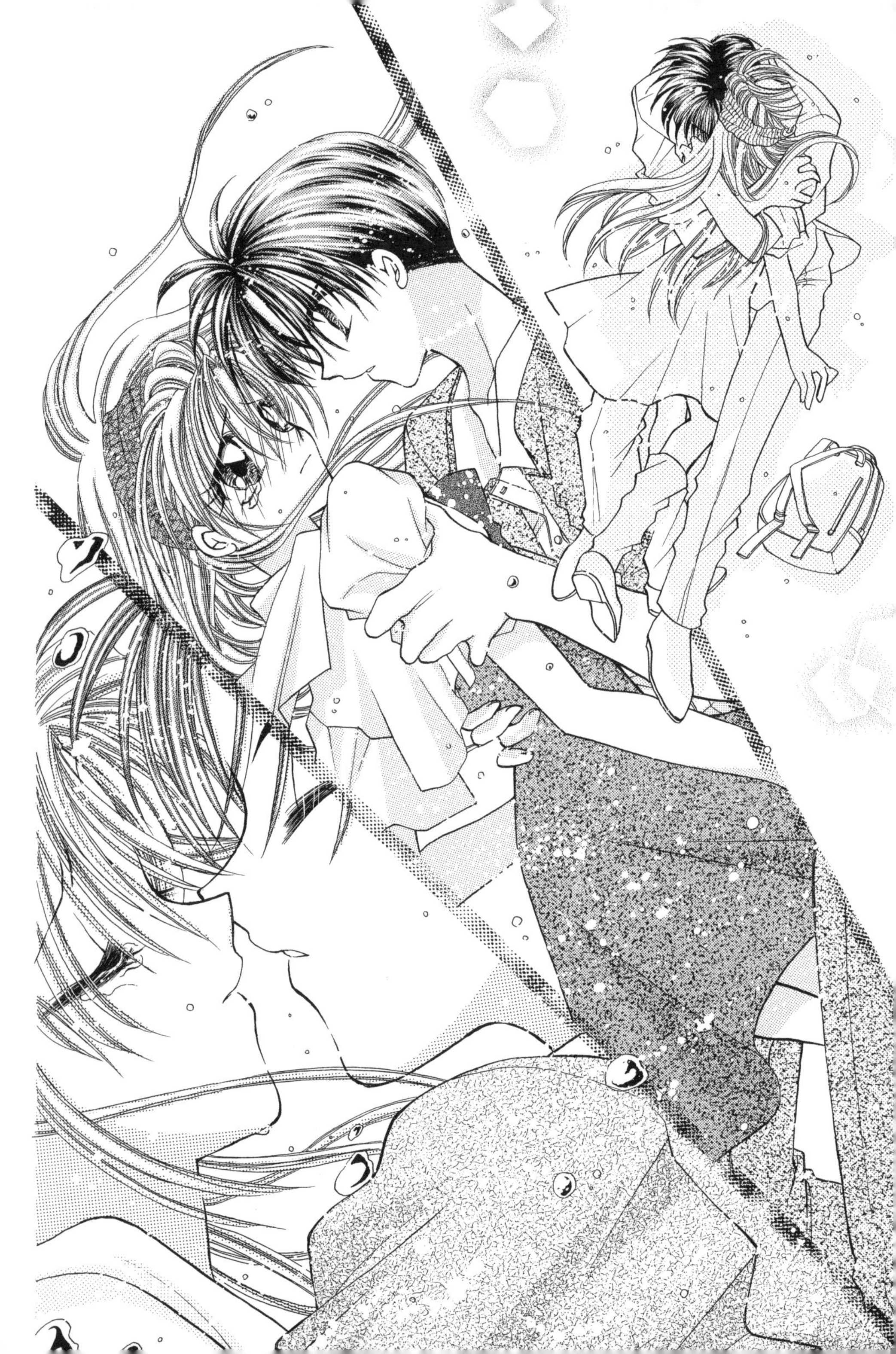

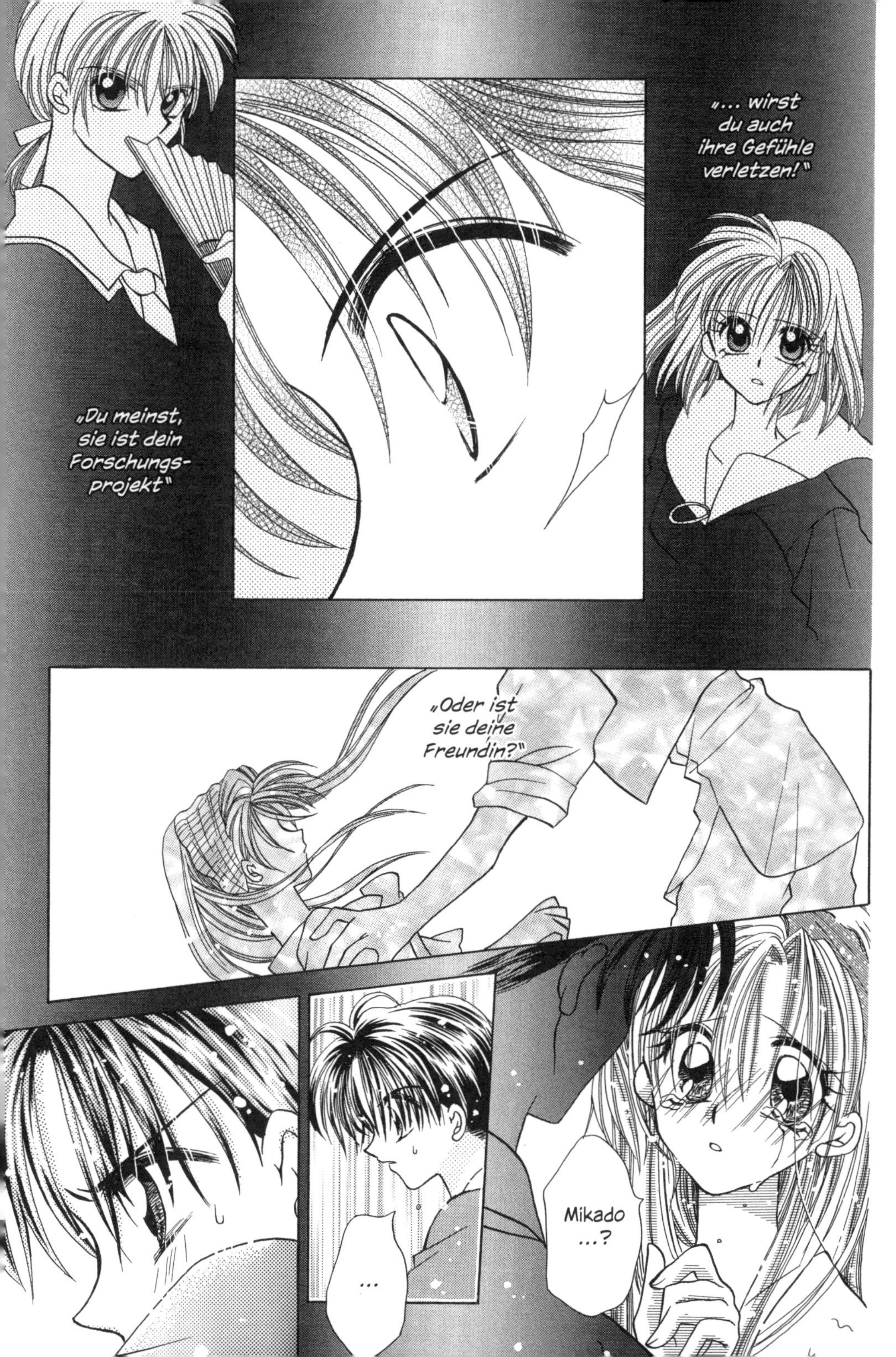
„... wirst du auch ihre Gefühle verletzen!"
„Du meinst, sie ist dein Forschungs-projekt"
„Oder ist sie deine Freundin?"
Mikado ...?
...

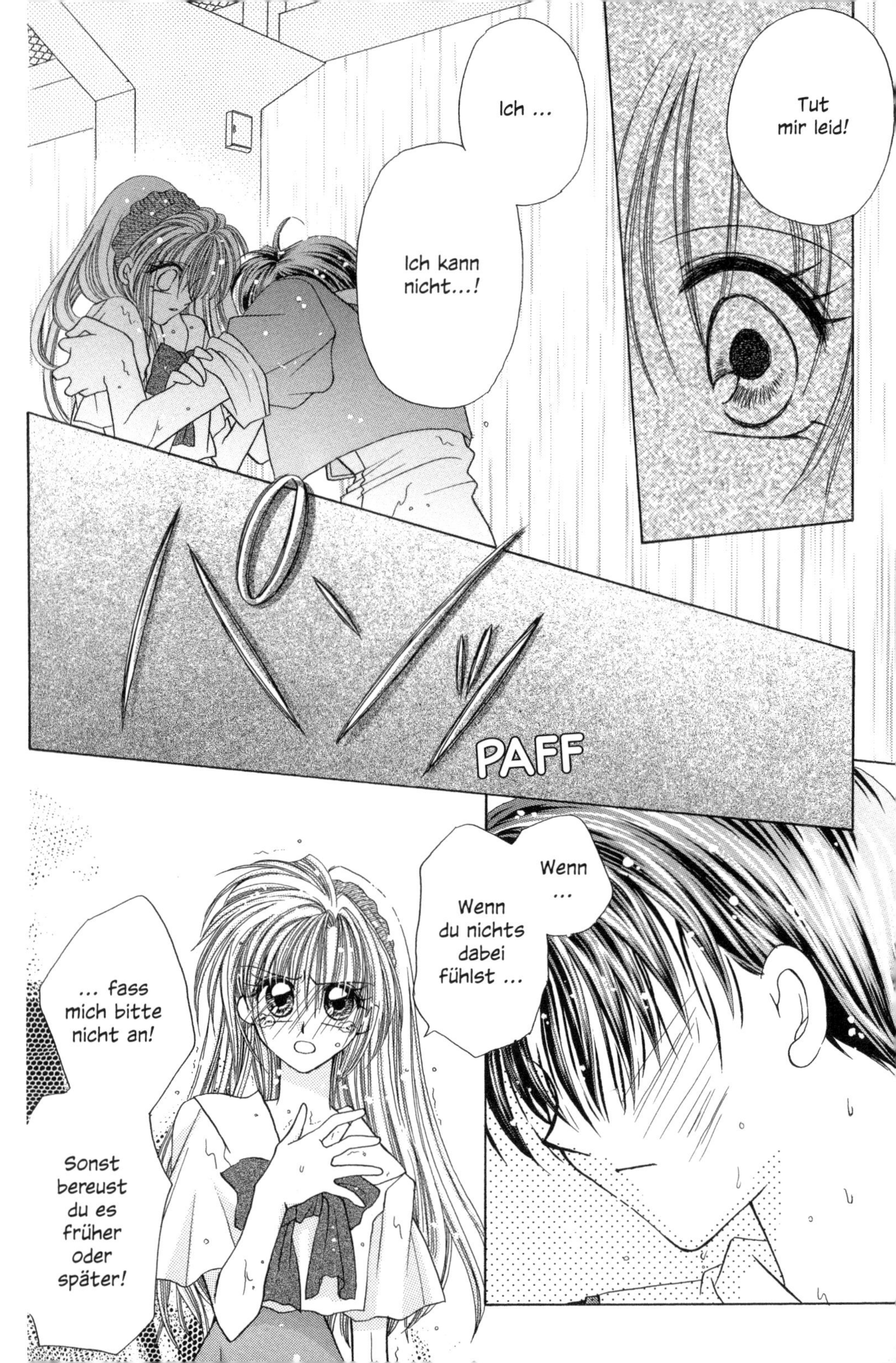
Tut mir leid!
Ich ...
Ich kann nicht...!
PAFF
Wenn ...
Wenn du nichts dabei fühlst ...
... fass mich bitte nicht an!
Sonst bereust du es früher oder später!

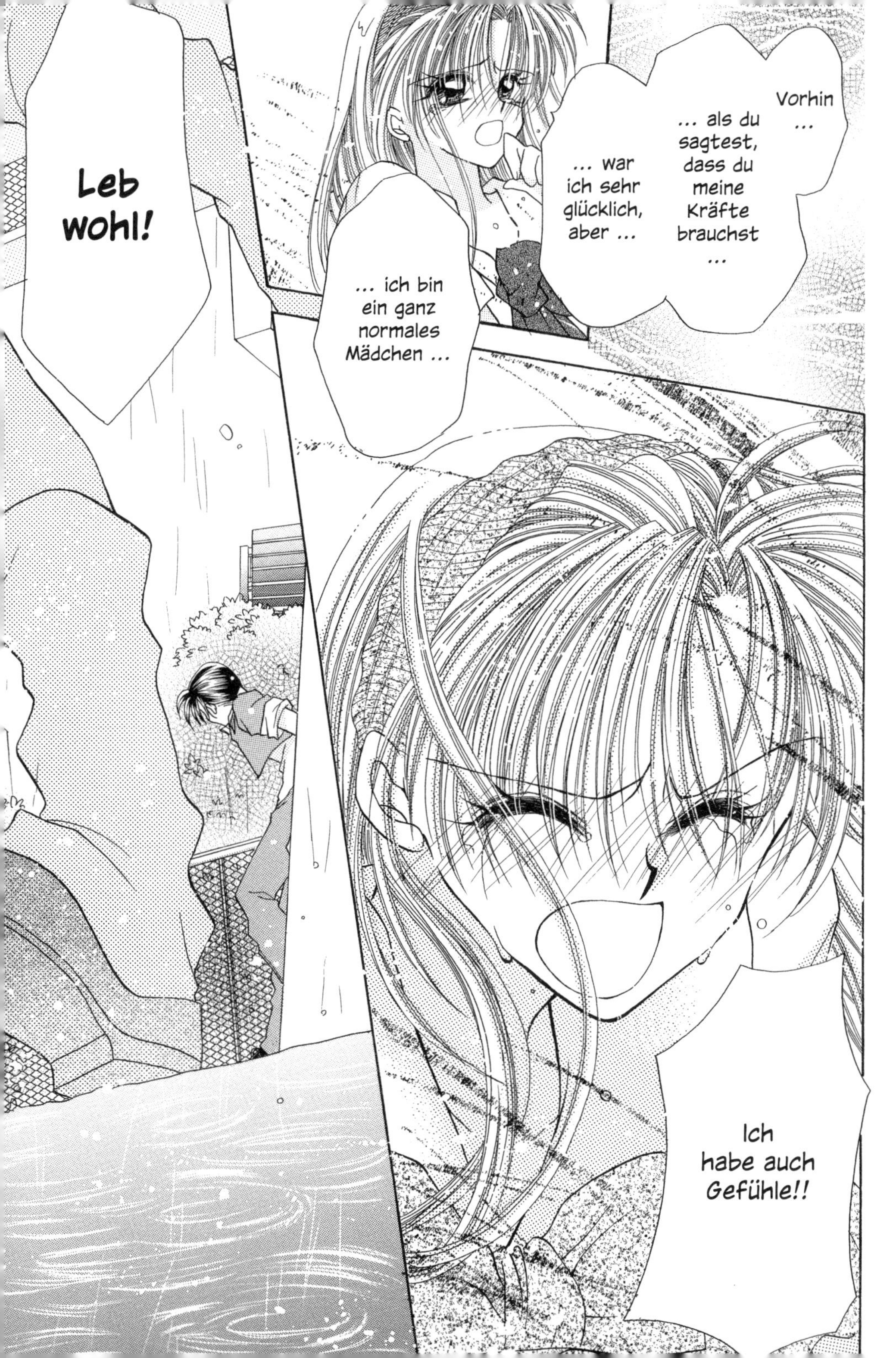
Vorhin ...
... als du sagtest, dass du meine Kräfte brauchst ...
... war ich sehr glücklich, aber ...
... ich bin ein ganz normales Mädchen ...
Ich habe auch Gefühle!!
Leb wohl!

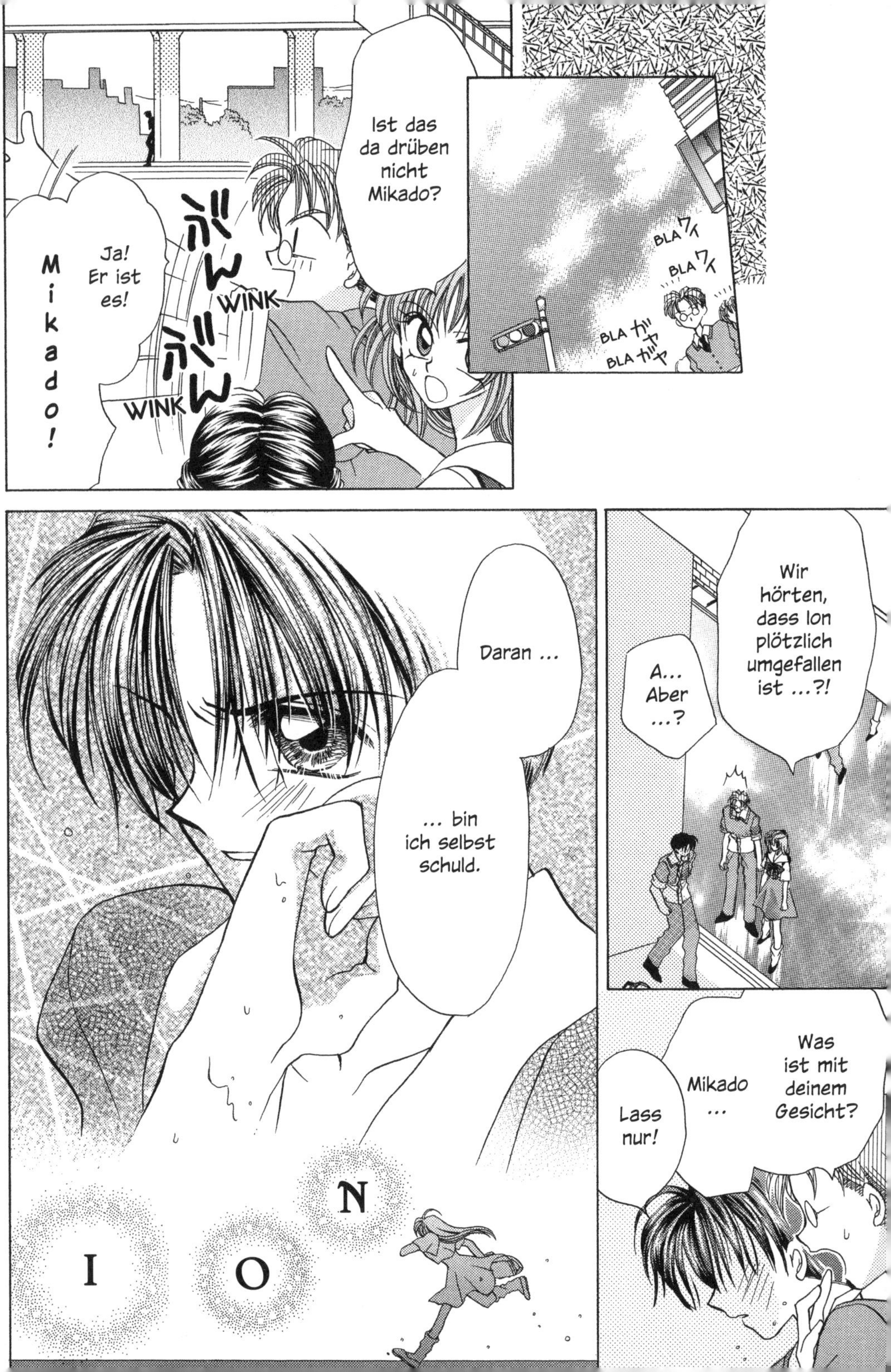

BLA ワイ
BLA ワイ
BLA ガヤ
BLA ガヤ

Ist das da drüben nicht Mikado?

Ja! Er ist es!

Mikado!

WINK
WINK

Wir hörten, dass Ion plötzlich umgefallen ist ...?!

A... Aber ...?

Was ist mit deinem Gesicht?

Mikado ...

Lass nur!

Daran ...

... bin ich selbst schuld.

N
O
I

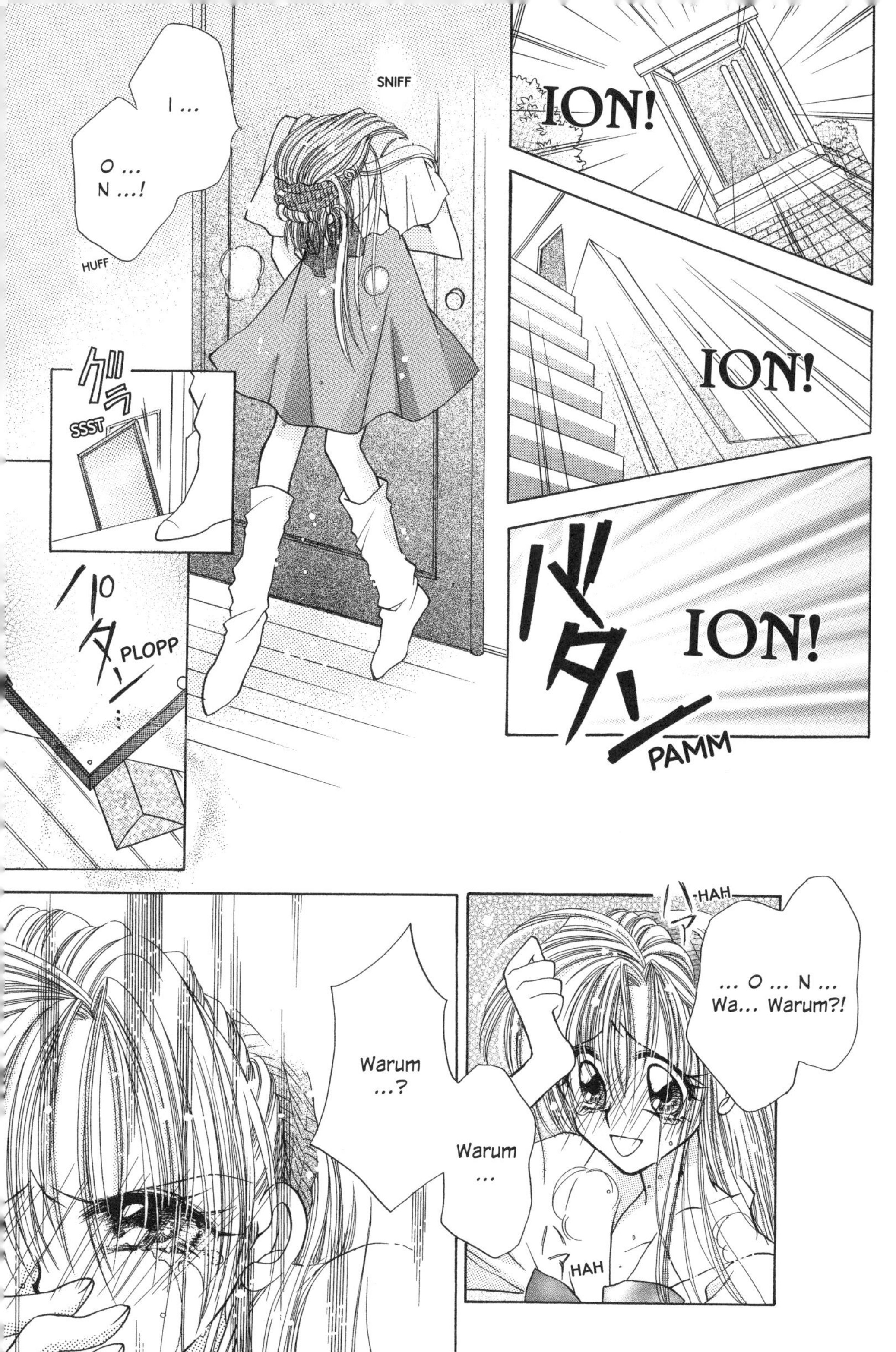
ION!
ION!
バタン
ION!
PAMM
SNIFF
I …
O …
N …!
HUFF
グラ
SSST
パタ
PLOPP
HAH
… O … N …
Wa… Warum?!
HAH
Warum
…?
Warum
…

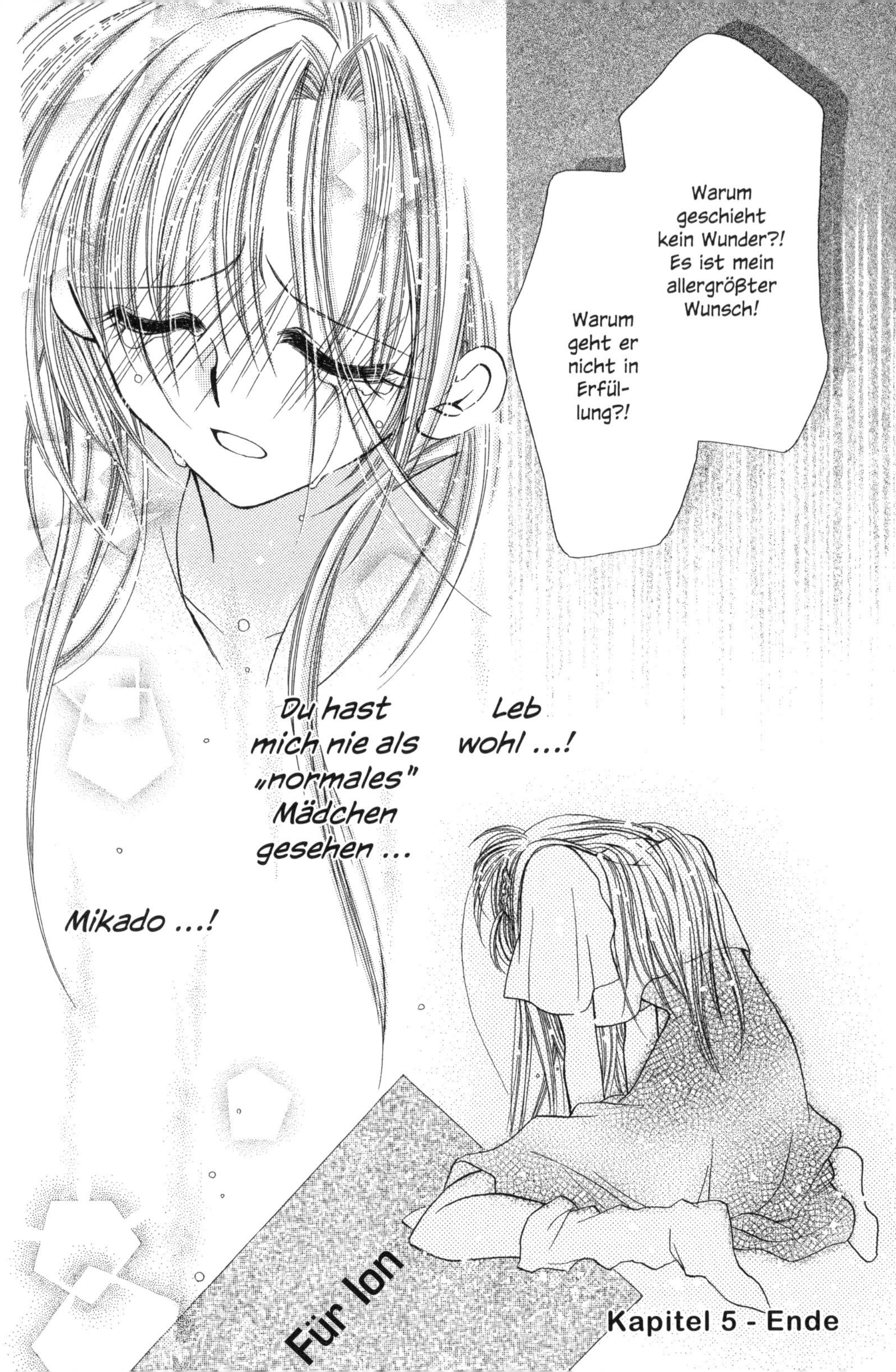
Warum
geschieht
kein Wunder?!
Es ist mein
allergrößter
Wunsch!
Warum
geht er
nicht in
Erfül-
lung?!
Leb
wohl ...!
Du hast
mich nie als
„normales"
Mädchen
gesehen ...
Mikado ...!
Für Ion
Kapitel 5 - Ende

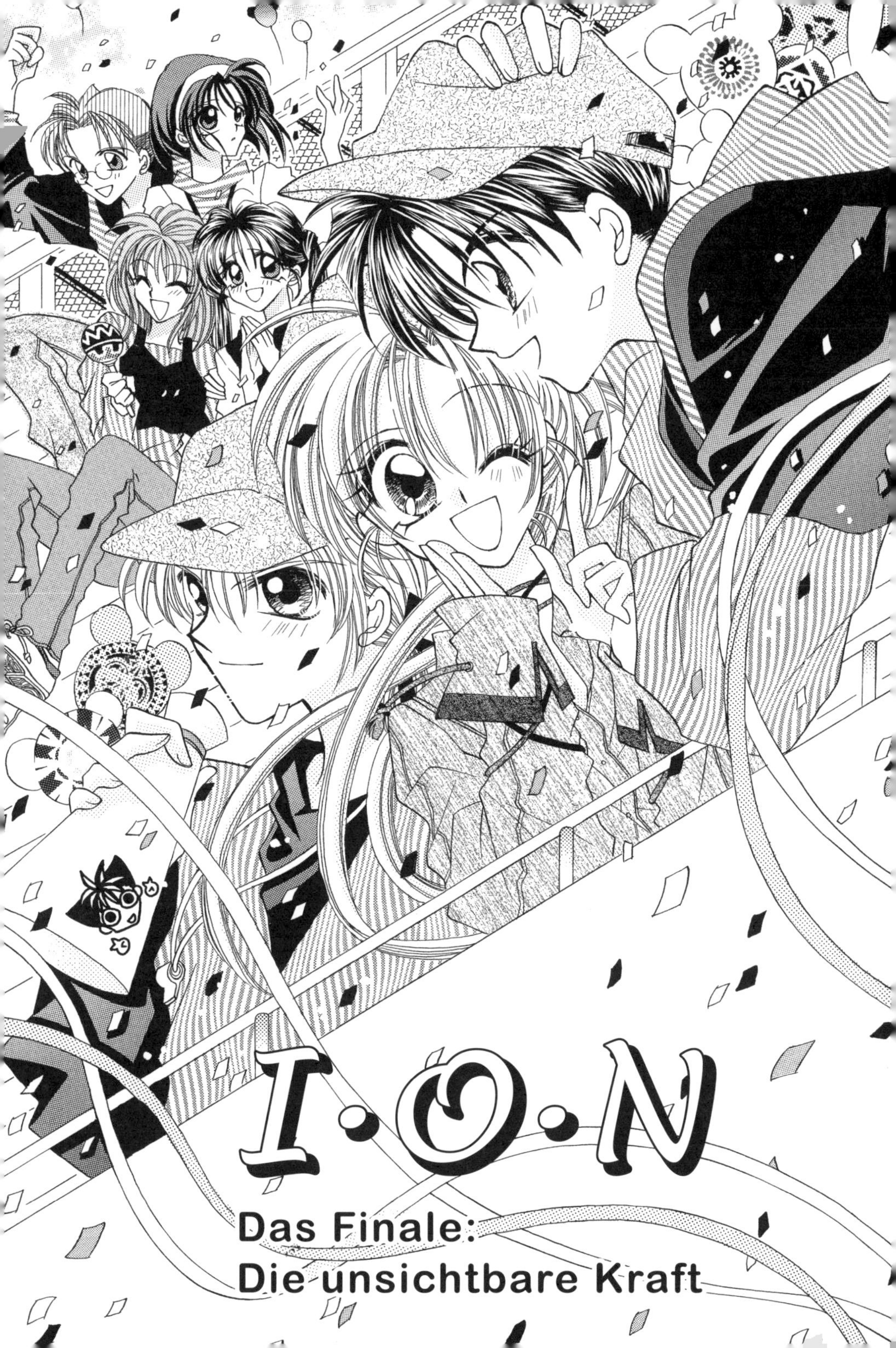
I.O.N
Das Finale:
Die unsichtbare Kraft

Liebe Ion,
wenn du diesen Brief liest, bist du bereit, an die geheimnisvolle Kraft zu glauben, die dir stets in schwierigen Situationen zur Seite steht. Ich habe dir einst erklärt, dass diese Kraft immer dann in Erscheinung tritt, wenn du deinen Namen rufst. Du weckst damit etwas, das tief in dir steckt. Als diese Kraft zum ersten Mal geweckt wurde, hast du sicher einen ungewöhnlichen Energiestoß in deinem Körper gespürt. Mach dir deshalb keine Sorgen, dies war eine einmalige Sache. Hat sich dein Körper an deine neue Kraft gewöhnt, kannst du sie immer anwenden.

Erfülle meinen Traum und diene der Menschheit mit deiner Kraft. Ich liebe dich ...!

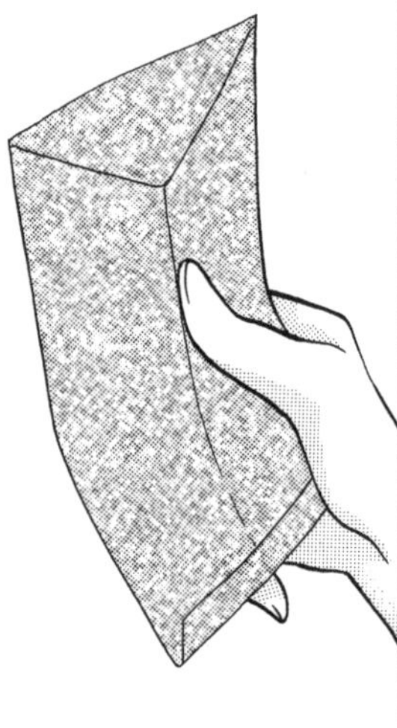

Dein Vater

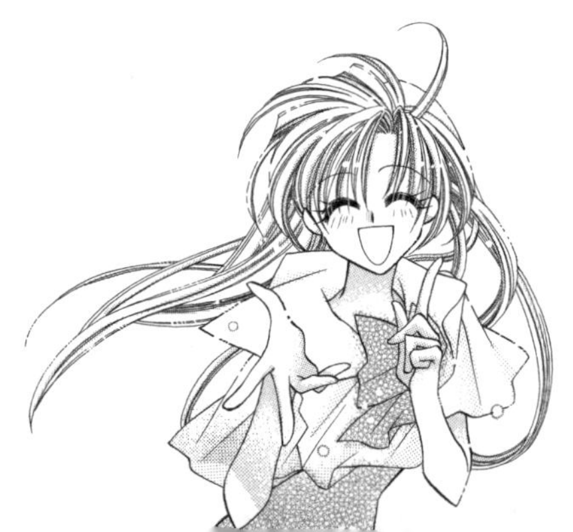

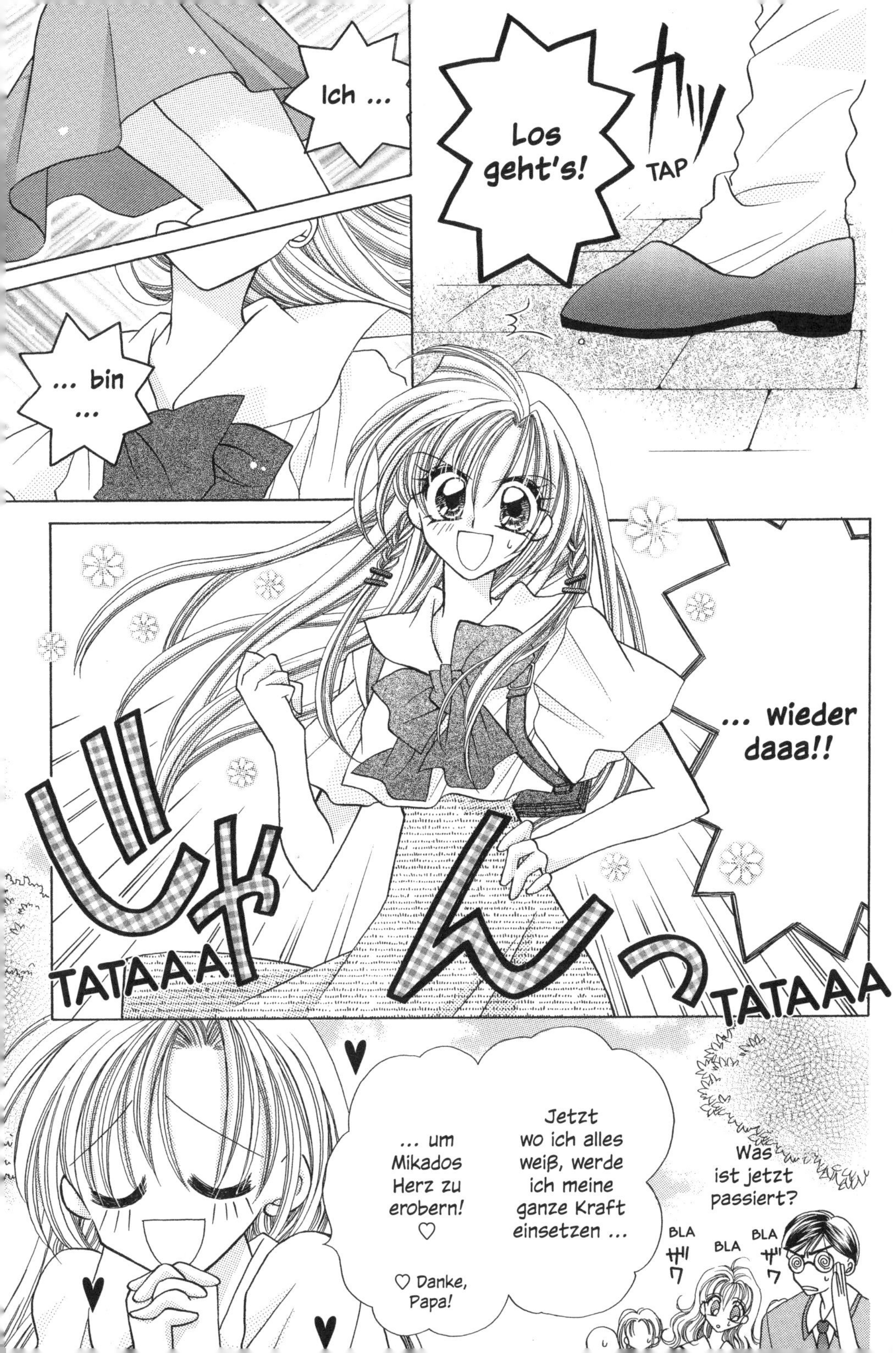

TAP
Los geht's!
Ich ...
... bin ...
... wieder daaa!!
TATAAA
TATAAA
Jetzt wo ich alles weiß, werde ich meine ganze Kraft einsetzen ...
... um Mikados Herz zu erobern! ♡
♡ Danke, Papa!
Was ist jetzt passiert?
BLA
BLA
BLA

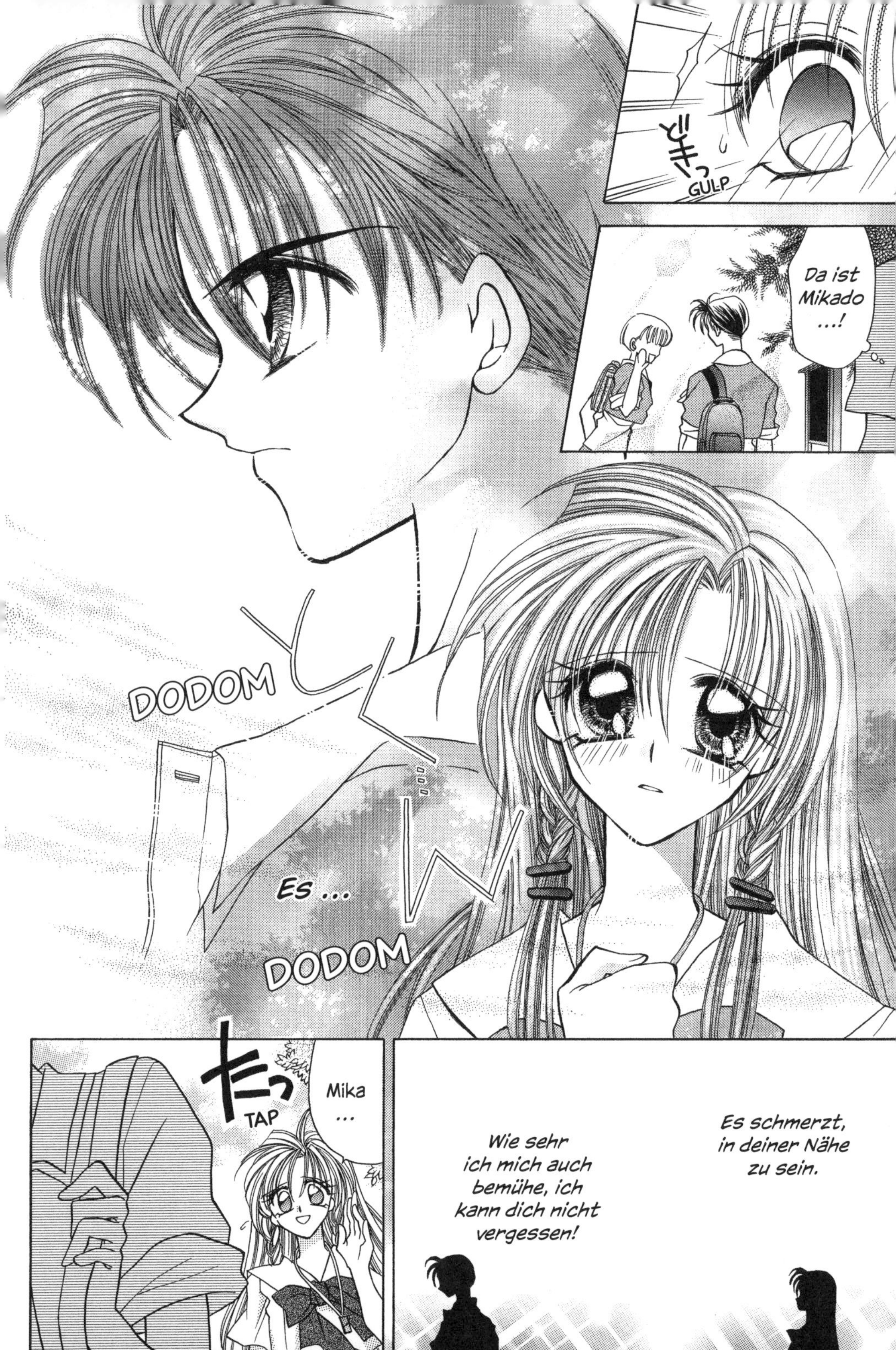
どきっ
GULP
Da ist Mikado ...!
DODOM
Es ...
DODOM
Es schmerzt, in deiner Nähe zu sein.
Wie sehr ich mich auch bemühe, ich kann dich nicht vergessen!
たっ
TAP
Mika ...

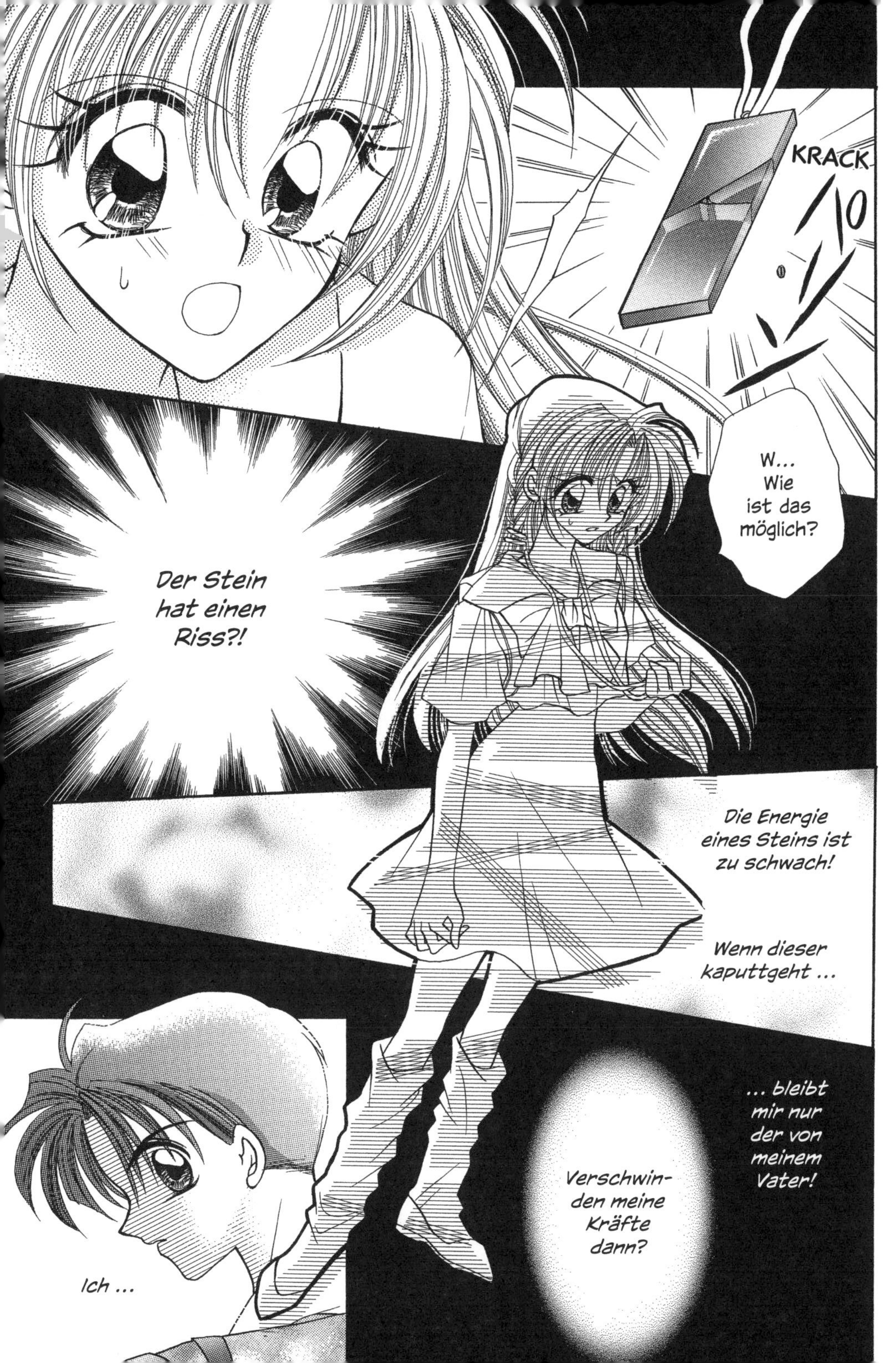
KRACK
W...
Wie
ist das
möglich?
Der Stein
hat einen
Riss?!
Die Energie
eines Steins ist
zu schwach!
Wenn dieser
kaputtgeht ...
... bleibt
mir nur
der von
meinem
Vater!
Verschwin-
den meine
Kräfte
dann?
Ich ...

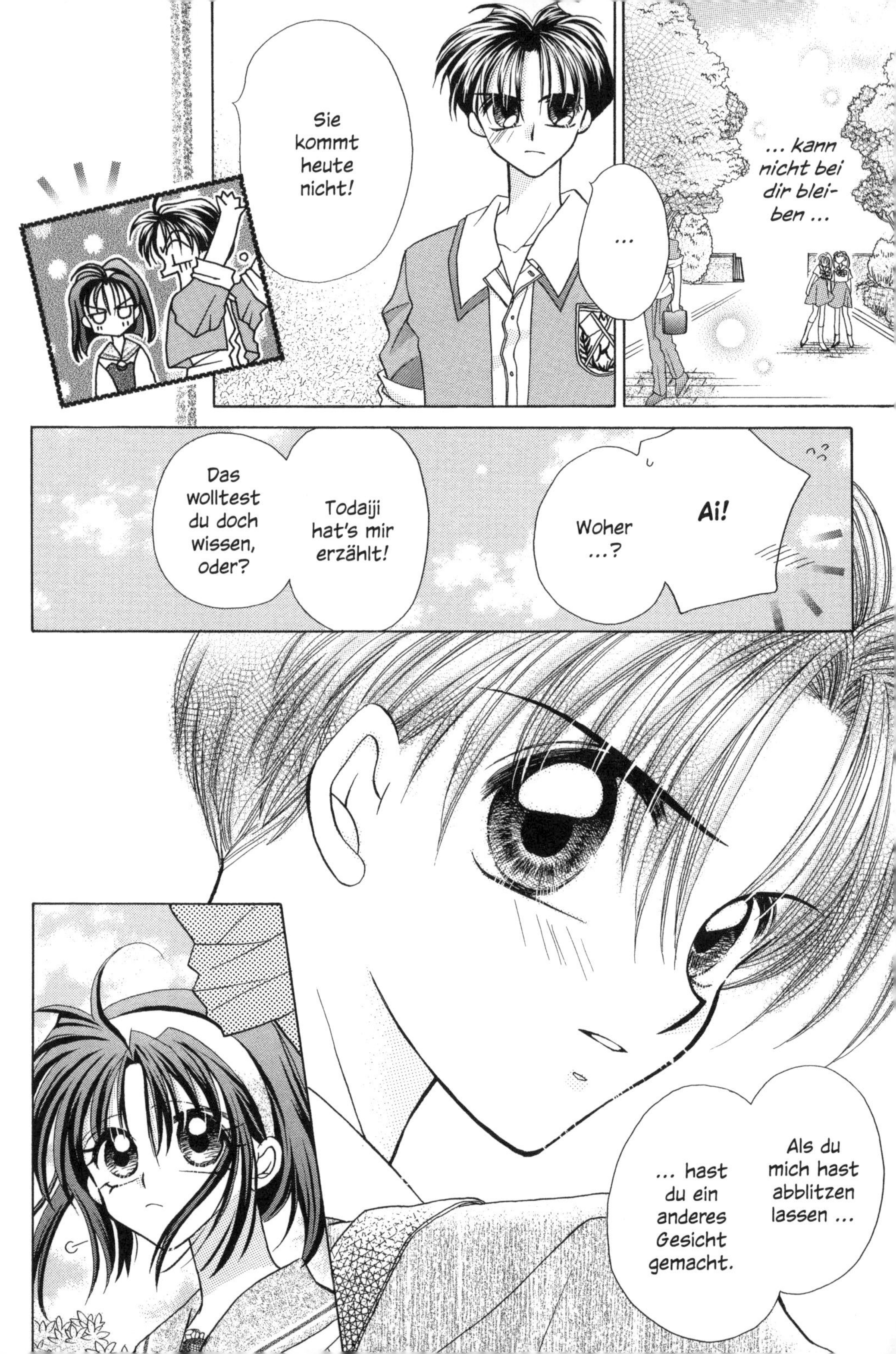
... kann nicht bei dir blei- ben ...
...
Sie kommt heute nicht!
Ai!
Woher ...?
Todaiji hat's mir erzählt!
Das wolltest du doch wissen, oder?
Als du mich hast abblitzen lassen ...
... hast du ein anderes Gesicht gemacht.

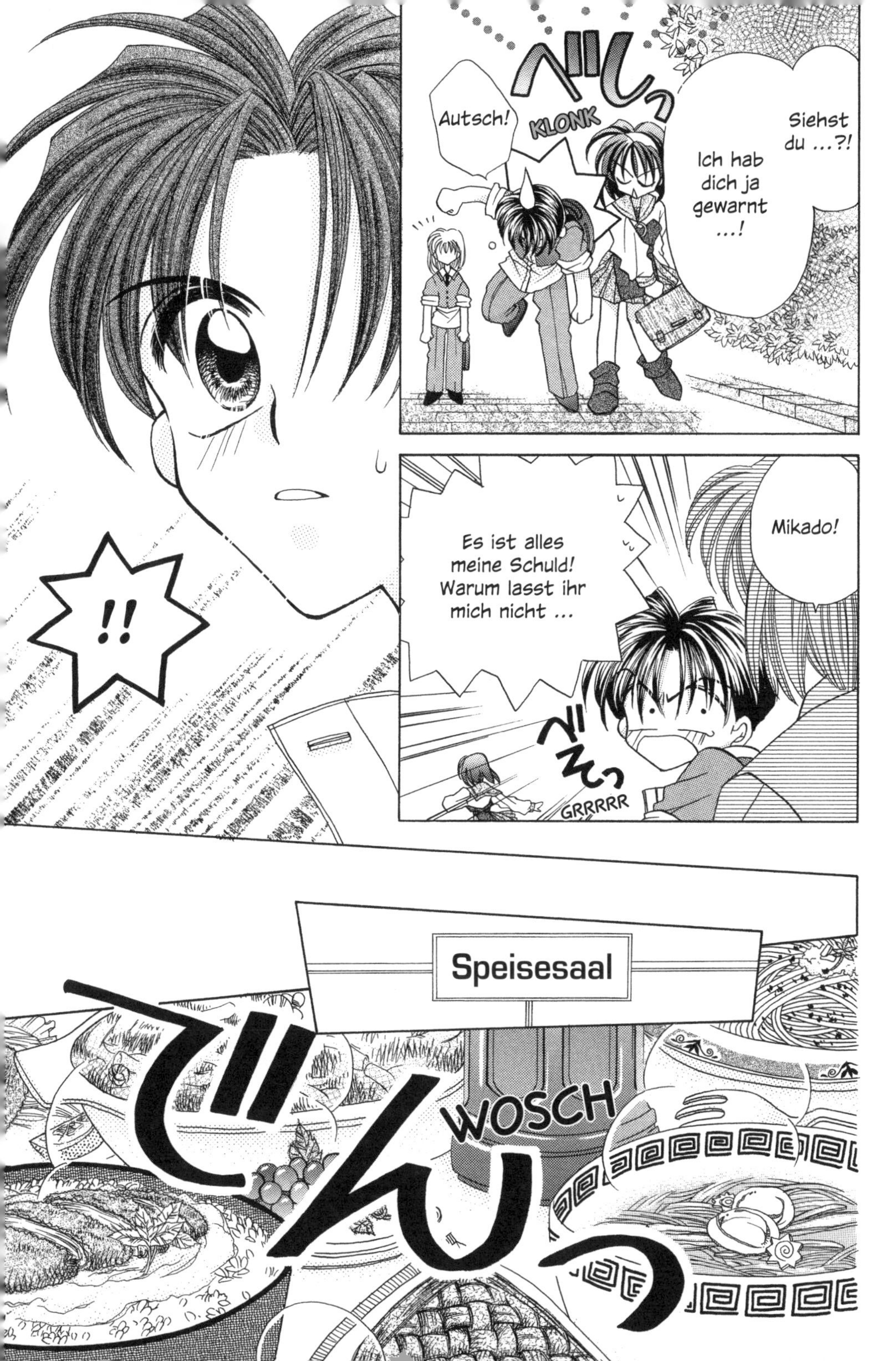
Siehst du …?!
Ich hab dich ja gewarnt …!
KLONK
Autsch!
Mikado!
Es ist alles meine Schuld! Warum lasst ihr mich nicht …
GRRRRR
!!
Speisesaal
WOSCH

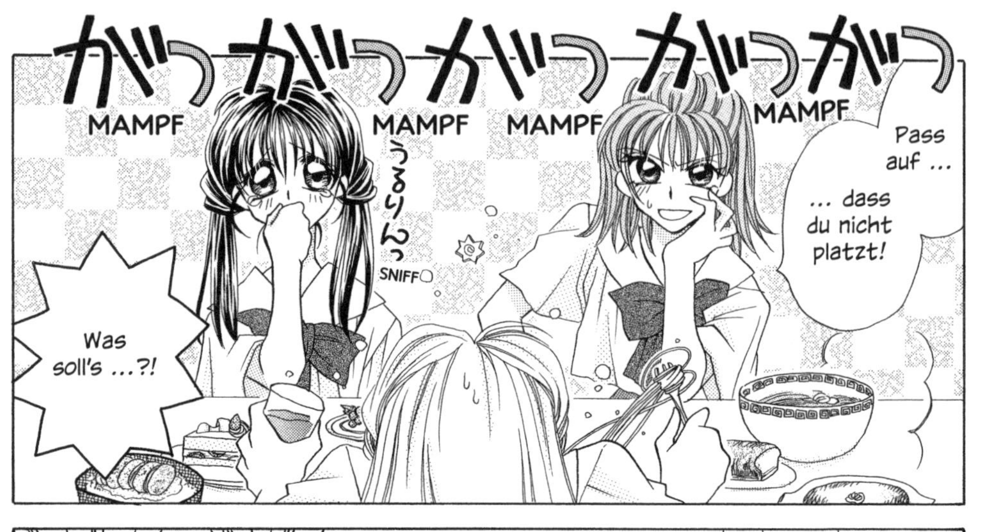
MAMPF
MAMPF
MAMPF
MAMPF
Pass auf ...
... dass du nicht platzt!
SNIFF
Was soll's ...?!

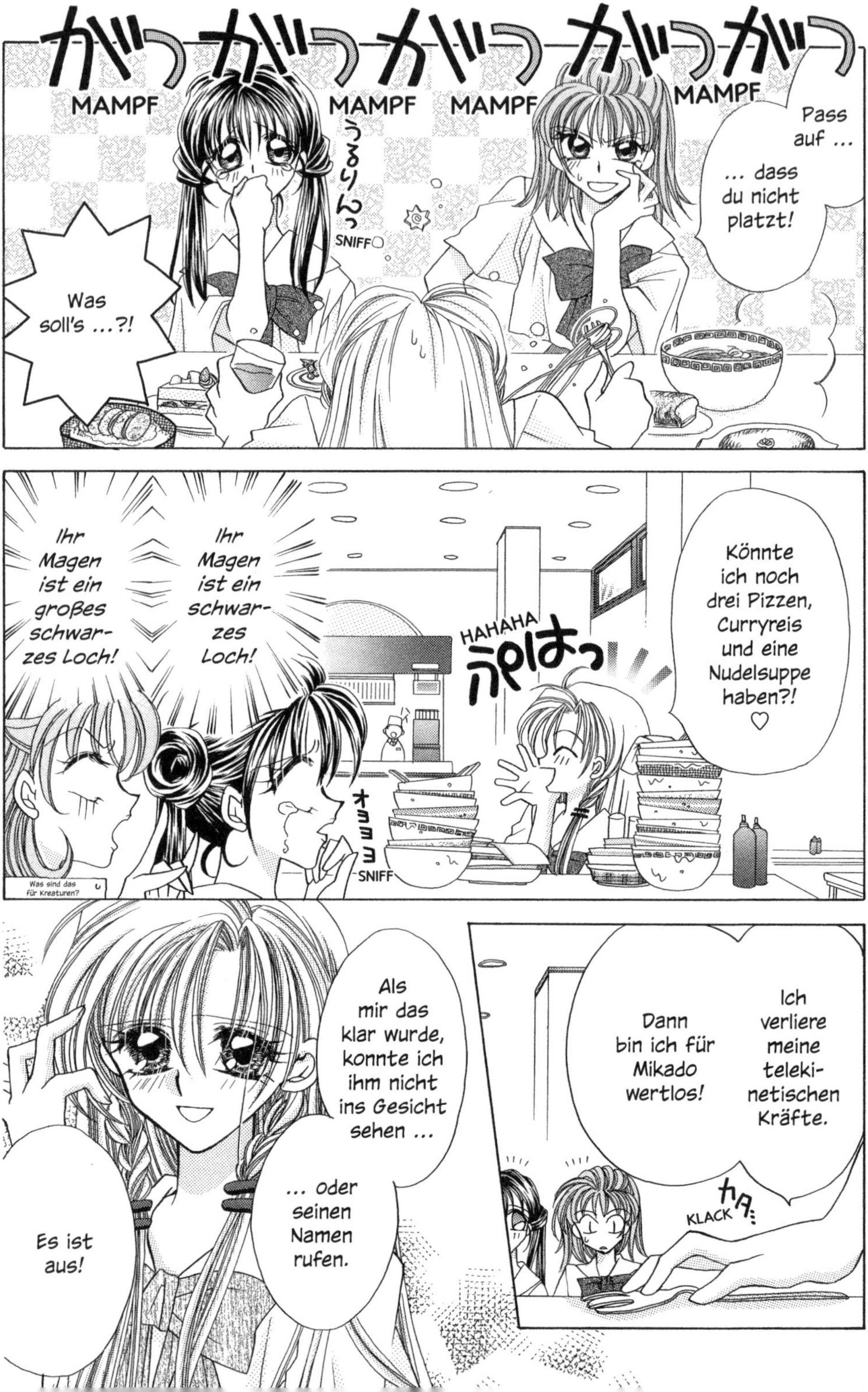

Könnte ich noch drei Pizzen, Curryreis und eine Nudelsuppe haben?! ♡
HAHAHA
Ihr Magen ist ein schwarzes Loch!
Ihr Magen ist ein großes schwarzes Loch!
SNIFF
Was sind das für Kreaturen?

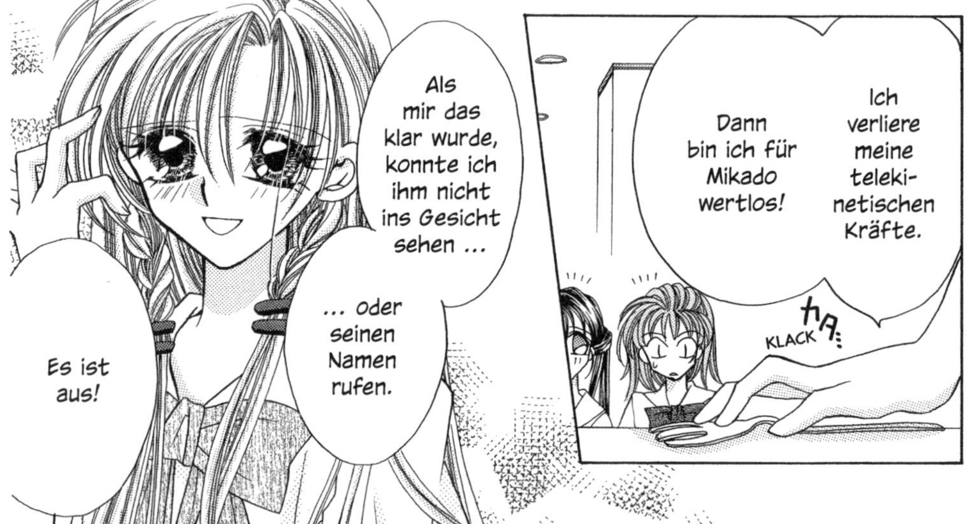
Ich verliere meine telekinetischen Kräfte.
Dann bin ich für Mikado wertlos!
KLACK
Als mir das klar wurde, konnte ich ihm nicht ins Gesicht sehen ...
... oder seinen Namen rufen.
Es ist aus!

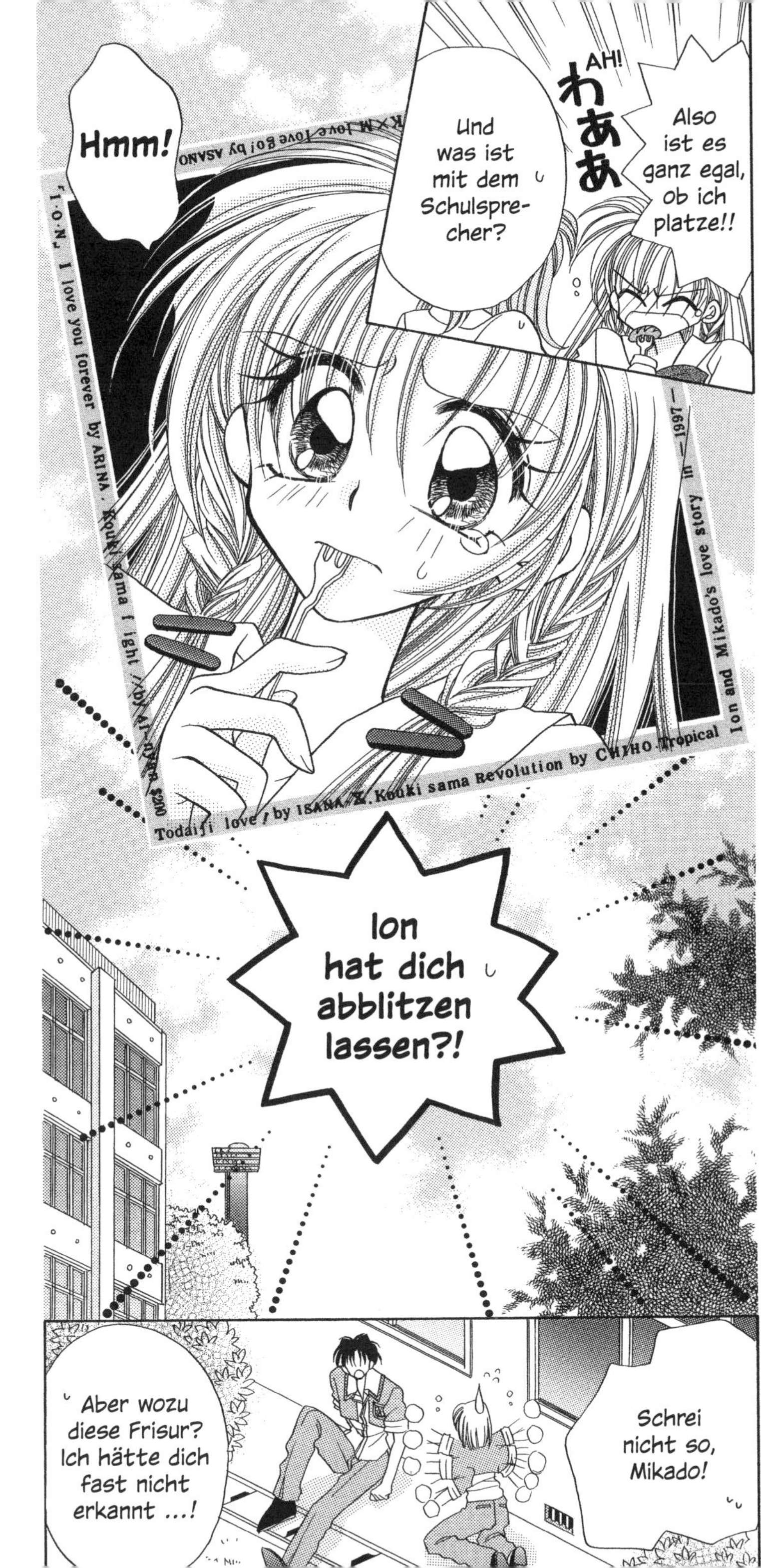

AH!
わああ
Also ist es ganz egal, ob ich platze!!
Und was ist mit dem Schulsprecher?
Hmm!
R×M love love go! by ASANO
"I.O.N." I love you forever by ARINA.
Todaiji love! by ISANA-X. Kouki sama Revolution by CHIHO Tropical
Ion and Mikado's love story in —1997—
Ion hat dich abblitzen lassen?!
Schrei nicht so, Mikado!
Aber wozu diese Frisur? Ich hätte dich fast nicht erkannt ...!

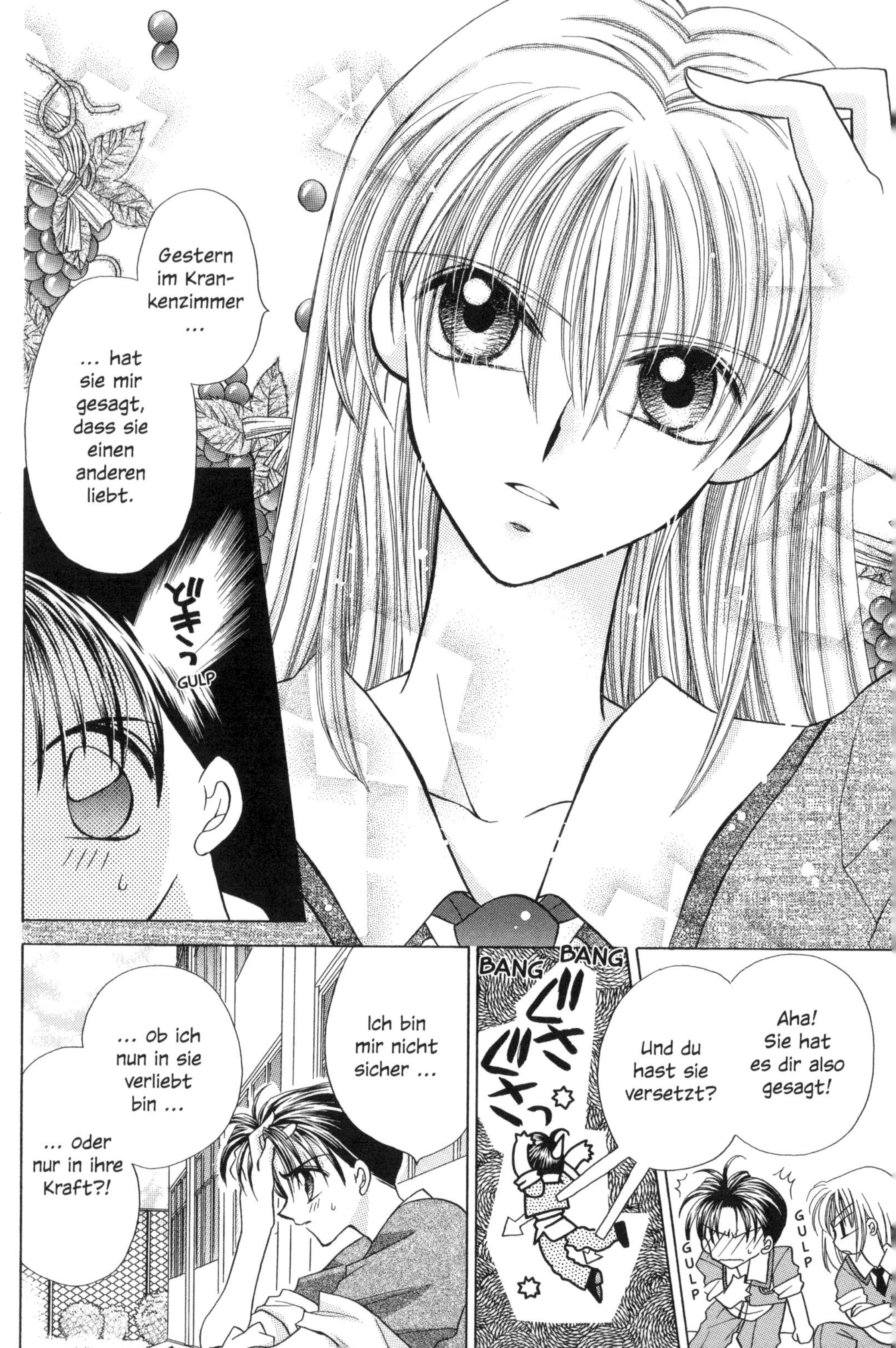

Gestern im Krankenzimmer …
… hat sie mir gesagt, dass sie einen anderen liebt.
どきっ
GULP
Aha! Sie hat es dir also gesagt!
Und du hast sie versetzt?
GULP
GULP
BANG
BANG
ぐさぐさっ
Ich bin mir nicht sicher …
… ob ich nun in sie verliebt bin …
… oder nur in ihre Kraft?!

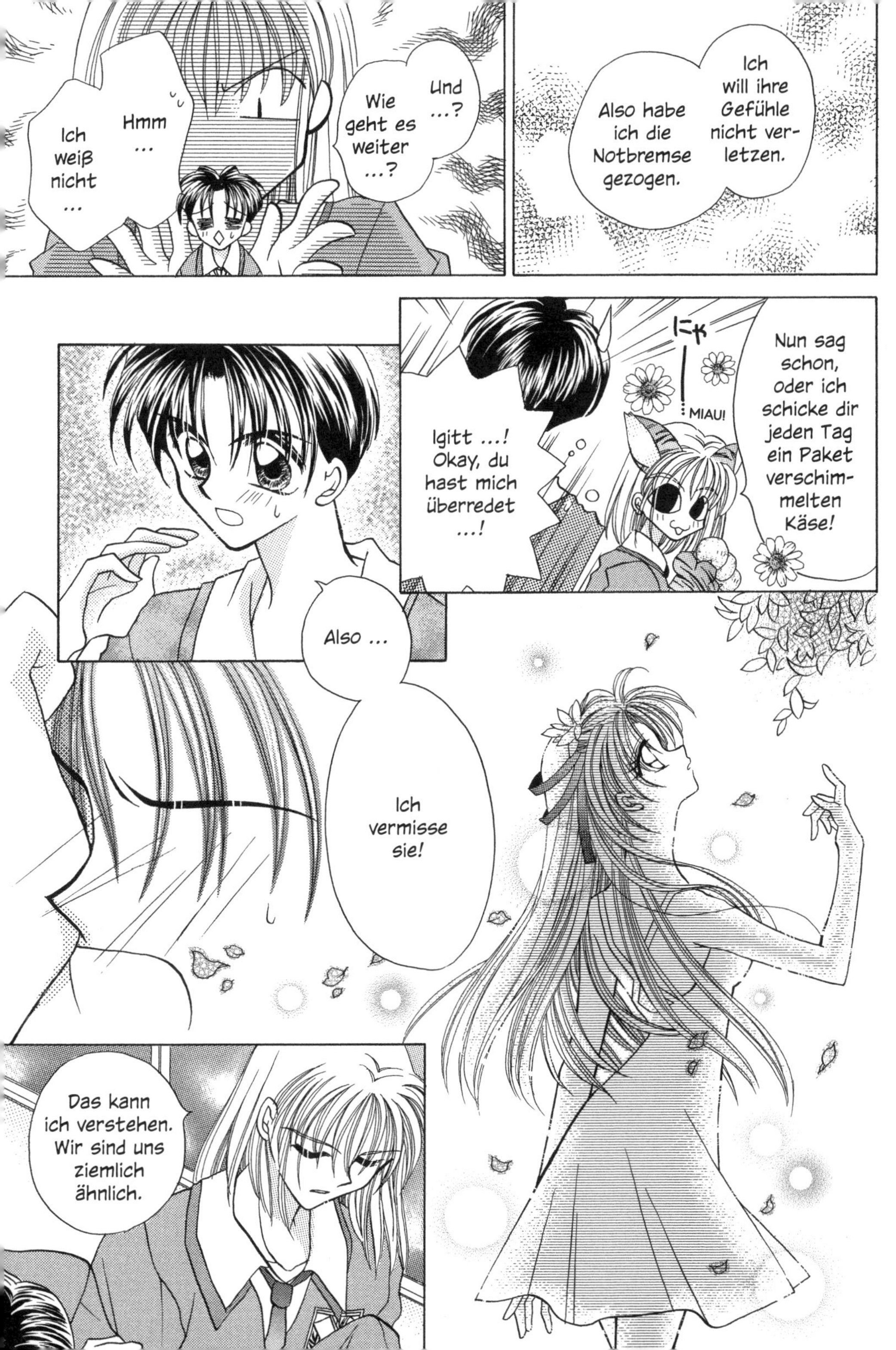
Ich will ihre Gefühle nicht verletzen.
Also habe ich die Notbremse gezogen.
Und …?
Wie geht es weiter …?
Hmm …
Ich weiß nicht …
Nun sag schon, oder ich schicke dir jeden Tag ein Paket verschimmelten Käse!
MIAU!
Igitt …! Okay, du hast mich überredet …!
Also …
Ich vermisse sie!
Das kann ich verstehen. Wir sind uns ziemlich ähnlich.

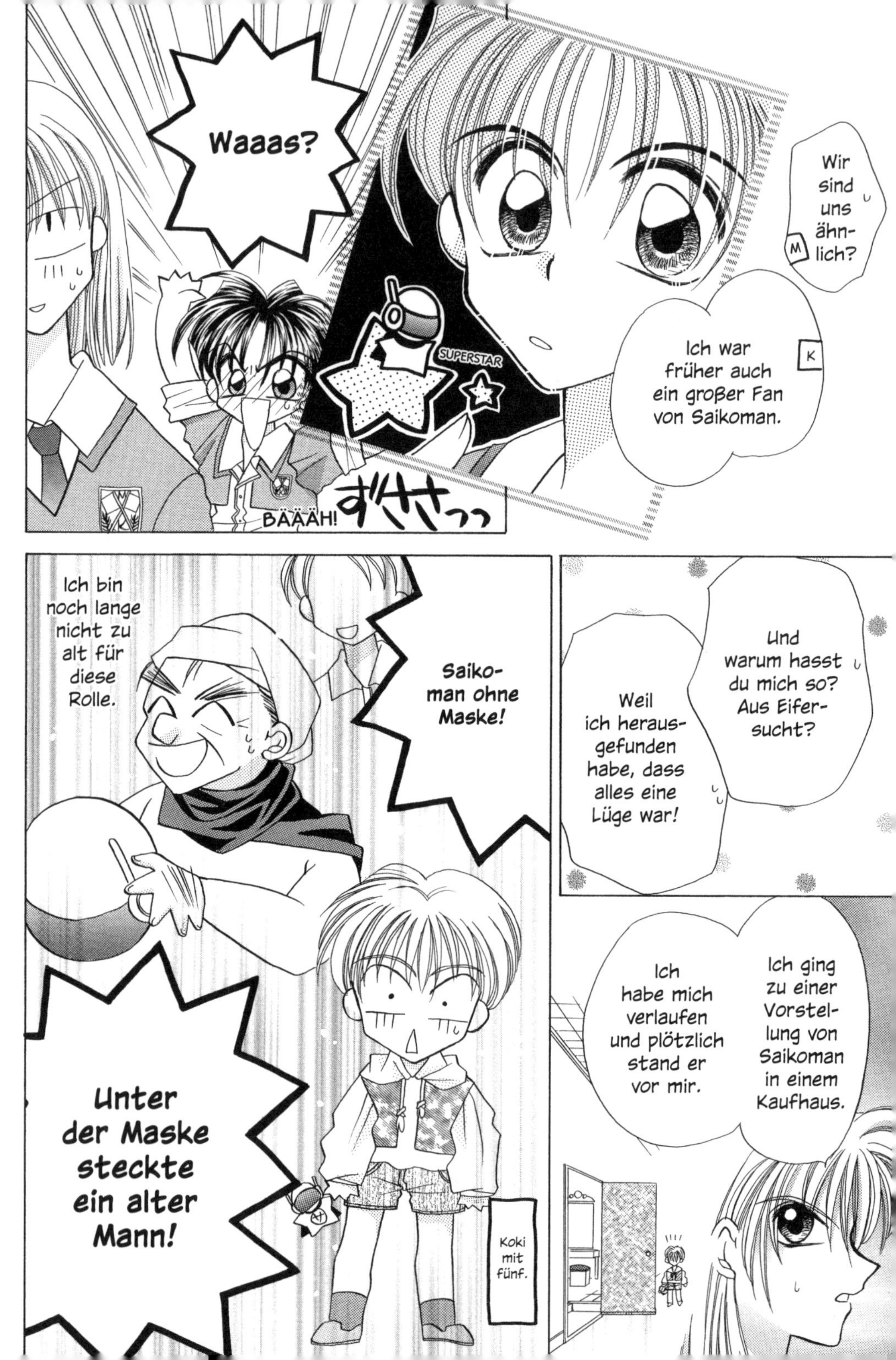
Wir sind uns ähnlich?
Ich war früher auch ein großer Fan von Saikoman.
SUPERSTAR
Waaas?
BÄÄÄH!
ずささっっ
Und warum hasst du mich so? Aus Eifersucht?
Weil ich herausgefunden habe, dass alles eine Lüge war!
Saikoman ohne Maske!
Ich bin noch lange nicht zu alt für diese Rolle.
Ich ging zu einer Vorstellung von Saikoman in einem Kaufhaus.
Ich habe mich verlaufen und plötzlich stand er vor mir.
Koki mit fünf.
Unter der Maske steckte ein alter Mann!

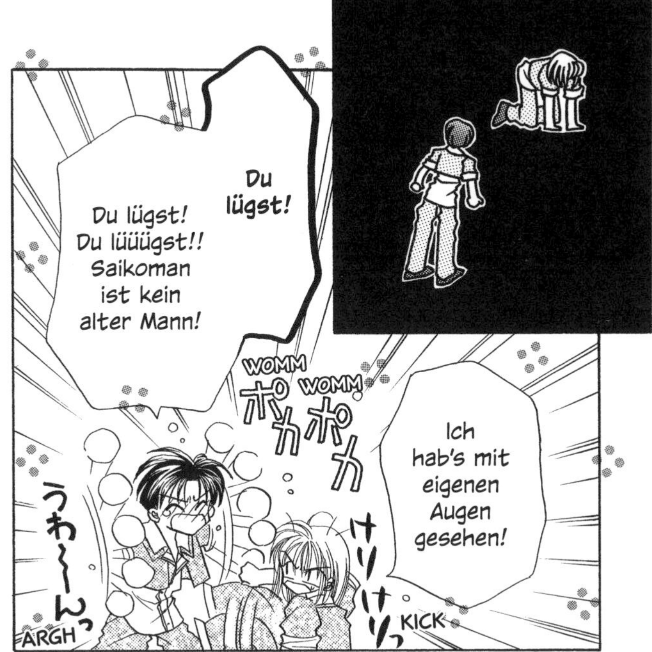
Du lügst!
Du lügst! Du lüüüügst!! Saikoman ist kein alter Mann!
Ich hab's mit eigenen Augen gesehen!
WOMM
WOMM
ポカポカ
うわ～～んっ
ARGH
けりけりっ
KICK

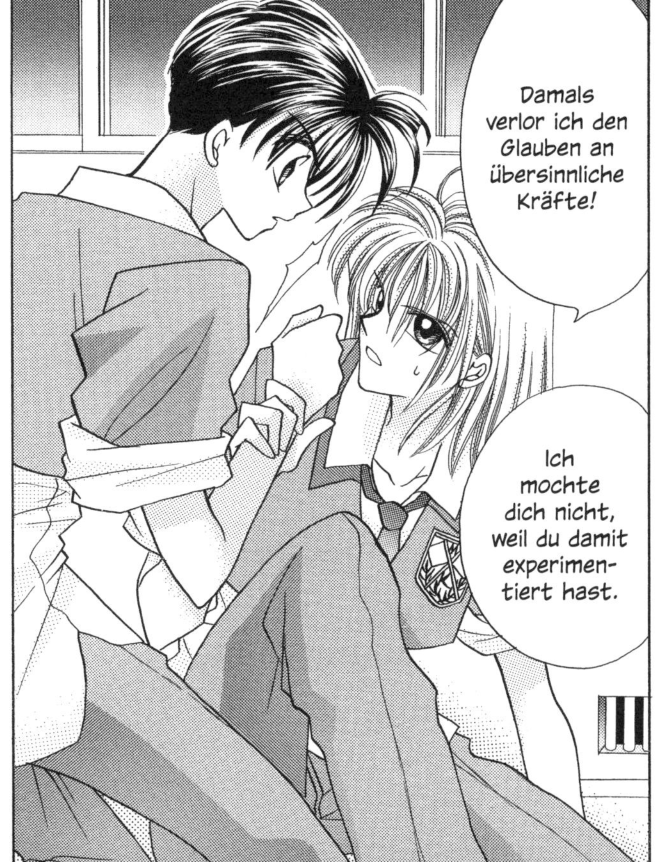
Damals verlor ich den Glauben an übersinnliche Kräfte!
Ich mochte dich nicht, weil du damit experimentiert hast.

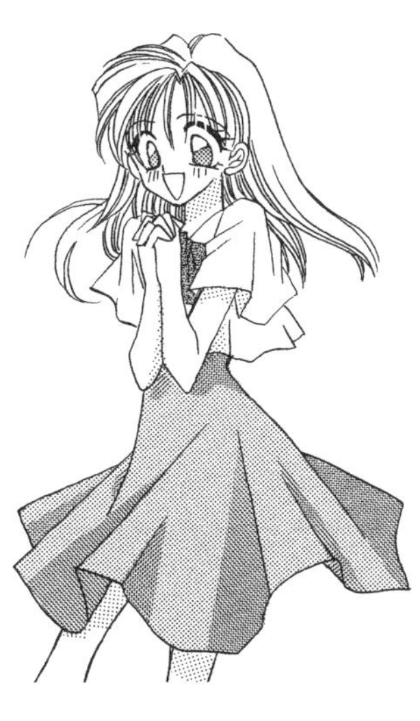

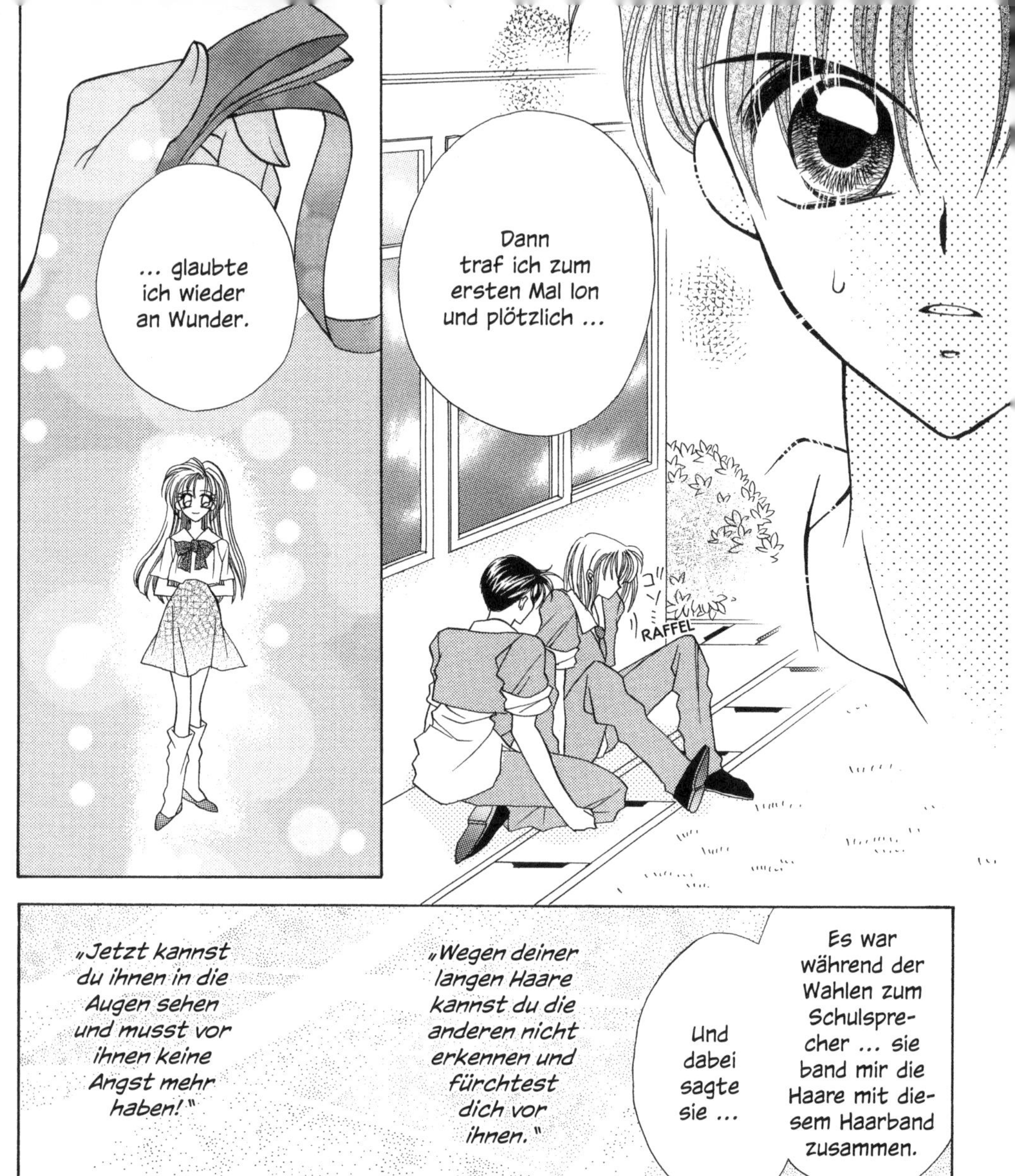
Dann traf ich zum ersten Mal Ion und plötzlich …
RAFFEL
… glaubte ich wieder an Wunder.
Es war während der Wahlen zum Schulsprecher … sie band mir die Haare mit diesem Haarband zusammen.
Und dabei sagte sie …
„Wegen deiner langen Haare kannst du die anderen nicht erkennen und fürchtest dich vor ihnen.“
„Jetzt kannst du ihnen in die Augen sehen und musst vor ihnen keine Angst mehr haben!“
Schon ehe sie ihre Kräfte entwickelte …
… ließ sie wunderbare Dinge geschehen.
Ich wette, du weißt genau …

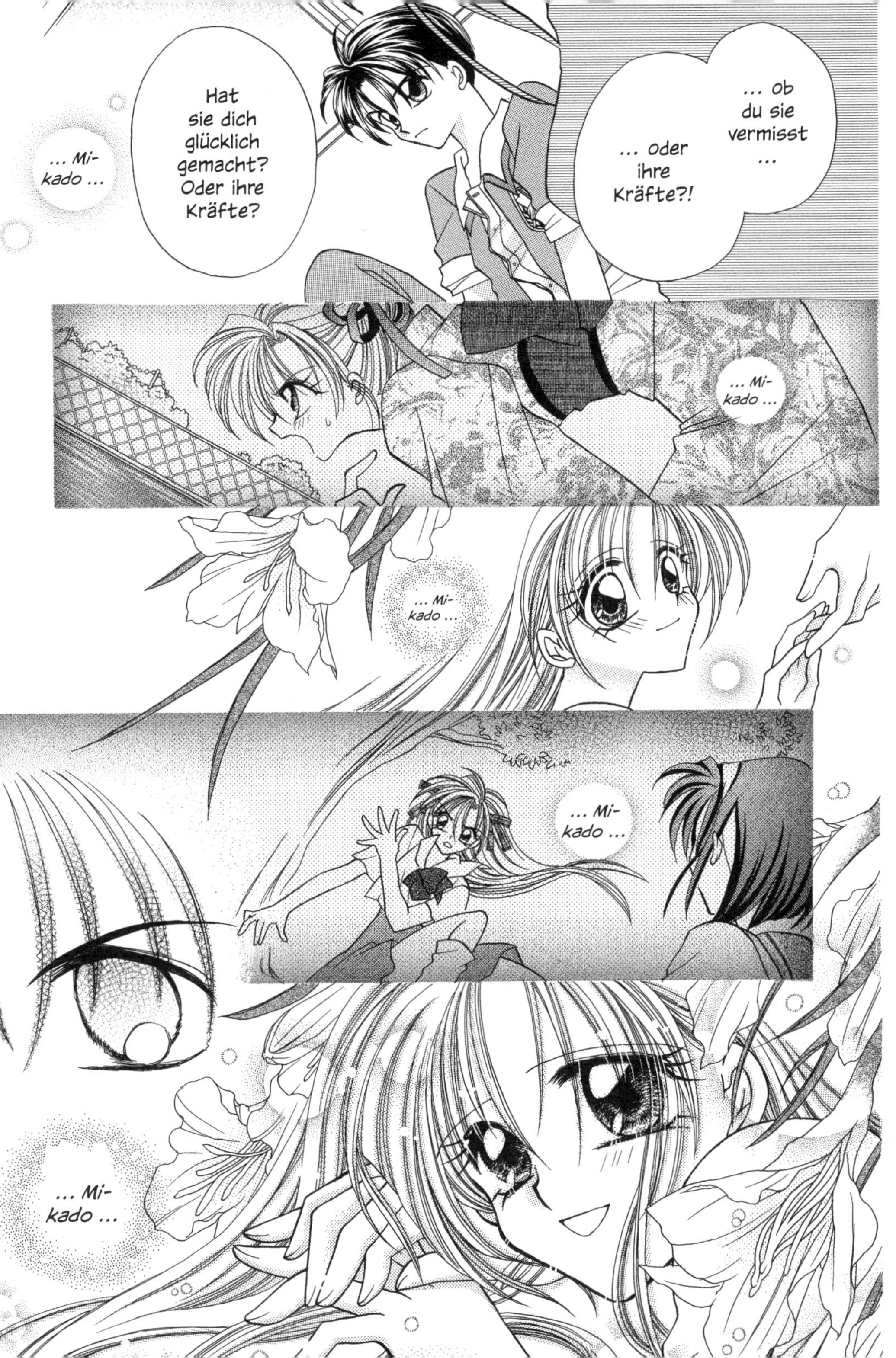
... ob du sie vermisst ...
... oder ihre Kräfte?!
Hat sie dich glücklich gemacht? Oder ihre Kräfte?
... Mi-kado ...
... Mi-kado ...
... Mi-kado ...
... Mi-kado ...
... Mi-kado ...

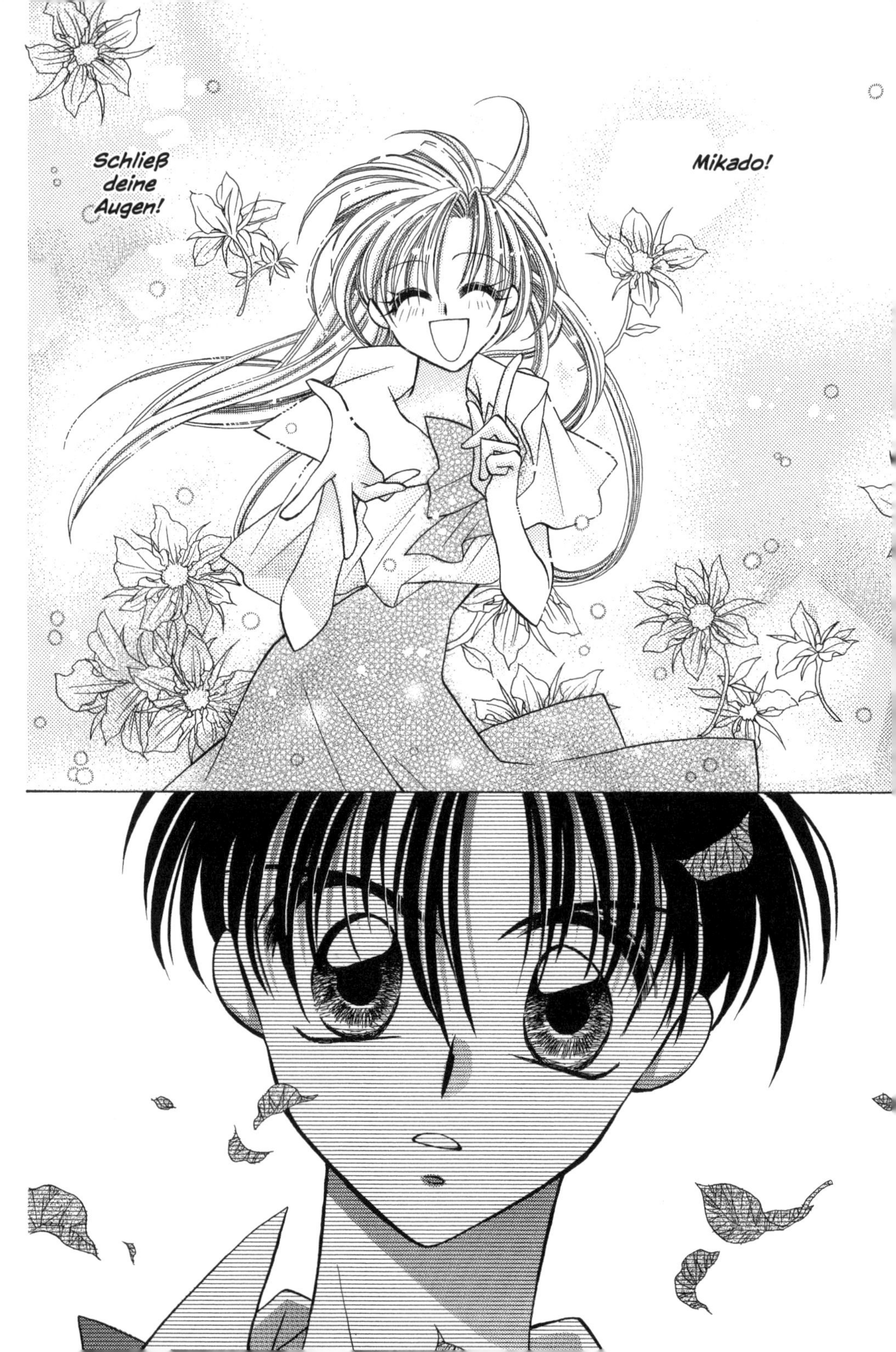
Mikado!
Schließ deine Augen!

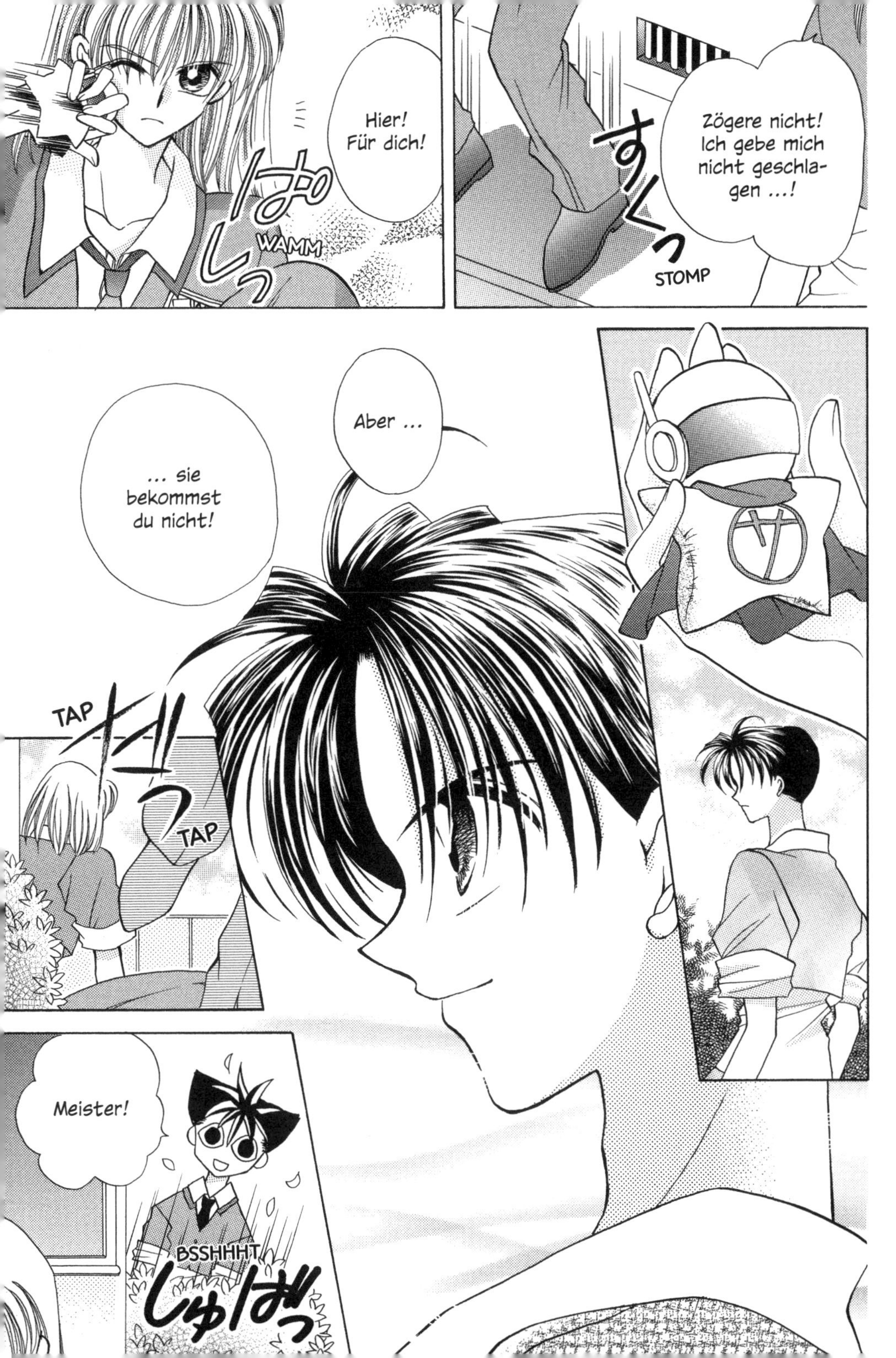
Zögere nicht! Ich gebe mich nicht geschlagen ...!
STOMP
Hier! Für dich!
WAMM
Aber ...
... sie bekommst du nicht!
TAP
TAP
Meister!
BSSHHHT

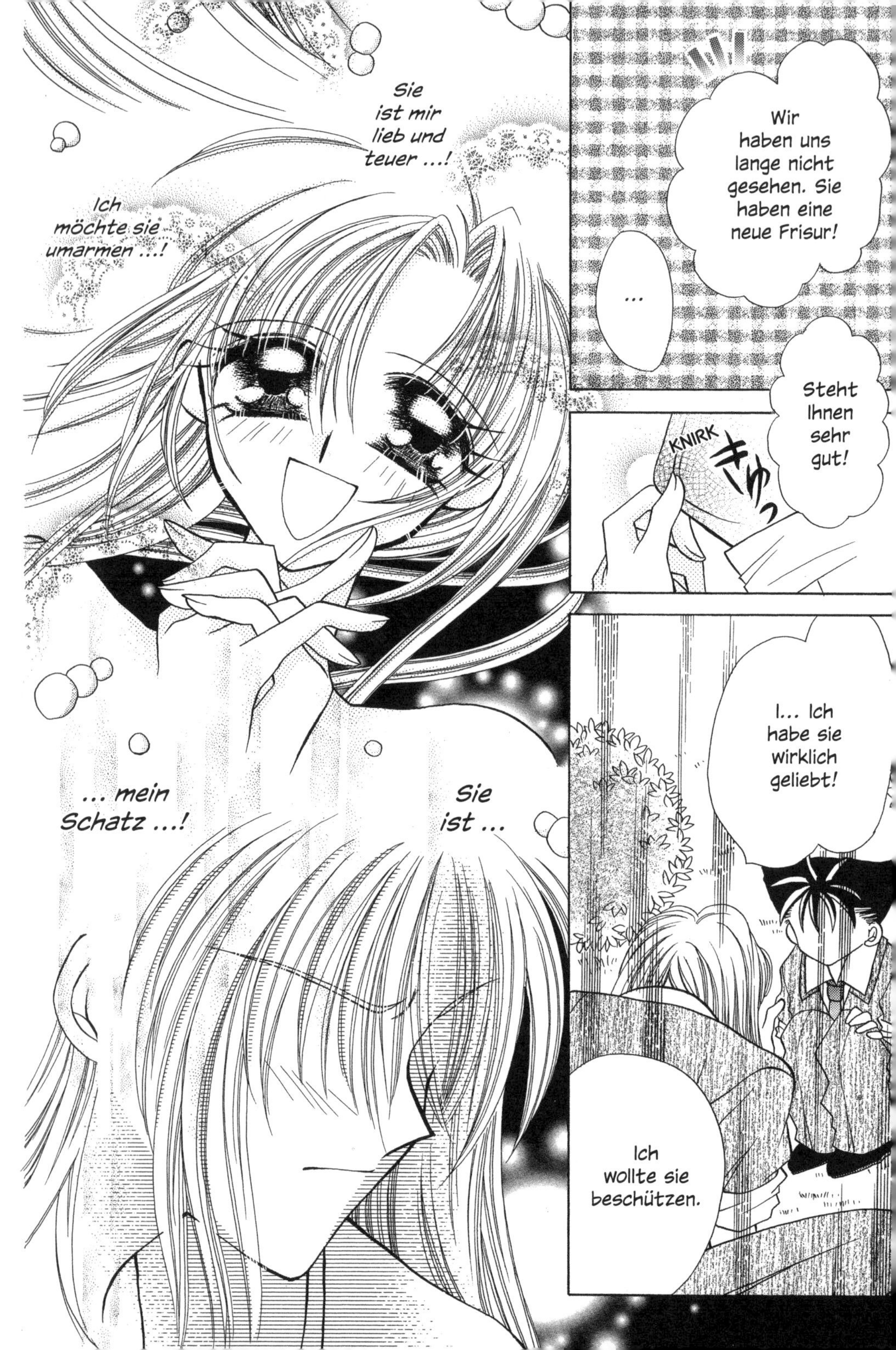
Wir haben uns lange nicht gesehen. Sie haben eine neue Frisur!
...
Steht Ihnen sehr gut!
KNIRK
きゅっ
I... Ich habe sie wirklich geliebt!
Ich wollte sie beschützen.
Sie ist mir lieb und teuer ...!
Ich möchte sie umarmen ...!
Sie ist ...
... mein Schatz ...!

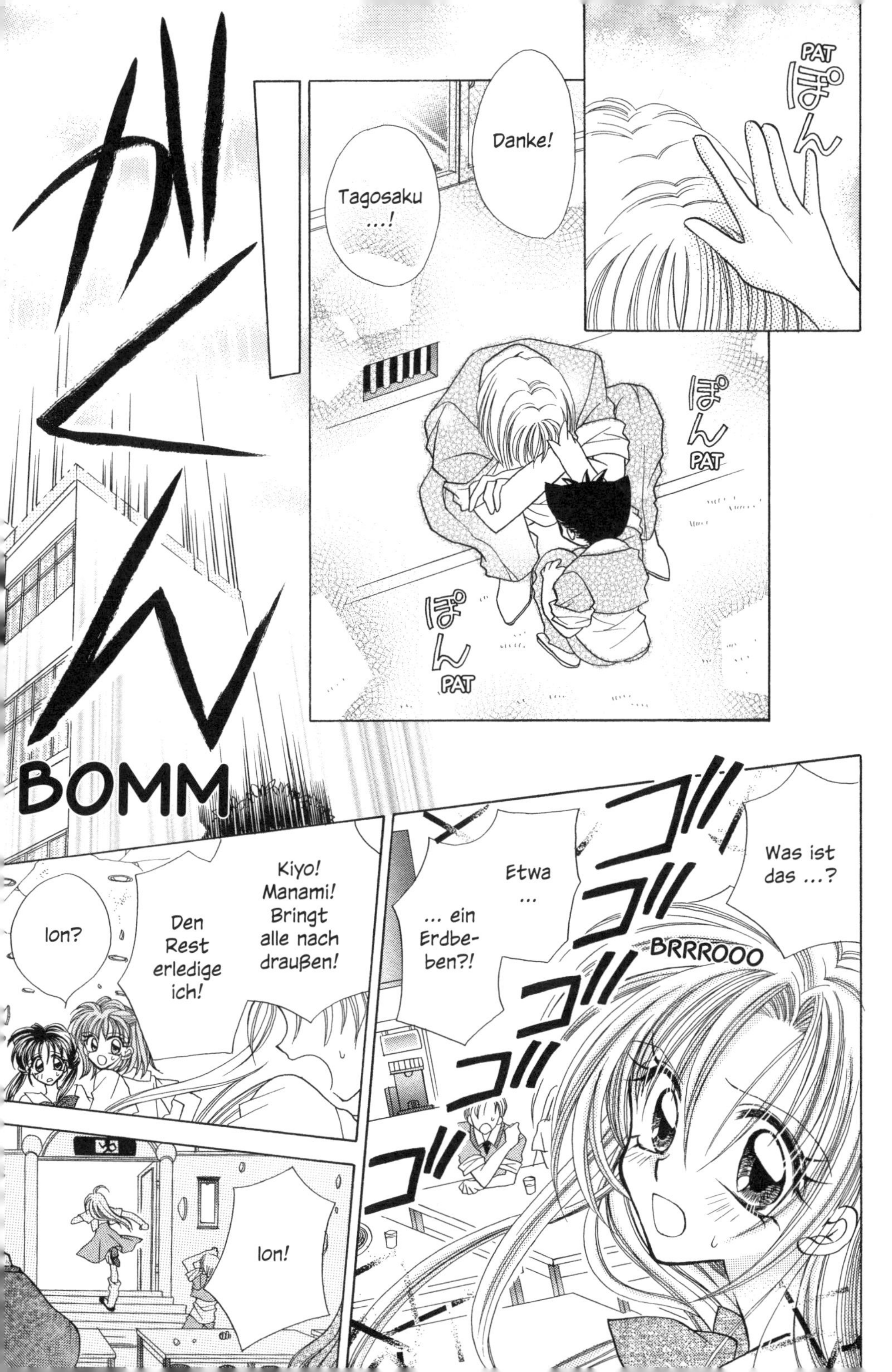
PAT
ぽん
Danke!
Tagosaku ...!
ぽん
PAT
ぽん
PAT
かん
BOMM
Was ist das ...?
BRRROOO
Etwa ...
... ein Erdbeben?!
Kiyo! Manami! Bringt alle nach draußen!
Den Rest erledige ich!
Ion?
Ion!

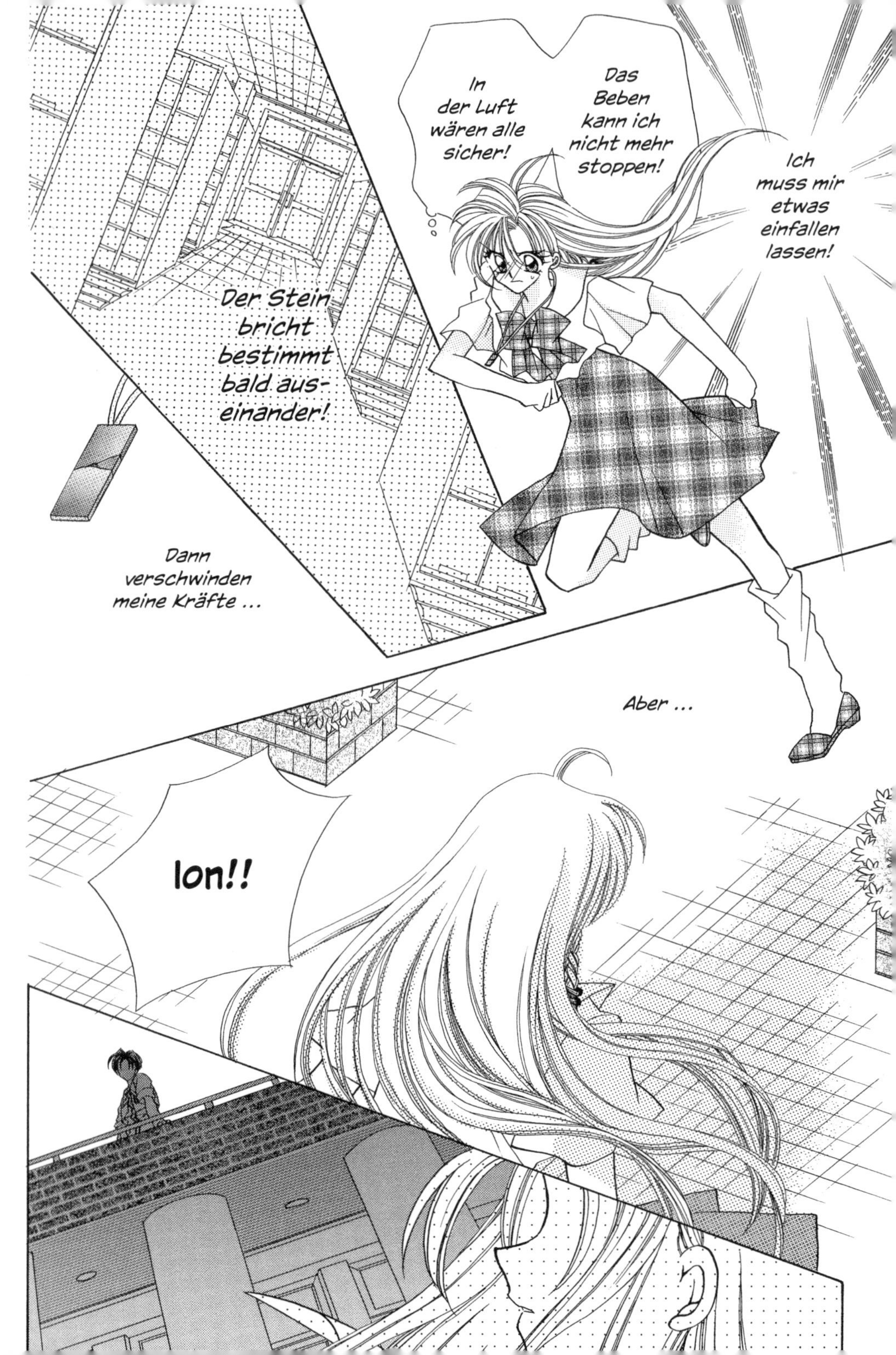
Ich muss mir etwas einfallen lassen!
Das Beben kann ich nicht mehr stoppen!
In der Luft wären alle sicher!
Der Stein bricht bestimmt bald auseinander!
Dann verschwinden meine Kräfte ...
Aber ...
Ion!!

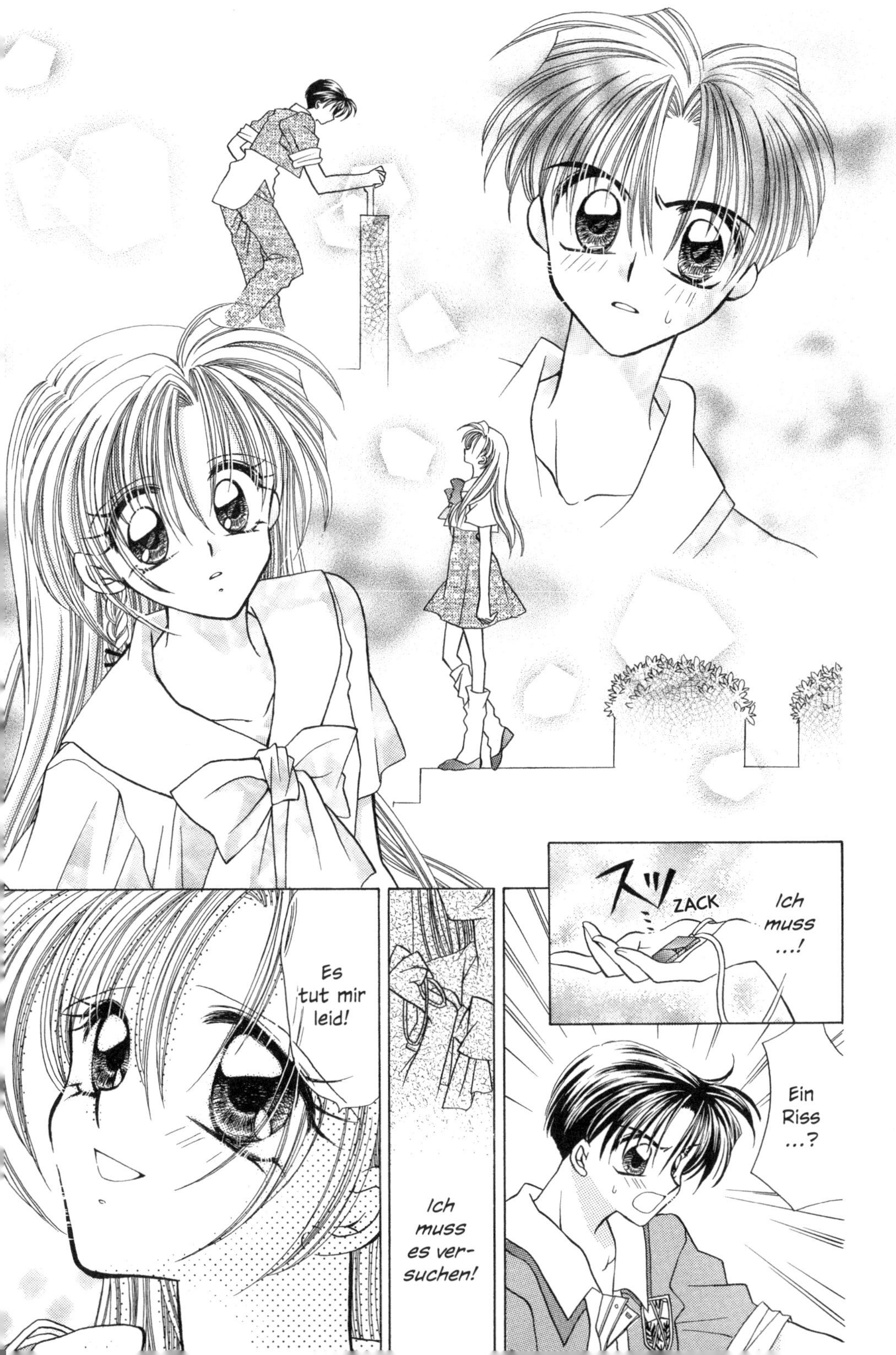
ズッ
ZACK
Ich muss ...!
Ein Riss ...?
Ich muss es versuchen!
Es tut mir leid!

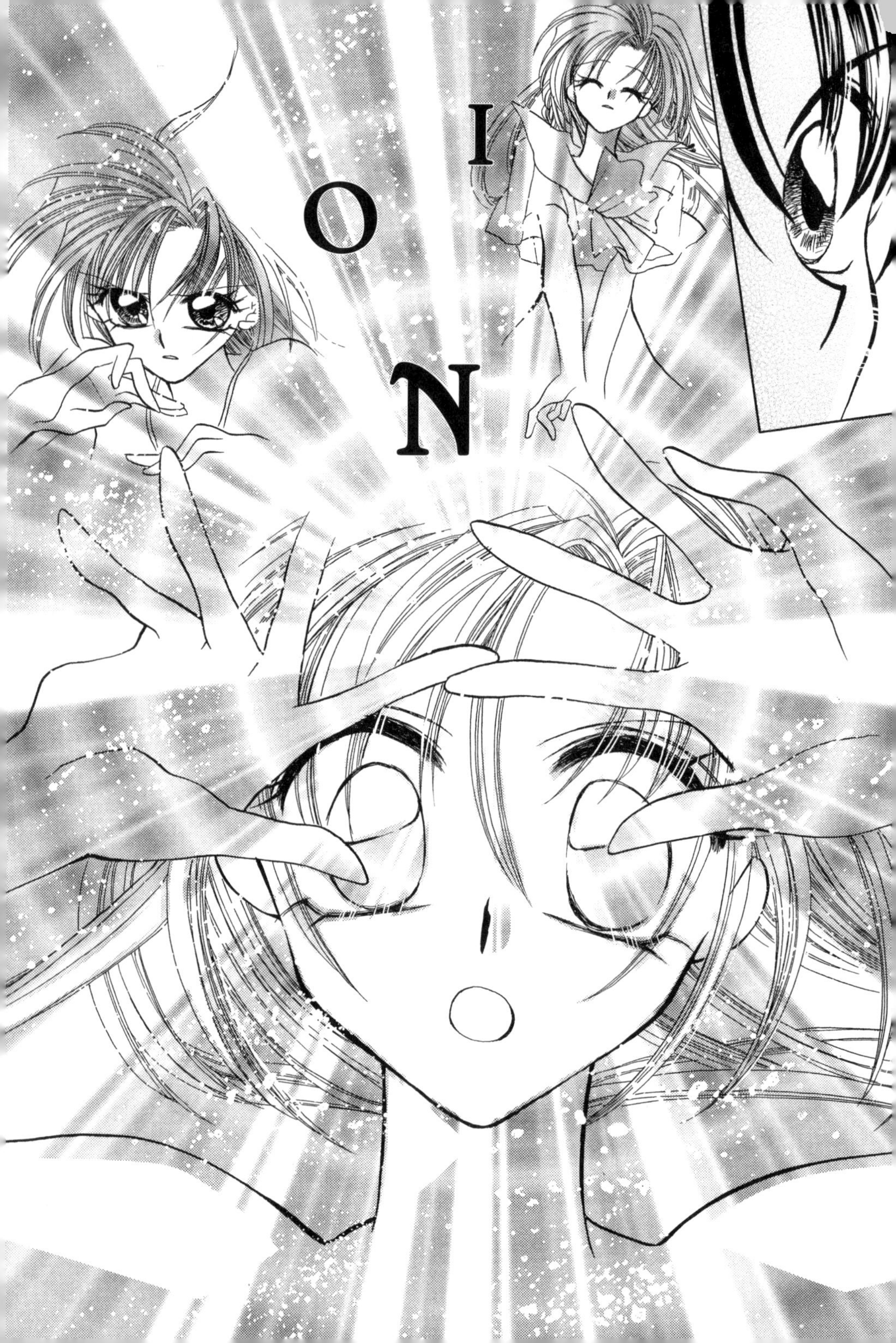
I
O
N

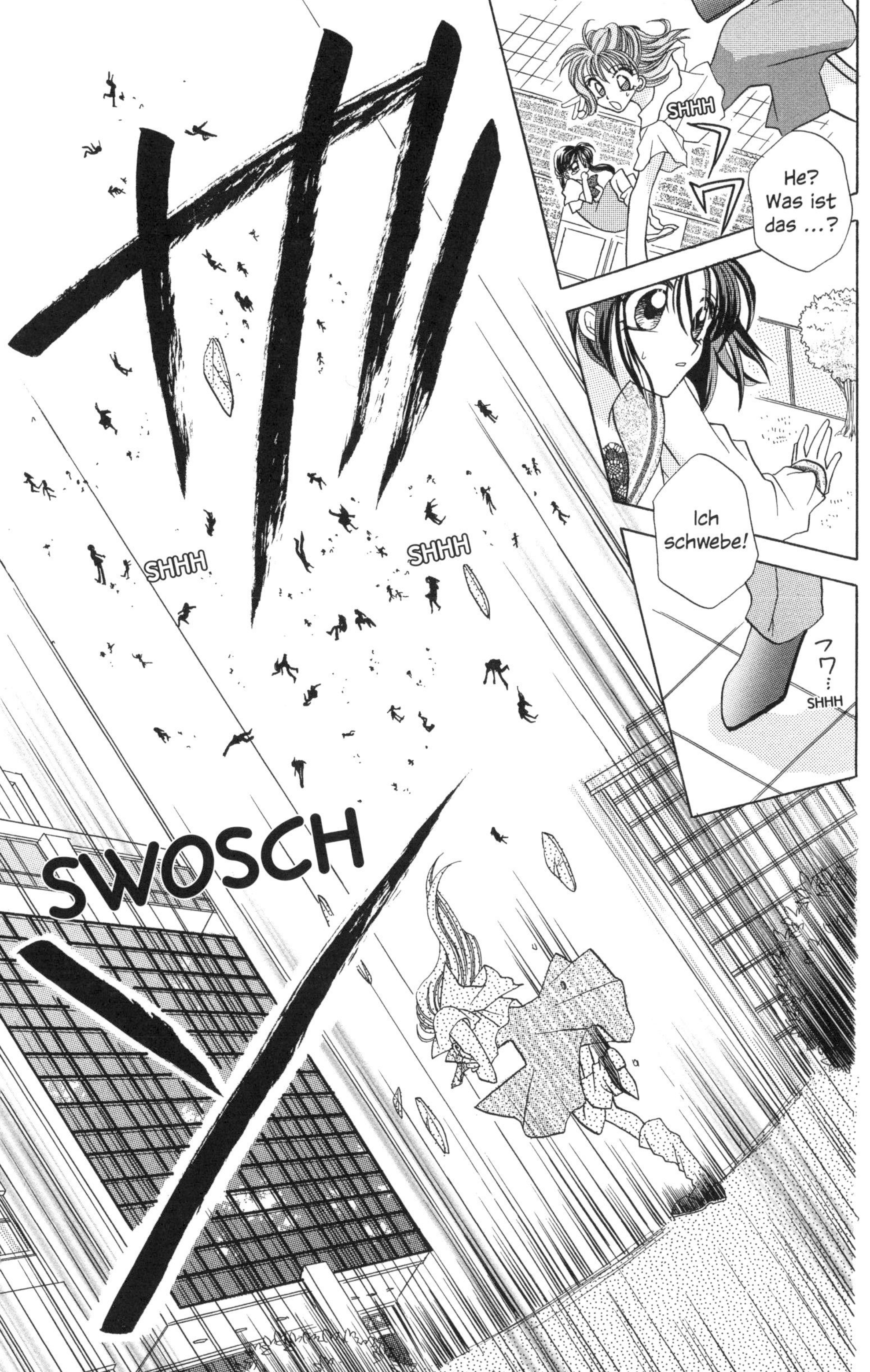
SHHH
He? Was ist das ...?
Ich schwebe!
SHHH
SHHH
SHHH
SWOSCH

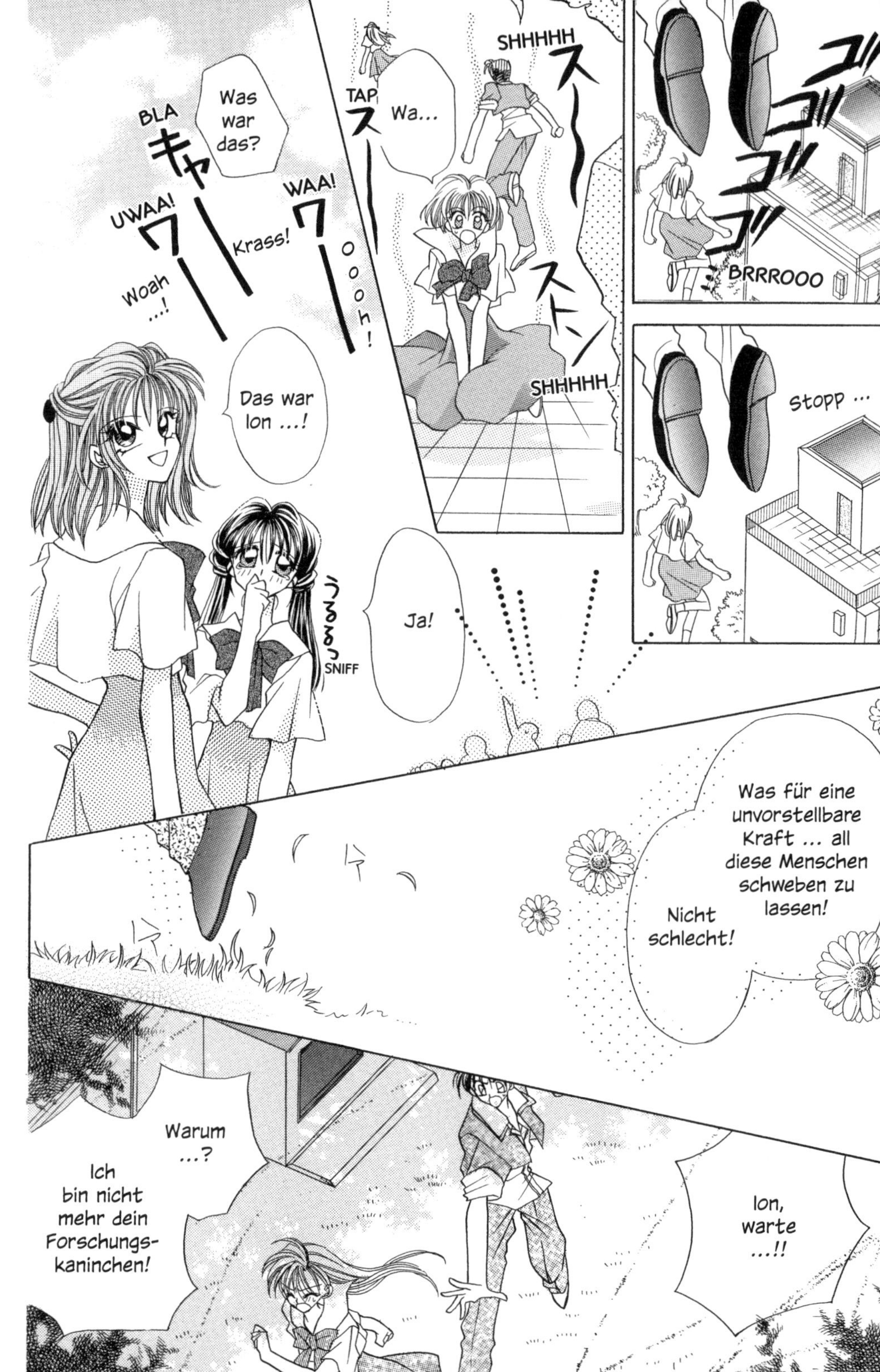
ゴゴゴゴ
BRRROOO
Stopp ...
SHHHHH
スー
TAP
スー
Wa...
ストン
SHHHHH
Was war das?
BLA
キャー
UWAA!
ワー
Krass!
WAA!
ワー
Woah ...!
Ooooh!
Das war Ion ...!
Ja!
うるる
SNIFF
Was für eine unvorstellbare Kraft ... all diese Menschen schweben zu lassen!
Nicht schlecht!
Ion, warte ...!!
Warum ...?
Ich bin nicht mehr dein Forschungs-kaninchen!

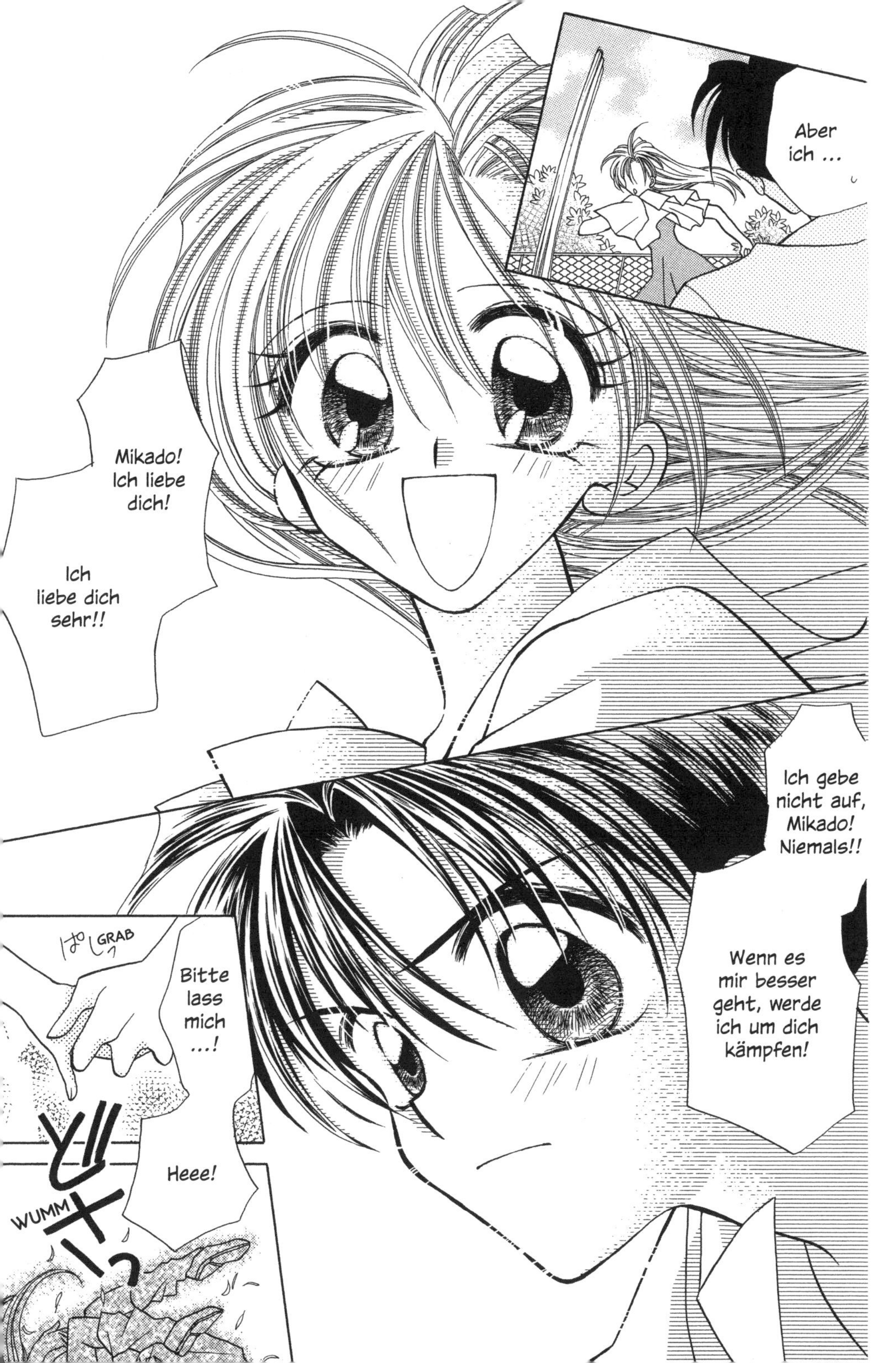
Aber ich …
Mikado! Ich liebe dich!
Ich liebe dich sehr!!
Ich gebe nicht auf, Mikado! Niemals!!
Wenn es mir besser geht, werde ich um dich kämpfen!
ぱしっ GRAB
Bitte lass mich …!
Heee!
どさっ WUMM

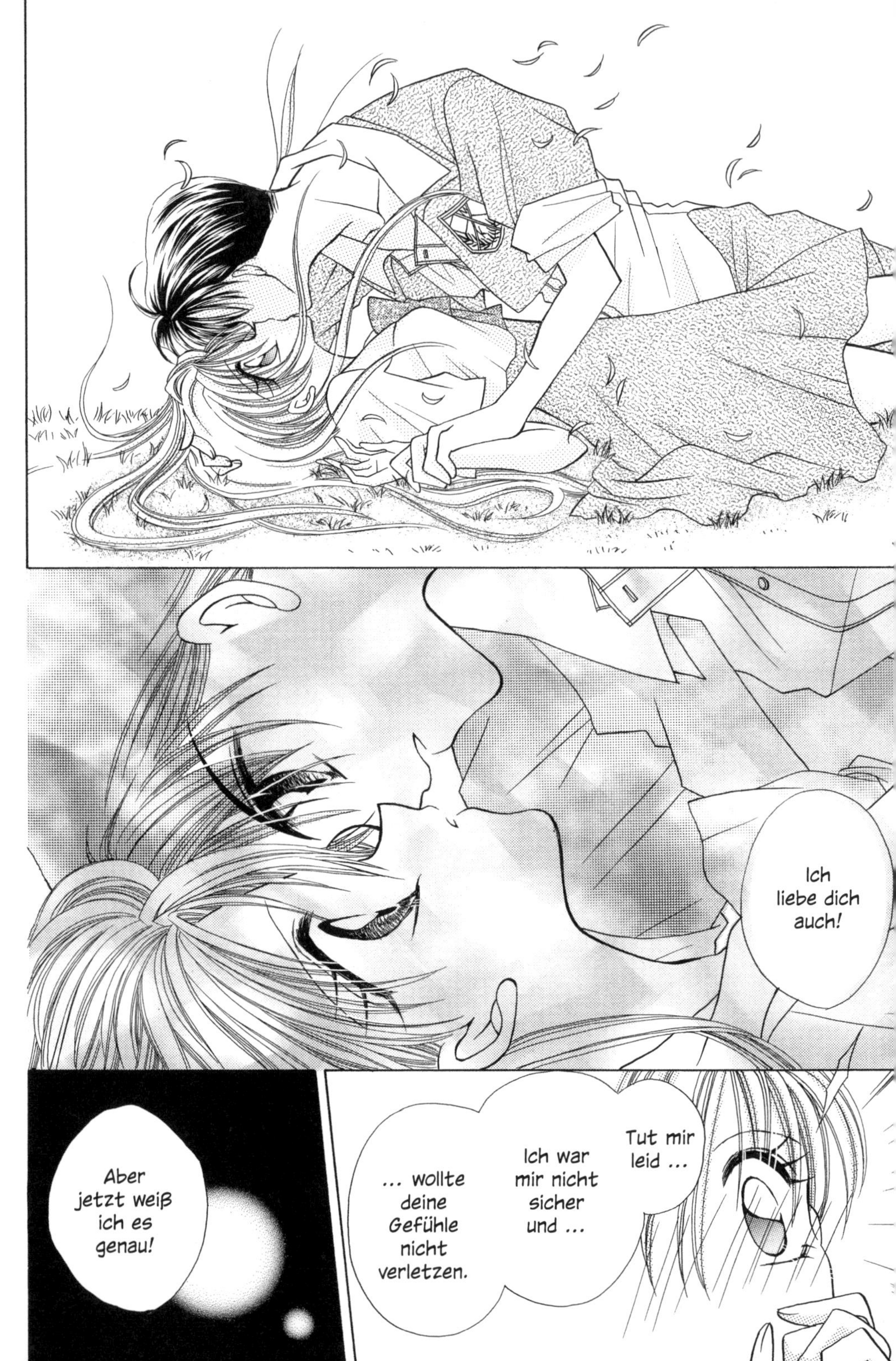
Ich liebe dich auch!
Tut mir leid ...
Ich war mir nicht sicher und ...
... wollte deine Gefühle nicht verletzen.
Aber jetzt weiß ich es genau!

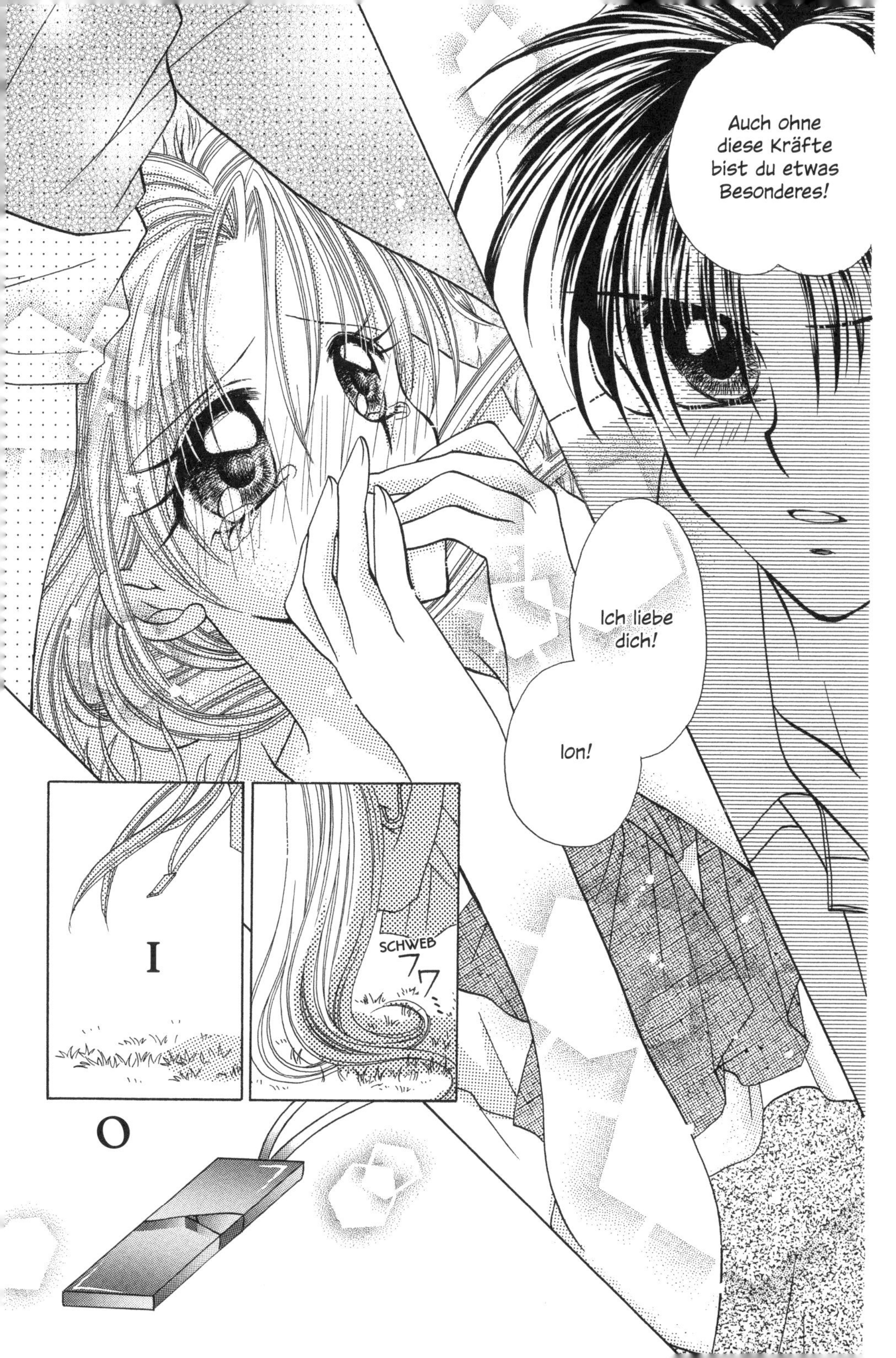
Auch ohne diese Kräfte bist du etwas Besonderes!
Ich liebe dich!
Ion!
SCHWEB
I
O

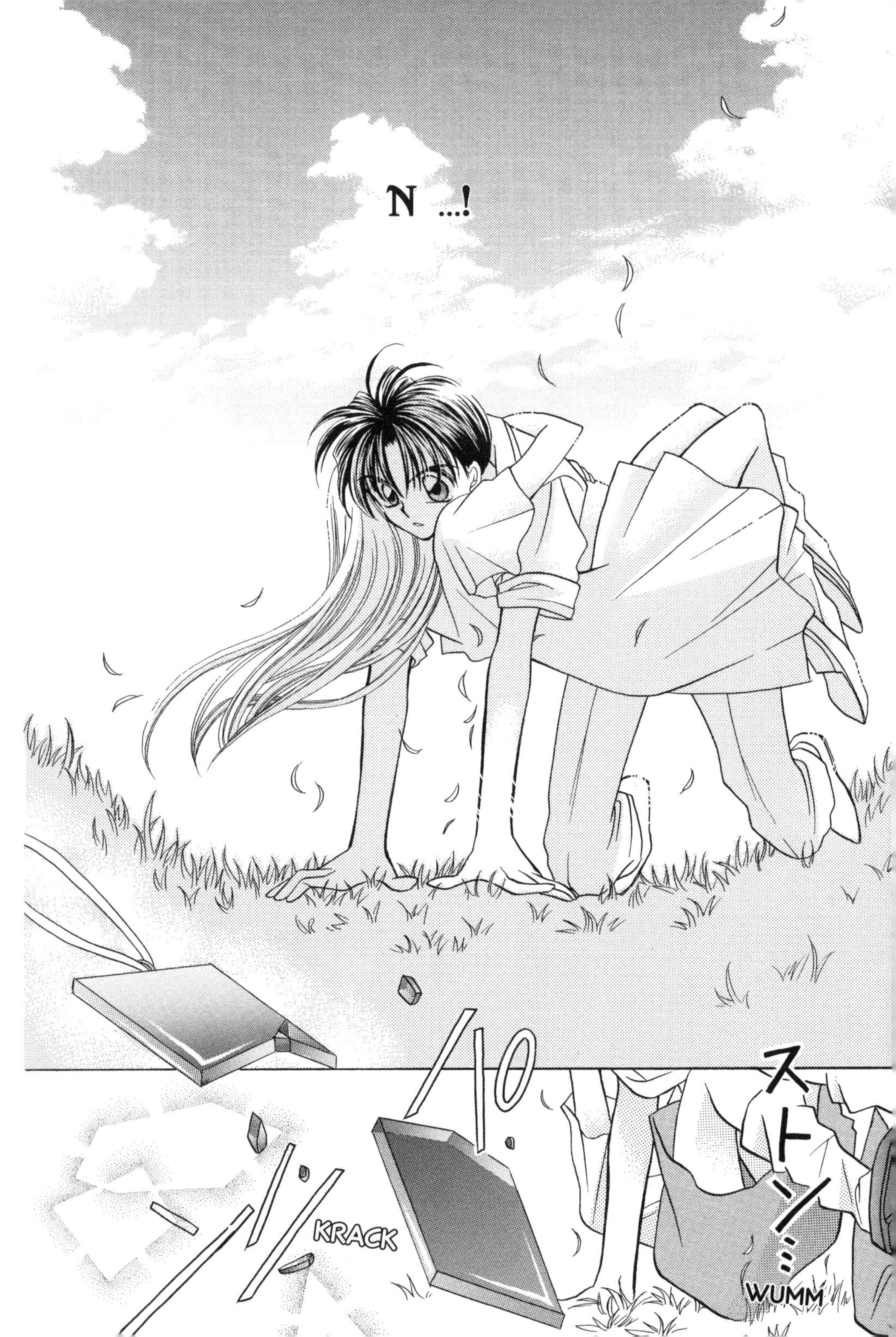
N ...!
KRACK
ストン
WUMM

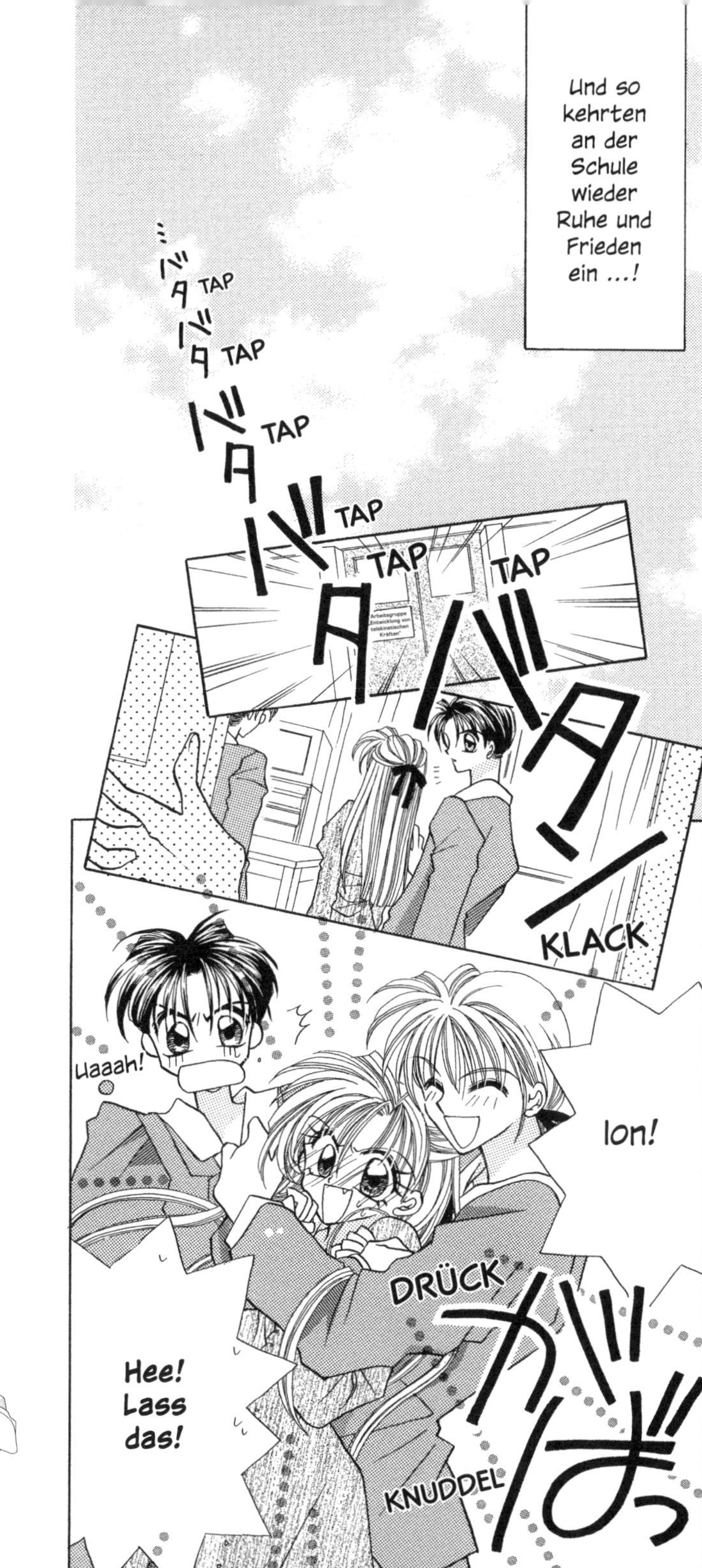
Und so kehrten an der Schule wieder Ruhe und Frieden ein …!
バタ TAP
バタ TAP
バタ TAP
バ TAP
TAP
TAP
Arbeitsgruppe Entwicklung von telekinetischen Kräften"
バタン
KLACK
Ion!
Uaaah!
DRÜCK
がばっ
KNUDDEL
Hee! Lass das!

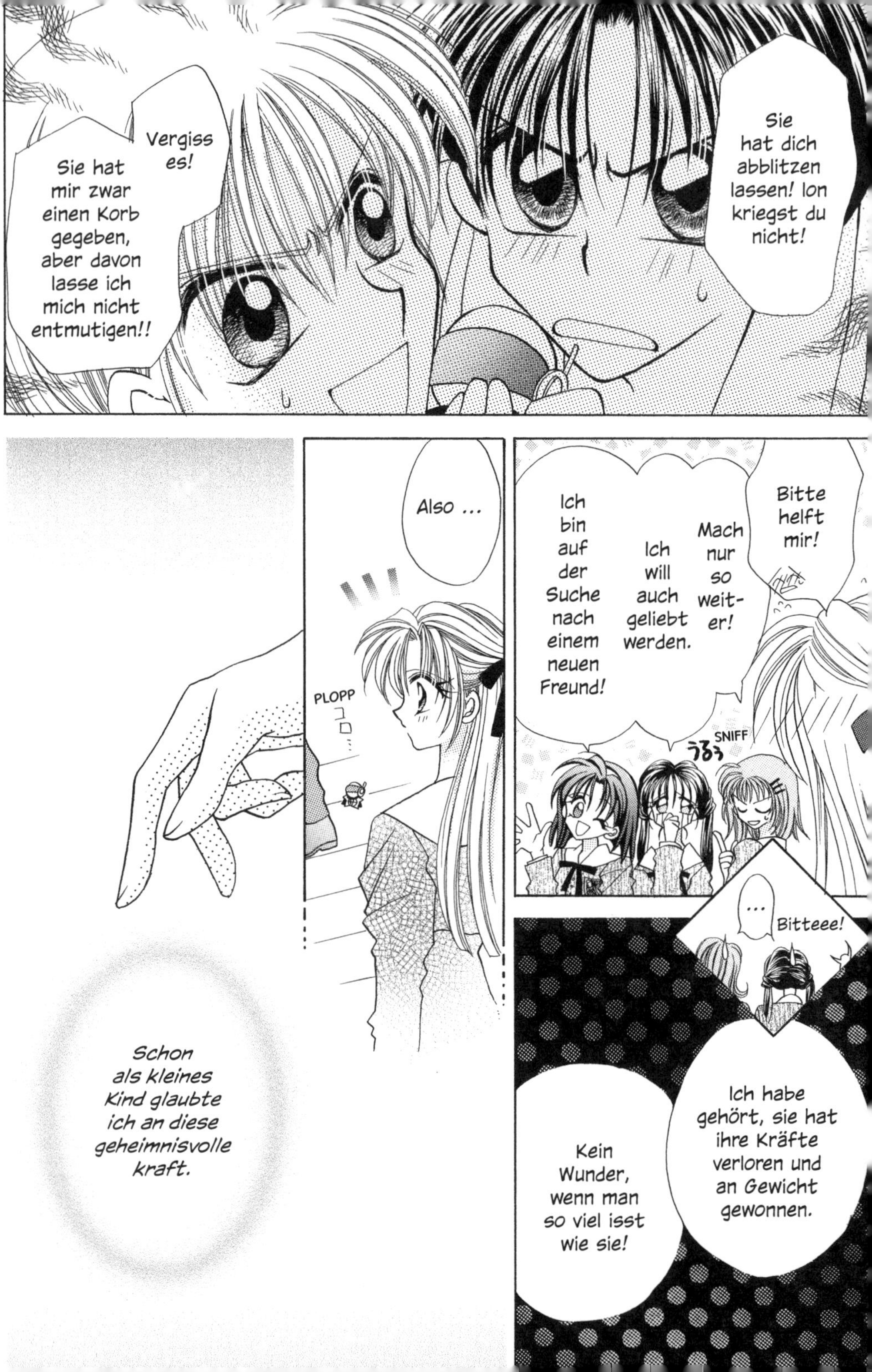

Sie hat dich abblitzen lassen! Ion kriegst du nicht!

Vergiss es!

Sie hat mir zwar einen Korb gegeben, aber davon lasse ich mich nicht entmutigen!!

Bitte helft mir!

Mach nur so weiter!

Ich will auch geliebt werden.

Ich bin auf der Suche nach einem neuen Freund!

SNIFF

Also ...

PLOPP

...

Bitteee!

Ich habe gehört, sie hat ihre Kräfte verloren und an Gewicht gewonnen.

Kein Wunder, wenn man so viel isst wie sie!

Schon als kleines Kind glaubte ich an diese geheimnisvolle kraft.

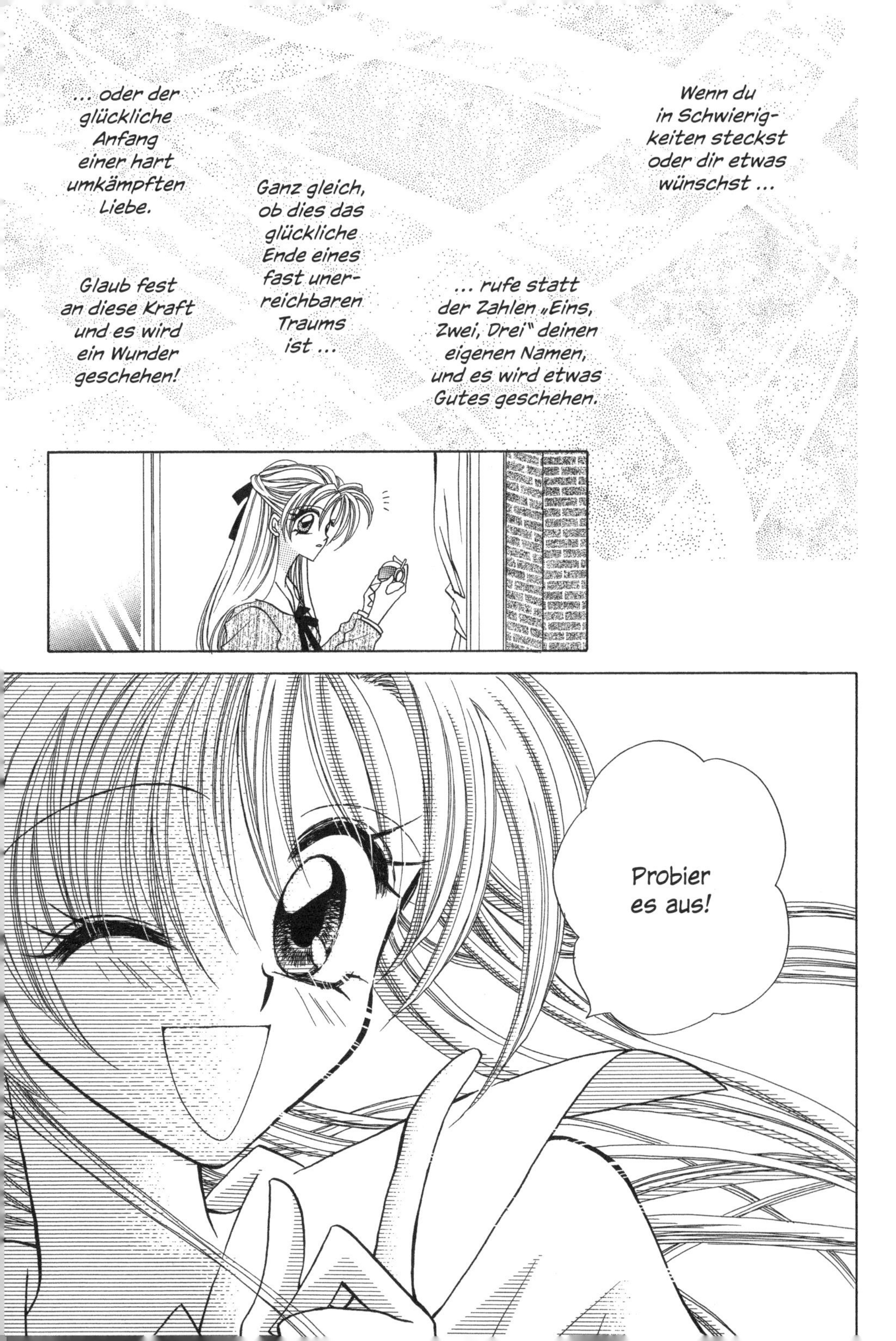

Wenn du in Schwierigkeiten steckst oder dir etwas wünschst ...

... rufe statt der Zahlen „Eins, Zwei, Drei" deinen eigenen Namen, und es wird etwas Gutes geschehen.

Ganz gleich, ob dies das glückliche Ende eines fast unerreichbaren Traums ist ...

... oder der glückliche Anfang einer hart umkämpften Liebe.

Glaub fest an diese Kraft und es wird ein Wunder geschehen!

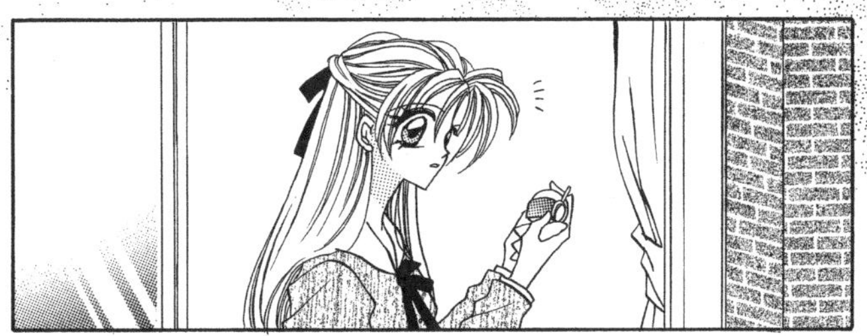

Probier es aus!

I.O.N

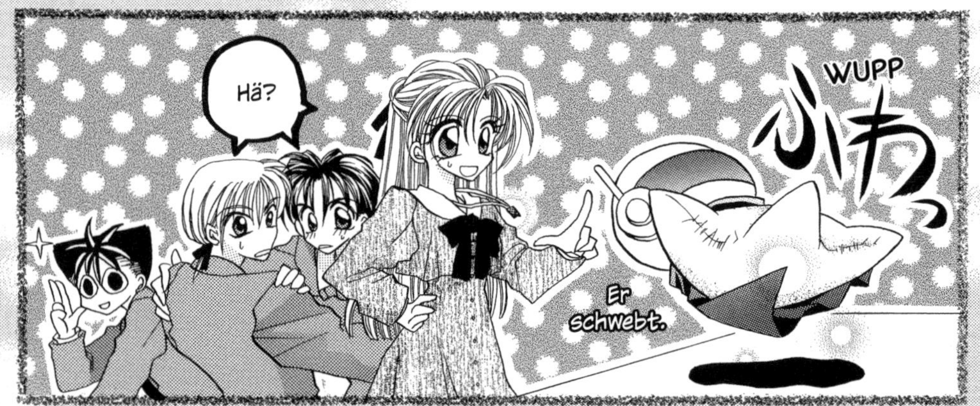

I.O.N. - Ende

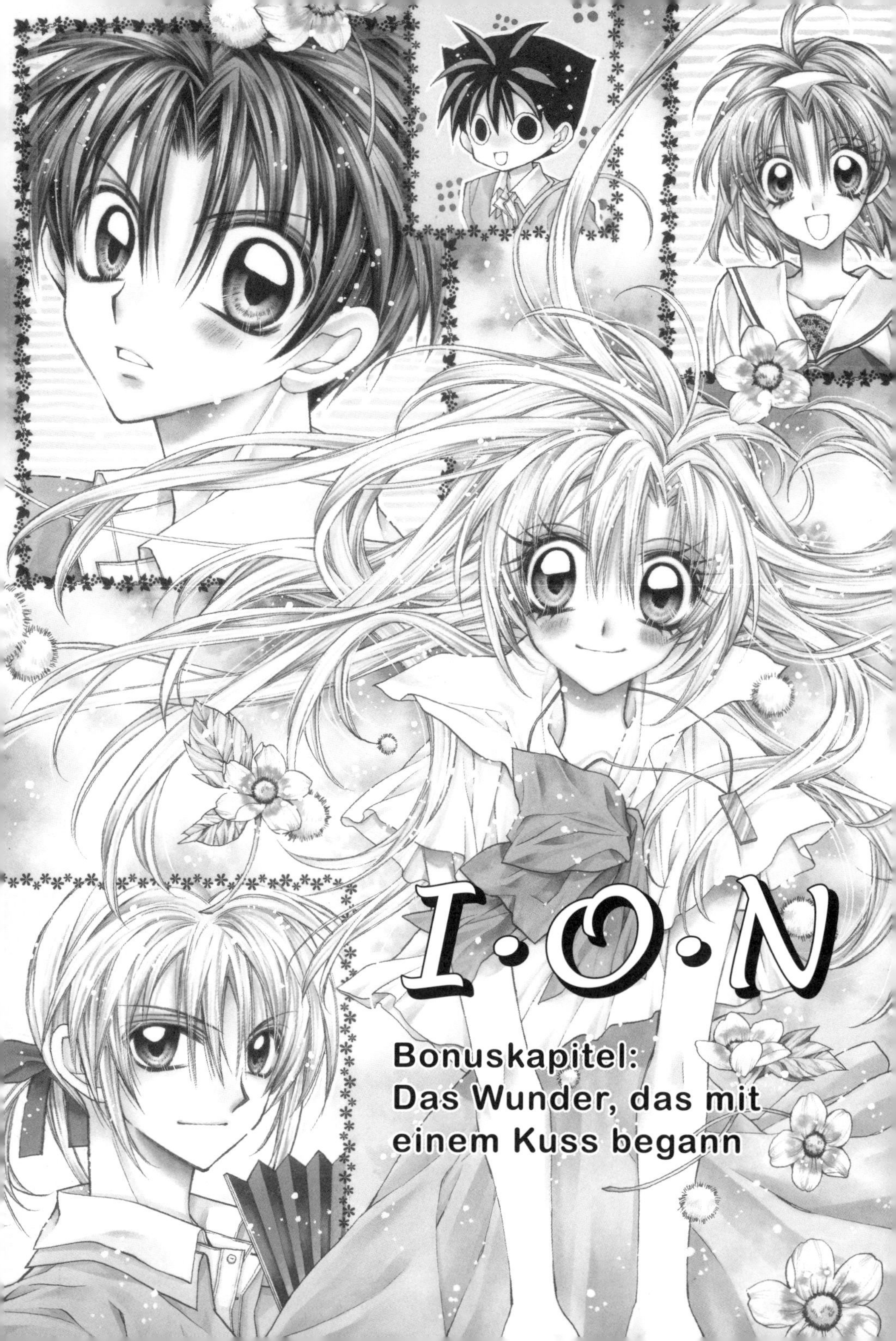
I·O·N
Bonuskapitel:
Das Wunder, das mit
einem Kuss begann

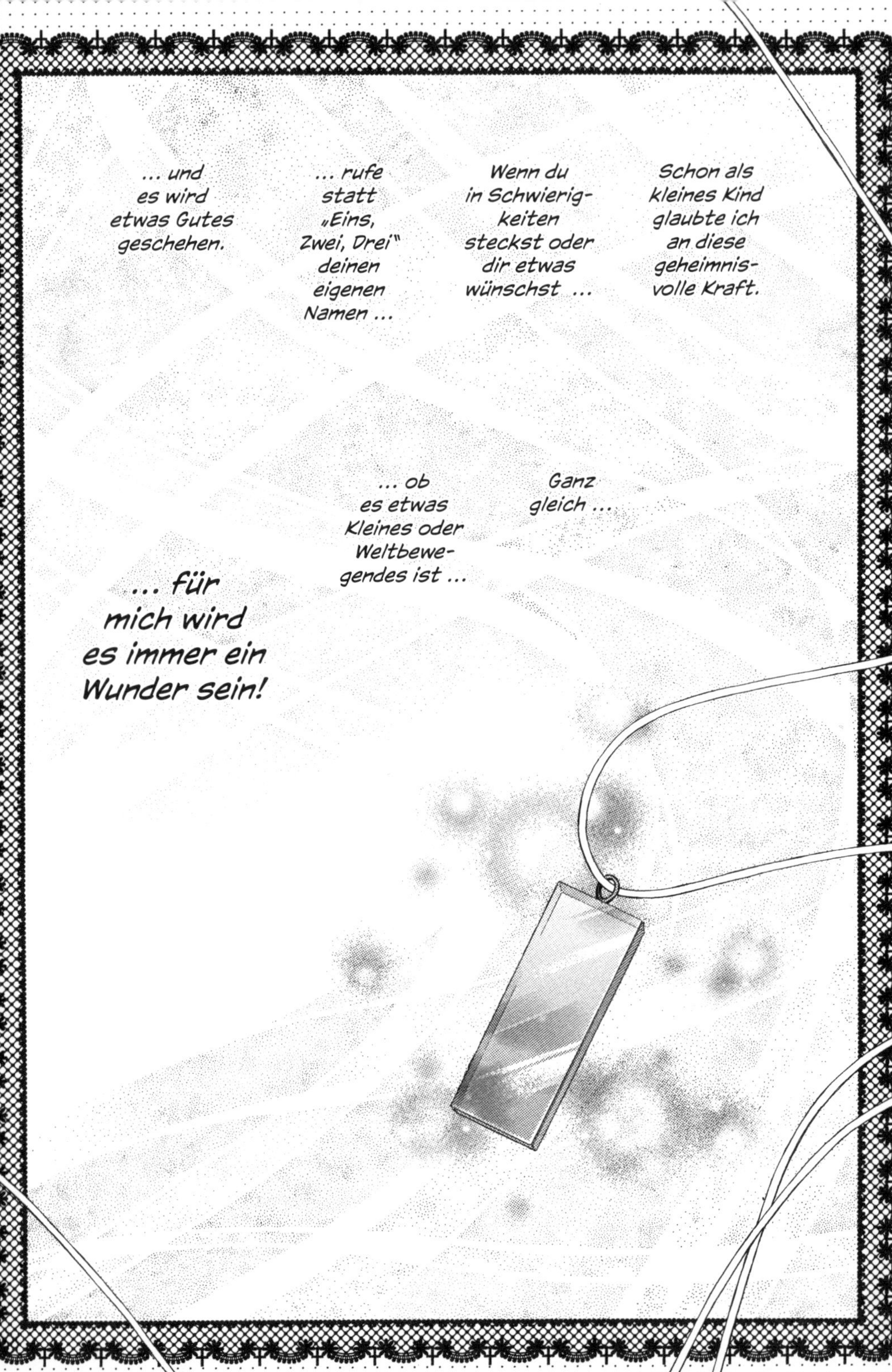
Schon als kleines Kind glaubte ich an diese geheimnisvolle Kraft.
Wenn du in Schwierigkeiten steckst oder dir etwas wünschst …
… rufe statt „Eins, Zwei, Drei“ deinen eigenen Namen …
… und es wird etwas Gutes geschehen.
Ganz gleich …
… ob es etwas Kleines oder Weltbewegendes ist …
… für mich wird es immer ein Wunder sein!

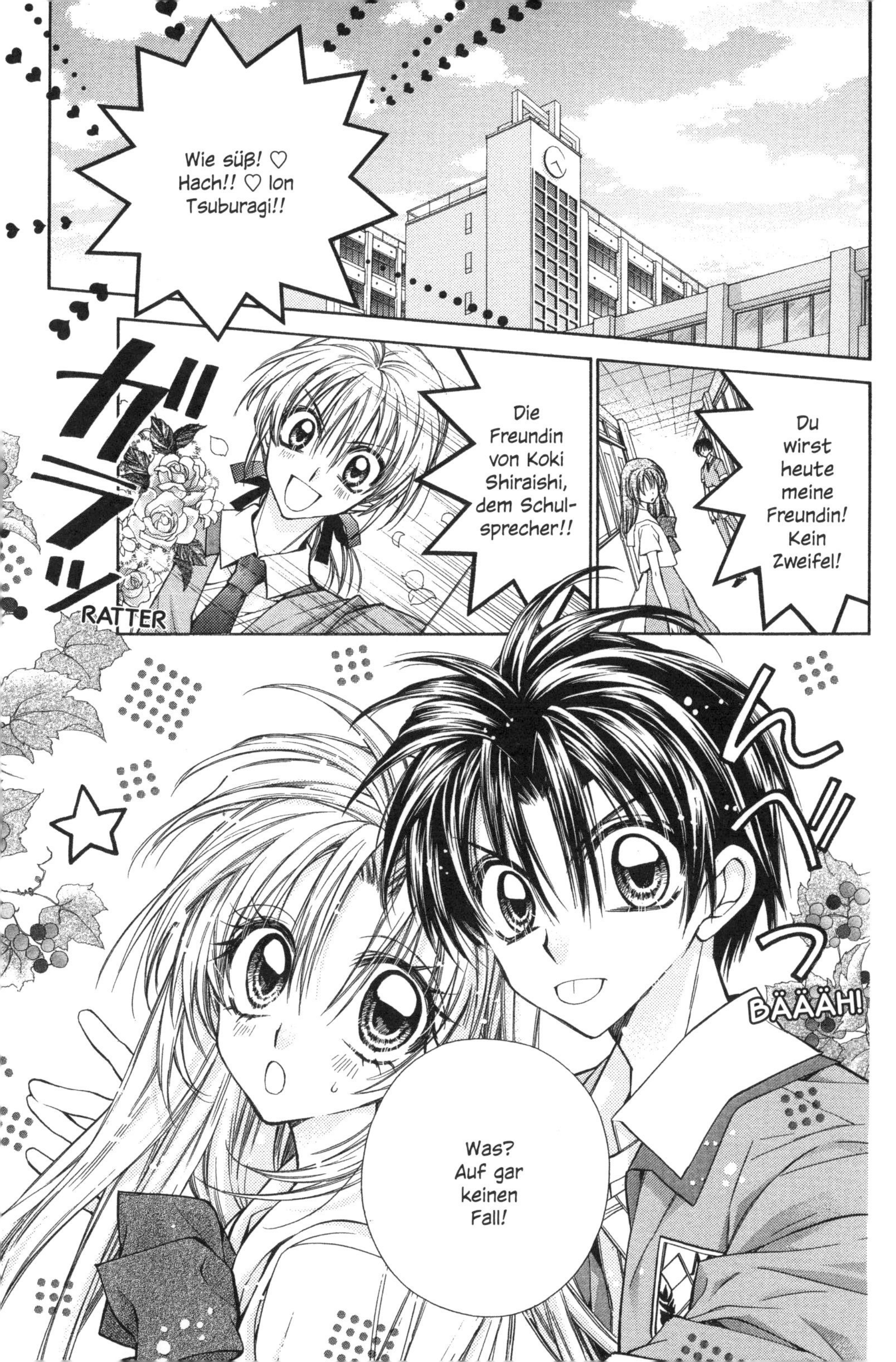

Wie süß! ♡ Hach!! ♡ Ion Tsuburagi!!
Du wirst heute meine Freundin! Kein Zweifel!
Die Freundin von Koki Shiraishi, dem Schulsprecher!!
RATTER
BÄÄÄH!
Was? Auf gar keinen Fall!

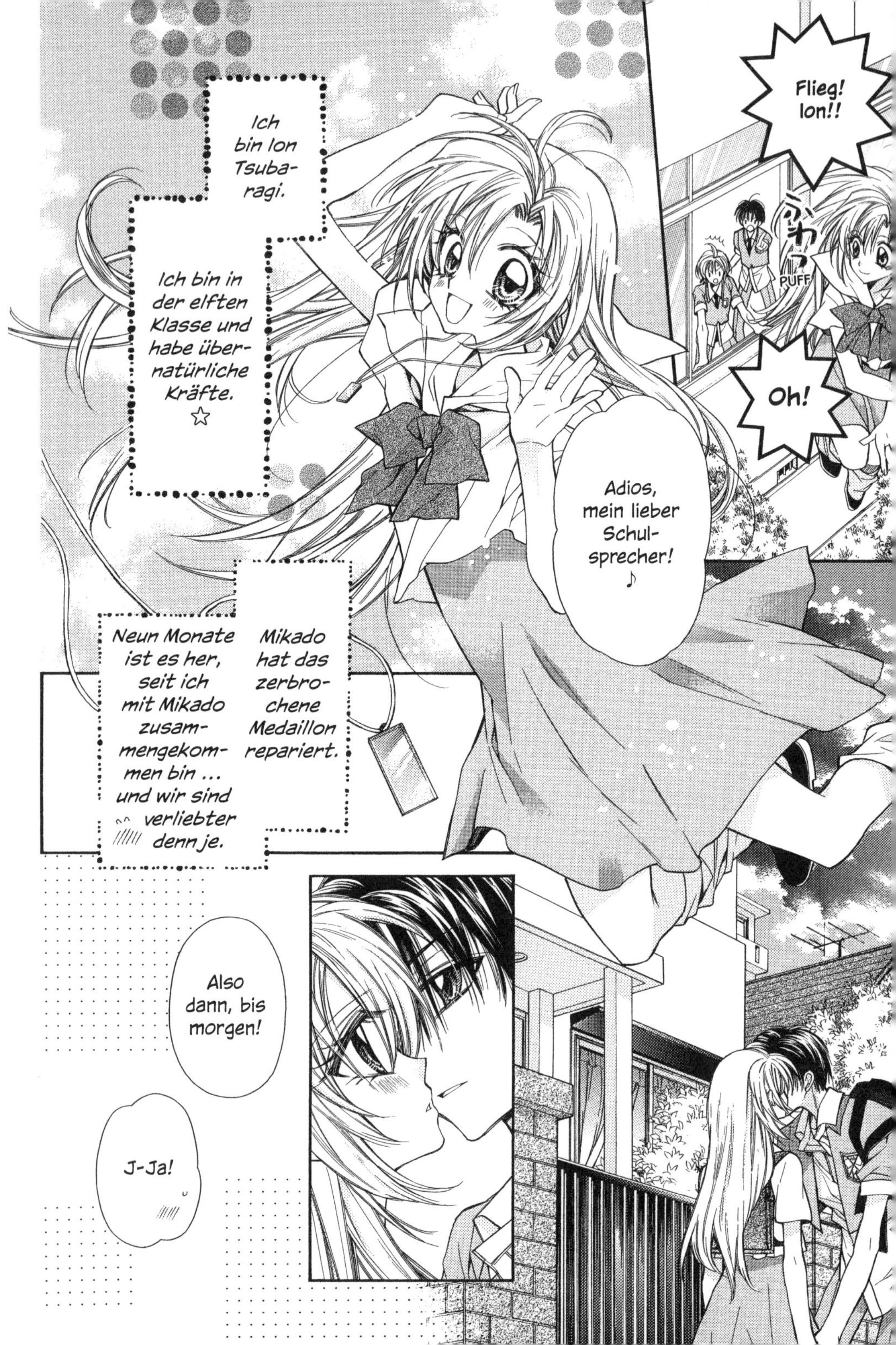
Flieg! Ion!!
ふわっ
PUFF
Oh!
Ich bin Ion Tsubaragi.
Ich bin in der elften Klasse und habe übernatürliche Kräfte. ☆
Adios, mein lieber Schulsprecher! ♪
Mikado hat das zerbrochene Medaillon repariert.
Neun Monate ist es her, seit ich mit Mikado zusammengekommen bin … und wir sind verliebter denn je.
Also dann, bis morgen!
J-Ja!

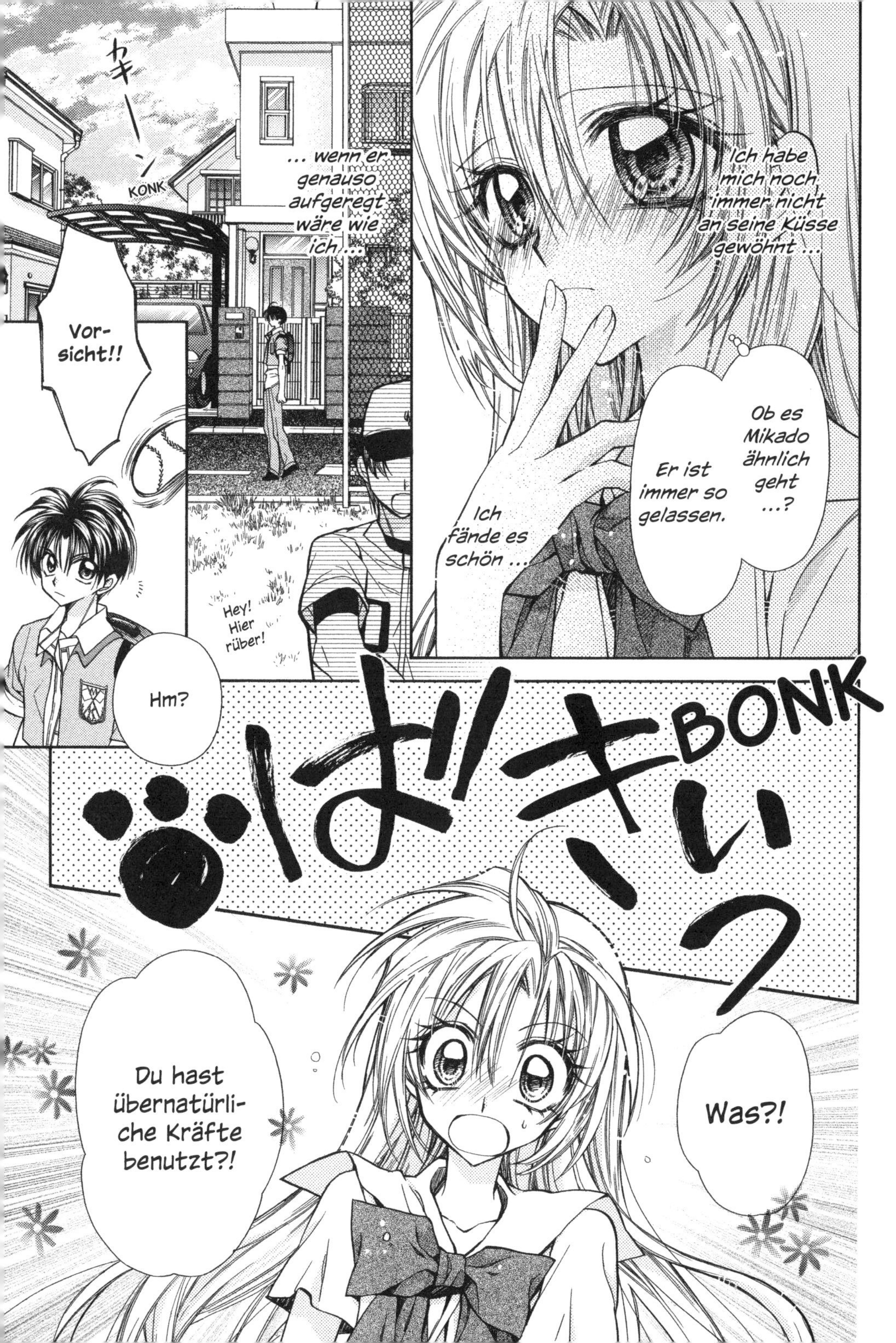
Ich habe mich noch immer nicht an seine Küsse gewöhnt …
Ob es Mikado ähnlich geht …?
Er ist immer so gelassen.
Ich fände es schön …
… wenn er genauso aufgeregt wäre wie ich …
カキーン
KONK
Hey! Hier rüber!
Vor-sicht!!
Hm?
BONK
Was?!
Du hast übernatürliche Kräfte benutzt?!

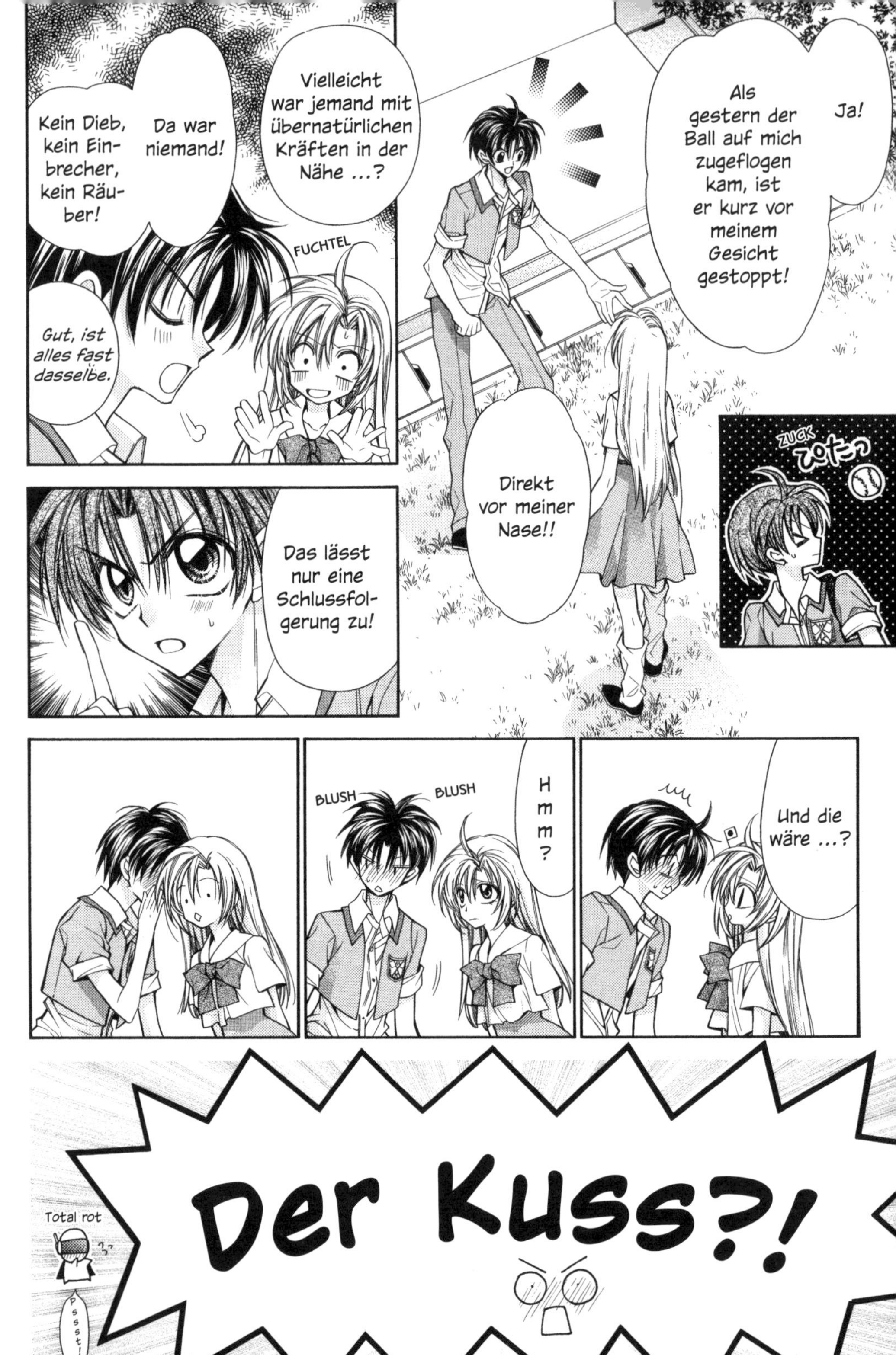

Ja!
Als gestern der Ball auf mich zugeflogen kam, ist er kurz vor meinem Gesicht gestoppt!
Direkt vor meiner Nase!!
ZUCK
ぴたっ
Vielleicht war jemand mit übernatürlichen Kräften in der Nähe …?
Da war niemand!
Kein Dieb, kein Einbrecher, kein Räuber!
FUCHTEL
Gut, ist alles fast dasselbe.
Das lässt nur eine Schlussfolgerung zu!
Und die wäre …?
Hmm?
BLUSH
BLUSH
Der Kuss?!
Total rot
Pssst!

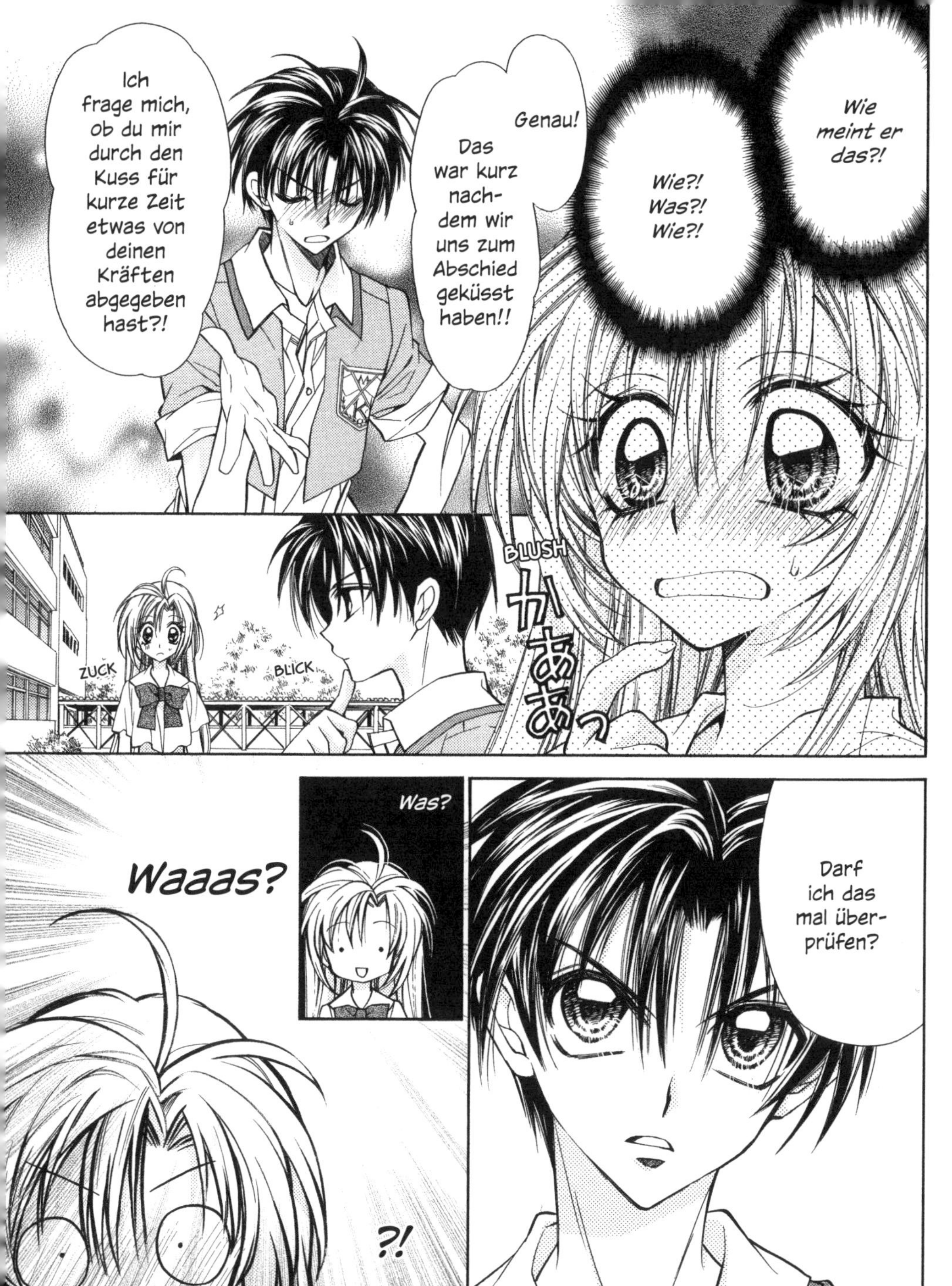
Wie meint er das?!
Wie?! Was?! Wie?!
Genau!
Das war kurz nach-dem wir uns zum Abschied geküsst haben!!
Ich frage mich, ob du mir durch den Kuss für kurze Zeit etwas von deinen Kräften abgegeben hast?!
BLUSH
かあぁっ
BLICK
ZUCK
Darf ich das mal über-prüfen?
Was?
Waaas?
?!

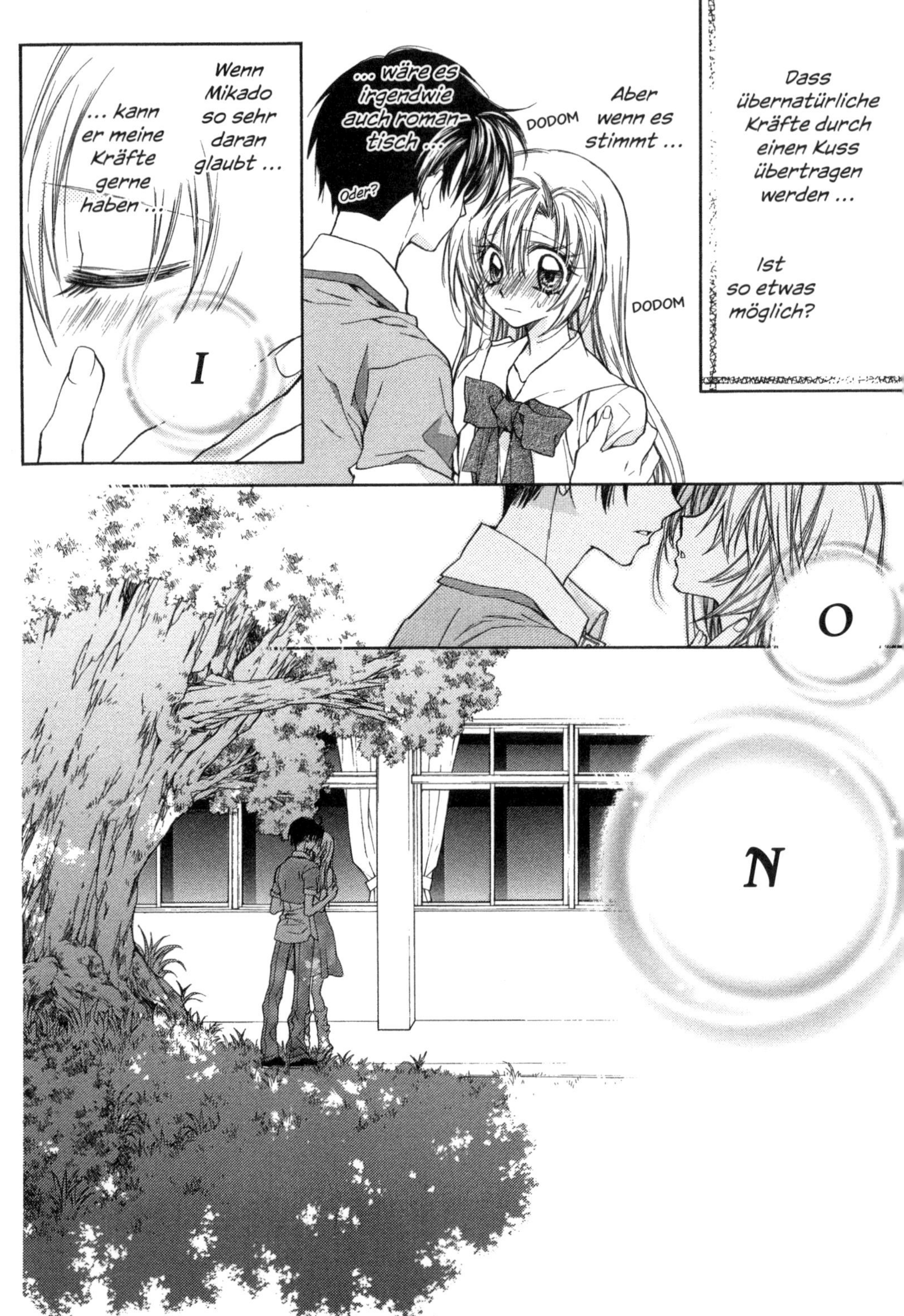

Dass übernatürliche Kräfte durch einen Kuss übertragen werden …
Ist so etwas möglich?
Aber wenn es stimmt …
DODOM
DODOM
… wäre es irgendwie auch romantisch …
Oder?
Wenn Mikado so sehr daran glaubt …
… kann er meine Kräfte gerne haben …
I
O
N

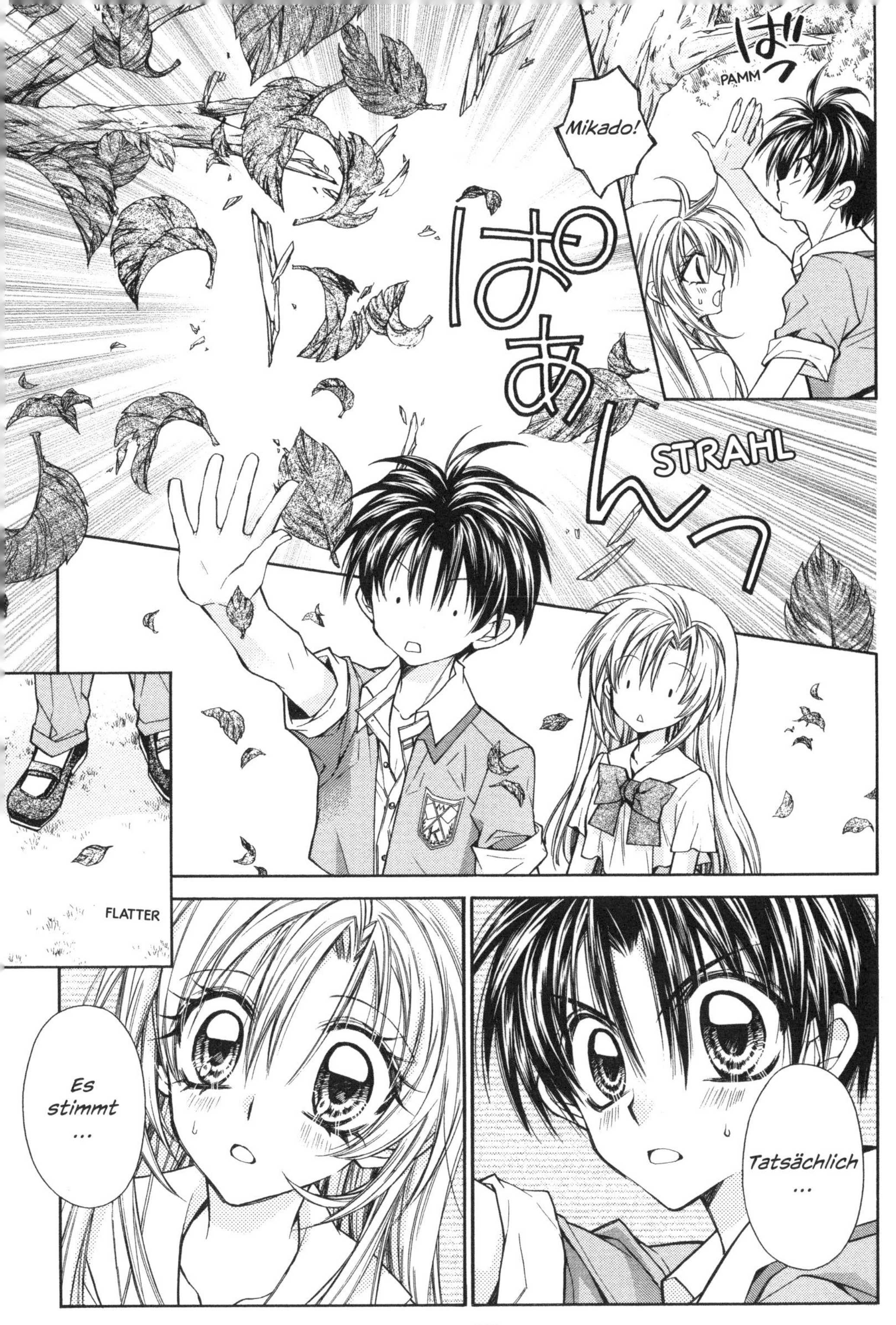
ばづ
PAMM
Mikado!
ぱあんっ
STRAHL
FLATTER
Tatsächlich ...
Es stimmt ...

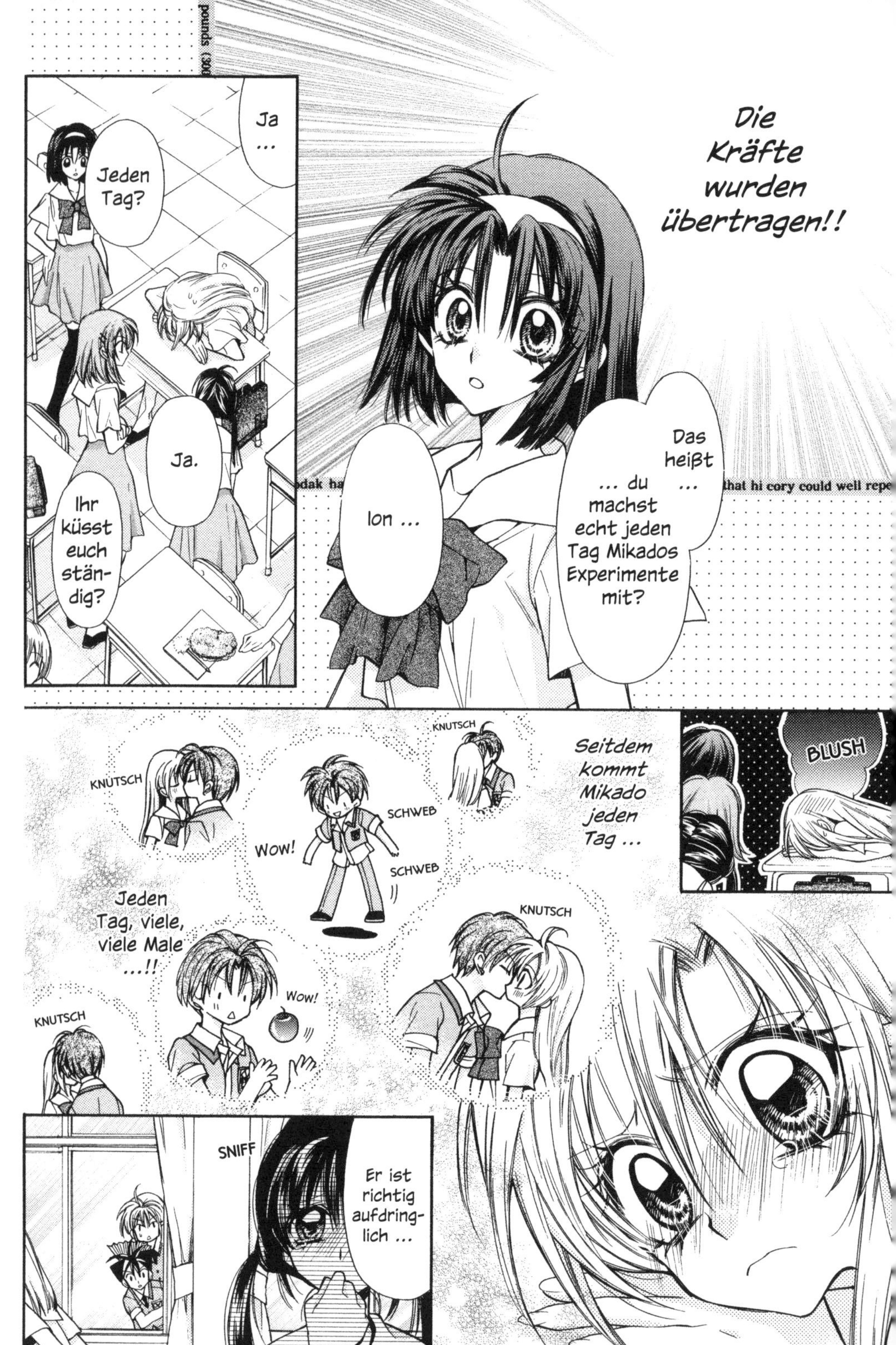
Die Kräfte wurden übertragen!!
Das heißt ...
... du machst echt jeden Tag Mikados Experimente mit?
Ion ...
Ja ...
Jeden Tag?
Ja.
Ihr küsst euch stän-dig?
BLUSH
Seitdem kommt Mikado jeden Tag ...
KNUTSCH
SCHWEB
SCHWEB
WOW!
KNUTSCH
KNUTSCH
WOW!
Jeden Tag, viele, viele Male ...!!
KNUTSCH
SNIFF
Er ist richtig aufdring-lich ...

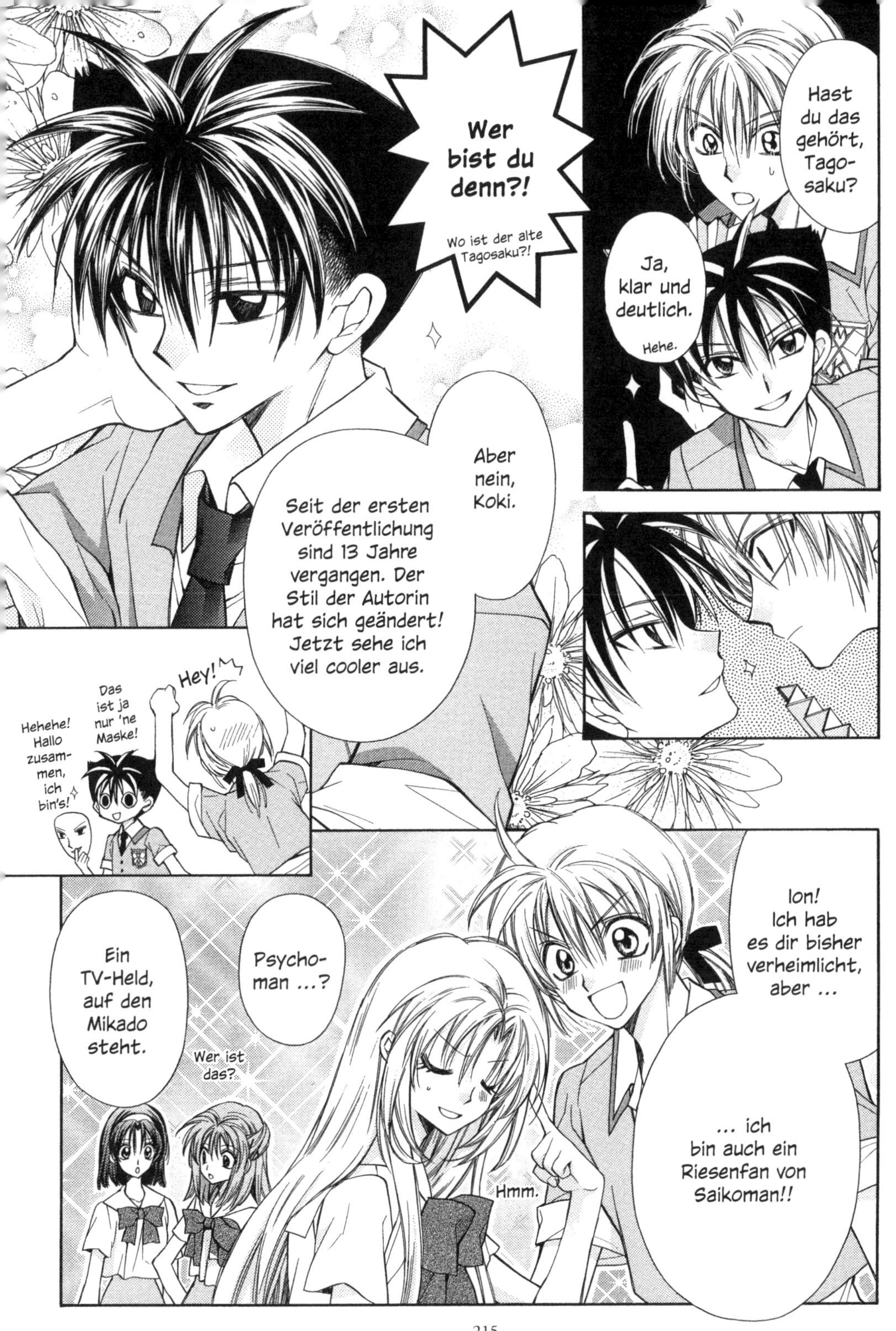
Hast du das gehört, Tago-saku?
Ja, klar und deutlich.
Hehe.
Wer bist du denn?!
Wo ist der alte Tagosaku?!
Aber nein, Koki.
Seit der ersten Veröffentlichung sind 13 Jahre vergangen. Der Stil der Autorin hat sich geändert! Jetzt sehe ich viel cooler aus.
Hey!
Das ist ja nur 'ne Maske!
Hehehe! Hallo zusam-men, ich bin's!
Ion! Ich hab es dir bisher verheimlicht, aber ...
... ich bin auch ein Riesenfan von Saikoman!!
Hmm.
Psycho-man ...?
Ein TV-Held, auf den Mikado steht.
Wer ist das?

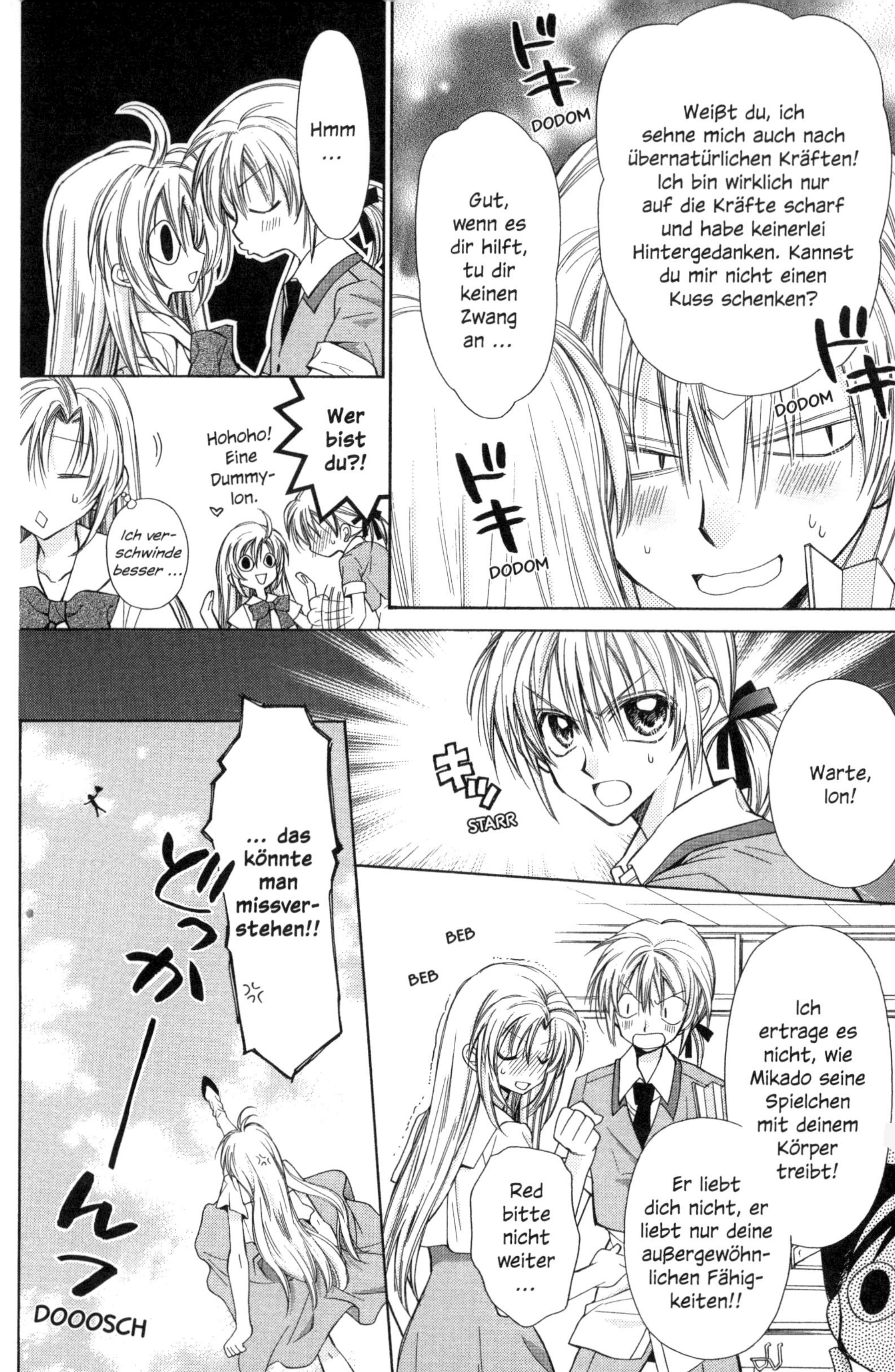
ドキ
DODOM
Weißt du, ich sehne mich auch nach übernatürlichen Kräften! Ich bin wirklich nur auf die Kräfte scharf und habe keinerlei Hintergedanken. Kannst du mir nicht einen Kuss schenken?
ドキ
DODOM
ドキ
DODOM
Gut, wenn es dir hilft, tu dir keinen Zwang an ...
Hmm ...
Wer bist du?!
Hohoho! Eine Dummy-Ion.
Ich verschwinde besser ...
キッ
STARR
Warte, Ion!
... das könnte man missverstehen!!
どっかーんっ
DOOOSCH
BEB
BEB
Ich ertrage es nicht, wie Mikado seine Spielchen mit deinem Körper treibt!
Er liebt dich nicht, er liebt nur deine außergewöhnlichen Fähigkeiten!!
Red bitte nicht weiter ...

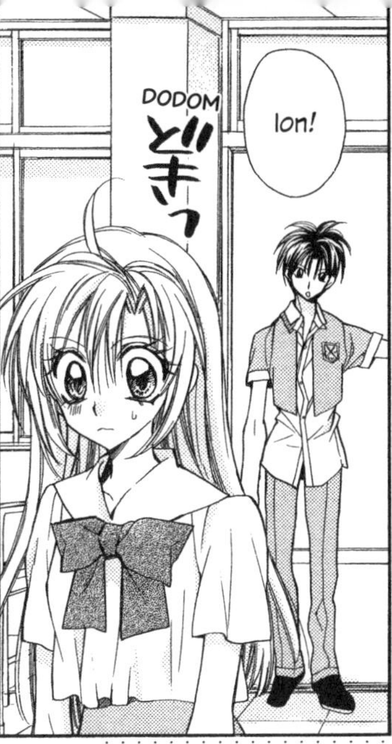

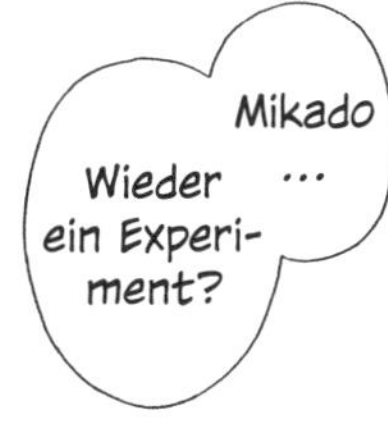

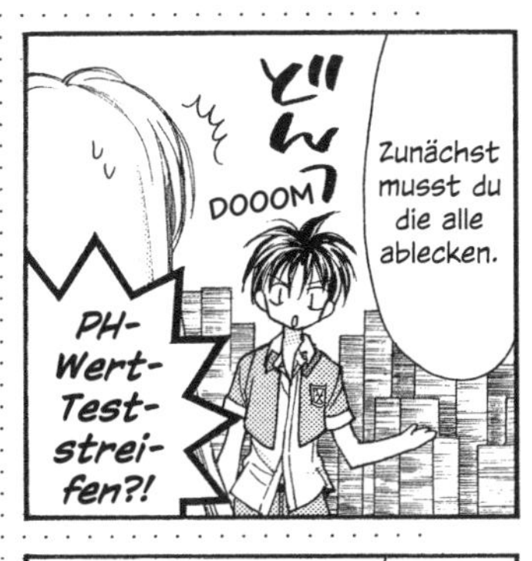

Klar! Natürlich!!

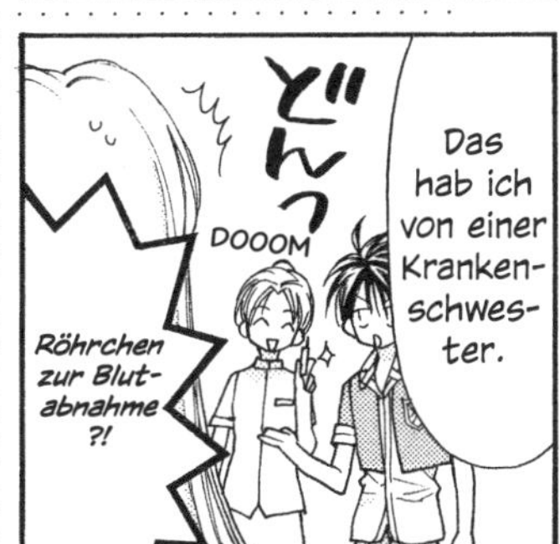

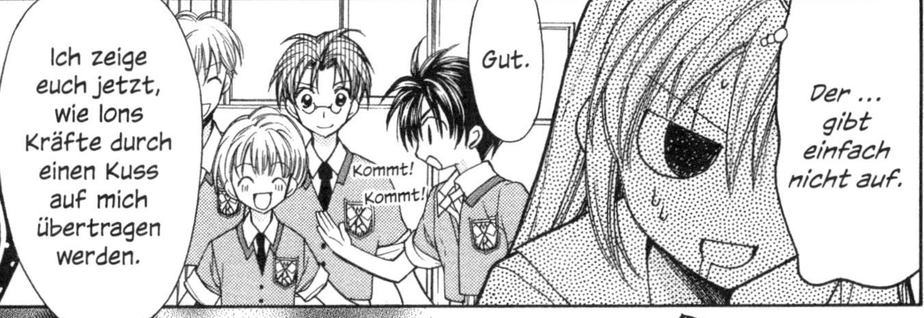

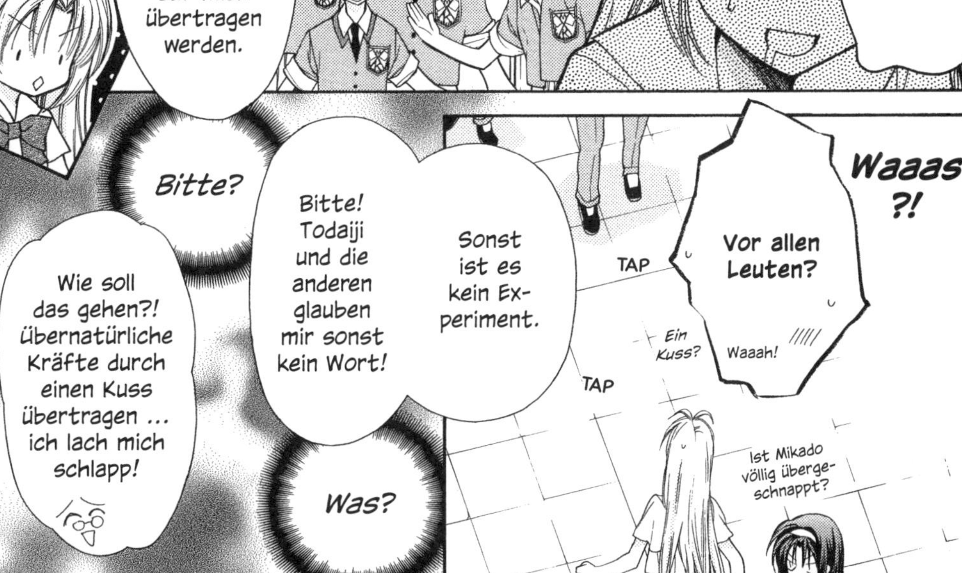

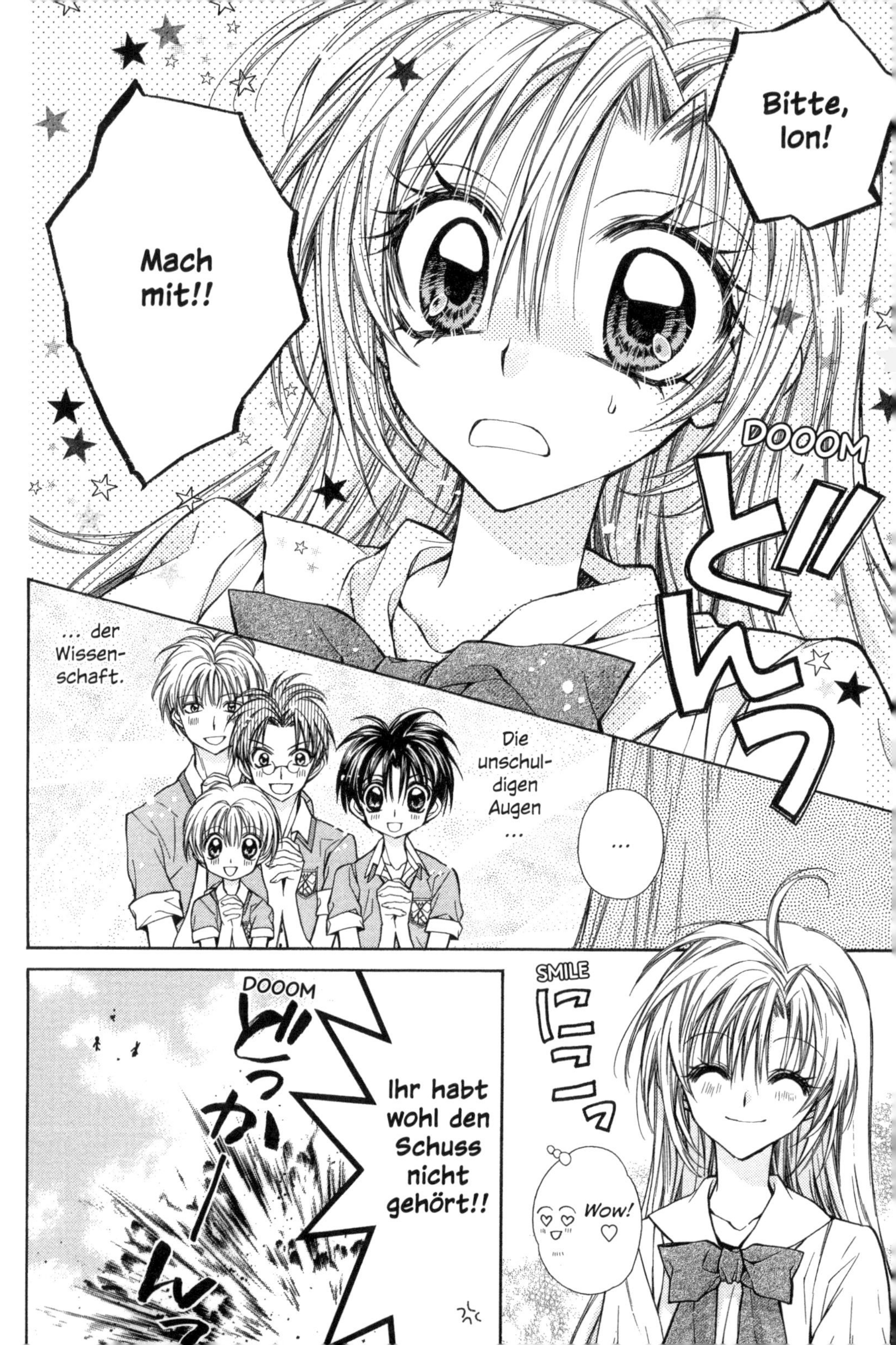
Bitte, Ion!
Mach mit!!
DOOOM
...
Die unschul-digen Augen ...
... der Wissen-schaft.
SMILE
Wow!
DOOOM
Ihr habt wohl den Schuss nicht gehört!!

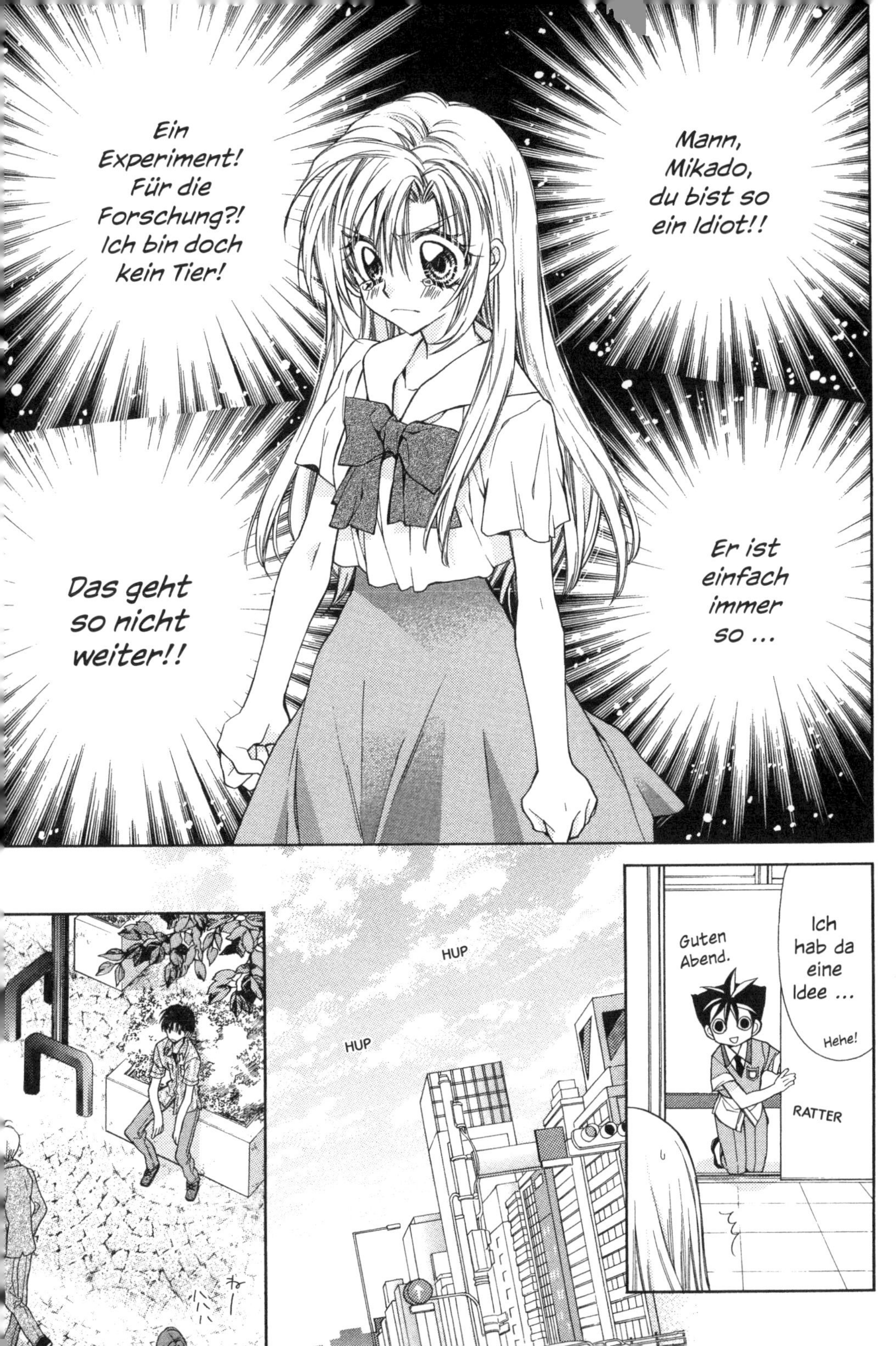
Mann, Mikado, du bist so ein Idiot!!
Ein Experiment! Für die Forschung?! Ich bin doch kein Tier!
Er ist einfach immer so ...
Das geht so nicht weiter!!
Ich hab da eine Idee ...
Hehe!
Guten Abend.
RATTER
HUP
HUP

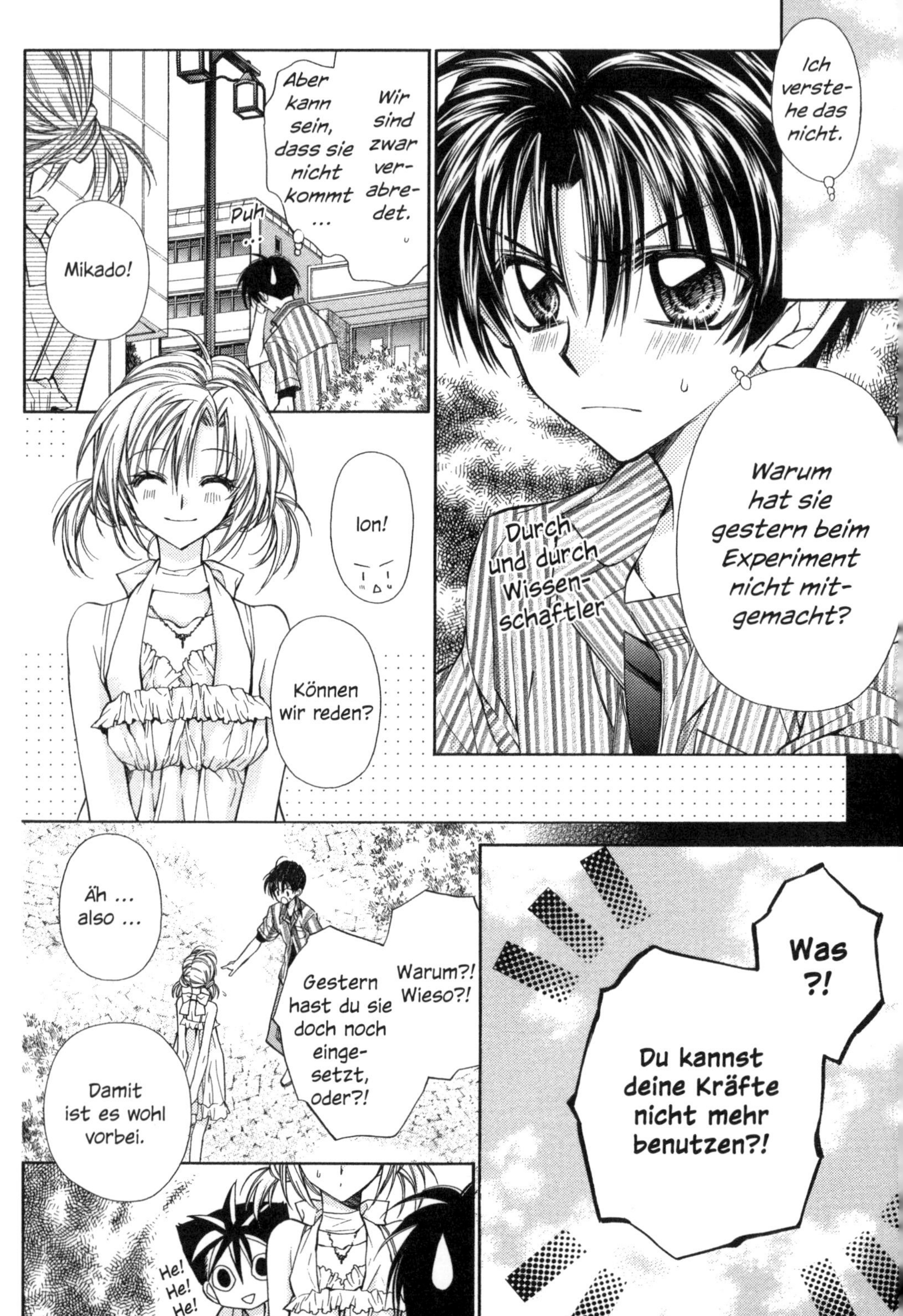
Ich verste-he das nicht.
Warum hat sie gestern beim Experiment nicht mit-gemacht?
Durch und durch Wissen-schaftler
Wir sind zwar ver-abre-det.
Aber kann sein, dass sie nicht kommt …
Puh …
Mikado!
Ion!
Können wir reden?
Was ?!
Du kannst deine Kräfte nicht mehr benutzen?!
Warum?! Wieso?!
Gestern hast du sie doch noch einge-setzt, oder?!
Äh … also …
Damit ist es wohl vorbei.
He! He! He!

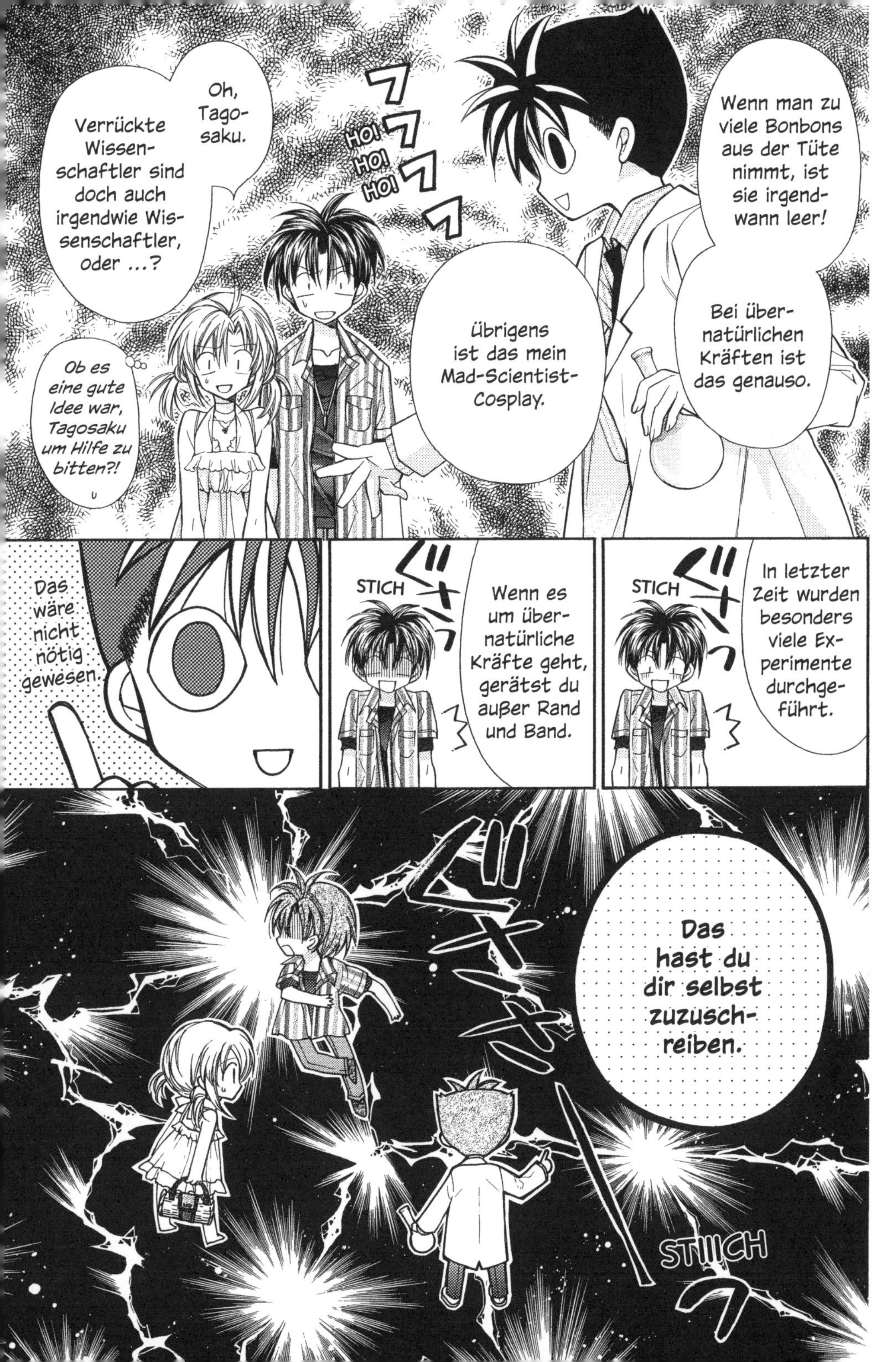
Wenn man zu viele Bonbons aus der Tüte nimmt, ist sie irgendwann leer!
Bei übernatürlichen Kräften ist das genauso.
HO! HO! HO!
Übrigens ist das mein Mad-Scientist-Cosplay.
Oh, Tago-saku.
Verrückte Wissenschaftler sind doch auch irgendwie Wissenschaftler, oder …?
Ob es eine gute Idee war, Tagosaku um Hilfe zu bitten?!
STICH
In letzter Zeit wurden besonders viele Experimente durchgeführt.
STICH
Wenn es um übernatürliche Kräfte geht, gerätst du außer Rand und Band.
Das wäre nicht nötig gewesen.
Das hast du dir selbst zuzuschreiben.
STIIICH

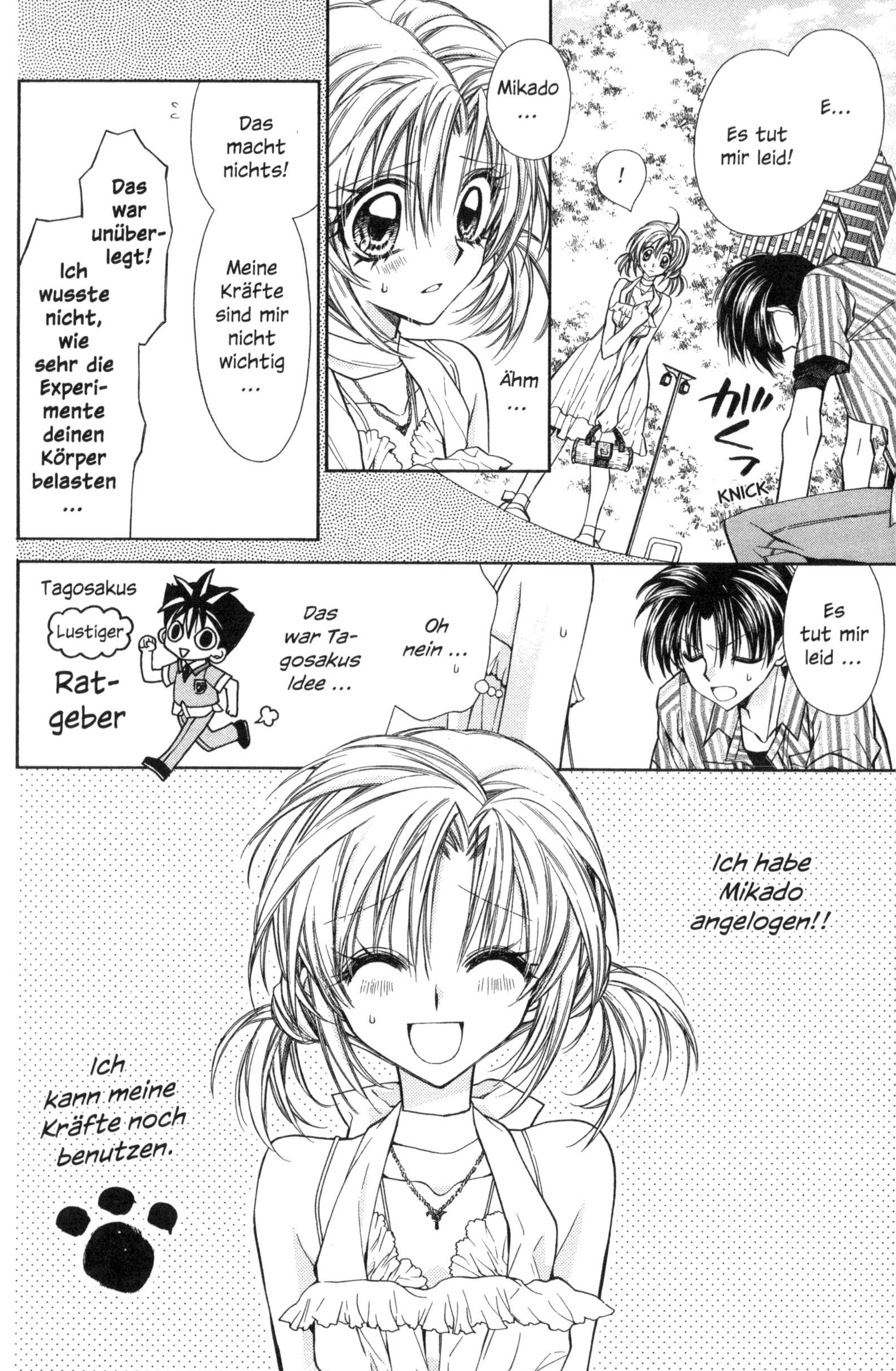
E…
Es tut mir leid!
!
Mikado …
Ähm …
KNICK
Das macht nichts!
Meine Kräfte sind mir nicht wichtig …
Das war unüberlegt!
Ich wusste nicht, wie sehr die Experimente deinen Körper belasten …
Es tut mir leid …
Oh nein …
Das war Tagosakus Idee …
Tagosakus Lustiger Ratgeber
Ich habe Mikado angelogen!!
Ich kann meine Kräfte noch benutzen.

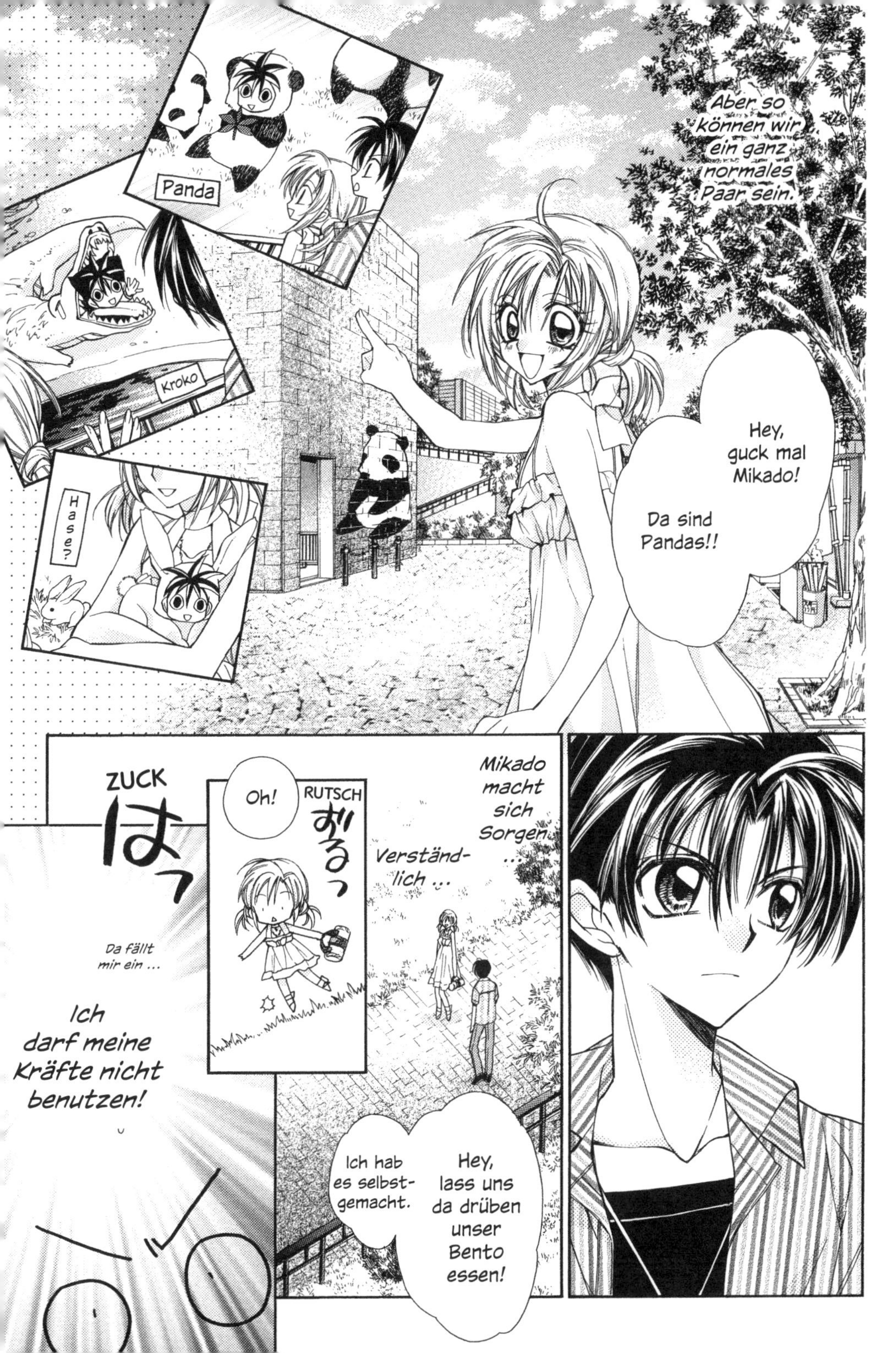

Aber so können wir ein ganz normales Paar sein.
Hey, guck mal Mikado!
Da sind Pandas!!
Panda
Kroko
Hase?
Mikado macht sich Sorgen ...
Verständ-lich ...
Oh!
RUTSCH
ずるっ
ZUCK
はっ
Da fällt mir ein ...
Ich darf meine Kräfte nicht benutzen!
Hey, lass uns da drüben unser Bento essen!
Ich hab es selbst-gemacht.

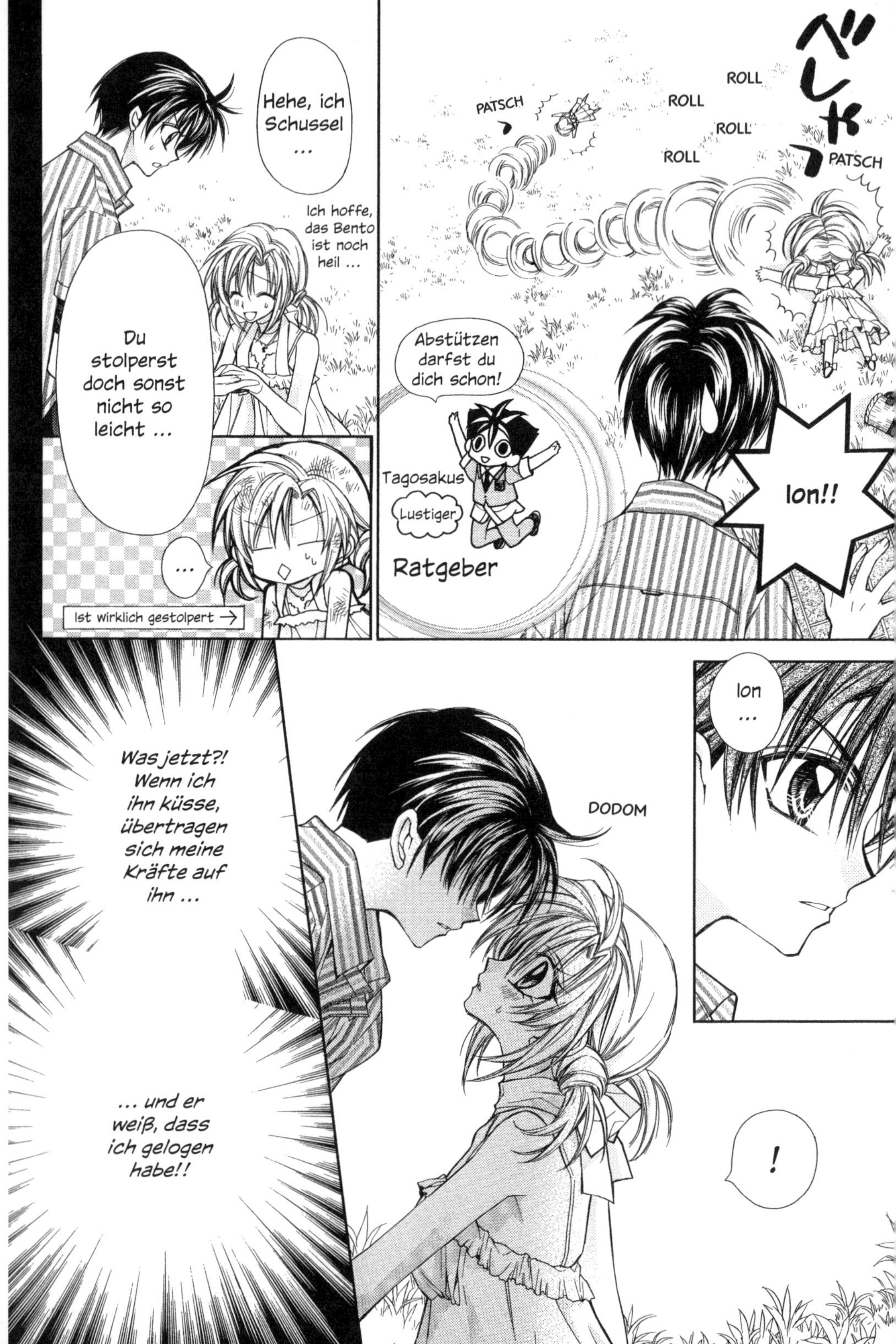

ベしゃっ
PATSCH
ROLL
ROLL
ROLL
ROLL
PATSCH
Ion!!
Abstützen darfst du dich schon!
Tagosakus
Lustiger
Ratgeber
Hehe, ich Schussel …
Ich hoffe, das Bento ist noch heil …
Du stolperst doch sonst nicht so leicht …
…
Ist wirklich gestolpert →
Ion …
DODOM
!
Was jetzt?! Wenn ich ihn küsse, übertragen sich meine Kräfte auf ihn …
… und er weiß, dass ich gelogen habe!!

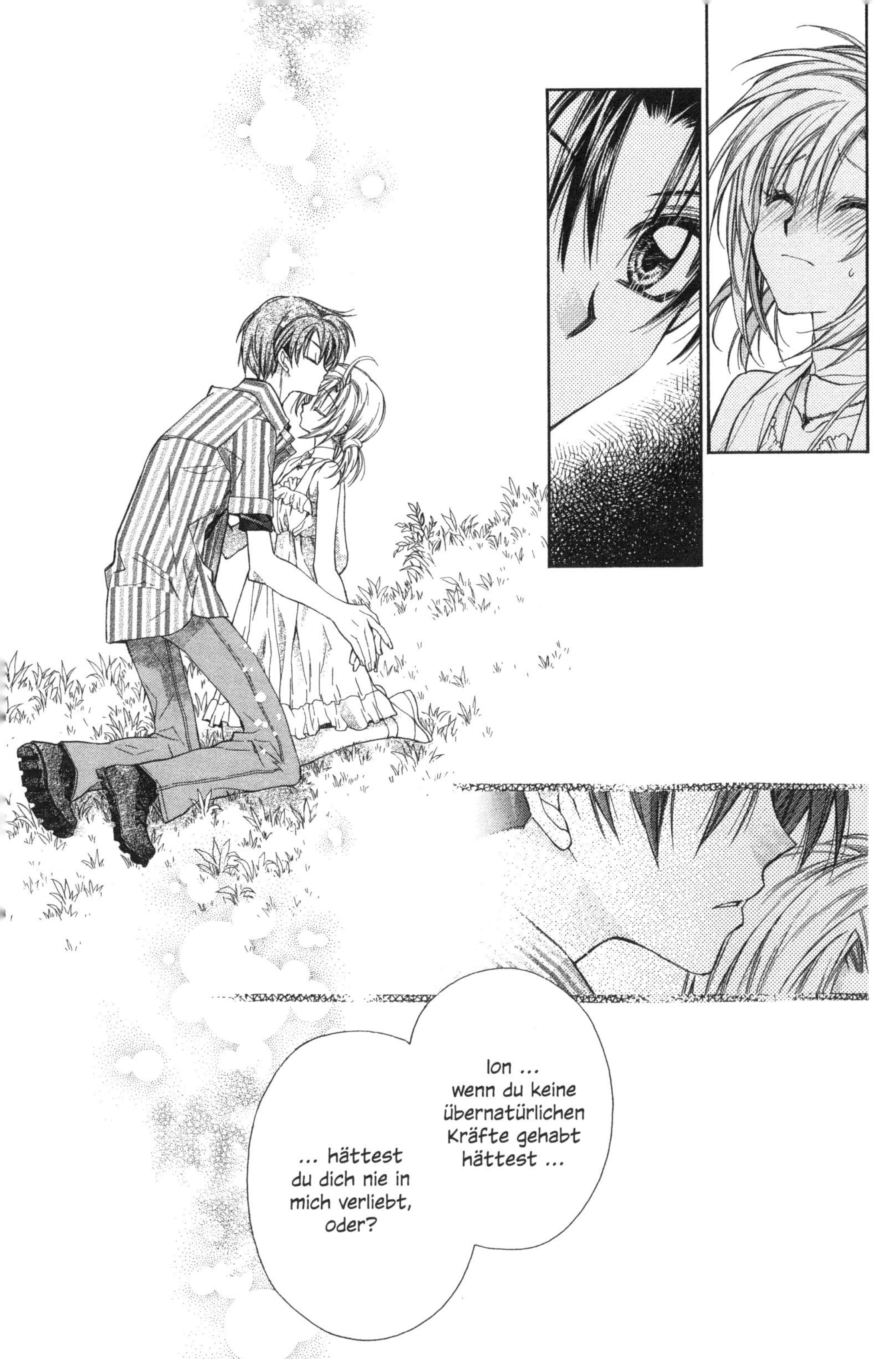
Ion …
wenn du keine übernatürlichen Kräfte gehabt hättest …
… hättest du dich nie in mich verliebt, oder?

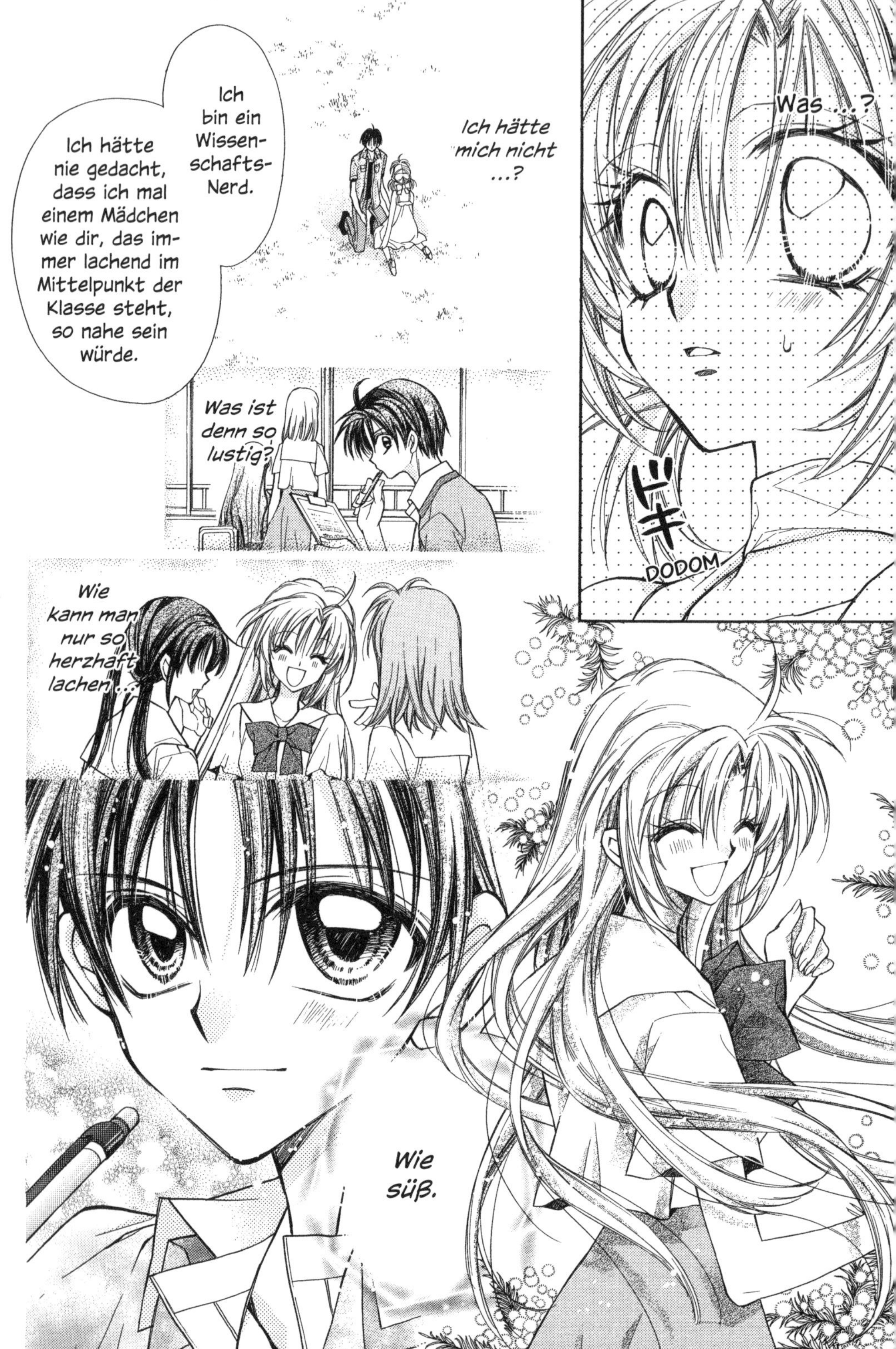
Was ...?
DODOM
Ich hätte mich nicht ...?
Ich bin ein Wissenschafts-Nerd.
Ich hätte nie gedacht, dass ich mal einem Mädchen wie dir, das immer lachend im Mittelpunkt der Klasse steht, so nahe sein würde.
Was ist denn so lustig?
Wie kann man nur so herzhaft lachen ...
Wie süß.

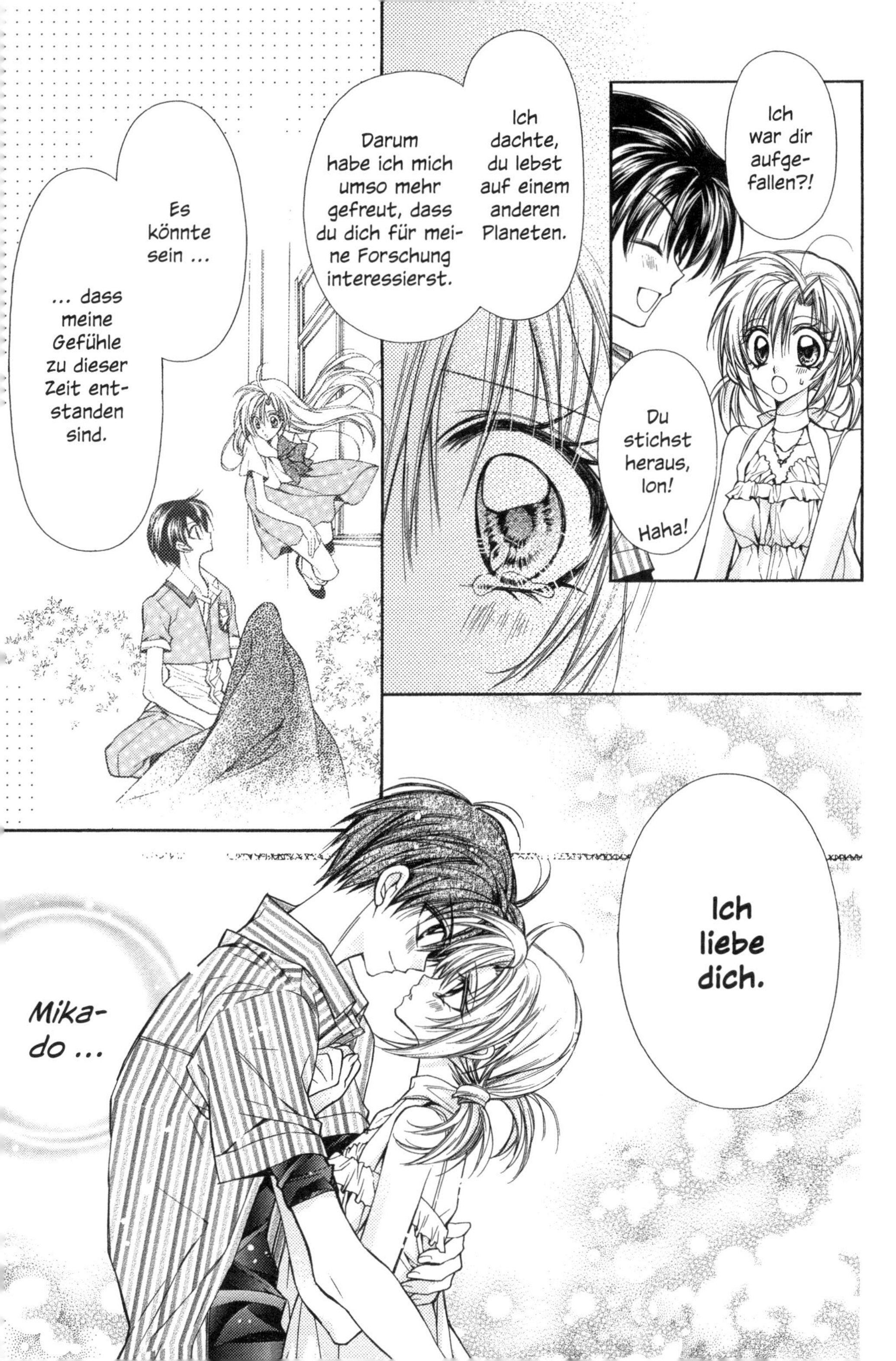
Ich war dir aufgefallen?!
Du stichst heraus, Ion!
Haha!
Ich dachte, du lebst auf einem anderen Planeten.
Darum habe ich mich umso mehr gefreut, dass du dich für meine Forschung interessierst.
Es könnte sein ...
... dass meine Gefühle zu dieser Zeit entstanden sind.
Ich liebe dich.
Mikado ...

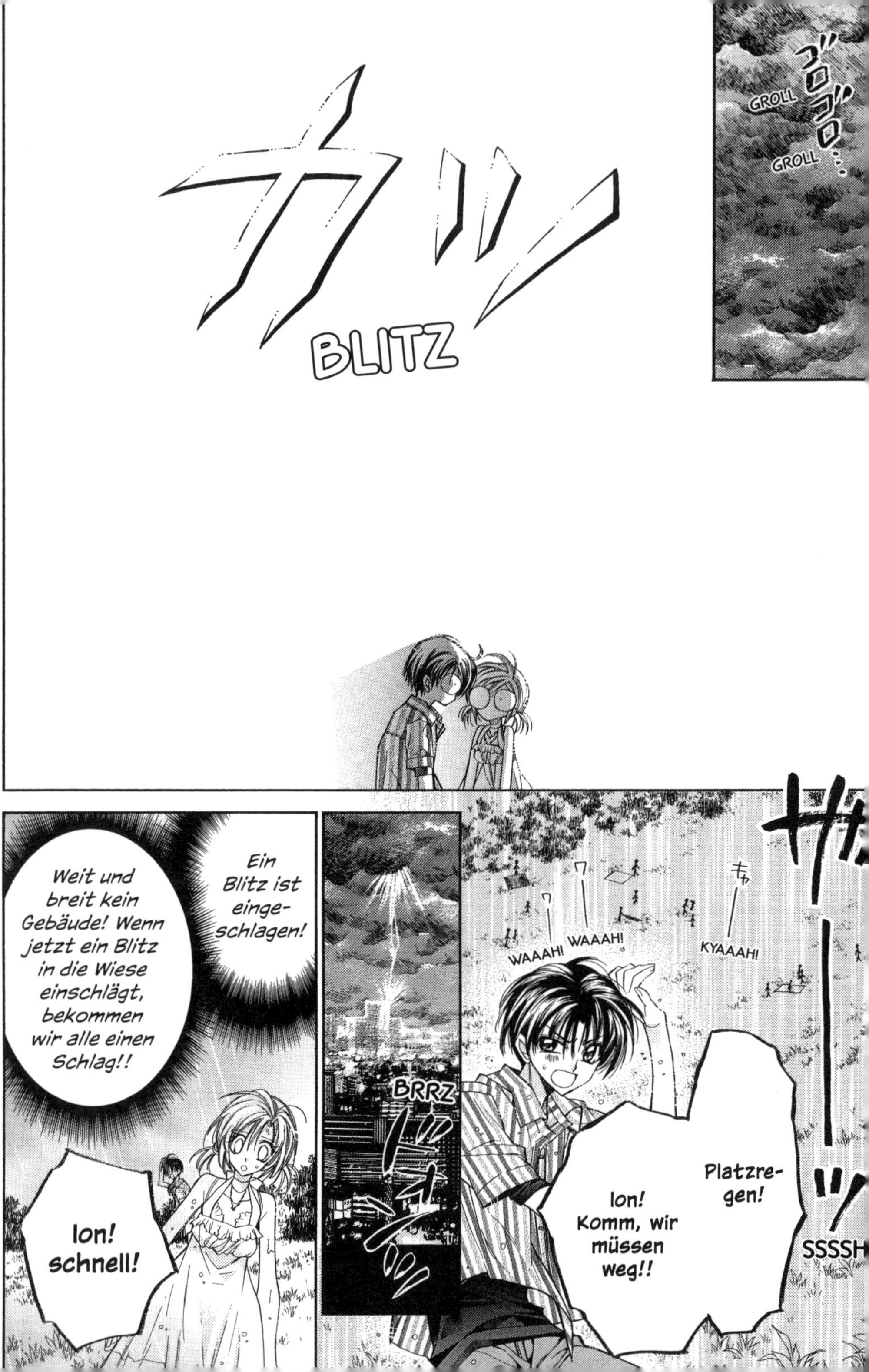

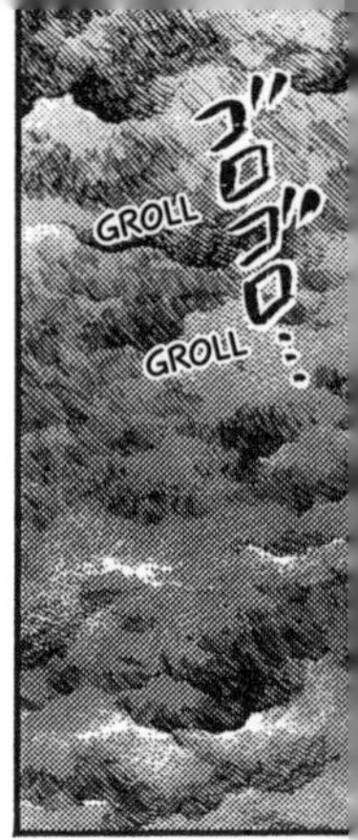

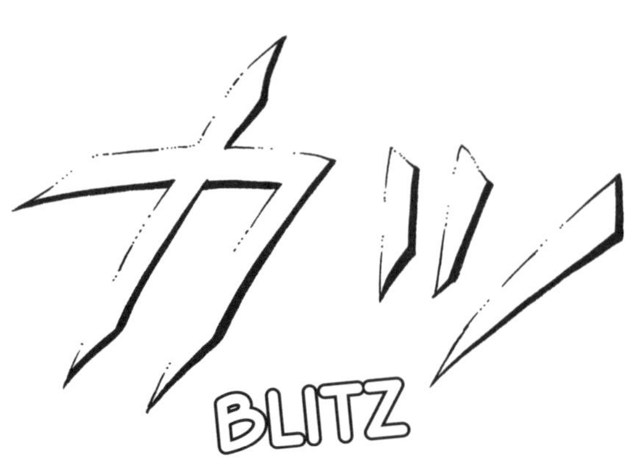

SSSSH

Platzre-
gen!

Ion!
Komm, wir
müssen
weg!!

WAAAH!
WAAAH!
KYAAAH!

BRRZ

Ein
Blitz ist
einge-
schlagen!

Weit und
breit kein
Gebäude! Wenn
jetzt ein Blitz
in die Wiese
einschlägt,
bekommen
wir alle einen
Schlag!!

Ion!
schnell!

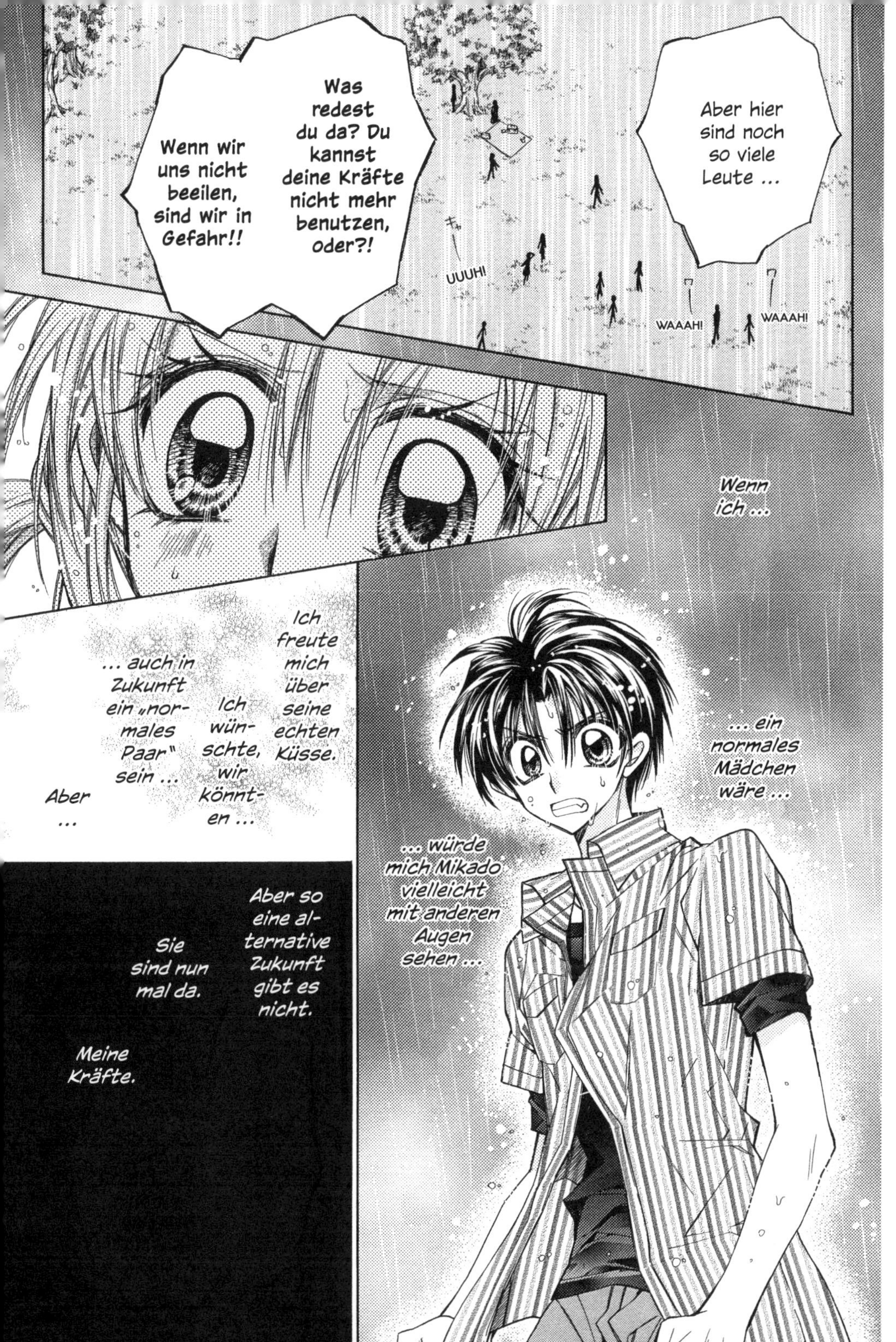
Aber hier sind noch so viele Leute ...
WAAAH!
WAAAH!
Was redest du da? Du kannst deine Kräfte nicht mehr benutzen, oder?!
UUUH!
Wenn wir uns nicht beeilen, sind wir in Gefahr!!
Wenn ich ...
... ein normales Mädchen wäre ...
... würde mich Mikado vielleicht mit anderen Augen sehen ...
Ich freute mich über seine echten Küsse.
Ich wünschte, wir könnten ...
... auch in Zukunft ein „normales Paar" sein ...
Aber ...
Aber so eine alternative Zukunft gibt es nicht.
Sie sind nun mal da.
Meine Kräfte.

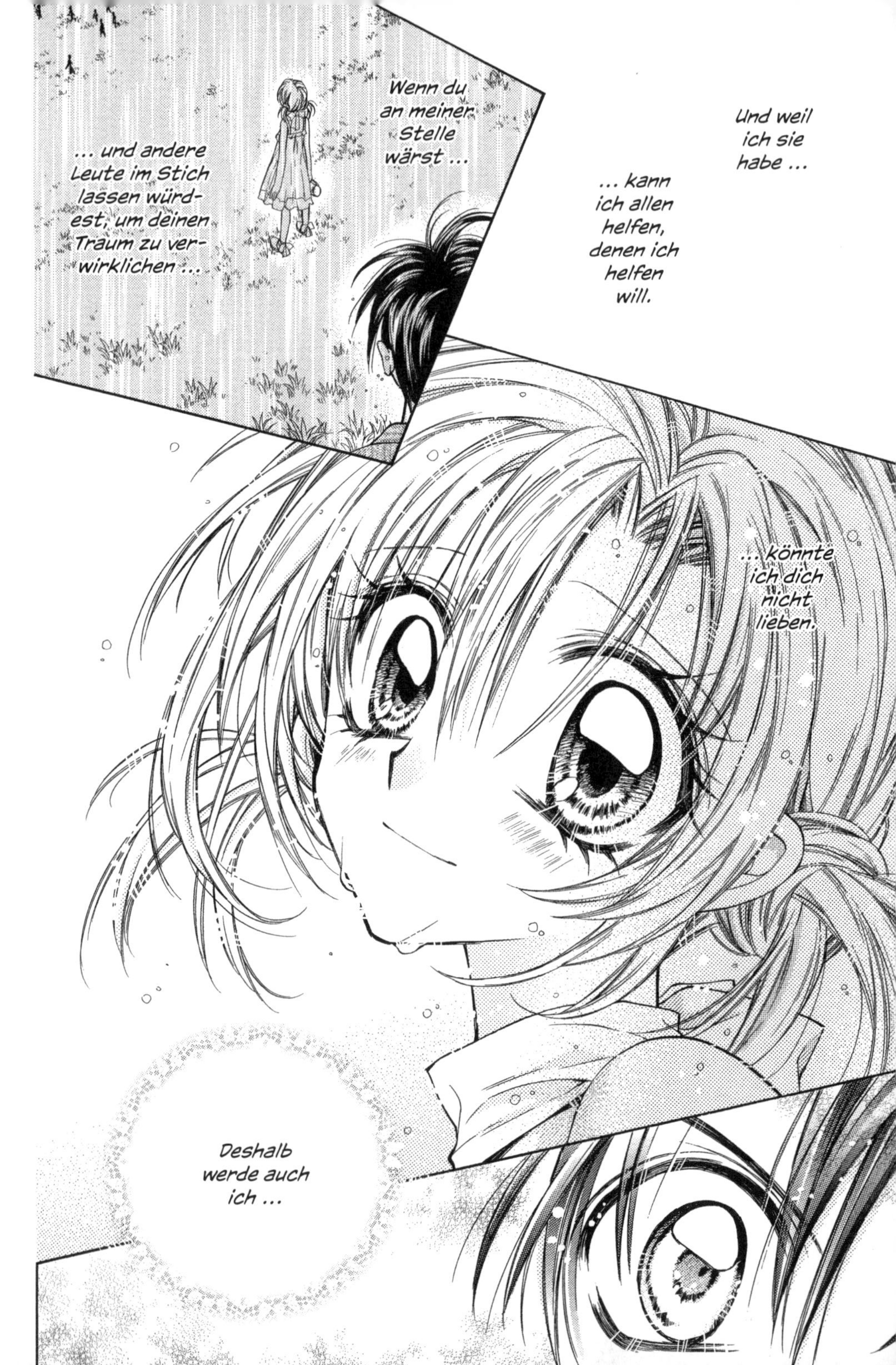
Und weil ich sie habe ...
... kann ich allen helfen, denen ich helfen will.
Wenn du an meiner Stelle wärst ...
... und andere Leute im Stich lassen würdest, um deinen Traum zu verwirklichen ...
... könnte ich dich nicht lieben.
Deshalb werde auch ich ...

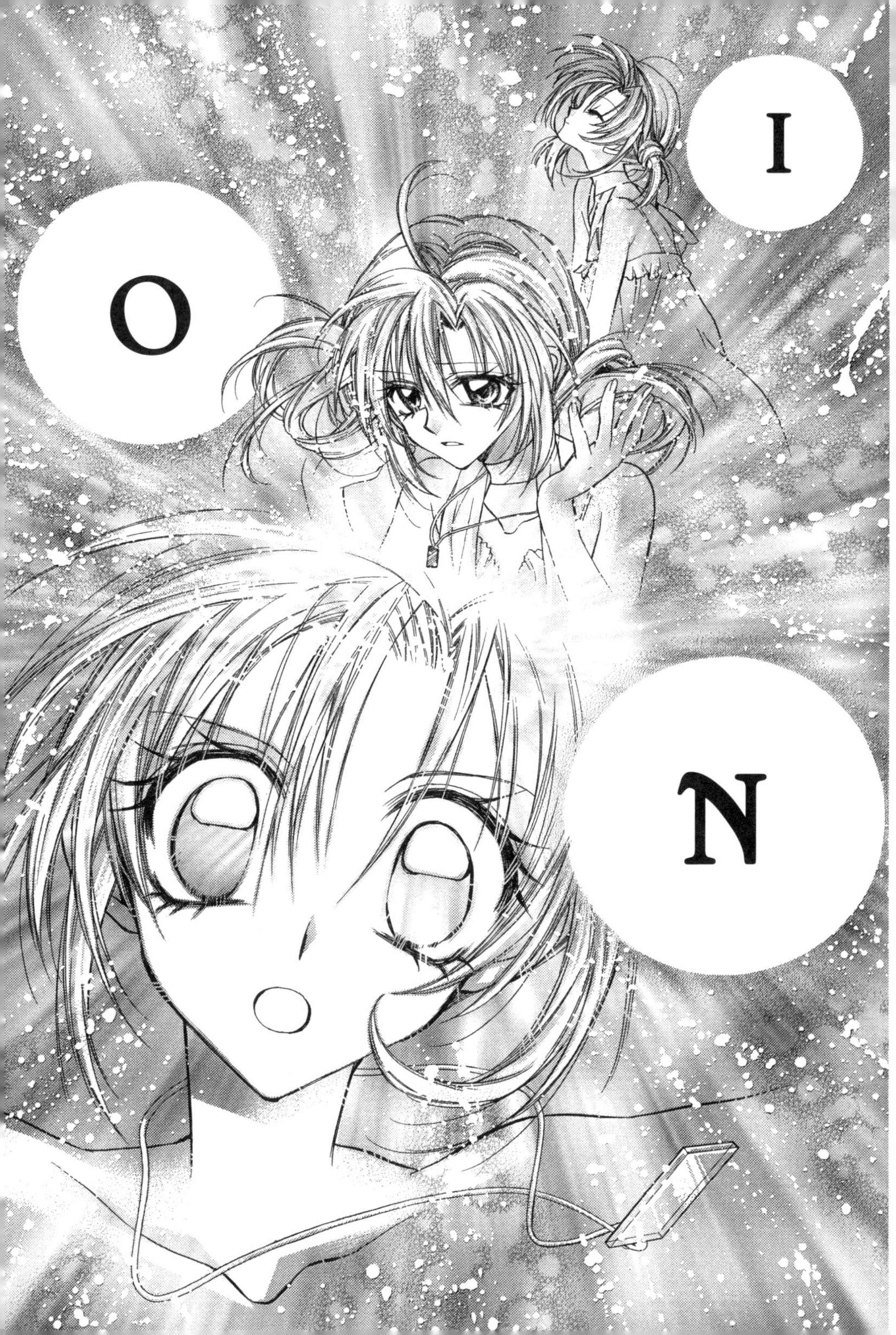
I
O
N

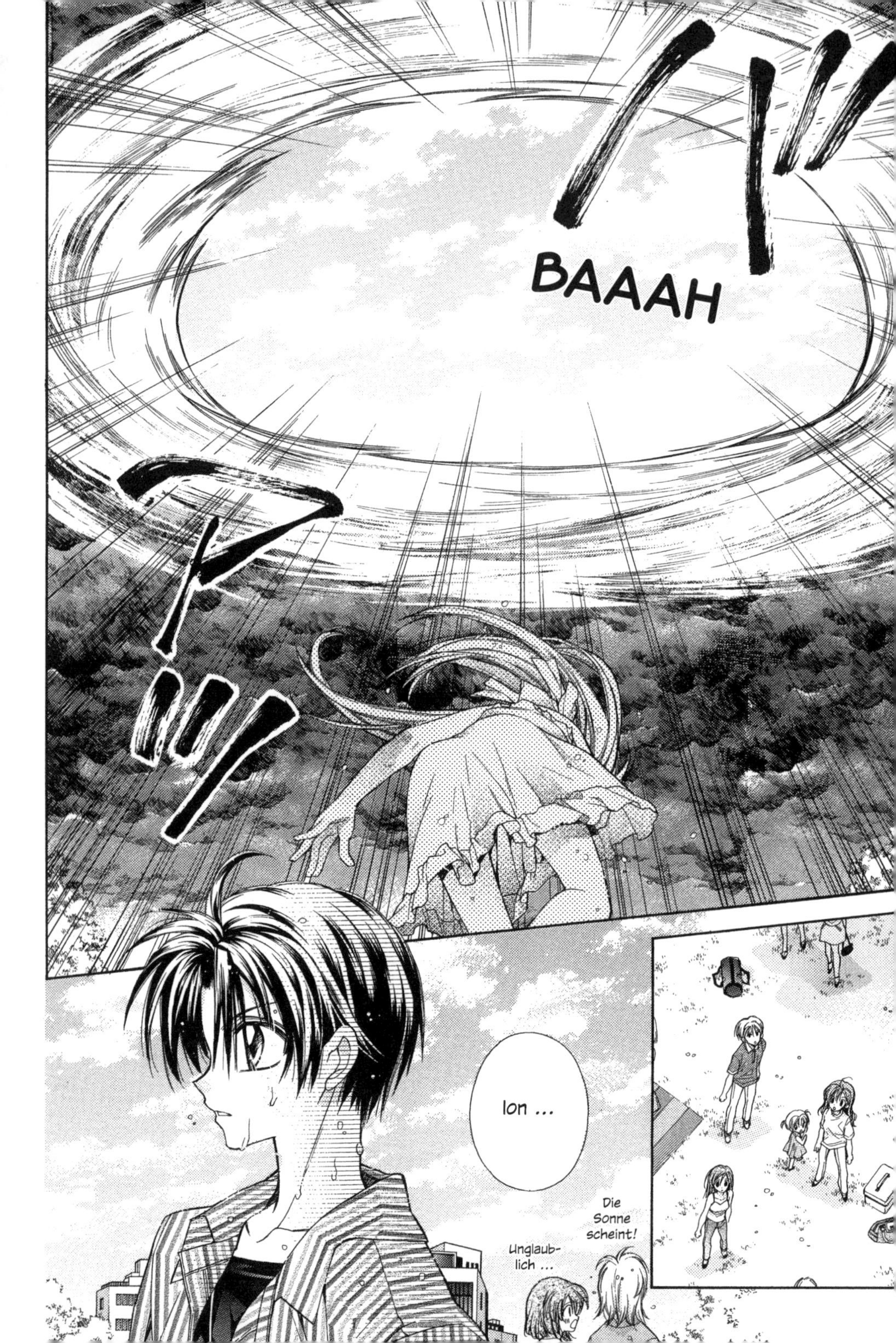
BAAAH
Ion ...
Die Sonne scheint!
Unglaub-lich ...

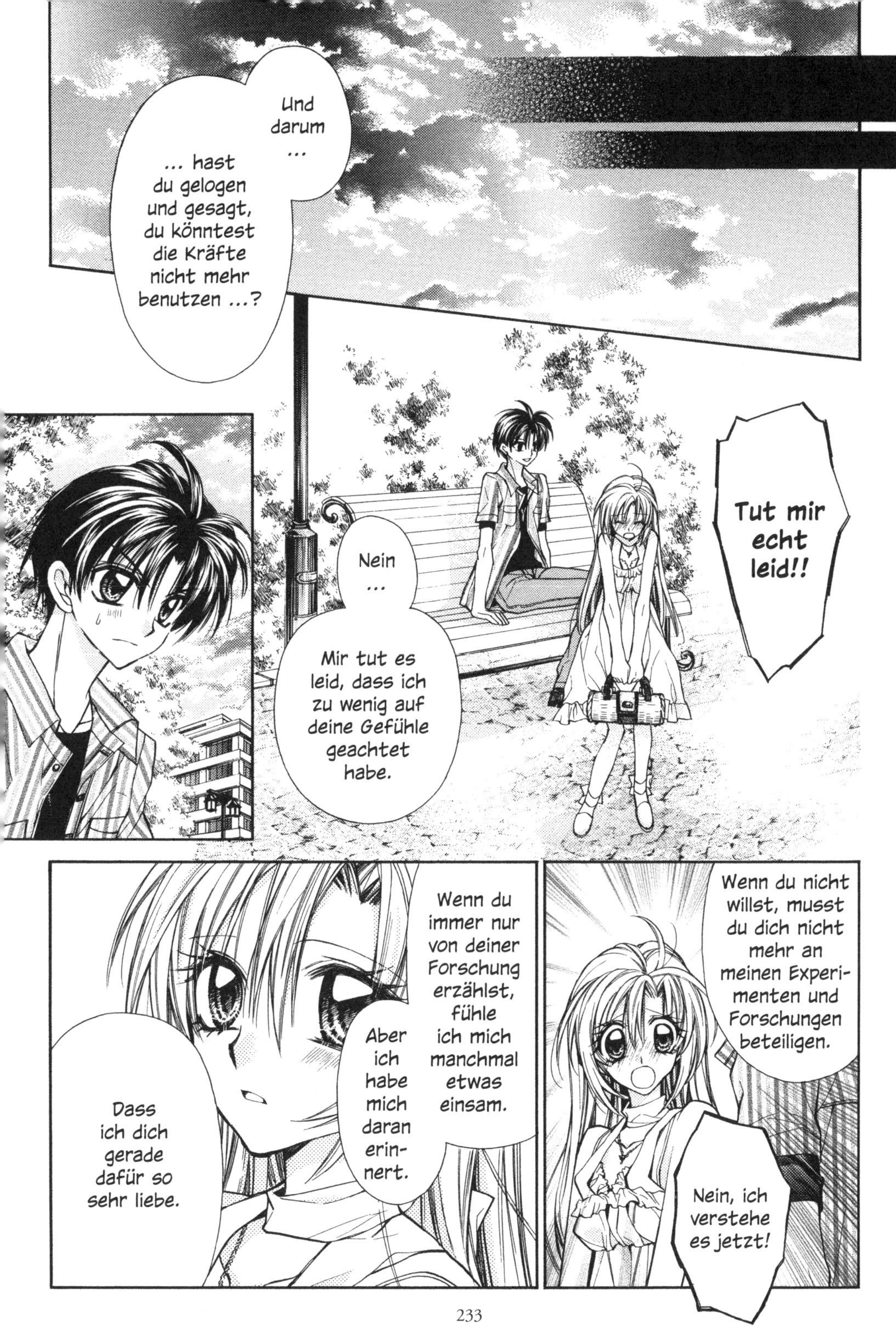
Und darum ...
... hast du gelogen und gesagt, du könntest die Kräfte nicht mehr benutzen ...?
Tut mir echt leid!!
Nein ...
Mir tut es leid, dass ich zu wenig auf deine Gefühle geachtet habe.
Wenn du nicht willst, musst du dich nicht mehr an meinen Experimenten und Forschungen beteiligen.
Nein, ich verstehe es jetzt!
Wenn du immer nur von deiner Forschung erzählst, fühle ich mich manchmal etwas einsam.
Aber ich habe mich daran erinnert.
Dass ich dich gerade dafür so sehr liebe.

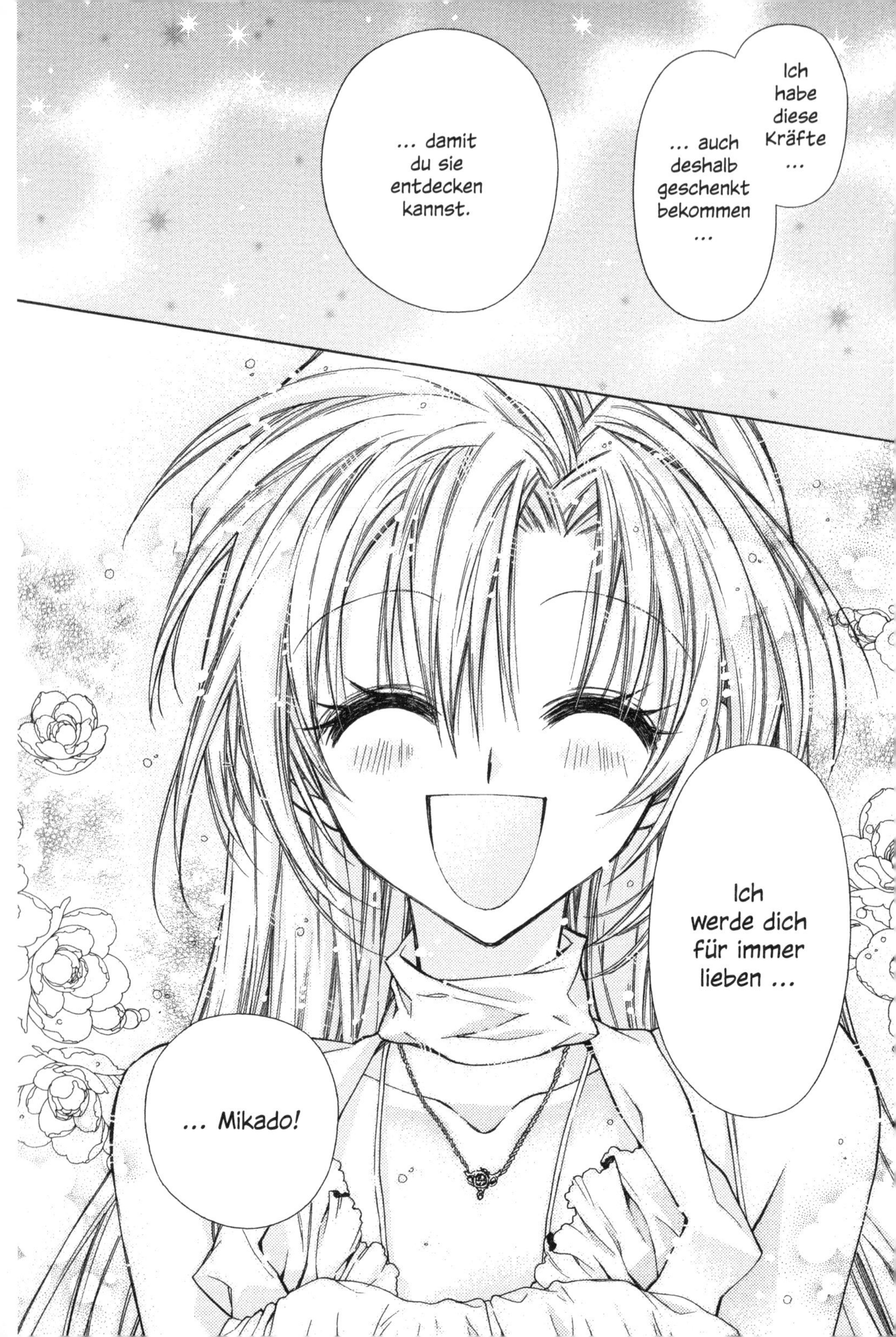
Ich habe diese Kräfte …
… auch deshalb geschenkt bekommen …
… damit du sie entdecken kannst.
Ich werde dich für immer lieben …
… Mikado!

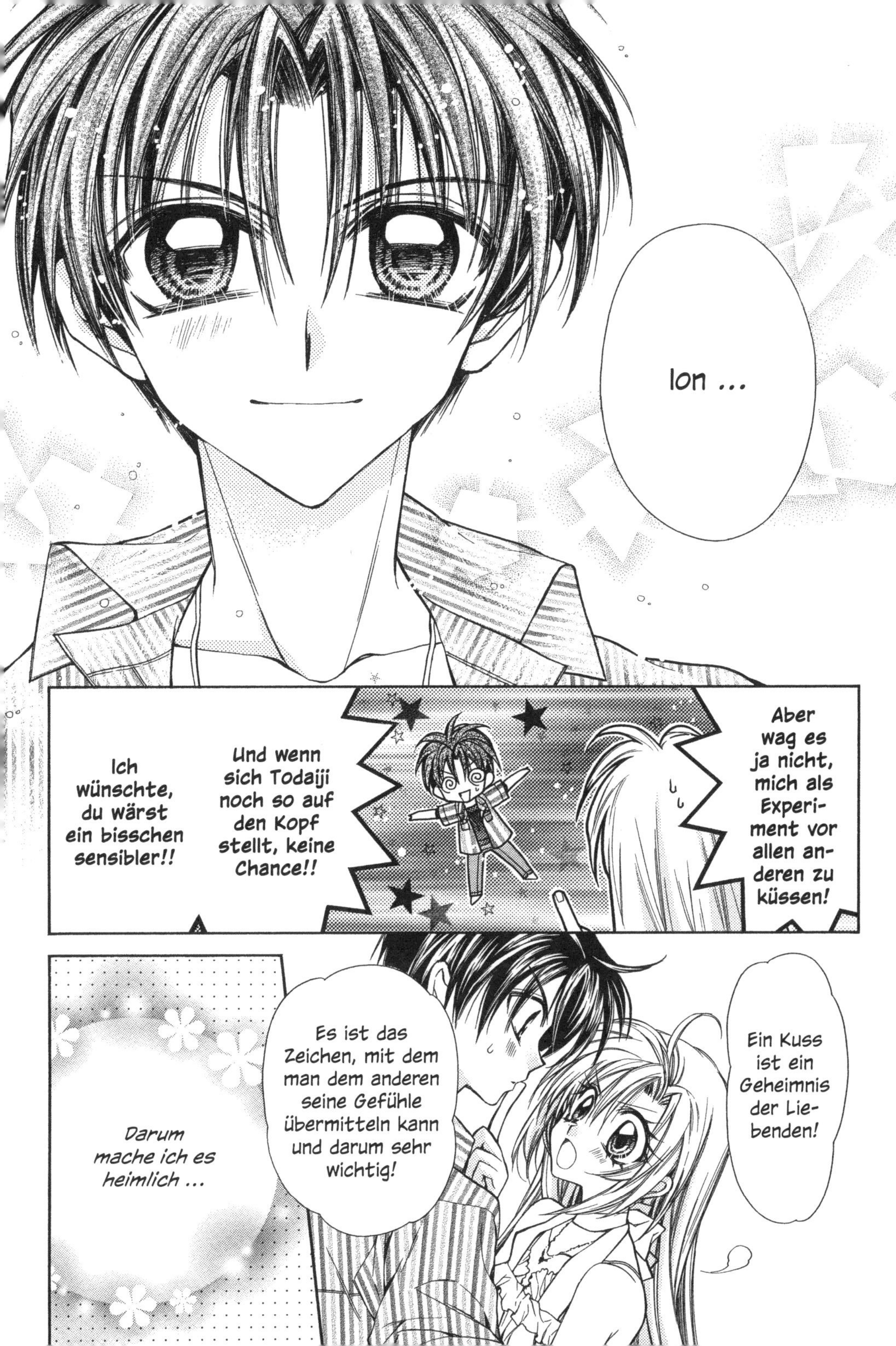
Ion ...
Aber wag es ja nicht, mich als Experiment vor allen anderen zu küssen!
Und wenn sich Todaiji noch so auf den Kopf stellt, keine Chance!!
Ich wünschte, du wärst ein bisschen sensibler!!
Ein Kuss ist ein Geheimnis der Liebenden!
Es ist das Zeichen, mit dem man dem anderen seine Gefühle übermitteln kann und darum sehr wichtig!
Darum mache ich es heimlich ...

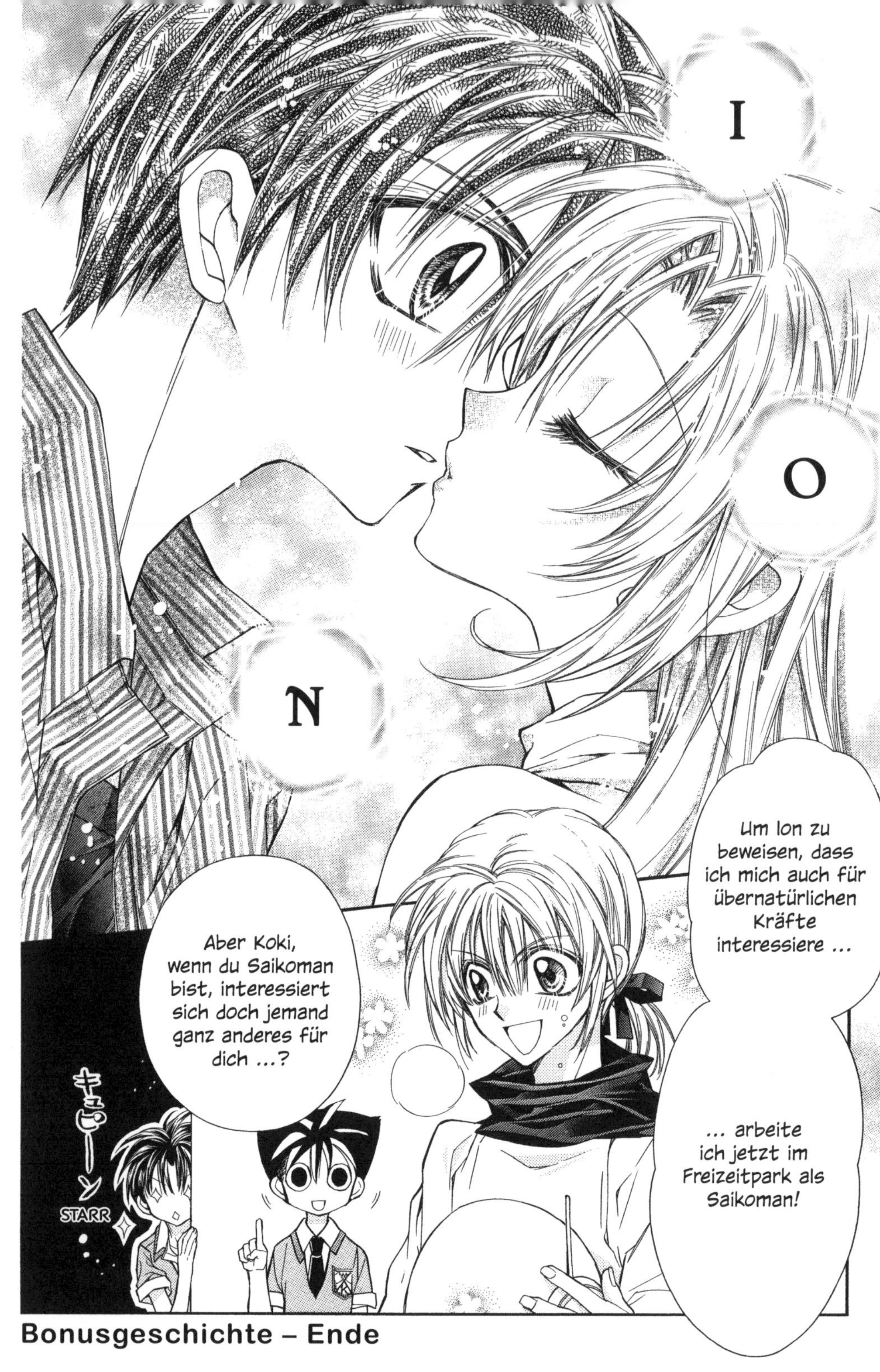

Bonusgeschichte – Ende

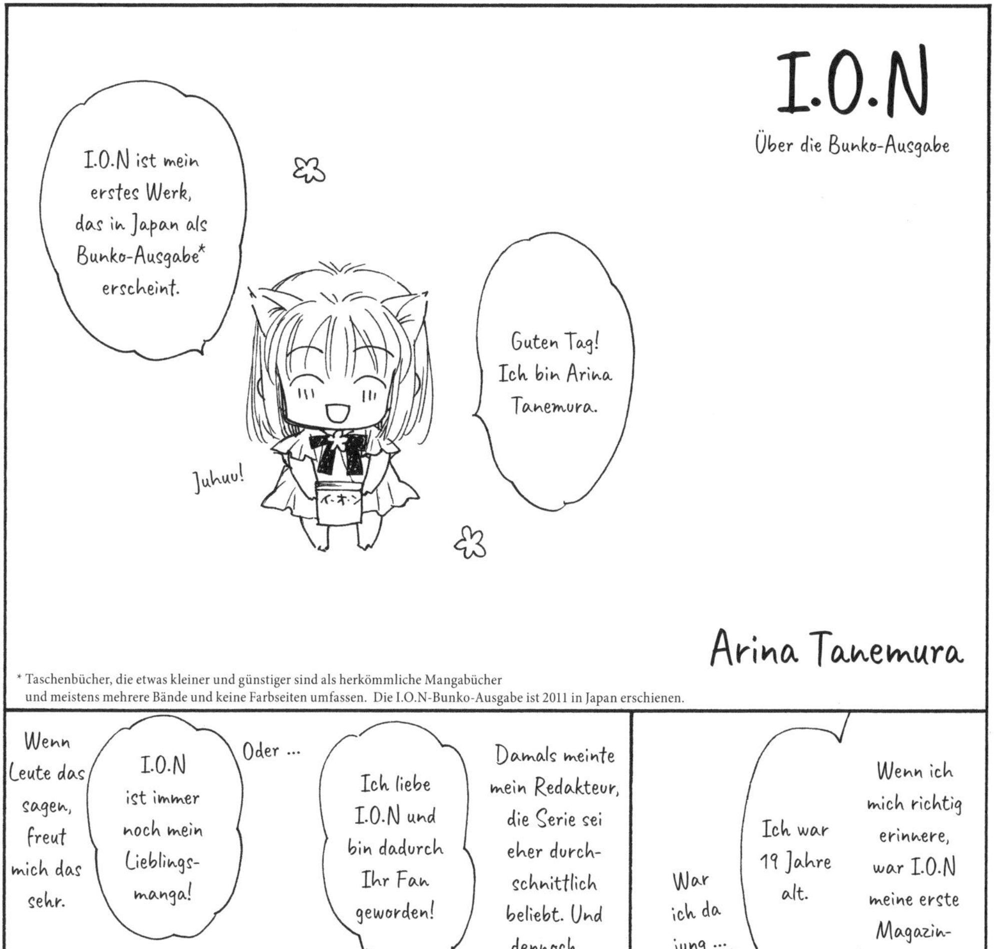

I.O.N

Über die Bunko-Ausgabe

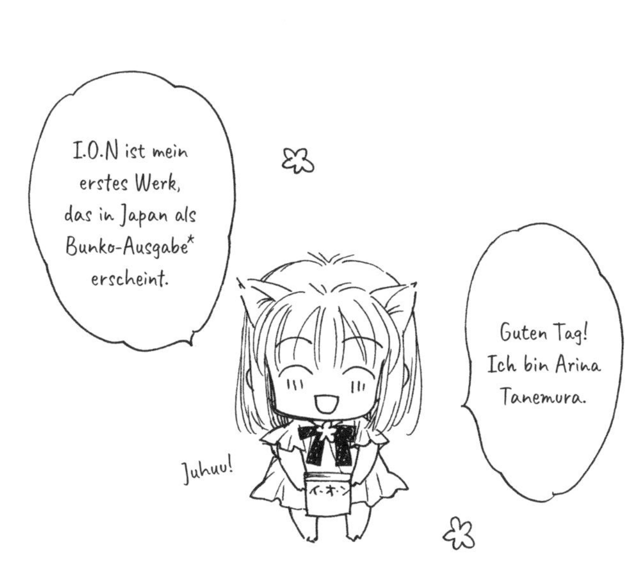

Arina Tanemura

* Taschenbücher, die etwas kleiner und günstiger sind als herkömmliche Mangabücher und meistens mehrere Bände und keine Farbseiten umfassen. Die I.O.N-Bunko-Ausgabe ist 2011 in Japan erschienen.

Wenn ich mich richtig erinnere, war I.O.N meine erste Magazin-Serie.

Ich war 19 Jahre alt.

War ich da jung ...

Damals meinte mein Redakteur, die Serie sei eher durchschnittlich beliebt. Und dennoch ...

Herr O

Ich liebe I.O.N und bin dadurch Ihr Fan geworden!

Oder ...

I.O.N ist immer noch mein Lieblingsmanga!

Wenn Leute das sagen, freut mich das sehr.

Das einzige, was ich bei I.O.N bereue, ist ...

... dass ich dem Medaillon keinen Namen gegeben habe!!

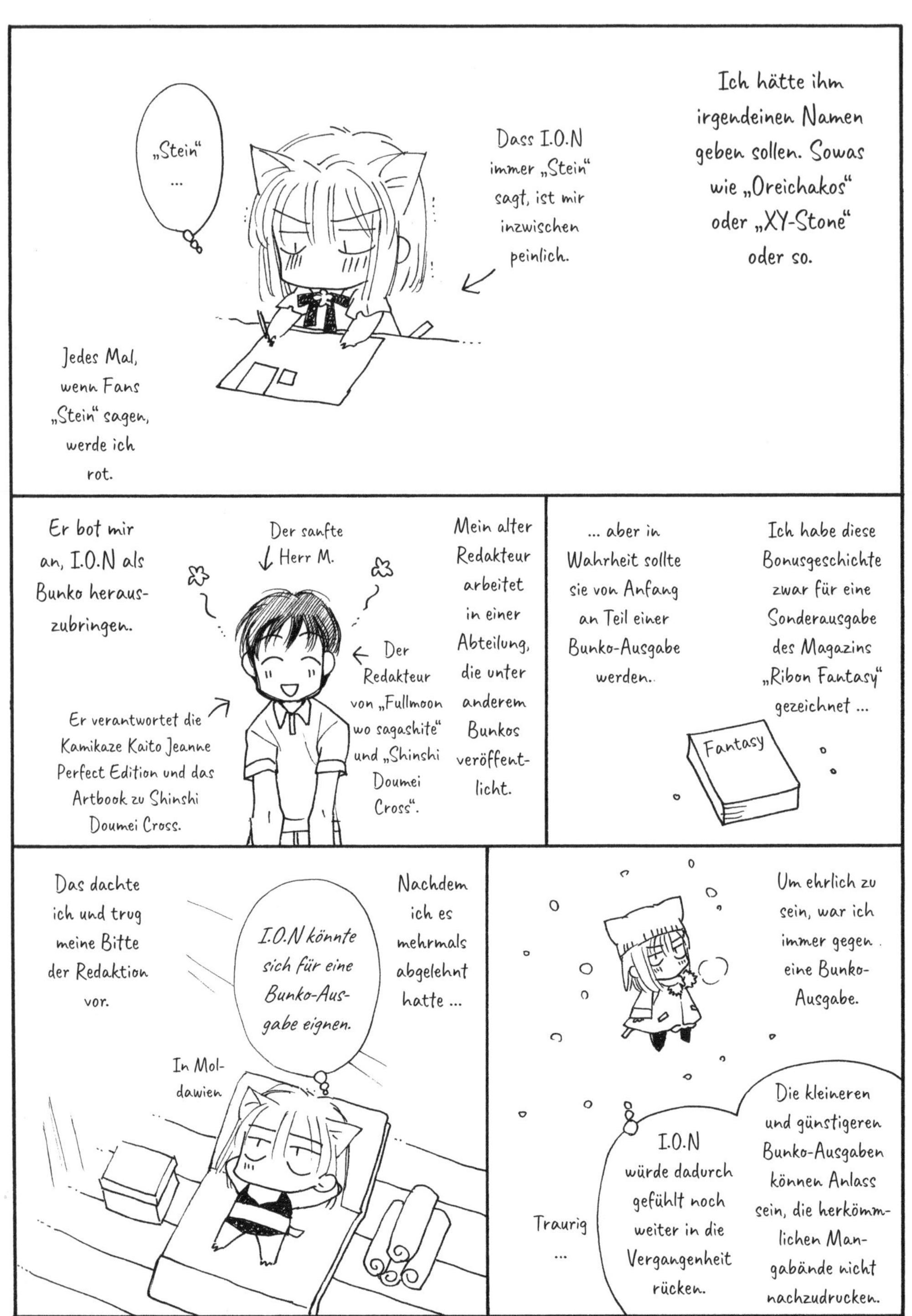
Ich hätte ihm irgendeinen Namen geben sollen. Sowas wie „Oreichakos“ oder „XY-Stone“ oder so.
Dass I.O.N immer „Stein“ sagt, ist mir inzwischen peinlich.
„Stein“ …
Jedes Mal, wenn Fans „Stein“ sagen, werde ich rot.
… aber in Wahrheit sollte sie von Anfang an Teil einer Bunko-Ausgabe werden.
Ich habe diese Bonusgeschichte zwar für eine Sonderausgabe des Magazins „Ribon Fantasy“ gezeichnet …
Fantasy
Mein alter Redakteur arbeitet in einer Abteilung, die unter anderem Bunkos veröffentlicht.
Der sanfte Herr M.
Er bot mir an, I.O.N als Bunko herauszubringen.
Der Redakteur von „Fullmoon wo sagashite“ und „Shinshi Doumei Cross“.
Er verantwortet die Kamikaze Kaito Jeanne Perfect Edition und das Artbook zu Shinshi Doumei Cross.
Um ehrlich zu sein, war ich immer gegen eine Bunko-Ausgabe.
Die kleineren und günstigeren Bunko-Ausgaben können Anlass sein, die herkömmlichen Mangabände nicht nachzudrucken.
I.O.N würde dadurch gefühlt noch weiter in die Vergangenheit rücken.
Traurig …
Nachdem ich es mehrmals abgelehnt hatte …
I.O.N könnte sich für eine Bunko-Ausgabe eignen.
Das dachte ich und trug meine Bitte der Redaktion vor.
In Moldawien

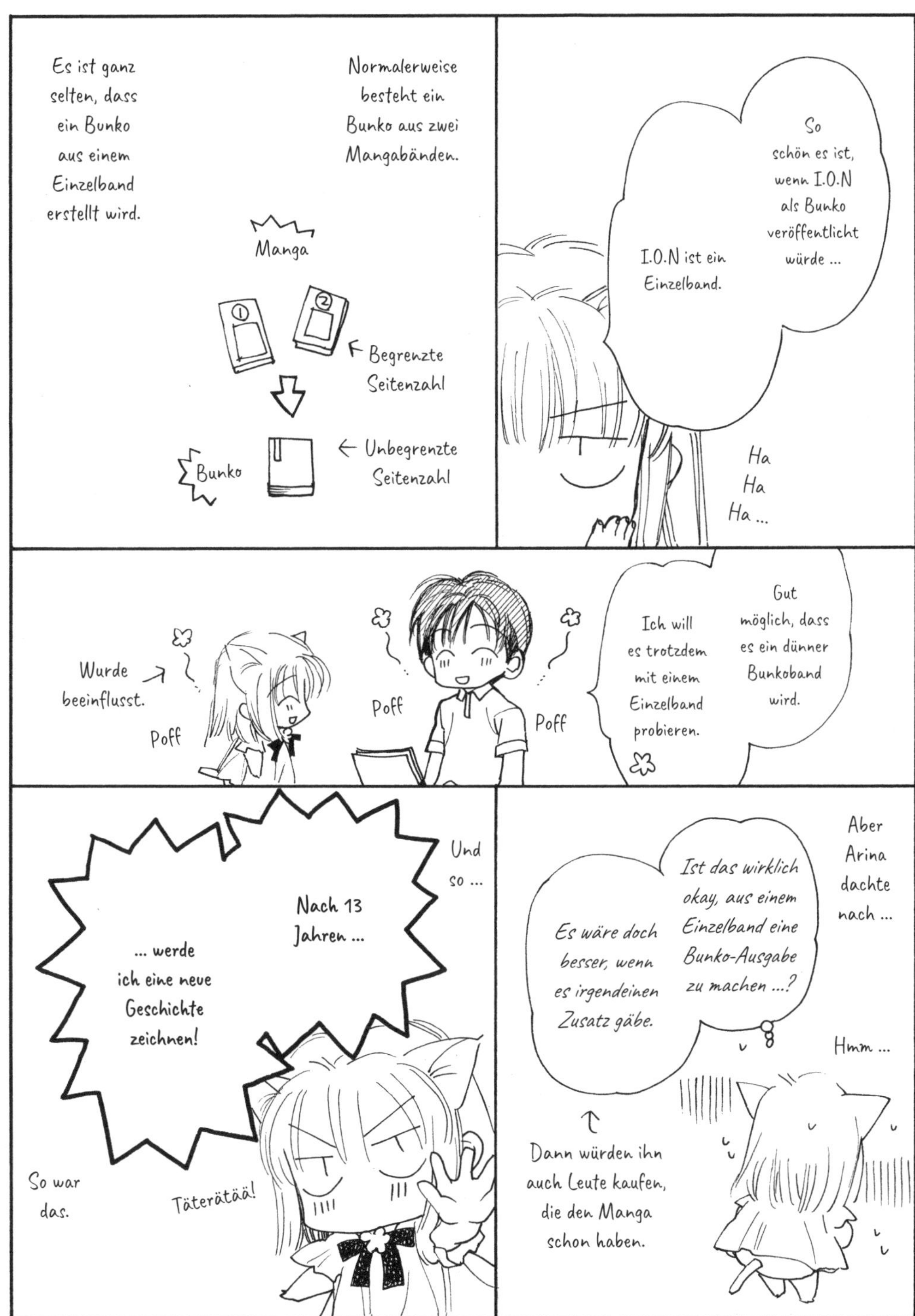

So schön es ist, wenn I.O.N als Bunko veröffentlicht würde …
I.O.N ist ein Einzelband.
Ha Ha Ha …
Normalerweise besteht ein Bunko aus zwei Mangabänden.
Es ist ganz selten, dass ein Bunko aus einem Einzelband erstellt wird.
Manga
Begrenzte Seitenzahl
Unbegrenzte Seitenzahl
Bunko
Gut möglich, dass es ein dünner Bunkoband wird.
Ich will es trotzdem mit einem Einzelband probieren.
Poff
Poff
Poff
Wurde beeinflusst.
Aber Arina dachte nach …
Ist das wirklich okay, aus einem Einzelband eine Bunko-Ausgabe zu machen …?
Es wäre doch besser, wenn es irgendeinen Zusatz gäbe.
Hmm …
Dann würden ihn auch Leute kaufen, die den Manga schon haben.
Und so …
Nach 13 Jahren …
… werde ich eine neue Geschichte zeichnen!
Täterätää!
So war das.

Ich fand zwar, dass die Illustrationen nicht unbedingt so aussehen mussten wie damals, aber ich habe den Manga trotzdem mehrmals gelesen und versucht, den Stil nachzuahmen.

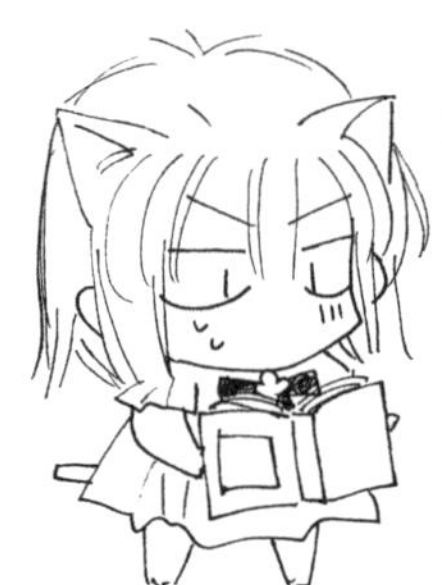

Doch eine Geschichte für ein Werk zu zeichnen, das 13 Jahre zurückliegt, ist leichter gesagt, als getan!

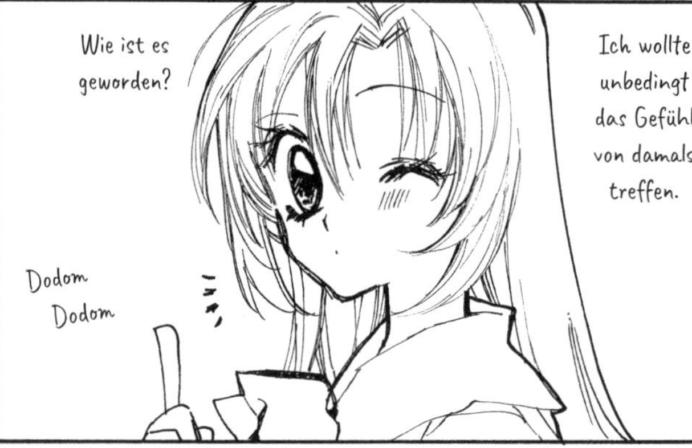

Ich hatte die erste Ausgabe von I.O.N nicht mal zuhause. Ich musste sie mir erst einmal kaufen.

Wackel Wackel

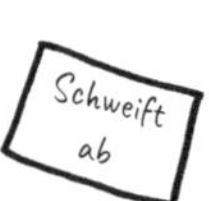

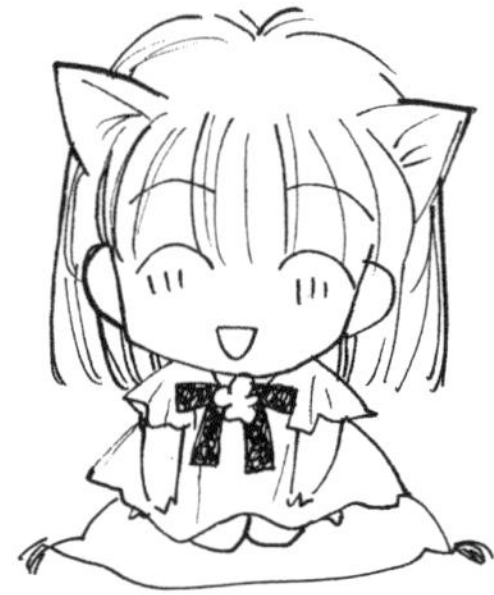

Vielen Dank!

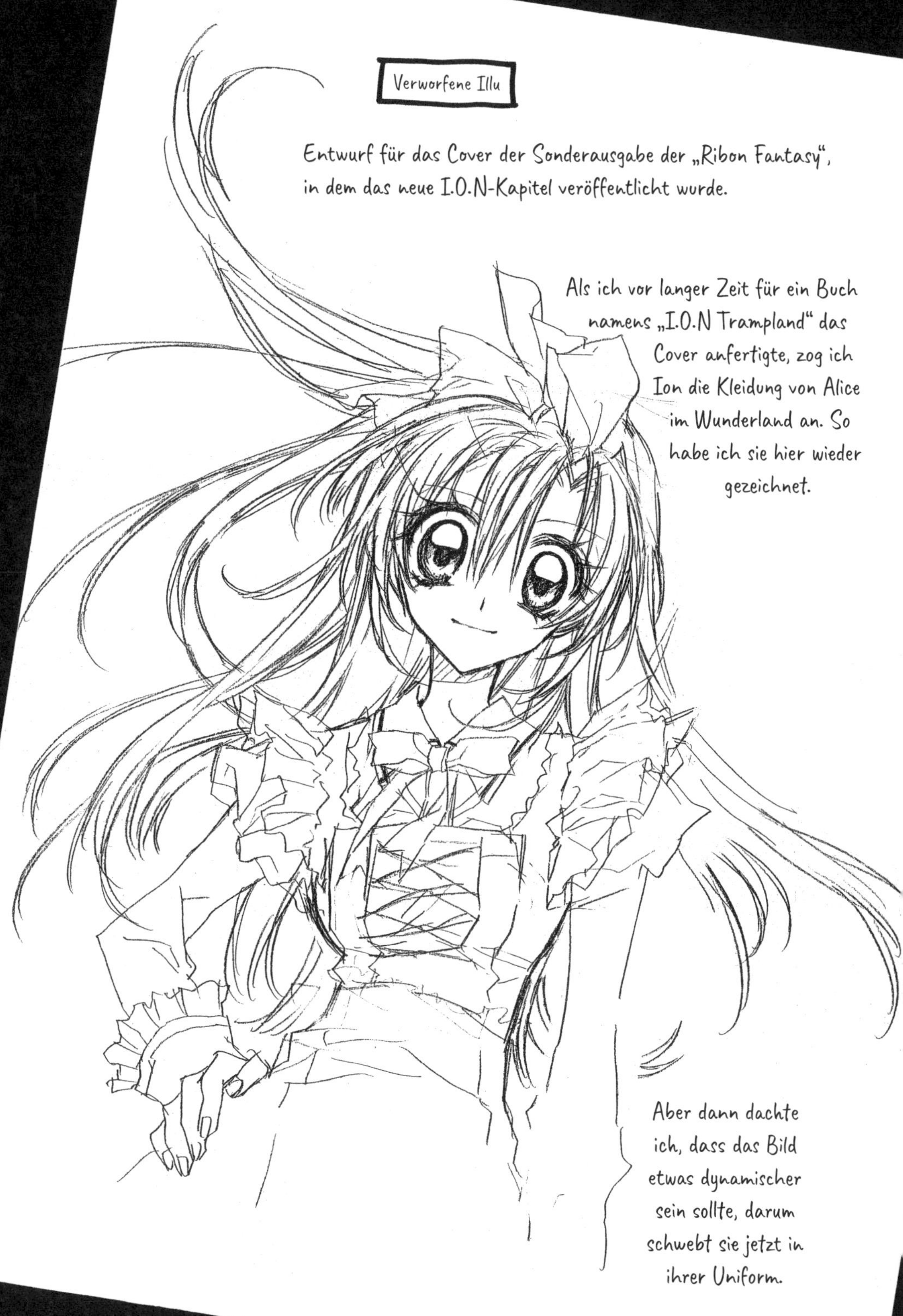
Verworfene Illu
Entwurf für das Cover der Sonderausgabe der „Ribon Fantasy", in dem das neue I.O.N-Kapitel veröffentlicht wurde.
Als ich vor langer Zeit für ein Buch namens „I.O.N Trampland" das Cover anfertigte, zog ich Ion die Kleidung von Alice im Wunderland an. So habe ich sie hier wieder gezeichnet.
Aber dann dachte ich, dass das Bild etwas dynamischer sein sollte, darum schwebt sie jetzt in ihrer Uniform.

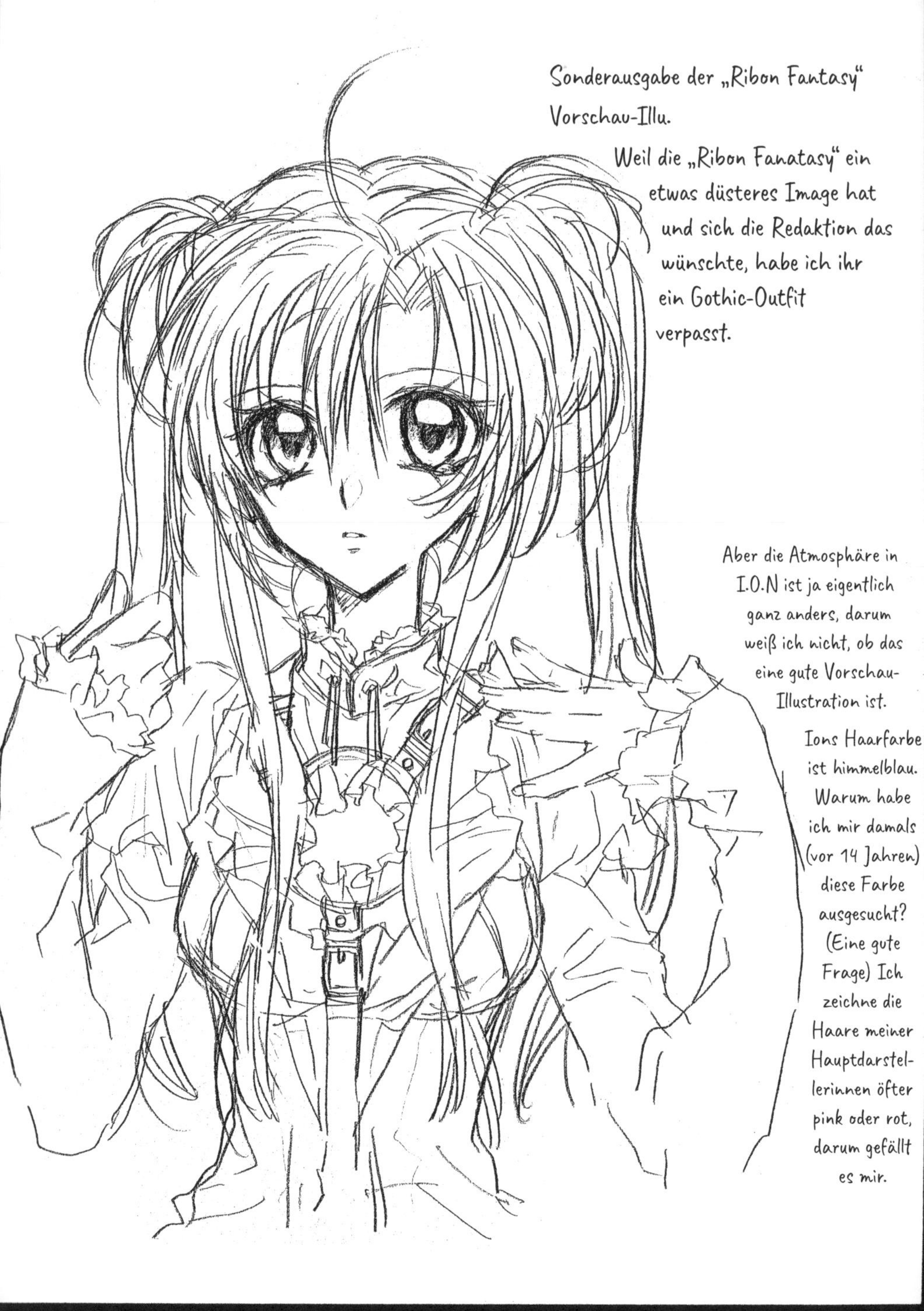
Sonderausgabe der „Ribon Fantasy“
Vorschau-Illu.
Weil die „Ribon Fanatasy“ ein
etwas düsteres Image hat
und sich die Redaktion das
wünschte, habe ich ihr
ein Gothic-Outfit
verpasst.
Aber die Atmosphäre in
I.O.N ist ja eigentlich
ganz anders, darum
weiß ich nicht, ob das
eine gute Vorschau-
Illustration ist.
Ions Haarfarbe
ist himmelblau.
Warum habe
ich mir damals
(vor 14 Jahren)
diese Farbe
ausgesucht?
(Eine gute
Frage) Ich
zeichne die
Haare meiner
Hauptdarstel-
lerinnen öfter
pink oder rot,
darum gefällt
es mir.

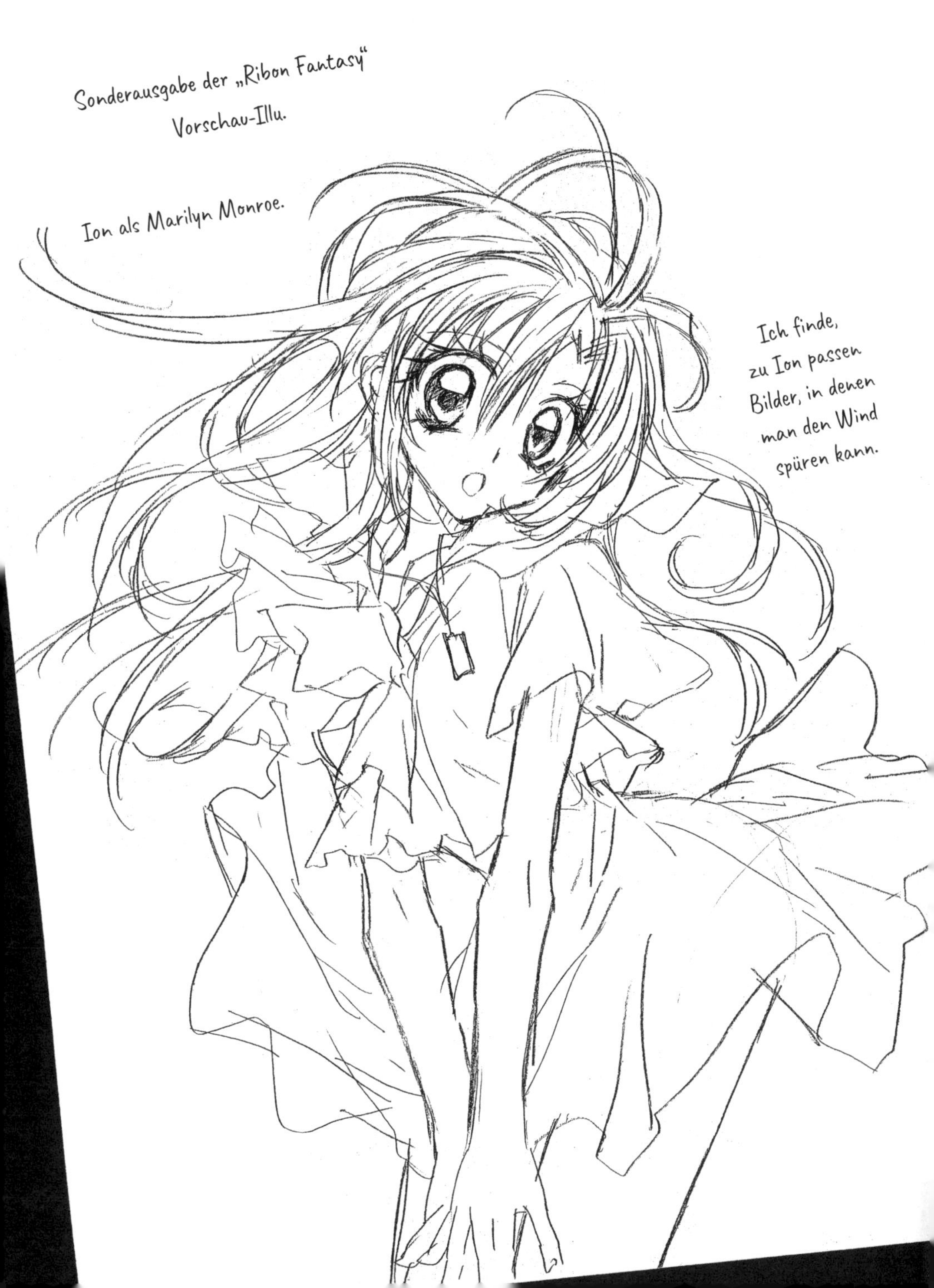
Sonderausgabe der „Ribon Fantasy“
Vorschau-Illu.
Ion als Marilyn Monroe.
Ich finde, zu Ion passen Bilder, in denen man den Wind spüren kann.

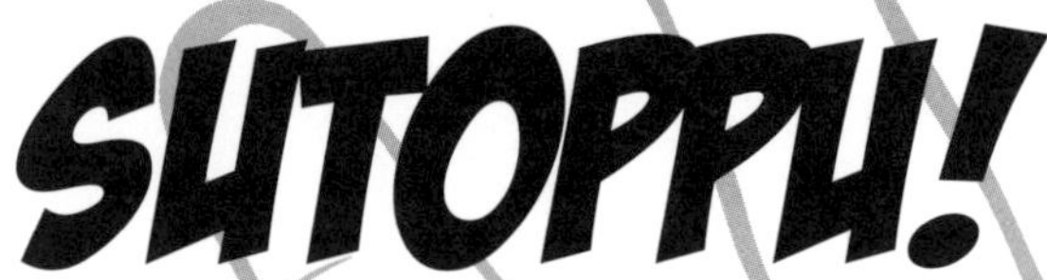

Koko wa kono manga no owari dayo.
Hantaigawa kara yomihajimete ne!
Dewa omatase shimashita!
Tanoshii hitotoki wo dozo!

Egmont-Manga-Chiimu

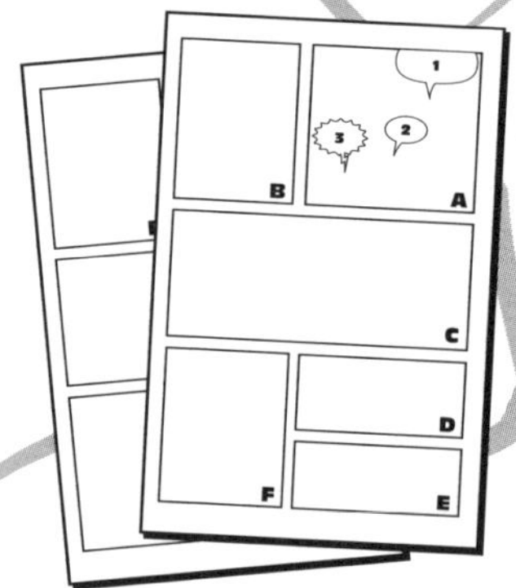

STOPP!

Das ist der Schluss des Mangas.
Fangt bitte am anderen Ende an!
Und nun genug der Vorrede,
viel Spaß beim Lesen!

Euer Egmont-Manga-Team

www.egmont-manga.de
Unsere Bücher findest du im
Buch- und Fachhandel und auf

EGMONT Shop

www.egmont-shop.de

„I.O.N – Luxury Edition“ von Arina Tanemura
Aus dem Japanischen von Yuji Uematsu und
Yayoi Okada-Willmann
Originaltitel: „I·O·N“

Originalausgabe:
I·O·N -POCKET EDITION-

1. Auflage 2023

Textbearbeitung: Nada Nowak und Christopher Willmann
Verantwortliche Redakteurin: Manuela Rudolph
Gestaltung: Katharina Kirsch
Koordination: Angelika Schönhuber
Printed in the EU
ISBN 978-3-7555-0190-9

story house
EGMONT